LEITURA E CÁRCERE
(ENTRE)LINHAS E GRADES, O LEITOR PRESO E A REMIÇÃO DE PENA

Editora Appris Ltda.
1.ª Edição - Copyright© 2024 da autora
Direitos de Edição Reservados à Editora Appris Ltda.

Nenhuma parte desta obra poderá ser utilizada indevidamente, sem estar de acordo com a Lei nº 9.610/98. Se incorreções forem encontradas, serão de exclusiva responsabilidade de seus organizadores. Foi realizado o Depósito Legal na Fundação Biblioteca Nacional, de acordo com as Leis nos 10.994, de 14/12/2004, e 12.192, de 14/01/2010.

Catalogação na Fonte
Elaborado por: Dayanne Leal Souza
Bibliotecária CRB 9/2162

L868l 2024	Lorenset, Rossaly Beatriz Chioquetta 　　Leitura e cárcere: (entre)linhas e grades, o leitor preso e a remição de pena / Rossaly Beatriz Chioquetta Lorenset. – 1. ed. – Curitiba: Appris, 2024. 　　381 p. : il. color. ; 23 cm. (Linguagem e Literatura). 　　Inclui referências. 　　ISBN 978-65-250-6129-0 　　1. Leitura. 2. Prisão. 3. Remição de pena. 4. Discurso. 5. Sujeito. I. Lorenset, Rossaly Beatriz Chioquetta. II. Título. III. Série. 　　　　　　　　　　　　　　　　　　　　　　　　　　　　　　　CDD – 304

Livro de acordo com a normalização técnica da ABNT

Editora e Livraria Appris Ltda.
Av. Manoel Ribas, 2265 – Mercês
Curitiba/PR – CEP: 80810-002
Tel. (41) 3156 - 4731
www.editoraappris.com.br

Printed in Brazil
Impresso no Brasil

Rossaly Beatriz Chioquetta Lorenset

LEITURA E CÁRCERE
(ENTRE)LINHAS E GRADES, O LEITOR PRESO E A REMIÇÃO DE PENA

FICHA TÉCNICA

EDITORIAL	Augusto Coelho
	Sara C. de Andrade Coelho
COMITÊ EDITORIAL	Andréa Barbosa Gouveia - UFPR
	Edmeire C. Pereira - UFPR
	Iraneide da Silva - UFC
	Jacques de Lima Ferreira - UP
	Marli Caetano
SUPERVISOR DA PRODUÇÃO	Renata Cristina Lopes Miccelli
ASSESSORIA EDITORIAL	Miriam Gomes
REVISÃO	Simone Ceré
PRODUÇÃO EDITORIAL	Sabrina Costa
DIAGRAMAÇÃO	Luciano Popadiuk
CAPA	João Vitor Oliveira dos Anjos
REVISÃO DE PROVA	Stephanie Ferreira Lima

COMITÊ CIENTÍFICO DA COLEÇÃO LINGUAGEM E LITERATURA

DIREÇÃO CIENTÍFICA Erineu Foerste (UFES)

CONSULTORES

Alessandra Paola Caramori (UFBA)

Alice Maria Ferreira de Araújo (UnB)

Célia Maria Barbosa da Silva (UnP)

Cleo A. Altenhofen (UFRGS)

Darcília Marindir Pinto Simões (UERJ)

Edenize Ponzo Peres (UFES)

Eliana Meneses de Melo (UBC/UMC)

Gerda Margit Schütz-Foerste (UFES)

Guiomar Fanganiello Calçada (USP)

Ieda Maria Alves (USP)

Ismael Tressmann (Povo Tradicional Pomerano)

Joachim Born (Universidade de Giessen/ Alemanha)

Leda Cecília Szabo (Univ. Metodista)

Letícia Queiroz de Carvalho (IFES)

Lidia Almeida Barros (UNESP-Rio Preto)

Maria Margarida de Andrade (UMACK)

Maria Luisa Ortiz Alvares (UnB)

Maria do Socorro Silva de Aragão (UFPB)

Maria de Fátima Mesquita Batista (UFPB)

Maurizio Babini (UNESP-Rio Preto)

Mônica Maria Guimarães Savedra (UFF)

Nelly Carvalho (UFPE)

Rainer Enrique Hamel (Universidade do México)

Para muito além de laços de sangue, para muito além do enlace de almas que léxico nenhum conseguiria jamais traduzir o amor e a conexão, dedico este livro para:

Eletra Joana De Bortoli Chioquetta, minha mãe.
Olívio Chioquetta, meu pai.
Ivor Antônio Lorenset, meu marido.
Caroline Chioquetta Lorenset e Larissa Chioquetta Lorenset, minhas filhas.
Ivor Antonio Lorenset Júnior, meu filho.

AGRADECIMENTOS

> *[...] ao registrar estas histórias, continuo no premeditado*
> *ato de traçar uma escrevivência.*
> (Evaristo, 2011, p. 9)

Na travessia da pandemia da Covid-19, mediada pela tecnologia, que agonia... Vivência. Escrevivência: escrever, cozinhar, lavar roupa, todo dia... Sentimentos? Havia. De alegria! E a angústia? Existia. Sem anestesia! Persistia... Diante da sacristia, na Sagrada Eucaristia, resolvia. Dores? Ora, pesquisaDORa, venceDORa, alguma surpresa? Consistia em cefaleia, condropatia, cardiopatia... E a neurocirurgia? Quero anistia. Preciso luz, sol que aquece o corpo e a alma, ar puro, natureza, canto dos passarinhos, perfume das flores, frescor da brisa no rosto, caminhada, melodia... Medo. O medo de não conseguir *dar conta... "Isso não pode te guiar. Incompletude não é um princípio da Análise do Discurso (AD)? Em AD não se diz tudo, o que você conseguir dar conta é o que você vai dar conta[1]..."* Coragem!

Nessa escrevivência, o desafio de construir uma teia de significados no livro, enquanto tirava teia de aranha da parede; limpar os excessos de prolixidade no texto, enquanto lavava os excessos da louça na pia; prender o leitor nas tramas da pesquisa, enquanto prendia a roupa no varal; arrumar a estrutura do sumário, enquanto arrumava os lençóis na cama; amarrar as análises com a teoria e a discursividade, enquanto amarrava laços em pacotes de pão; mergulhar no já-lá da AD, enquanto mergulhava o chá na água em ebulição; pensar as condições de produção do cárcere, enquanto produzia mosaico de gelatina colorida; posicionar o sujeito-leitor preso, capturado pela discursividade, enquanto posicionava a temperatura do assado no forno; sentir o coração angustiado com o tema, que agonia, e _obaaa! *– quanta alegriaaa sentir na videochamada da filha Caroline + o amor da vovó[2], o Teodoro, de Florianópolis, + a filha Larissa, de Curitiba = sorrisos, gargalhadas!* Qualquer sentimento ruim esvanecia; concentrar o foco nas leituras epistemológicas, enquanto ouvia o filho Ivor Júnior, vestibulando, concentrado com aulas *on-line* e mil atividades extraclasses: *"_mãe, tô sem tempo, please, dá comida pra Amora e pra Framboesa?". Parava* tudo e lá ia eu cuidar das cachorrinhas...

---

[1] Fala do professor orientador da pesquisa, Dr. Sandro Braga (UFSC).

[2] Enquanto estava escrevendo a pesquisa que resultou neste livro, o Teodoro era meu único neto. Ao finalizar esse (per)curso, fui presenteada com mais duas netas, a Melissa e a Olívia, que também são os amores da vovó.

E seguia na escrevivência. Corpo que dói, lombar machucada, horas e dias na mesma posição... Cabeça latejando, estômago embrulhado... Retinas fatigadas... Exaustão! Hum... E o corpo na prisão? Eu, com infraestrutura, difícil. Como pode um corpo preso ler em um espaço de 3x2 m², com mais sete homens, falando entre si? Que aflição! Sem condição... Remição? Fruição? Parece ilusão... (Res)socialização? (Res)significação? (Re)formação? (Re)construção? (Re)educação? Na transição, suspeição, contradição. Que lição! Coração. Cognição. Sem disposição? Atenua com chimarrão. Perfeição? Falha? Constituição da AD: quando a fala falha, a falha fala. Deixa falar...

Após contar um pouco sobre o meu cotidiano no período da escrita deste livro, apresento a tessitura dos agradecimentos, tão importante porque acredito que sozinhos nada somos e nada podemos; nossa essência humana naturalmente compele-nos à interdependência. Penso que agradecer é chave que abre a porta da felicidade, propicia sintonia e conexão espiritual, é gesto de alteridade. Nesse sentido, com o coração pleno de reconhecimento, agradeço a todos que contribuíram para a materialização deste livro e que, de algum modo, dispuseram-se a me acompanhar neste (per)curso: vocês fazem parte da teia de inter-relações tecida pelo Universo.

Gratidão

Ao professor Sandro Braga, por acolher e orientar com entusiasmo minha pesquisa. Pela oportunidade de participar do Laboratório de Escrita Acadêmica e Leituras (Labeal/UFSC). Pelos conselhos e indicações bibliográficas; pela leitura interessada, atenta e cuidadosa; pela tempestividade na elucidação precisa de dúvidas teóricas e acadêmico-científicas; pelo incentivo, paciência e confiança; pela erudição e exemplo de humildade. Em quase meia década de trabalho acadêmico conjunto, muitas foram as discussões profícuas compartilhadas em investigar o sujeito-leitor preso, com os desafios aí (im)postos. Na relação de encorajamento para que eu me autorizasse a escrever, num processo de (des/re)aprendizagens movimentadas pelo ato de pesquisar, eu pesquisadora e minha pesquisa fomos sendo constituídas pelas marcas de generosidade, olhar analítico e experiências de pesquisador do professor orientador; suas palavras continuam produzindo efeitos em mim.

Aos professores Atílio Butturi Júnior, Suzy Lagazzi e Andréia da Silva Daltoé, pela disponibilidade da leitura inicial do meu trabalho, pela fecundidade da interlocução, pela generosidade em compartilhar suas experiências, sugestões de novas leituras e caminhos que muito contribuíram com minha pesquisa.

Às professoras Suzy Lagazzi e Denise Gabriel Witzel, ao professor Pedro de Souza e ao juiz de Direito Eduardo Rezende Melo, pelo gesto de alteridade e de generosidade com a leitura cuidadosa da minha pesquisa, uma verdadeira "leitura-trituração" no sentido pecheuxtiano, e pelas significativas contribuições e reflexões na reta final; por teorizar, dialogar e discutir para a inclusão de tantas "vidas infames" e pelo exemplo de que fazer pesquisa é fazer política para a mudança social.

À Universidade Federal de Santa Catarina e à Coordenação e servidores do Programa de Pós-Graduação em Linguística, pelo ambiente acadêmico e apoio logístico; e ao Seminário Integrado de Pesquisas em Linguística (Sinpel), por participar da Comissão Organizadora das quatro edições enquanto fui aluna do PPGL/UFSC. Sinto-me gratificada por ter doado meu tempo e minha melhor energia para esse evento destinado à divulgação de pesquisas em Linguística e suas interseções. Sinto saudade.

À Unoesc, ao presidente da Funoesc, professor Genésio Téo, e à coordenadora do curso de graduação em Direito, professora Fernanda Oliveira: muito obrigada pelas autorizações que tornaram possível esta pesquisa, pela sinergia, alegria e confiança em meu trabalho. Aos colegas gestores e professores dessa Universidade, pela inspiração, empatia e amizade. Às secretárias do curso de Direito e aos colegas servidores dos setores administrativos e da biblioteca, pela solicitude e tempestividade no atendimento das demandas. Aos meus estimados alunos de uma vida de docência, transitando em vários cursos de graduação, com quem muito aprendi e me constituí professora; aos estudantes de Direito, mediadores da leitura pelo Projeto de Extensão Direito e Cárcere: Remição da Pena pela Leitura, que assumiram esta atividade com o coração. Em especial, agradeço a cada aluno(a) que autorizou o uso da imagem para a publicação deste livro, gesto que denota a compreensão da importância da ciência e da pesquisa para a edificação de uma sociedade com justiça, para muito além da letra fria da lei.

À Secretaria de Estado da Administração Prisional e Socioeducativa de Santa Catarina e ao Departamento de Polícia Penal do Estado de Santa Catarina, agradeço todas as autorizações que viabilizaram a publicação deste livro. Agradeço aos servidores do Presídio Regional de Xanxerê. Em especial à Marionice Fávero, que exercia a função de gestora no período em que realizei a pesquisa, por abrir as portas dessa unidade prisional tanto para esta pesquisa quanto para nossos alunos bolsistas e permitir que penetrássemos na intimidade da prisão, lugar onde se cruzam problemas de toda ordem, anseios e esperanças; à agente penitenciária Jucileia Borges Mognol, por ser um doce de pessoa – sempre lhe digo: *felizes dos presos por terem alguém no Presídio com essa sensibilidade e acolhimento*; ao agente penitenciário André Luiz Alves, que foi quem fomentou o Projeto de Extensão de Remição de Pena pela Leitura em parceria com a Universidade do Oeste de Santa Catarina (Unoesc Xanxerê), e à sua esposa, Maria Elena Almeida Alves, também agente penitenciária. Mesmo em um ambiente tão hostil, vi profissionalismo, comprometimento e dedicação dessa gestora, desses e de mais alguns servidores do Presídio. Mesmo os não nominados, sintam-se incluídos neste agradecimento.

Aos presos, a quem dedico este livro.
Em especial, aos presos entrevistados.

Ao senhor Elírio Galeli, membro do Conselho da Comunidade e egresso do curso de Direito da Unoesc Xanxerê, por ser a primeira pessoa a contatar comigo; a partir daí, após inúmeras tratativas, estabeleceu-se a parceria entre Unoesc e Presídio.

Ao Poder Judiciário, em especial à promotora de justiça Ana Cristina Boni, por acreditar na possibilidade de instituição do dispositivo de remição de pena pela leitura no Presídio Regional de Xanxerê, cuja gênese iniciou no ano de 2013, por meio de portaria da juíza de Execução Penal da época, Paula Berti. Ambas não mediram esforços para a concretização da remição de pena pela leitura aos presos custodiados no município, inclusive doando muitos livros do próprio acervo pessoal para viabilizá-la efetivamente. Aos juízes de Direito que atuam e já atuaram na Vara de Execução Penal na Comarca de Xanxerê e foram receptivos a esse dispositivo, em especial André Luiz Bianchi, pela sensibilidade e comprometimento à causa. Foi ele quem, após inúmeras tratativas em anos anteriores, emitiu a portaria que estabeleceu o convênio entre Presídio e Universidade, em 2015. Obrigada por sempre acolherem – e auxiliarem a resolver – nossas demandas e, em seus nomes, permitam-me estender o agradecimento a todos do segmento da Justiça.

Aos agentes da Pastoral Carcerária (PCr) e aos membros da Justiça Restaurativa (JR), que propõe uma Justiça menos punitiva, em especial à irmã de caridade Imelda Maria Jacob, que muito contribuiu para a implantação da JR no Brasil, sobretudo nos estados de Santa Catarina e Rio Grande do Sul, pelas palavras de afeto, pela escuta ativa, pelo incentivo, pelo exemplo, pela Fé.

À psicoterapeuta Sandra Bauermann Barcella, pela escuta sensível e pelo acompanhamento no percurso da escrita final da pesquisa, tão importante para eu me permitir ser pesquisaDORa e suportar as dores advindas desse processo. A escuta é um gesto de alteridade, na medida em que, por essa lei(c/d/t)ura, falar cura.

Às amigas que a vida me presenteou, em especial as da Ciência da Linguagem: Cristiane Martins de Paula Luz e Fabiane Aparecida Pereira Ambrósio, pela interlocução, amizade, incentivo, paciência, apoio, alteridade, acolhimento, sensibilidade, generosidade – por serem *presentes* em minha vida em todas as acepções semânticas possíveis. A cada um dos colegas de estudo com quem convivi nos diferentes momentos de minha formação escolar e acadêmica, pela alegria da convivência e pela sinergia.

Aos amigos que, dentre tantas outras funções que desempenham, são escritores, Padre Ivo Pedro Oro e Cristiane Martins de Paula Luz, pela alteridade e generosidade da leitura beta, pelas contribuições e reflexões suscitadas e pelo auxílio na revisão linguística.

Aos amigos do Leo Clube de Pato Branco-PR, com quem muito aprendi sobre liderança, experiência, oportunidade, solidariedade e trabalho voluntário. Os anos passaram, mas, quando nos (re)encontramos, a alegria e o entusiasmo continuam vivos e intensos. Não é exagero afirmar que o Leo Clube de Pato Branco, na década de 1980, foi uma sementeira a germinar lideranças que até os dias atuais continuam contribuindo com boas ideias e com ações concretas para a melhoria da qualidade de vida de tantas pessoas. Foi com o Leo Clube, na década de 1980, que realizei a primeira visita a presos, na unidade prisional daquele município.

A tantos amigos e amigas que a vida me presenteou, impossível nominá-los um a um; mas se sintam todos envolvidos com meu afeto. Em especial a Adalgisa Moreira, Ana Paula de Oliveira Scherer, Celsi Melchiors, Delsa Gatto, Édina Cristina Rodrigues, Elizete Ferronato Pretto, Glória Cândido, Ironi Savaris de Souza, Ivânia Vicini Lodi, Izalde Follmer Saibo, Maria de Lourdes Luzzi, Maria Helena Casagranda, Marli Bonan, Mônica Vicenzi,

Regina Schimdt Neumann, Rosane Pedron Carneiro, Sandra Rotava e Tânia Gehlen de Marco: nossas histórias de vida se cruzaram há décadas. Quanto aprendi e quanto continuo aprendendo com vocês. Também registro minha estima aos amigos da Caixa Econômica Federal, pelo alicerce do aprendizado de uma vida de convivência.

À Oivete de Lúcia Chioquetta Mesomo, minha primeira professora, e, em seu nome, expresso minha gratidão a cada um dos maravilhosos professores que passaram por minha vida qual cometa, deixando um rastro de luz, de sabedoria, de exemplo, de entusiasmo, de amor à profissão e de partilha de conhecimentos.

E para agradecer toda a família, valho-me do dizer do privado de liberdade entrevistado, identificado como INF 3:

> (INF 3) [...] eu sei hoje que o melhor, o melhor que tem é a família, né, é a melhor coisa que tem é a família, que é um valor. Nada vale mais do que a família, que as pessoa que a gente gosta mesmo, de verdade...

Em especial ao meu pai, Olívio, e à minha mãe, Eletra, por serem meu alicerce, pelas orações e pelas lições de amor incondicional que nutrem minha existência. Com vocês aprendi sobre FÉ, ética, respeito, sabedoria, família, profissionalismo, honestidade, caráter, responsabilidade, dedicação, comprometimento, persistência, voluntariado, doação do tempo para a construção de um mundo melhor. Vocês são e sempre serão presença presente em minha vida!

Ao meu marido, Ivor, pela história de vida que juntos construímos, pela família maravilhosa que edificamos com as bênçãos de Deus e de Nossa Senhora, por ser homem de palavra (como você diz? _No fio do bigode!); cuja disciplina, foco, persistência, técnica, dedicação e qualificação são constantes. Às filhas, Caroline e Larissa, pelas traduções em inglês e em francês respectivamente; e ao filho, Ivor Júnior, pelos deliciosos almoços que preparou para nós quando eu não podia perder um minuto sequer para escrever a pesquisa que resultou neste livro. Gratidão, meus três filhos lindos e amados, razão da minha existência, vivência de amor, aprendizado e esperança que jamais poderei confinar no limite das palavras, pelos sorrisos acolhedores, pelo incentivo e por todas as escutas ativas da mommy. Aos genros, Rodrigo e Rafael, pela solicitude, sempre prontos a estender a mão e a auxiliar e pelo bom humor, que torna a vida mais leve. Ao neto, Teodoro, e às netas, Melissa e Olívia: a presença de vocês em minha vida faz meu coração bater mais forte; é a continuidade da vida, felicidade imensa, amor pleno, emoção, sorrisos, garantia de alegria. Aos meus queridos irmãos, Luiz Alfredo, Jakson e Roseane, e a todos que fazem parte da minha história de vida, seja pela pertença dos laços de sangue ou de afeto (ou ambos), pelo acolhimento e sensação de pertencimento que tanto engrandece minha alma; pelo amor incondicional, pelas palavras de coragem e de estímulo, por acreditarem em minha capacidade e pela compreensão das minhas ausências, pela alegria em compartilharmos nossas narrativas de vida. Se lágrimas são palavras da alma, minha alma está falando...

Por fim, dizer que para mim é bem significativo este livro, pois no ano de 2000 fui diagnosticada com um tumor cerebral – *schawnnoma* acústico – bem invasivo, media mais de seis centímetros e comprimia a massa encefálica. Eu sentia dores de cabeça alucinantes, já estava com a fala comprometida e, após a cirurgia, uma das sequelas foi a perda da audição, que ficou unilateral. Foi um processo doloroso em todos os sentidos. A intervenção cirúrgica para retirada do tumor e o tratamento foram bem-sucedidos, graças a Deus. Sequelas? Entre outras, percebo minha sensibilidade exacerbada ao enfrentar situações difíceis e limitantes – razão do porquê, se possível, procuro evitá-las –, pois sinto o sofrimento do outro como se meu fosse. Essa também foi uma das razões para eu relutar em *pôr os pés no presídio*.

A própria Bíblia (2011) diz que os últimos serão os primeiros (Mateus, 20,16), assim, em primeiríssimo lugar em minha vida, acima de tudo e de todos, está Deus, a Quem agradeço *ad infinitum, ad aeternum...* Ressalto que é Deus-Trindade (Pai, Filho e Espírito Santo), pelo dom da vida, por me fortalecer e impedir meu esmorecer, por guiar o meu caminho, e à Nossa Senhora, mãe de Jesus e intercessora da humanidade, por tantas bênçãos. Gratidão...

Deus seja louvado!

PREFÁCIO

A leitura pode de fato ser efetiva quando realizada entre as grades do cárcere como forma de remição de pena? Foi essa pergunta que me fiz diante do livro de Rossaly Beatriz Chioquetta Lorenset, *Leitura e cárcere: (entre)linhas e grades, o leitor preso e a remição de pena*.

Para responder a essa questão foi preciso voltar um pouco no tempo... no tempo em que Rossaly começou a escrever as primeiras linhas deste texto. Foi um trabalho desafiador, pois se, por um lado, Rossaly escreveria sobre o que conhecia muito bem – os processos de leitura –, por outro, escreveria também sobre o desconhecido mundo daqueles que liam no anseio de reduzir o número de dias dentro da prisão. Como fazer isso, sendo que a prisão, tanto para Rossaly quanto para muitos de nós, só existia no imaginário historicamente construído como um lugar de confinamento dos infames que não convêm viver em sociedade? A própria autora relembra que, ao ser convidada a coordenar o Projeto de Extensão Direito e Cárcere: Remição da Pena pela Leitura, disse que só aceitaria "desde que não precisasse pôr os pés lá...". Mas Rossaly pisou lá... e não foram poucas vezes. "Frequentei a prisão e exponho cruamente", diz ela; e quanto mais pisava lá, mais se libertava de suas próprias amarras. É disso que trata este livro: ver o outro de outro lugar; ver o outro em outro lugar; ver o lugar do outro!

Só que ver muitas vezes não é suficiente; é preciso também ouvir, e Rossaly ouviu. Essa escuta que a autora traduz em escrita nos ajuda a produzir outros sentidos de cárcere e dos sujeitos que lá são alojados, mas, sobretudo, essa escuta fez sentido também para os próprios presos, como vemos na passagem em que Rossaly agradece a um preso pela entrevista concedida e ele responde: "Obrigado eu, de <u>tê me escutado</u>". Como bem pontua a autora, a escuta, propiciada pelo trabalho de campo, já se constitui como uma intervenção, na medida em que favorece uma interlocução direta do preso com o mundo externo à prisão, algo raro para esse sujeito. Só por isso o trabalho de Rossaly já teria valido a pena, uma vez que, como pontua, "o Estado que os custodia, os quer nas so(m)bras da invisibilidade".

Mas ela foi além, em busca do objetivo de analisar, via discurso, como se constitui o sujeito-leitor em espaço de privação da liberdade em que a leitura atua como dispositivo de remição de pena.

Num primeiro momento, Rossaly compreendia o projeto de remição de pena pela leitura em sua superfície, uma proposta inovadora, de caráter instrucional, cujos fins voltam-se a ações humanitárias em prol da ressocialização do preso. O percurso analítico a levou a compreender outro sentido possível a essa leitura, uma técnica de normalização penal, uma forma de adestramento, de domesticação, tal como propõe Foucault em *Vigiar e Punir: nascimento da prisão*, uma fábrica de produção de "corpos dóceis e produtivos". Nos termos da própria autora, "Compreendo que trazer a questão já é uma forma [...] de problematização, de pôr em suspenso o(s) sentido(s), a(s) discursividade(s)".

Contudo, como muito bem ratifica ao final de seu texto, "Inobstante, essa leitura como dispositivo de remição de pena é um contraponto à neutralização do depósito de corpos que se (con)figura o cárcere. Melhor tê-la. Melhor com ela. Mesmo diante de todas as implicações que este estudo apontou".

O discurso sobre a leitura é um discurso político, seja ele pensado para a escola ou fora dela. Cabe questionarmos o que está em jogo quando essa discursividade é proposta para dentro dos muros da prisão. É isso que se propõe Rossaly, "Em espaço de privação da liberdade, é possível articular a leitura-signo à leitura--significante?". A conjuntura dada no Poder Judiciário submete os sujeitos-leitores presos aos mecanismos de normalização, mas, ao mesmo tempo, esse discurso pode trazer a possibilidade de uma mudança, de uma reestruturação nas redes de filiação histórica.

Como boa linguista e analista do discurso que é, a autora dedica um capítulo para tratar das diferentes nomeações usadas pelo sistema prisional brasileiro para dizer do sujeito encarcerado. Também com essa pegada, ciente de que aquilo que é dito de uma forma implica silenciar outras formas diferentes de dizer a mesma coisa, a autora não deixa passar em branco uma série de significantes em jogo no âmbito da política do sistema carcerário para dizer e significar o sujeito preso e seu modo de vida:

> [...] uma leitura REssignificante, porque REstruturada, retomando o prefixo "re" tão caro ao sistema prisional. REeducado. REaprendiz. REssocializado. REconstituído. REformado. Ao utilizar o prefixo "re", algo falhou... Falhou a leitura na escola e agora é preciso REler. Avançando um pouco mais, faltou a presença na escola, [...] e agora é preciso REeducar, REformar.

Outro ponto que merece destaque na obra *Leitura e cárcere: (entre) linhas e grades, o leitor preso e a remição de pena* é a sensibilidade da autora para perceber a leitura para além da decodificação e compreensão de narrativas, e isso pode ser observado quando Rossaly conta da leitura como uma prática de envolvimento do sujeito com o ato de ler. É o que a autora chama de perspectiva metaenunciativa, o fato de o preso relatar e descrever a leitura realizada em primeira pessoa. Ele conta como lê, e nesse ato constitui-se como sujeito-leitor em identificação com a leitura efetuada.

O livro de Rossaly Lorenset me levou a responder sim à questão que introduz este prefácio e a plantear uma mudança discursiva no cenário carcerário brasileiro, projetos como os de remição de pena pela leitura, ainda que com certo caráter coercitivo, podem ser uma ferramenta, como diz a própria autora, a "esgarçar modos de visibilidade e dizibilidade, sem garantias *a priori*, mas afinada com as possibilidades em curso que podem potencializar a vida".

O leitor desta obra certamente se libertará, também!

Sandro Braga
Professor do Departamento de Língua e Literatura Vernáculas e
do Programa de Pós-Graduação em Linguística da
Universidade Federal de Santa Catarina

Quando vos disserem que este está na prisão, que aquele está na prisão, que aquele outro está na prisão, digam a vocês mesmos 'também eu posso fazer os mesmos erros que ele fez'. Todos podemos cometer erros mais brutos. Condenar nunca. Ajudar sempre a se levantar e a se reinserir na sociedade.
(Papa Francisco, [2015] 2019)

O cárcere não é sinônimo de segurança, de paz e de justiça. O sistema carcerário é, na realidade, um instrumento que serve para manter a desigualdade social e violentar as pessoas e as classes mais desprotegidas e marginalizadas. Ele existe justamente para cumprir esses propósitos. Tragicamente, não há sistema carcerário falido.
(Pastoral Carcerária Nacional, 2014)

SUMÁRIO

1

LINHAS INICIAIS 27

PARTE I

LINHAS DE FORÇA: AS CONDIÇÕES DE PRODUÇÃO 63

2

QUEM SÃO OS PRESOS DO SISTEMA CARCERÁRIO BRASILEIRO?
PRESO NEGRO, NEGRO PRESO; PRESO POBRE, POBRE PRESO; PRESO
JOVEM, JOVEM PRESO; PRESO COM BAIXA ESCOLARIDADE 65

2.1 Preso negro, negro preso: a abolição da escravatura
manteve correntes invisíveis 74

2.2 Preso pobre, pobre preso: para os pobres os rigores da lei,
para os ricos os favores dos reis 84

2.3 Preso jovem, jovem preso: a máquina de contar dias é a mesma de moer gente. . . . 88

2.4 Preso sem escola: somos todos brasileiros, mas alguns
são mais brasileiros que outros. 92

2.5 Na discursividade estatística: criminoso é o negro, o pobre,
o pouco escolarizado e o desocupado 98

3

A CONDIÇÃO DO LEGÍVEL EM RELAÇÃO AO PRÓPRIO LEGÍVEL:
A UNIVERSIDADE DO OESTE DE SANTA CATARINA – UNOESC
XANXERÊ E O PROJETO DE EXTENSÃO DIREITO E CÁRCERE:
REMIÇÃO DA PENA PELA LEITURA. 103

3.1 Circulação de sentidos dos significantes *remição versus remissão* 110

3.2 Seleção de obras para leitura dos sujeitos em área de cárcere:
como quebrar grades internas para integrar-se nas do outro? 116

3.3 Estudantes de Direito e medi(a)ção da leitura dos apenados:
pode ser de alteridade uma relação de poder? 123

3.4 O *locus* Presídio Regional de Xanxerê: por que enunciar
que é um "sistema humanizado"? 133

4
AS CONDIÇÕES DE PRODUÇÃO QUE INCIDEM NA DISCURSIVIZAÇÃO DA LEITURA NO CÁRCERE E NA CONSTITUIÇÃO DO SUJEITO-LEITOR PRESO 163

4.1 As condições de produção das entrevistas da pesquisadora com os sujeitos-leitores em espaço de privação da liberdade 164

4.2 As condições de produção da medi(a)ção de leitura efetuada pelos alunos de Direito da Unoesc Xanxerê com os sujeitos-leitores presos no Presídio Regional de Xanxerê 181

4.3 Na ordem do discurso surge uma resolução para a leitura como dispositivo de remição de pena: direito à literatura? 188

4.4 Funcionamento discursivo e os efeitos de sentido das nomeações sobre o sujeito do cárcere: dizer do mesmo de outro modo 201

PARTE II
LINHAS DE SUSTENTAÇÃO TEÓRICA E (ENTRE)LINHAS E DOBRAS DISCURSIVAS: A ANÁLISE 225

5
GRADE TEÓRICA: AS LINHAS DE SUSTENTAÇÃO 227

5.1 Desemaranhando as linhas da noção de dispositivo: mecanismos de poder que capturam, governam, controlam e seus atravessamentos 227

5.2 A noção de leitura da Análise do Discurso: um processo discursivo que mobiliza sentido(s) 232

5.3 A noção de sujeito-leitor na perspectiva discursiva: processo sócio-histórico de produção de efeitos de sentidos, a partir de um lugar social, atravessado por um mosaico de discursos 236

5.4 A noção de inconsciente: um lugar de constituição do sujeito 240

6
A LEITURA-TRITURAÇÃO: METODOLOGIA DO GESTO ANALÍTICO NO TRABALHO COM O MATERIAL SIGNIFICANTE: A CONSTITUIÇÃO DE NÚCLEOS TEMÁTICOS AFINS 245

6.1 O gesto analítico sobre o dizer dos sujeitos-leitores: presos nas algemas de mecanismos de normalização 251

6.2 Livro – alvará de soltura – e a posição-sujeito-leitor no cárcere: trapaceando a língua na tensão entre o dito e o não dito na relação com a leitura 273

6.3 Os sujeitos-leitores que estão lendo na prisão são os que não conseguiram ler na escola ou que não conseguiram estar na escola para ler: é *leitura-sujeição* que regula esse espaço do lisível?...............................297

6.4 Das leituras que não contam para a remição de pena...........................319

7
(DES)DOBRAMENTOS FINAIS...337

REFERÊNCIAS...353

No meio do (des)caminho

No meio do (des)caminho do cárcere: tinha uma leitura
Tinha uma leitura no meio do (des)caminho do cárcere
Tinha grades
No meio do (des)caminho do cárcere tinha leitura atrás de grades

Nunca me convencerei que esse é o caminho

   Pálido
     Pária
       Pávido
         Pena
           Perda
             Preso
               Preto
                 Privado
                   Pobre
                     Pródigo
                       Punido

Nunca me esquecerei que no meio do (des)caminho do cárcere
Tinha leitura atrás de grades
Tinha leitura atrás de grades no meio do (des)caminho do cárcere
No meio do (des)caminho do cárcere tinha leitura atrás de grades.

Poema de minha autoria (Lorenset, 2021),
parafraseando o de Drummond de Andrade (Andrade, [1928] 2013, p. 36).

Fonte: acervo da autora. Desenho em cartolina, recebido de presos de uma cela (de um *xis*) do Presídio Regional de Xanxerê, em 23 de abril de 2019

LINHAS INICIAIS

> *Ontem, o punhal de sílex ou a agulha. Hoje a aparelhagem que vai*
> *desde o cassetete do policial até às algemas e ao box do acusado. Esses*
> *instrumentos compõem uma série de objetos destinados a **gravar a***
> ***força da lei sobre seu súdito, para fazer dele uma demonstração da***
> ***regra, produzir uma "cópia" que torne a norma legível.** [...] Fronteira*
> *ofensiva, ela organiza o espaço social.*
> (Certeau, [1990] 2014, p. 211, grifo meu)

No segundo semestre de 2014, um egresso do curso de graduação em Direito da Universidade do Oeste de Santa Catarina (Unoesc Xanxerê), membro do Conselho da Comunidade[3] da Comarca de Xanxerê, contatou comigo por eu ser professora de Língua Portuguesa desse curso e efetuou a proposta de que alunos do curso de Direito dessa Instituição de Ensino Superior (IES) mediassem as leituras de presos com a finalidade de remição da pena pela leitura.

No Presídio Regional de Xanxerê, a possibilidade de remição da pena pela leitura foi criada e instituída em 2013, por meio de uma portaria da juíza de Execução Penal da época, pois, considerando que a remição da pena pela leitura não ocorria em todas as unidades prisionais do país, fez--se necessária a instituição dela[4]. Até então, se não houvesse concordância judicial, ela não existia, pois o juiz precisava estar disposto a recepcionar essa leitura. Conforme depoimento da Gerente do Presídio, no início do Projeto, a avaliação da leitura era realizada por meio de resenha escrita. Os

---

[3] Instituído nos termos da Lei 7.210/84, Lei de Execuções Penais, o Conselho da Comunidade da Comarca de Xanxerê preceitua em seu Estatuto, Art. 2.º: "é órgão deliberativo de direito privado, constituído por tempo indeterminado, sem fins econômicos, de caráter organizacional, filantrópico, assistencial e educacional, sem cunho político ou partidário e tem a finalidade de auxiliar as autoridades judiciárias, policiais e sistema penal em todas as tarefas de readaptação de sentenciados, presidiários e egressos do Presídio Regional de Xanxerê ao meio social, bem como diligenciar a obtenção de recursos materiais e humanos a entidades públicas ou privadas com finalidade social, ou para atividades de caráter essencial à segurança pública, educação e saúde, desde que atendam às áreas vitais de relevante cunho social."

[4] Ainda não havia a Resolução n.º 391 (CNJ, 2021), de 10 de maio de 2021, que estabelece a remição da pena pela leitura em todo o território nacional. Estava em vigor a Recomendação n.º 44 (CNJ, 2013), que *recomendava* a instituição da remição da pena pela leitura aos juízes da Vara de Execução Penal (VEP).

detentos liam livros doados pela juíza de Execução Penal e pela promotora de Justiça, e, após as leituras, escreviam resenhas, encaminhadas para elas, que analisavam se concederiam ou não a remição da pena decorrente da constatação da realização da leitura. Entretanto, ainda segundo o relato da servidora pública gestora do Presídio, estava ocorrendo muito plágio[5], o que fomentou o contato do Conselho da Comunidade para estabelecer parceria entre a Universidade e o Presídio, buscando alternativa para resolver a questão de como verificar e confirmar a realização da leitura.

Após ser institucionalizada a parceria, fui convidada pela Unoesc Xanxerê para coordenar o Projeto de Extensão intitulado Direito e Cárcere: Remição da Pena pela Leitura[6] e lembro-me da minha resposta: *eu aceito o desafio, desde que eu nunca precise pôr os pés lá no Presídio.* Hoje entendo que, ao responder ao professor coordenador do Curso de Direito, inconscientemente, fui interpelada pelo imaginário[7] do sistema prisional. Eu não queria ter a experiência de ir ao Presídio para privar-me de estar nesse lugar de tensão entre o sistema carcerário e os liames da liberdade. Estar lá, naquele espaço, poderia legitimar um sistema com o qual eu não concordava. Aquele meu dizer marca ressonâncias da memória discursiva do sistema carcerário; a distância que se deseja ter do espaço prisional é historicamente construída.

Compreendo hoje que eu não estava diante de algo transparente: a opacidade e o deslize estiveram presentes na discursividade desse dizer e podem ser problematizados, pois neles me inscrevo, não só sob o ponto de

---

[5] O plágio pode ser entendido como uma "contraconduta" (Foucault, [1977-1978] 2008, p. 255) relativa à leitura e foi ele que justificou o surgimento do Projeto de Extensão Universitária da Unoesc Xanxerê. Esse Projeto iniciou-se porque a Justiça queria combater o plágio, um modo de se relacionar com a leitura de modo coletivo, pois o sujeito-leitor preso trocava a leitura por ele efetuada com os outros sujeitos-leitores presos. Pode-se cogitar: até que ponto as informações que os sujeitos-leitores presos passam aos estudantes de Direito mediadores de leitura não são objeto de trocas entre eles, de subversão da regra de que devem ler tantos livros, lendo cada qual um, repassando a resenha aos demais; ou um lendo para vários e todos recebendo benefícios em relação a isso, como um serviço prestado num ambiente marcado por trocas e hierarquias? Não se sabe, são suposições. Pensar nisso faz compreender que a ilegalidade do plágio pode ser uma das possibilidades de resistência por meio da leitura, uma forma de lidar com o sistema prisional.

[6] O Projeto de Extensão Comunitária Direito e Cárcere – Remição da Pena pela Leitura está disponível para consulta da Diretoria de Pesquisa, Extensão e Pós-Graduação da Unoesc Xanxerê; não está publicado. Foi encaminhado por e-mail à pesquisadora. Para mais informação acerca deste Projeto de Extensão, inclusive como nasceu, com nomes dos atores sociais envolvidos, *vide* a publicação de Lorenset e Oliveira (2020), intitulada *Projeto de extensão: Direito e Cárcere: Remição da Pena pela Leitura,* disponível em: https://portalperiodicos.unoesc. edu.br/apeux/article/view/23876. Acesso em: 13 maio 2021.

[7] Imaginário no sentido estabelecido por Fuchs e Pêcheux ([1975] 2010), ou seja, as regras de projeções imaginárias estabelecem as relações entre as situações – objetivamente definíveis – e as posições – representações dessas situações – nos mecanismos da formação social. Não se trata aqui de ter imaginação no sentido de ficção, mas de ter representações socialmente construídas e transmitidas.

vista pragmático, mas com minhas histórias (re)(des)veladas pelos equívocos impossíveis de serem neutralizados. O que está em jogo aí é uma relação entre língua, história e ideologia, como tão bem apontam os pressupostos teóricos da Análise do Discurso, doravante AD, que ancora este estudo. Conforme Courtine (2010), se não se tem o saber histórico que permite compreender profundamente a complexidade de todo o assunto analisado, não se compreende nada de nada. Por esse gesto interpretativo, percebo que, ao silenciar um dizer, destaquei outro: o silêncio é tão pleno de sentidos quanto as palavras, pois se produz em condições específicas que constituem seu modo de significar, "é o silêncio significante [...] Significa que o silêncio é garantia do movimento de sentidos. Sempre se diz a partir do silêncio" (Orlandi, 2007, p. 23). Do ponto de vista teórico que assumi, seria impossível separar sujeito e língua, estão imbricados, construídos e constituídos ideologicamente, conforme Pêcheux ([1975] 2009). Menciono, a seguir, um evento discursivo retirado do *corpus* da pesquisa, que pode sublinhar esse imaginário sobre o sujeito do cárcere:

> (INF 1)[8] [...] pelo fato que você só ficô preso não significa que, talvez, é ignorante, na verdade, porque <u>muitos vê essa visão, têm a visão que preso é ignorante, é um monstro,</u> é isso o aquilo... Mas, não é verdade, né...

A fala desse apenado parece denunciar o imaginário social que circula sobre os sujeitos que estão atrás das grades do sistema prisional: *"preso é ignorante, é um monstro[9], é isso o aquilo..."* Na materialidade linguística desse enunciado, já de antemão, deparei-me com sentidos e evidências distantes da neutralidade e da univocidade, provocando indagações, conduzindo-me a novas leituras e análises, a deslocamentos. Nessa confluência, a história aqui narrada interessa para explicar o marco do meu percurso de pesquisa,

---

[8] Organização das sequências discursivas (SD) dos sujeitos entrevistados: apresento a abreviatura INF para *Informante entrevistado* mais o algarismo numérico do sujeito preso que falou a SD mencionada, conforme a entrevista que se deu em ordem aleatória. Por exemplo, apresenta-se aqui a primeira SD recortada da fala do primeiro sujeito preso entrevistado. Há SDs que trazem INF 1, INF 2, INF 3, INF 4 e INF 5, quando se marca(m) regularidade(s) do/no dizer dos sujeitos entrevistados. Algumas SDs apresentam ainda os dizeres dos LOC, isto é, da *locutora entrevistadora*, não sendo objeto de estudo, tão somente apresentados para dar continuidade à enunciação do sujeito preso entrevistado. A transcrição das entrevistas na íntegra e vários outros arquivos referentes à pesquisa estão em anexo à minha tese de doutorado, publicada no repositório de teses da Universidade Federal de Santa Catarina — UFSC (Lorenset, 2021). Disponível em: https://repositorio.ufsc.br/handle/123456789/229231. Acesso em: 25 jul. 2023.

[9] Ao se retomar a ilustração que abre o livro, em que o sujeito preso se desenha sendo abraçado com o obstáculo das grades de ferro da porta da cela, fica a indagação: é um monstro o que está no intramuros da prisão, enjaulado e acorrentado como se animal fosse? Há um imaginário social corroborado também por expressões que sinalizam que *bandido bom é bandido morto*.

quando e como esse movimento começou, a partir de qual espaço-tempo e como se inscreve na busca da compreensão da constituição dos sentidos, do imaginário e da historicidade.

A AD prefere pensar a história discursivamente; é o seu funcionamento em práticas sociais que interessa: "é a própria possibilidade de dar uma forma material ao pensamento (de pensar) que está em jogo nos jogos da história da ciência" (Orlandi, 2009, p. 138). A AD se define pela não transparência da linguagem, e o sujeito, por sua vez, deixa de ser centro e origem do seu discurso para ser entendido como construção polifônica, lugar de construção historicamente constituído, conforme pôde ser marcado no recorte da formulação do meu dizer e do dizer do preso INF 1; a narrativa da minha recusa inconsciente em ir ao Presídio mobiliza, no fio do discurso, a memória discursiva de um imaginário sobre o sistema prisional.

No entremeio dessa relação de professora e de linguista, sem saber a dimensão ideológica e de historicidade, contrariei o já dito e adentrei no sistema carcerário com a polissemia de seis funções sociais: professora; mediadora de leitura; representante do Conselho da Comunidade; facilitadora da Justiça Restaurativa[10]; membro da Pastoral Carcerária e pesquisadora. Primeiro, fui ao Presídio como professora da Universidade e, em pouco tempo, eu mediava leituras com alunos de Direito e também entrevistava apenados que desejavam remir pena por meio da leitura. Simultaneamente, fui nomeada membro do Conselho da Comunidade, como representante da Unoesc Xanxerê. E cada vez mais eu ia tomando conhecimento dos meandros do sistema judiciário. Em julho de 2017, participei do curso promovido pelo Centro de Direitos Humanos e Educação Popular de Campo Limpo, São Paulo (Cdhep), e pela Escola de Perdão e

---

[10] A Política Pública Nacional de Justiça Restaurativa (JR) no âmbito do Poder Judiciário é regulamentada pela Resolução n.º 225/2016, do Conselho Nacional de Justiça (CNJ, 2016). Conforme o Artigo 1.º desse documento: "A Justiça Restaurativa constitui-se como um conjunto ordenado e sistêmico de princípios, métodos, técnicas e atividades próprias, que visa à conscientização sobre os fatores relacionais, institucionais e sociais motivadores de conflitos e violência, e por meio do qual os conflitos que geram dano, concreto ou abstrato, são solucionados de modo estruturado" (CNJ, 2016). Nesse sentido, também está amparada na Resolução 2002/12 da ONU - Princípios Básicos para Utilização de Programas de Justiça Restaurativa em Matéria Criminal e na Resolução da Assembleia-Geral n.º 56/261, de 31 de janeiro de 2002, intitulada Planejamento das Ações para a Implementação da Declaração de Viena sobre Crime e Justiça – Respondendo aos Desafios do Século Vinte e Um, no tocante à JR, de modo a cumprir os compromissos assumidos no parágrafo 28 da Declaração de Viena, que, dentre outros preceitos, "Encoraja os Estados Membros a inspirar-se nos princípios básicos para programas de justiça restaurativa em matéria criminal no desenvolvimento e implementação de programas de justiça restaurativa na área criminal" (ONU, 2002). Em 25 de junho de 2019, o CNJ regulamentou a Resolução n.º 288 (CNJ, 2019), que define a política institucional do Poder Judiciário para a promoção da aplicação de alternativas penais, com enfoque restaurativo, em substituição à privação de liberdade.

Reconciliação (Espere), intitulado Fundamentos da Justiça Restaurativa[11], cuja metodologia prevê que os participantes do curso possam desenvolver novo olhar acerca da Justiça – que não seja punitiva – e sobre o perdão, podendo gerar novas respostas a situações complicadas. A partir de então, tornei-me membro da Pastoral Carcerária (PCr) e, desde setembro de 2017, vou semanalmente ao Presídio Regional de Xanxerê[12]. Nós[13], os membros da PCr – também chamada pastoral da escuta –, temos acesso ao lado de dentro, os corredores que margeiam as celas dos presos, sem a presença de agentes prisionais ou funcionários do sistema penitenciário[14], conversamos com presos no pátio enquanto tomam sol, nas Galerias A, B e C. Para contribuir com o entendimento do que são Galerias, tais como a A, B ou C, pode-se pensar que o projeto arquitetônico do Presídio de Xanxerê assemelha-se ao panóptico citado por Foucault ([1975] 2014a).

Essa modalidade panóptica de poder foi concebida no início do século XVIII. Jeremy Bentham criou um dispositivo que se constitui como mecanismo de vigilância arquitetônica com estrutura capaz de controlar a distribuição de corpos em espaços como prisões, espécie de aparelho de controle cuja força é não intervir, graças a seus mecanismos de observação; automatiza e desindividualiza o poder. Para Foucault, "O Panóptico é um zoológico real; o animal é substituído pelo homem [...]" (Foucault [1975] 2014a, p. 197) num processo de subordinação dos corpos e das forças. No entendimento foucaultiano, é concebido como encarceramento perfeito,

---

[11] Essas Escolas iniciaram em Bogotá, Colômbia, com Leonel Narváez – *Fundación para la Reconciliación*. Capacitação vivencial – teórica e prática – que contribui para o crescimento humano e introduz os conceitos da JR. Parte-se da visão do conflito a ser trabalhado com comunicação não violenta, mediação e práticas de JR. A metodologia utilizada é a participativa, considerando-se cinco dimensões do ser humano: cognitiva, emocional, comportamental, corporal e espiritual. Essa formação atinge a dimensão da subjetividade combinada com a dimensão sociopolítica. Disponível em: https://esperebh.wordpress.com/apresentacao. Acesso em: 5 ago. 2019.

[12] No período da pandemia de Covid-19, as visitas foram suspensas. O Ministério da Justiça e da Segurança Pública editou a Portaria n.º 135/2020, de 18 de março de 2020, que estabeleceu padrões de conduta dos gestores de estabelecimentos penais em face da pandemia do coronavírus. A Secretaria de Estado da Administração Prisional e Socioeducativa (SAP), de Santa Catarina (SC), determinou a adoção de diretrizes para impedir a disseminação do coronavírus (Covid-19) pela Portaria n.º 191/GABS/SAP, a qual determinou a suspensão de todas as visitas nas unidades prisionais e socioeducativos do estado de Santa Catarina, para restringir os riscos à saúde e à integridade física dos que frequentam esses locais. Assim, durante a pandemia, os detentos não receberam mais visitas de familiares (passou a ser virtual, por videochamada, uma por mês, com duração máxima de dez minutos ou por *e-mail*) nem da Pastoral Carcerária, nem dos alunos bolsistas do Projeto de Extensão Direito e Cárcere, da Unoesc Xanxerê, entre outros. Nesse sentido, o CNJ emitiu a Recomendação n.º 62, de 17 de março de 2020, que preceituou regras de visitação em estabelecimentos prisionais, devido à pandemia do coronavírus.

[13] Nesta parte do texto utilizo a primeira pessoa do plural, *"nós"*, para marcar que as visitas da Pastoral Carcerária são efetuadas em pequenos grupos ou duplas, nunca são individuais.

[14] Os agentes penitenciários ficam nos seus espaços de trabalho e, se necessário, são chamados por nós com batidas fortes nas grades de ferro.

pois, diante de prisões arruinadas e fervilhantes, "o Panóptico aparece como jaula cruel e sábia" (Foucault [1975] 2014a, p. 199) e permite aperfeiçoar o exercício do poder disciplinador que atravessa todos os espaços; local de visibilidade, local de onde é possível, 24 horas por dia, ver tudo sem ser visto. Observe-se a Figura 1.

Figura 1 – Semelhança entre planta arquitetônica de zoológico e planta arquitetônica de unidade prisional

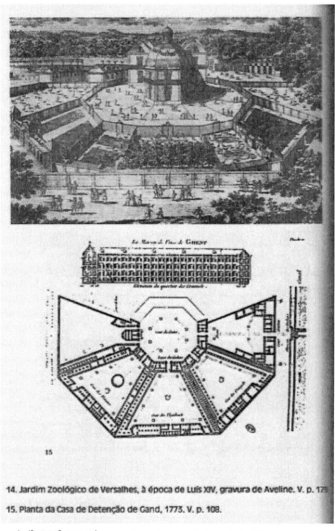

14. Jardim Zoológico de Versalhes, à época de Luís XIV, gravura de Aveline. V. p. 175
15. Planta da Casa de Detenção de Gand, 1773. V. p. 108.

Fonte: Foucault ([1975] 2014a), encarte entre as páginas 32 e 33

Foi essa a sensação que tive ao adentrar no Presídio Regional de Xanxerê: parece funcionar um controle psicológico com o qual os próprios sujeitos presos se autocontrolam, assujeitados. Confesso que foi difícil compreender e apurar o funcionamento do espaço prisão, pensar as redes de poder (e o meu lugar nelas), dialogar com as burocracias deste espaço, com interferências internas e externas, com a presença de facções criminosas[15]. Esse lugar não é facilmente permeável à entrada da sociedade civil, que pode ser considerada uma intervenção à configuração de poder no espaço prisional. Compreendo que a presença de sujeitos estranhos à dinâmica prisional incomoda porque relativiza a opacidade característica da prisão, pode atuar como um controle externo de proteção contra abusos de poder[16]. Nessa óptica, com as figuras 14 e 15 do encarte entre as páginas 32 e 33 de *Vigiar e punir*, Foucault ([1975] 2014a) provoca reflexões ao apresentar o projeto do Jardim Zoológico de Versalhes e a planta da Casa de Detenção de Gand: há muita semelhança na arquitetura delas e isso mobiliza a pensar que pouco ou quase nada mudou no cárcere brasileiro do século XXI; os sujeitos presos ainda ficam como bichos nas celas, corpos ban(d)idos, "corpos dóceis" e "vidas infames"[17] no pensamento foucaultiano ([1975] 2014a; [1977] 2015) e "vidas matáveis" no pensamento agambeniano ([1995] 2010). O lugar é opressor: a sensação é de estar preso mesmo que não se esteja algemado. Ao percorrer esse espaço estreito, veem-se braços pendurados nas grades, detentos enjaulados nas celas. Muitas vezes, presenciei cenas de internos, mesmo amontoados em espaço ínfimo, lendo, sentados no chão, no concreto gelado...

---

[15] Fui alertada por agentes penitenciários e atores do Poder Judiciário: *"Professora, prenda o cabelo, não vá com ele solto, os presos podem puxá-la pelo cabelo entre as grades. Sei que a senhora é bem-intencionada, mas há disputa de facção criminosa no Presídio de Xanxerê".*

[16] A PCr considera que as visitas semanais têm também este caráter, de certa forma, *fiscalizador.*

[17] *A vida dos homens infames* é um texto marcado por uma antologia de existências, homens e mulheres que, na efemeridade de suas vidas, encontraram desprezo e violência são desafortunados também no esquecimento, no silêncio de dois séculos. Nas palavras de Foucault, "[...] confesso que essas 'notícias', surgindo de repente através de dois séculos de silêncio, abalaram mais fibras em mim do que o que comumente chamamos literatura, sem que possa dizer, ainda hoje, se me emocionei mais com a beleza desse estilo clássico, drapeado em algumas frases em torno de personagens sem dúvida miseráveis, ou com os excessos, a mistura de obstinação sombria e perfídia dessas vidas das quais se sentem, sob as palavras lisas como a pedra, a derrota e o afinco" (Foucault, [1977] 2015, p. 204). Com esse texto, Foucault fala das "Existências-relâmpagos", "poemas-vida" (Foucault, [1977] 2015, p. 206). O texto *A vida dos homens infames* reúne conceitos fundamentais para o filósofo: o poder, a história, o discurso, o sujeito – temas por diversos modos já considerados em outras obras, mas que agora estão implicados na infâmia. Este texto é particularmente importante para este livro, que, de certa forma, também trabalha com vidas sem fama. Em *A vida dos homens infames* há um entrecruzamento, que pressupõe uma implicação entre discurso e poder. Nas palavras do filósofo, "Vidas singulares, tornadas, por não sei quais acasos, estranhos poemas, eis o que eu quis juntar em uma espécie de herbário" (Foucault, [1977] 2015, p. 204).

Observe-se o gráfico a seguir sobre o aumento da população carcerária em decorrência da Lei de Drogas (Brasil, 2006).

Gráfico 1 – Lei de Drogas aumenta número de presos

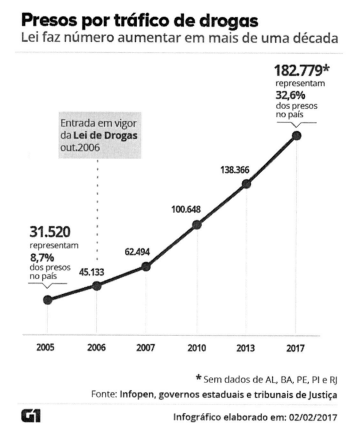

Fonte: Portal G1[18]

As prisões brasileiras, desde os anos 1990, a partir da Lei dos Crimes Hediondos (Brasil, 2006), firmaram-se como máquinas de moer pessoas, mormente jovens, negras, econômica e socialmente vulneráveis; "são coisificados nesses navios negreiros do século 21" (Buch, 2019, p. 12). O crescimento da população carcerária foi impulsionado pela Lei Antidrogas de 2006 e, aliado

---

[18] Disponível em: https://g1.globo.com/politica/noticia/um-em-cada-tres-presos-do-pais-responde-por-trafico-de-drogas.ghtml. Acesso em: 18 out. 2020.

à falta de investimentos e de políticas de Estado consistentes, acarretou superpopulação em presídios e penitenciárias, nos quais há violação aos Direitos Humanos. O gráfico dá visibilidade ao aumento exponencial em uma década de 480%[19] no número de presos tipificados no crime de tráfico de drogas, desde a Lei de Drogas[20]. Um em cada três presos no país responde por tráfico de drogas, ou seja, pelos dados do SisDepen (Brasil, 2020), 32,4% desses sujeitos respondem por tráfico, muitos sem condenação. Emergiram marcas linguísticas na enunciação dos sujeitos presos entrevistados quanto a serem usuários de drogas, conforme os excertos:

> (INF 3) [...] eu, na rua, tava indo até pro caminho das droga, eu tinha minha família, tinha minha casa, tudo, mas acabei indo pras droga, quase por último, então, eu tava entrando num caminho que é o único, esse vai levá à morte, né, é inevitável.
>
> (INF 4) [...] é, eu usava droga, sê sincero, tipo bebida alcoólica não bebia nada, fumava cigarro e fumava droga, intendeu?
>
> (INF 5) [...] daí larguei os estudo, coisa que eu me arrependo até hoje, me envolvi cum droga, então, um abismo foi trazendo outro, outro, quando eu vi, tava atolado e não, não... só restava o arrependimento de não ter feito as escolhas certa, né, intão, tem que me conformá com essa situação e encará o sistema... [...] então, têm pessoas que, por conta do uso de drogas, ahhh... não sei como isso funciona, eles não têm, não conseguem se concentrá, não conseguem memorizá a leitura...

Pelas marcas linguísticas da enunciação dos sujeitos entrevistados INF 3, INF 4 e INF 5, há também no Presídio Regional de Xanxerê sujeitos presos por delitos não violentos, direcionados ao cárcere por crimes de envolvimento com drogas, consequência da drogadição, ou seja, dependência química, que é considerada um dos fatores que os levam à criminalidade. Delitos relacionados a furto ou a roubo também são registrados com frequência, motivados pelas mesmas causas. Nesse sentido, "Tráfico de drogas e roubo são a maioria dos atos infracionais e os argumentos apresentados não diferem: vulnerabilidades sociais, necessidade de sustento dos filhos e

---

[19] Conforme Infopen (Brasil, 2017), ano do último levantamento deste dado estatístico até a conclusão da pesquisa assinala o crescimento de presos na década após a promulgação da Lei de Drogas.

[20] Conforme a publicação do Ministério da Saúde, *Redes Estratégicas do SUS e Biopolítica: cartografias da gestão de políticas públicas* (Brasil, 2016a), trata-se de uma política que criminaliza os mais pobres com estratégias voltadas para o mercado varejista e pequeno traficante. A não definição objetiva na Lei da quantidade de porte de drogas que distingue usuário de traficante, da atual Lei de Drogas, tem se mostrado como importante dispositivo de exclusão dos mais pobres, uma vez que estes são mais frequentemente julgados como traficantes, mesmo quando portando pequenas quantidades de drogas ilícitas.

da família, desestruturação familiar, violência" (Borges, 2019, p. 21). Ainda de acordo com a autora, a Lei de Drogas impactou, dentre outros fatores, no funcionamento das 1.424 unidades prisionais do país, pois quatro em cada dez dessas unidades possuem menos de dez anos de existência, em decorrência da reordenação sistêmica a partir dessa Lei de 2006. "Os grandes traficantes são raridade dentro do sistema, e, quando ingressam no sistema, fazem dele o seu quartel general"[21] (Brasil, 2017a, p. 69).

Conforme a Comissão Parlamentar de Inquérito (CPI) do Sistema Carcerário Brasileiro (Brasil, 2017a, p. 71), esse encarceramento em massa de pequenos *traficantes* não abala o tráfico, porque eles são rápida e facilmente substituídos por outros[22]. Segundo o relatório dessa CPI (Brasil, 2017a), se fossem isentados de pena aqueles que tenham sido condenados por traficar menos de um quilo de droga, seria atingida 24% da população carcerária masculina e 60% da feminina, ou seja, seriam cerca de 200 mil presos a menos no sistema. Ainda de acordo com o relatado na CPI, essa é outra grande falha do sistema prisional brasileiro, "pois quem é preso, hoje, está sendo promovido à condição de trabalhador no crime, porque boa parte dos crimes vem exatamente de dentro do sistema prisional" (Brasil, 2017a, p. 69). Em face disso, é plausível pensar que o sistema mantém em funcionamento a engrenagem pela criminalização, com controle e vigilância que se justifica e tem sustentação social de jovens supostamente envolvidos no pequeno tráfico.

O Ministro da Justiça, José Eduardo Cardozo, afirmou que *preferia morrer* a *ser preso* no Brasil: "Do fundo do meu coração, se fosse para cumprir muitos anos em alguma prisão nossa, eu preferia morrer"[23]. Em 2015, o sistema carcerário brasileiro foi declarado e reconhecido como estado inconstitucional de coisas pelo Supremo Tribunal Federal (STF), na ADPF 347 MC/DF[24]. Pela primeira vez se admite em nosso país a ilegalidade

---

[21] Depoimento de Geder Luiz Rocha Gomes, ex-presidente do Conselho Nacional de Política Criminal e Penitenciária – CNPCP (Brasil, 2017a, p. 68).

[22] Conforme Eduardo Augusto Muylaert Antunes, ex-presidente do Conselho Nacional de Política Criminal e Penitenciária CNPCP (Brasil, 2017a, p. 71).

[23] Trecho da fala do Ministro da Justiça, José Eduardo Cardozo, em evento em São Paulo, em novembro de 2012, retirada da notícia jornalística do g1.globo.com. "Temos um sistema prisional medieval que não é só violador de Direitos Humanos, ele não possibilita aquilo que é mais importante em uma sanção penal que é a reinserção social". Disponível em: http://g1.globo.com/sao-paulo/noticia/2012/11/ministro-da-justica-diz-que-preferia--morrer-ficar-preso-por-anos-no-pais.html. Acesso em: 12 dez. 2020.

[24] Medida Cautelar (MC) na Arguição de Descumprimento de Preceito Fundamental (ADPF) objetiva evitar ou reparar lesão a preceito fundamental da Constituição Federal, resultante de qualquer ato ou omissão do Poder

em decorrência da falência do sistema prisional[25]. Busca incidir em ações intramuros, uma máquina de moer gente em que os presos brasileiros têm três vezes mais chances de morrer do que uma pessoa livre[26]. "O estado presente é o estado da calamidade" (Brasil, 2017a, p. 80), uma máquina de moer gente na qual 29,81% (Brasil, 2020) dos que nela caem não têm qualquer condenação, presos sem julgamento, ou seja, classificados como presos provisórios. São centenas de milhares de presos, colocados atrás das grades desse sistema prisional, sem terem antes direito a um julgamento[27], muitas vezes sem qualquer contato com defensor público ou advogado. De acordo com Vladimir Lobo, Defensor Público, "o sistema prisional não é falido, pois funciona à perfeição para o que ele foi moldado [...] o sistema é moldado para moer gente" (Brasil, 2017a, p. 147).

O Ministro do STF Marco Aurélio, em decorrência da ADPF 347 MC/DF, afirmou: "Os presos tornam-se 'lixo digno do pior tratamento possível', sendo-lhes negado todo e qualquer direito à existência minimamente segura e salubre"[28]. Pensou-se que a situação poderia mudar, a partir dessa Medida Cautelar (MC), todavia nada ocorreu para tornar a situação menos grave e o limite da licitude continua sendo ultrapassado. Nessa direção, a crise pela qual o Brasil passa "marca sincronicamente o (des)funcionamento da maquinaria de governo" (Braga, 2017, p. 64) no jogo das relações de saber e poder. Conquanto não aborde a violência especificamente no sistema prisional, é produtiva a discussão de Braga (2017) acerca das relações de poder, sobre a naturalização das contradições de um sujeito de direito marcado até por microviolências individuais no cotidiano e por violências generalizadas no cenário social. De acordo com Braga (2017), os antagonismos entre regra e desregra, desejo de ética e potência de violência, constituem – pressionam e aprisionam – o sujeito, constroem um modo de vida cerceado e controlado por uma (des)ordem que incide na subjetividade.

Público. A competência para o julgamento é do STF. A íntegra da ADPF 347 está disponível em: http://redir.stf.jus.br/paginadorpub/paginador.jsp?docTP=TP&docID=10300665. Acesso em: 11 set. 2020.

[25] Conforme *podcast* ABL – Leituras em áreas do cárcere. Disponível em: www.academia.org.br/podcast-mesa. Acesso em: 12 maio 2021.

[26] Segundo levantamento feito com os dados do Departamento de Informática do Sistema Único de Saúde (DATASUS). Disponível em: https://carceropolis.org.br/dados/ e https://datasus.saude.gov.br/sistemas/. Ambos os acessos em: 9 maio 2021.

[27] E prende-se muito por crimes não violentos: pela tipificação do SisDepen (Brasil, 2020), de janeiro a junho de 2020, 32% dos presos estavam encarcerados por tráfico de drogas e 38% por furto, ou seja, incidência de crime penal contra o patrimônio.

[28] Disponível em: https://redir.stf.jus.br/paginadorpub/paginador.jsp?docTP=TP&docID=10300665. Acesso em: 7 nov. 2019.

Voltando meu olhar para esse (per)curso de professora entrevistadora dos sujeitos-leitores em espaço de privação de liberdade, membro representante da Universidade no Conselho da Comunidade, membro da Pastoral Carcerária e com conhecimento em práticas restaurativas[29], isso já poderia ser significativo, todavia ainda ingressei no Presídio como pesquisadora. Minha pesquisa foi submetida ao Comitê de Ética em Pesquisa (CEP) da Universidade Federal de Santa Catarina (UFSC) e aprovada pelo parecer consubstanciado n.º 3.090.345, em 2018, e, também, aprovada nesse mesmo ano pelo Presídio Regional de Xanxerê e pela Universidade do Oeste de Santa Catarina. Se inicialmente afirmei que coordenaria o Projeto desde que eu não precisasse ir ao Presídio, mal sabia que, em curto espaço de tempo, estaria tão envolvida com o sistema prisional. A memória e o esquecimento foram marcados tanto pelo dito como pelo não dito e o já dito em outro lugar e, conforme a teoria pecheuxtiana, a historicidade é constitutiva dos sujeitos e dos sentidos.

Nesse ínterim, ao refletir acerca da tomada de posição sobre a designação[30] do sujeito encarcerado, minha preferência inicial foi por *privado de liberdade*, não obstante também circulem as nomeações *preso, presidiário, apenado, detento, interno, recluso, encarcerado, sentenciado, condenado*. Conquanto *privado de liberdade* não seja o termo mais empregado juridicamente, a escolha primeira por essa designação marca minha atuação na Justiça Restaurativa, na Pastoral Carcerária e no dizer do Projeto de Extensão da Universidade. Também porque refleti que *privado de liberdade* é termo amplo que inclui os sujeitos que estão em prisão provisória – preventiva; *apenado* ou *condenado* não seria técnico porque os que estão *presos* lá no Presídio não necessariamente têm uma pena, pode ser que ainda não tenham sido sentenciados. Compreendo a pluralidade de sentidos em circulação nas nomeações mencionadas; compreendo os sítios de significância na relação com a diferença e que *não será a minha opção vocabular que mudará a realidade do sujeito do cárcere*. Também compreendo que na relação de leitura deste texto a nomeação faz toda a diferença. Como se nomeia um sujeito faz diferença no modo como ele será interpretado.

---

[29] Em 2019 tornei-me facilitadora do Cdhep para o curso de Fundamentos da Justiça Restaurativa. *Justiça Restaurativa – um dos caminhos para o desencarceramento*. Disponível em: https://www.youtube.com/watch?v=j-FgrKGAHV6Y. Acesso em: 7 abr. 2021.

[30] Designação *versus* nomeação: de acordo com Guimarães (2003; 2004; 2005; 2018), o gesto de designar assinala uma filiação à qual o enunciador pertence e na qual se inscreve e assinala, também, um caráter político, pois é preciso primeiro nomear para, então, dizer algo a respeito do objeto assim designado, e essa nomeação é sócio--historicamente marcada. Desse modo, designar é dar vida e conferir existência enquanto que nomear produz o efeito de estabilização de certos sentidos.

Por outro viés, pensei sobre a nomeação do lugar onde foram realizadas as entrevistas – *presídio* –, ou seja, "instituição penal onde cumprem penas indivíduos condenados pela justiça; casa de detenção, penitenciária[31], *prisão*". (Houaiss, 2009, p. 1546, grifo meu). E, nesse processo de significação do espaço físico – prisão –, entendo que a designação *preso* está mais colada, mais amalgamada a este objeto de estudo. No trabalho de escrita, deparando-me com o que emergiu da pesquisa, das condições em que se encontram os sujeitos do cárcere, considerei que empregar *privado de liberdade* pode produzir um efeito de eufemismo sobre esses sujeitos, sobre o modo como eles estão na prisão. Conquanto privado de liberdade retome o processo pelo qual foram presos, cuja pena prevista na Lei de Execução Penal é tão somente a privação da liberdade e não de outros direitos, e não da dignidade, parece que *privado de liberdade* denota muito menos sobre a realidade do intramuros do sistema prisional. Indo além, ao ouvir os próprios sujeitos do cárcere, vi que maciçamente se autonomeiam *presos:*

> (INF 1) [...] ehh... agora eu consegui saí pra regalia, né, daí que eu ajudo trabalhá ali drento, trabalhá, assim, que eu digo, éhh... soltá os <u>preso</u>, servi água, né, água gelada, água quente, que era uma coisa que eu gosto bastante, ajudo tamém coa remição...
>
> (INF 2) Se todos pensassem assim, né, só que é difícil de... de entrá, assim, tipo, na cabeça de umas pessoa, que quando a gente tá lendo, a gente não tá preso. É o momento que o <u>preso,</u> ele sente liberdade quando tá lendo.
>
> (INF 3) Então, tem uns <u>preso</u> que participum e os otro tem que respeitá, né, porque é um direito do <u>preso</u>...
>
> (INF 4): Não, nóis falemo... E muitos vaão e eles não, não gostam muito de gíria, entendeu? Na verdade eles tão certo, né, na verdade, apesar de nóis tá aqui <u>preso</u>, e sendo, tipo, vigiado por eles, não tem o porquê nóis falá, né... como nóis se comuniquemos entre nóis...
>
> (INF 5) [...] tem que encará, aqui você sabe que tá no teu lugar, você cometeu um crime, você é, né, você é tachado como um bandido, tá <u>preso</u>, você tá no teu lugar, e quando você voltá pro teu, embora, a tua consciência, esteja ali vários dias e a tua consciência, né, "não, cumpri minha pena"...

---

[31] Acerca da semântica de penitenciária e sua relação com penitência, Wacquant ([1999] 2011a) registra a migração do "Estado-Providência para o Estado-Penitência" (Wacquant, [1999] 2011a, p. 85). Não vou aprofundar esta discussão, pois que o *locus* da pesquisa é presídio e não penitenciária.

Considerando o funcionamento discursivo dessa regularidade na materialidade linguística e estabelecida essa relação com a designação do termo *preso*, com as marcas que o constituem, minha opção, em constante movimento polissêmico, entre tantas outras nomeações, é pelo termo *preso*. É mais forte. Parece produzir um efeito de sentido que condiz mais com o que é mostrado na pesquisa.

Se este estudo se propõe a discutir o modo de constituição dos sujeitos do cárcere *da*, *na* e *pela* linguagem e dos sentidos que produzem, considerando a forma histórica dos mecanismos ideológicos que se imprimem na relação com o simbólico[32], busquei no Dicionário Houaiss (2009), especificamente na etimologia latina de presídio, *praesidium:* estabelece a relação semântica de "proteção, defesa, socorro, guarda" (Houaiss, 2009, p. 1546) e, na mesma entrada lexical, traz a acepção metafórica para o termo *presídio*, qual seja, de conservar, salvaguardar, proteger, defender, socorrer, auxiliar. É um paradoxo. Cabe pensar: proteger quem, de quem? Defender o quê, de quê? Já adianto que são muitas as indagações que apresento neste estudo. Na minha constituição de professora, há mais de 40 anos, as perguntas têm um caráter pedagógico. Gosto das interrogações porque estabelecem uma relação dialógica com o interlocutor, convidam-no a refletir junto, a se pôr no lugar do outro, a um gesto de alteridade, a pensar sobre. De algumas questões deste estudo eu *dei conta*, outras tantas são perguntas retóricas, não objetivam obter respostas, são formuladas para estimular a reflexão e/ou reforçar uma crítica e, às vezes, o próprio leitor acaba por responder à pergunta retórica.

Após essa breve apresentação, passo à organização da discussão do livro. O cenário nacional legal que ancora o tema deste estudo – a leitura como dispositivo[33] de remição da pena – perpassa pela Constituição Federal

---

[32] Para a compreensão do simbólico, Orlandi (1999) apresenta a fórmula: "não é em 'x' que está a ideologia, é no mecanismo (imaginário) de produzir 'x', sendo 'x' um objeto simbólico" (Orlandi, 1999, n.p.) Assim, não é na leitura como dispositivo de remição da pena (x) que está a ideologia, é no mecanismo imaginário de produzir a leitura como dispositivo de remição da pena (x), sendo a leitura como dispositivo de remição da pena (x) um objeto simbólico. Ainda de acordo com a autora, o simbólico é o sistema significante. A ideologia interpela o indivíduo em sujeito e este submete-se à língua significando e significando-se pelo simbólico na história. O sujeito, para se constituir, deve se submeter à língua, ao simbólico, pelo jogo da língua na história, pelos sentidos. A língua é capaz de falha, é constitutiva da ordem simbólica. O equívoco é do discurso: a inscrição da língua, capaz de falha, na história que produz o equívoco. A ordem da língua e da história, em sua articulação e funcionamento, constituem a ordem do discurso.

[33] A noção de dispositivo será detalhada na Parte II, no Capítulo 5. O emprego de dispositivo possibilita refletir o sujeito e a linguagem e é um termo essencial para a filosofia de Michel Foucault ([1976] 2009). Compreendo o dispositivo foucaultiano como a rede que se estabelece de um conjunto de elementos linguísticos e não linguísticos variados – como discursos, instituições, conjuntos arquitetônicos etc. –, possuindo uma função estratégica

(Brasil, 1988) e pela Lei de Diretrizes e Bases da Educação Nacional (LDB) (Brasil, 1996). Contudo, o marco legal mais específico iniciou em 29 de junho de 2011, data em que foi sancionada, no Brasil, a Lei n.º 12.433[34], que alterou a Lei n.º 7.210, de 11 de julho de 1984 – Lei de Execução Penal (LEP) –, para dispor sobre a remição de parte do tempo de execução da pena por estudo ou por trabalho. Conforme Torres (2017), o Brasil foi o décimo e último país da América Latina a institucionalizar a remição de pena pelo estudo.

E, nesse processo de institucionalização da legislação (Brasil, 2011), a remição, na redação inicial da Lei de Execução Penal (Brasil, 1984), é possível apenas pela execução do trabalho[35], posteriormente também pelos estudos. Conforme Melo (2021), a remição da pena pela leitura foi introduzida no cárcere, porque, no contexto de precariedade do sistema, seria uma forma mais barata e mais fácil de garantir um direito aos presos. Cabe pensar: em que medida a leitura é comutável com o trabalho? E com a escolarização? Porque é isso que caracteriza o dispositivo de remição de pena pela leitura. Pela Lei, a não execução do trabalho, das tarefas e das ordens recebidas é uma sanção disciplinar, conforme art. 39, inciso V, e art. 50, inciso VI (Brasil, 2011). Sob a égide do trabalho, havia uma dupla incidência jurídica. Havia um dever de trabalhar, com imposição de uma sanção repressiva pela falta de trabalho e, concomitantemente, uma sanção premial[36], positiva, que era

---

resultante de relações de poder e saber (Agamben, [2006] 2009). É uma grade de inteligibilidade que envolve formas de saber e relações de poder e constrói a realidade, seja dos sujeitos, dos objetos, dos discursos. Com amparo foucaultiano, há possibilidade de afirmar que os dispositivos produzem sujeitos, portanto importante neste estudo que investiga a constituição dos sujeitos-leitores em espaço de privação de liberdade. Sublinho ao leitor a amplitude conceitual para dispositivo e o Projeto de Extensão da Unoesc alça a leitura como um controle que tem o poder de remir pena. Tanto a leitura como dispositivo de remir pena quanto o dispositivo de remição de pena pela leitura estão na rede, na heterogeneidade: capturam, governam, conduzem e modulam o sujeito. Nessa rede, todos são atravessados pelo elemento comum que é o poder.

[34] O dispositivo jurídico foi inserido no ordenamento jurídico-penal com a promulgação da Lei n.º 12.433, de 29 de junho de 2011, que é de autoria do senador da República Cristovam Buarque.

[35] Olhando para a questão legal aqui abordada com a âncora de Melo (2021), quando a Lei de Execução Penal foi criada, em 1984, a lógica da remição da pena estava fundada no trabalho. A leitura é introduzida no contexto do sistema penal porque não havia nem trabalho, nem escola. A função da leitura nesse contexto não é por benesse, havia um vazio já no sistema que devia ser tratado. O dispositivo de remição de pena pela leitura não demandava investir financeiramente no sistema prisional, bastava dar livros aos presos.

[36] Bentham ([1830] 2012) mostra o jogo dos benefícios na mudança das pessoas. Para o autor, justamente a estratégia mais potente é a conjugação da punição com o benefício. Isso não ocorre em relação à Lei nº 12.433 (Brasil, 2011), nem com a remição de pena pelo estudo e nem com a remição de pena pela leitura. Nesta Lei não há sanção prevista, apenas o benefício da recompensa, do prêmio. Distanciando-me do pensamento de Bentham ([1830] 2012), com a âncora de Melo (2021) trago para a discussão Bobbio ([1977] 2007), um filósofo do Direito que trabalha com Direitos Humanos (DH) e sustenta no livro *Da estrutura à função: novos estudos de teoria do direito*, que houve um deslocamento da função meramente tutelar do direito no Estado liberal para uma função

a remição. A Lei não fala em não estudar, tampouco em não ler. Portanto, a leitura ganha outra natureza jurídica e transmuta a própria remição.

Ainda pensando sobre o processo de institucionalização da legislação da remição da pena pela leitura (Brasil, 2011), pode-se inferir que ela, mais do que estar respaldada por diretrizes emanadas de organismos internacionais sobre o Direito Universal à Educação, que incluem os sujeitos em privação de liberdade, antes disso está atendendo a uma exigência que se impõe por normativas internacionais desde a Declaração Universal dos Direitos Humanos[37] (1948), como a Organização das Nações Unidas para a Educação, a Ciência e a Cultura (Unesco); a Organização dos Estados Ibero-Americanos para a Educação, a Ciência e a Cultura (OEI), as Regras Mínimas das Nações Unidas para o Tratamento de Reclusos (ONU, 1977), as chamadas Regras de Mandela (Brasil, 2016b), entre outros. Para além de atender à exigência internacional, há o enquadramento biopolítico de sujeitos e do biopoder e autores que contribuíram para repensar esse conceito: Foucault ([1976]

---

promocional, com o Estado-Providência. Então, não se trabalha mais com a ideia sansões repressivas, mas com sansões premiais. O Estado procura estimular os sujeitos a agirem e, com essa ação, eles ganham benefícios. Nessa relação promocional ou premial, quem tem obrigação é o Estado: se o sujeito-leitor preso ler, deve abater a pena. A obrigação é, então, do Estado de descontar a pena caso esse sujeito resolva ler.

[37] De acordo com Hannah Arendt ([1958] 2007), ao idealizarmos os Direitos Humanos (DH) como fundamentados no homem, ainda que em sua forma geral e abstrata, temos de pensar no homem como superior ao Estado-nação. Na perspectiva arendtiana, os DH, que deveriam ser reflexo da dignidade do homem, pensados de forma a independerem da pluralidade humana, perdem o próprio sentido de dignidade. A autora enfatiza que o direito fundamental de cada indivíduo, antes de qualquer dos direitos enumerados em declarações, é o direito a ter direitos, isto é, o direito de pertencer a uma comunidade disposta e capaz de garantir-lhe qualquer direito. Considerando que um discurso nunca começa nele mesmo e que há sentidos que sustentam os sentidos que se constituem nele, o discurso sobre os DH tem longa tradição e, com Orlandi (2012e), a gênese dele está no Sermão da Montanha, de Jesus Cristo. Depois, na Carta Magna dos ingleses, em 1215; nas petições francesas em 1355 e 1484 e na petição inglesa de 1620, enviada a Carlos I reclamando de impostos ilegais e prisões sem justa causa – sem resultado, formulam nova petição em 1689, visando limitar a autoridade real. Na realidade, "os direitos humanos vão surgindo com a necessidade de se enunciar a elevação da pessoa humana e de um ideal de liberdade que vai se constituindo através de sucessivas gerações, com forte expressividade no século XVIII" (Orlandi, 2012e, p. 158). Na base dessa Declaração estão a Revolução Americana (1776) e a Revolução Francesa (1789). A Declaração Universal dos Direitos do Homem foi promulgada justamente – coincidentemente? - no período pós-guerra, em 1948; possui 30 artigos e mundializou-se; do modo como ela marca o imaginário dos povos, marca o direito constitucional moderno. Em seu artigo número dois, apresenta a igualdade e não discriminação do homem. Ao elaborar a Lei n.º 12.433, que possibilita a remição da pena por estudo (leitura) e trabalho, que alterou a Lei n.º 7.210, de 11 de julho de 1984 – Lei de Execução Penal –, considera-se que o legislador ancorou-se na normativa internacional dos Direitos Humanos – reitero norma, não lei. Considerando que os sentidos não são os mesmos para sujeitos diferentes, como brasileiros, é possível pensar na discursividade de que aqui a sociedade iniciou com a colonização portuguesa e não houve gesto de ruptura com relação à cidadania, portanto, para os brasileiros, "o texto da Declaração é um texto *importado, traduzido* e afixado como *modelar*. Um padrão a seguir. É um modelo a ser seguido, não são sentidos conquistados e incorporados em nossa memória social e política" (Orlandi, 2012e, p. 167).

2009)[38], Arendt ([1958] 2007)[39], Agamben ([1995] 2010, [2003] 2018)[40], Fassin (2010, 2018a, 2018b, 2019)[41] e Mbembe ([2003] 2018), que fundaram uma teoria do governo que se refere à vida, preocupações sobre a política e a vida, limites entre vida biológica e vida maquínica, com práticas, saberes e relações de poder específicas, "sustentada em formas de cisão inscritas em discurso: entre as vidas que se pode matar e as que se deve preservar, entre as vidas mais ou menos dignas de serem vidas, entre as mortes que se pode ou não prantear" (Butturi Júnior, 2019, p. 17).

É com fulcro nessa Lei que institucionaliza a leitura no cárcere como dispositivo de remição da pena (Brasil, 2011) que escrevo este livro. E, para desenvolvê-lo, lancei mão, como ponto de partida, da ancoragem teórica da Análise do Discurso de vertente francesa, a fim de construir um percurso que busca compreender os efeitos de sentido e o funcionamento discursivo dessa leitura como dispositivo de remição de pena, cujo foco analítico recai nos processos de subjetivação dos sujeitos encarcerados e nas condições de produção que incidem sobre esses gestos de leitura no âmbito do sistema prisional e os efeitos dessas leituras sobre esses sujeitos, no espaço intramuros da prisão.

Assim, ancorada nesse dispositivo teórico que coloca em relação o campo da língua ao ser estudada pela Linguística e o campo da sociedade apreendida pela história nos termos das relações de forças e de dominação ideológica, esta pesquisa ouve e analisa a superfície discursiva de vozes[42] de

---

[38] O conceito de biopolítica aparece em 1976, utilizado por Michel Foucault no primeiro volume da *História da Sexualidade* ([1976] 2009). Inicialmente, o autor explica a transição do poder soberano (que faz morrer e deixa viver) para o biopoder (que faz viver e deixa morrer): trata-se de dois regimes, duas concepções de morte, da vida e do corpo.

[39] Os estudos que Hannah Arendt ([1958] 2007) dedicou à compreensão da condição humana auxiliaram na tarefa de tentar entender as condições históricas que legitimaram práticas de submissão dos sujeitos em nome do bem comum. O trabalho de Hannah Arendt inspirou Foucault para pensar o conceito de biopoder, uma teoria do governo referido à vida.

[40] O filósofo italiano Giorgio Agamben ([2003] 2018) foi um dos que, a partir de Foucault, valeu-se do conceito de biopolítica para pensar a produção de sujeitos no interior de tecnologias disciplinares e tecnologias biopolíticas de governo. Paradoxalmente, o autor demonstra que o ordenamento jurídico suspende os direitos e admite uma violência não regulada na lei, na qual o estado de exceção se torna uma estrutura jurídico-política estabelecida.

[41] Didier Fassin é antropólogo, sociólogo e médico francês. Para o autor, existe uma modalidade particular de governo dos corpos coletivos: o enquadramento biopolítico de sujeitos e grupos empobrecidos no contexto da implementação de políticas sociais, uma técnica de governo ou de governamentalidade que formata e define sujeitos e grupos exemplares, considerados como parâmetro, cujos projeto e modo de vida são tidos como antítese do desvio. Didier Fassin (2010; 2018a; 2018b; 2019) aponta que discussões acerca da precarização da compreensão de si são fomentadas por uma série de normas e sentidos que governam os corpos e a vida na contemporaneidade.

[42] Compreende-se voz, neste estudo, como "forma material cuja dimensão significante não se encontra na língua onde ela faz corpo na formação de palavras e frases, mas no espaço em que torna corpo em discurso, abrindo possibilidade de haver ou não sujeito, de haver ou não sentido" (Souza, 2014a, p. 206). Assim, na perspectiva

apenados que leem sob o dispositivo de remição de pena pela leitura; tudo se passa quanto à forma enunciativa e, logo, quanto ao sentido, considerando o político, a AD é "portadora de uma crítica ideológica apoiada em uma arma científica, que permitiria um modo de leitura cuja objetividade seria insuspeitável" (Gadet, [1990] 2010, p. 9).

Ao pensar acerca da relevância social e a justificativa desta pesquisa, observe-se a Figura 2.

Figura 2 – *Ranking* dos países que mais encarceram no mundo

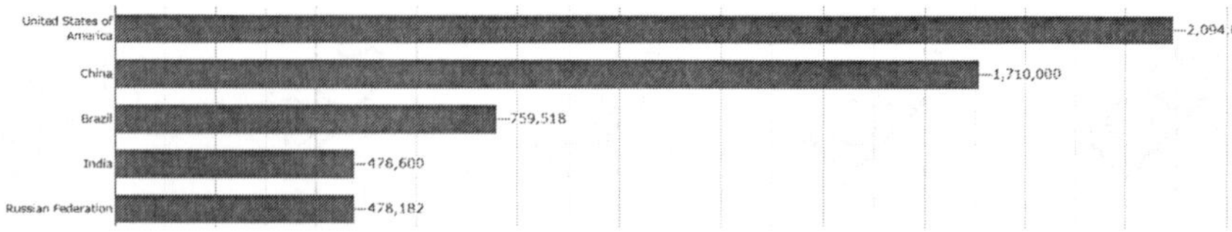

Fonte: World Prison Brief[43]

A estatística que consta na Figura 2 me inquieta: conforme levantamento do World Prison Brief[44] e do Centro Internacional de Estudos Prisionais (ICPS)[45] , do King's College, de Londres, na Inglaterra, o Brasil possui a terceira maior população carcerária do mundo, atrás apenas dos Estados Unidos e da China. Avançando um pouco mais, o levantamento do Banco Nacional de Monitoramento de Prisões (CNJ, 2021) apresenta uma população carcerária no Brasil de 908.073 pessoas privadas de liberdade. Em 2006, havia cerca de 300 mil presos no Brasil, portanto esses dados apontam que a população carcerária[46] brasileira triplicou em 15 anos. Ao se comparar o número de presos por grupo de 100 mil habitantes referente ao ano de 1995 com o mesmo dado referente ao ano de 2010 (único período que poderia ser comparado pela disponibilidade dos dados dos 50 países do mundo que mais encarceram), chega-se à conclusão de que o Brasil teve

---

discursiva, independentemente das palavras ditas, a voz importa como marca singular da subjetivação, como acontecimento do discurso. Dito de outro modo, a voz importa como aquilo em que o discurso se assenta para protocolar nela e por ela a possibilidade da subjetivação e do efeito de sentido.

[43] Disponível em: https://www.prisonstudies.org/highest-to-lowest/occupancy-level?field_region_taxonomy_tid=All. Acesso em: 13 jun. 2021.

[44] Disponível em: https://www.prisonstudies.org/highest-to-lowest/prison-population-total?field_region_taxonomy_ tid=All. Acesso em: 13 jun. 2021.

[45] Disponível em: http://www.prisonstudies.org/country/brazil. Acesso em: 11 jun. 2021.

[46] Além do SisDeden (Brasil, 2020), o CNJ também disponibiliza dados relativos à população carcerária. Disponível em: https://www.cnj.jus.br/inspecao_penal/mapa.php. Acesso em: 20 jun. 2021.

uma variação de 136% (Brasil, 2017, p. 54). Ou seja, nesse mesmo período, a taxa de encarceramento no Brasil aumentou seis vezes mais do que nos Estados Unidos e dez vezes mais do que na China. De 2001 a 2010, o Brasil teve sua população carcerária acrescida em 112% (Brasil, 2017, p. 90), enquanto, nesse mesmo período de crescimento, a taxa de natalidade no país foi de 12%. Observe-se, na Figura 3, a quantidade de presos no Brasil, conforme os dados do BNMP (CNJ, 2021):

Figura 3 – População carcerária brasileira

Fonte: BNMP – CNJ (2021)

Não obstante o Brasil seja um dos países que mais encarceram no mundo, isso não se traduz em queda de criminalidade (Brasil, 2017a). Foi em 2006 que o crime de tráfico de drogas foi tipificado no art. 33 da Lei n.º 11.343 – a Lei dos Crimes Hediondos – e essa tipificação da Lei mostra um discurso que acentua um efeito de sentido de encarceramento em massa.

O tráfico de drogas[47] é considerado assemelhado a hediondo, categoria em que se inserem alguns crimes de elevado potencial ofensivo, o que legitima práticas mais repressivas, pode agravar o racismo de Estado, a violação de direitos fundamentais e o aumento das penas carcerárias. A mudança da Lei acarreta um sentido trágico, possibilita ao Estado o controle e a punição dos mais pobres e negros; ao se pensar no enquadramento contemporâneo da biopolítica, são "vidas matáveis" (Agamben, [1995] 2010). Conforme a Comissão Parlamentar de Inquérito do Sistema Carcerário Brasileiro (Brasil, 2017a), ao levar-se em consideração apenas aquelas pessoas que realmente precisam estar na cadeia (roubo, 27%; latrocínio, 3%; e homicídio, 12%), percebe-se que elas não correspondem nem à metade da população carcerária. "De nada adianta colocar na cadeia o ladrão de galinha, o sujeito que furtou uma bicicleta ou furtou um frasco de xampu, como tem acontecido neste País" (Brasil, 2017a, p. 71)[48]. Para os crimes de menor gravidade, a melhor solução consiste em estabelecer restrições aos direitos do sujeito infrator, mas sem retirá-lo do convívio social.

Nesse sentido, esses dados não são transparentes, reforçam um discurso. Tanto podem servir para mostrar como isso marca o sujeito – são vidas matáveis –, mas, ao mesmo tempo, também acabam construindo um lugar para esse sujeito: se há um número tão alto de jovens, negros, pobres, sendo presos, sendo enquadrados nesse lugar de criminalidade, também se produz um imaginário de que lugar de negro, de pobre e de jovem é na cadeia e que todo negro e todo pobre é um bandido. Marca um jogo. E por que esses sujeitos estão lá no cárcere? É o jogo entre a escola e a leitura. Propor a leitura no cárcere é mostrar que a leitura em outro lugar não foi possível; esse sujeito não teve acesso a essa leitura na escola e agora é *obrigado* à leitura para remir sua pena, nesse espaço que, em princípio, não é o espaço para a leitura.

Esses números clamam por pesquisas acerca do sistema prisional. E indago: quem são esses presos? É possível mensurar o perfil socioeconômico, sociodemográfico e de escolaridade dos apenados brasileiros? Qual a faixa etária dos encarcerados do Brasil? Qual o perfil racial da população

---

[47] Kaminski (2018) investiga os discursos de criminalização do tráfico de drogas de 1964 a 2017 a partir dos discursos sobre o sujeito-traficante e a guerra às drogas, materializados no jornal *O Estado de São Paulo*. São engendrados pela estigmatização e carregam as marcas do saber-poder, produzindo enunciados de criminalidade, da ordem do governo biopolítico e da disciplina que aponta para um "racismo de estado", que legitima medidas de governamentalidade cada vez mais repressivas contra a população mais pobre e mais negra do Brasil.

[48] Conforme depoimento de Eduardo Augusto Muylaert Antunes, ex-presidente do Conselho Nacional de Política Criminal e Penitenciária - CNPCP.

prisional nos estados brasileiros? Na tentativa de responder às questões, na Parte I do livro, Capítulo 2, apresento o cenário que compõe as condições sócio-históricas e ideológicas do sistema prisional brasileiro e investigo como funciona a prisão; para que e para quem ela serve.

Ao retomar a reflexão da epígrafe e pensar com Certeau ([1990] 2014), a prisão serve para fazer uma demonstração da regra, produzir uma identificação que torne a norma legível. Minhas inquietações encontraram ancoragem em Michel Foucault, em sua obra *Vigiar e Punir: nascimento das prisões* ([1975] 2014a), na qual registra que a prisão, como forma de punição por meio do encarceramento, surge ao final do século XVIII. Foucault destaca quatro tipos de punição, que se circunscrevem num dado tipo de sociedade, em um dado momento histórico: nas sociedades de banimento, como a Grécia Antiga, as formas de punição eram exilar, rechaçar para fora das fronteiras. Nas chamadas sociedades de resgate, como a germânica, punia-se pela imposição de resgates e conversão do delito em obrigações financeiras; já os suplícios realizados publicamente caracterizavam as formas de punição das sociedades ocidentais, no fim da Idade Média até chegar ao modelo de punição ocidental contemporâneo, que ocorre pelo encarceramento, forma de operacionalizar a racionalização da justiça penal. Esta obra parte de provocações para formular reflexões sobre o discurso no binômio saber e poder, em que, de acordo com a visão foucaultiana, reclusão representa um instrumento de poder do Estado, "a prisão é a região mais sombria do aparelho da justiça [...]" (Foucault, [1975] 2014a, p. 249) e, por mais paradoxal que pareça ser, já que a prisão é peça essencial no conjunto das punições, "marca um momento importante na história da justiça penal: seu acesso à *humanidade*" (Foucault, [1975] 2014a, p. 223).

O que estaria em jogo no dizer de Foucault com os termos "acesso à humanidade", uma vez que o nosso imaginário desse espaço de punição leva-nos muito mais a um lugar de desumanização, em que sujeitos ficam presos atrás de grades? Numa tentativa de resposta, entendo que o autor assinala o nascimento da prisão com o fim dos suplícios do corpo e faz incidir a pena ao incorpóreo dos condenados; a obviedade da prisão se fundamenta na forma simples da privação da liberdade no papel de aparelho de Estado[49]. Dito de outro modo, não atingir mais o corpo pelo suplício, mas

---

[49] O Estado como aparelho repressor, coercitivo, impõe a dominação ideológica como base da força garantida por dispositivos a serviço de quem domina. "O aparelho de Estado compreende: não só o aparelho especializado (no sentido estrito) cuja existência e necessidade reconhecemos a partir das exigências da prática jurídica, isto é,

atingir a alma[50] pelo corpo preso, dominado, domesticado, docilizado. Para compreender o nascimento da prisão, como acesso à humanidade, Foucault ([1975] 2014a) cita o suplício de Damiens, que foi acusado e condenado por tentativa de assassinato ao Rei[51].

> [Damiens fora condenado, a 2 de março de 1757], a pedir perdão publicamente diante da porta principal de Paris [aonde devia ser] levado e acompanhado em uma carroça, nu, de camisola, carregando uma tocha de cera acesa de duas libras: [em seguida], na dita carroça, na Praça de Greve, e sobre um patíbulo que aí será erguido, atenazado nos mamilos, braços, coxas e barrigas das pernas, sua mão direita segurando a faca com que cometeu o dito parricídio, queimada com fogo de enxofre, e às partes em que será atenazado se aplicarão chumbo derretido, óleo fervente, piche em fogo, cera e enxofre derretidos conjuntamente, e a seguir seu corpo será puxado e desmembrado por quatro cavalos e seus membros e corpo consumidos ao fogo, reduzidos a cinzas, e suas cinzas lançadas ao vento (Foucault, [1975] 2014a, p. 9).

Com essa citação, Foucault ([1975] 2014a) relata suplícios do corpo e exposição de condenados, na *Place de Grève*, onde o regicida Damiens foi esquartejado, "cenas repugnantes", como o próprio autor adjetiva. Foucault ([1975] 2014a, p. 14) comenta que, na cerimônia penal da época dos suplícios, os carrascos e os juízes eram tão ou mais assassinos e criminosos, igualando ou, até mesmo, ultrapassando o condenado em selvageria, com tal ferocidade que fazia inverter os papéis, fazendo com que o supliciado fosse objeto de piedade. O autor aborda a nova teoria da lei e do crime, novo direito de punir e "a nova redação nos códigos *modernos*" (Foucault, [1975] 2014a, p. 13) e cita países como a Rússia (1769), a Áustria (1788) e a França (1791). Dentre as modificações do estilo penal, há o desaparecimento dos suplícios. Punições menos físicas, sofrimentos mais sutis, despojados de espetacularização. O corpo deixa de ser alvo principal da repressão penal e há supressão do espetáculo punitivo. Assim, a partir de *Vigiar e punir*,

---

a polícia – os tribunais – as prisões; mas também o exército [...] O aparelho de Estado que define o Estado como força de execução e de intervenção repressiva" (Althusser, 1985, p. 31-32).

[50] A alma não somente como essência metafísica do corpo ou divina, ou como entidade abstrata do homem, mas como instrumento construído historicamente, enquanto exercício de poder, em constante embate e produção de significações, sentidos e subjetivações. A alma em Foucault ([1975] 2014a, p. 33) surge como instrumento de atuação dos poderes/saberes sobre o corpo, no processo de constituição do corpo histórico dos sujeitos. Na visão foucaultiana, a alma é elemento focal diretamente produzido junto ao exercício de saber/poder sobre o corpo.

[51] "Damiens fora condenado pelo crime de lesa-majestade; a concepção de parricídio dá-se porque o rei era considerado 'o Pai da Nação'" (Braga, 2010, p. 29).

o visível aparece na prisão e nos presos, ao passo que o dizível surge do direito penal e dos enunciados da "nova redação nos códigos modernos", nova teoria da Lei e do crime, nova política do direito de punir. O início de uma negação teórica, a vergonha de punir: o essencial da pena que juízes infligem "não creiais que consista em punir; o essencial é procurar corrigir, reeducar, 'curar'; uma técnica de aperfeiçoamento recalca, na pena, a estrita expiação do mal, e liberta os magistrados de vil ofício de castigadores" (Foucault, [1975] 2014a, p.15).

Três décadas após o suplício de Damiens, surge o regulamento redigido por Léon Faucher para a *Casa dos jovens detentos em Paris* (1838), no qual se descrevem horários e atividades da rotina carcerária, que não são muito diferentes da rotina das unidades prisionais da atualidade, mesmo passados dois séculos. Com o nascimento da prisão, a perda da liberdade seria um castigo igualitário, ou seja, todos os condenados receberiam, em tese, a mesma punição – diferente das punições atribuídas aos criminosos da Europa, entre os séculos XVII e XVIII, quando dos suplícios corporais. Em geral, a prisão serve para não servir a ninguém, tem a particularidade de não servir para nada e essa é a tese de Foucault ([1975] 2014a; [1975] 2017a). A prisão serve não para restituir, não para constituir um novo sujeito, não para redimir um novo sujeito, mas para que ninguém queira se inserir neste sistema, para que ninguém queira ir para este lugar. É isso que constitui a prisão, mesmo contemporaneamente.

Nesse sentido, um Projeto de Extensão Universitária, de leitura no cárcere, chega a ser contraditório, porque se a prisão é um lugar para onde não se deve querer ir, ao colocar a leitura dentro desse lugar, a partir da ideia de que a leitura liberta, de que a leitura restitui, poderia se pensar que a leitura é algo bom nesse espaço, quando, na verdade, antagonicamente, ela acaba sendo como um castigo, uma pena, sobretudo pelas condições em que ela se dá, no cárcere. E isso, pela discursividade do Projeto de Extensão em parceria entre Unoesc e Presídio, não é visto, não é previsto, dada a opacidade da linguagem.

Foucault ([1975] 2014a) defende que a prática punitiva, com suas relações de poder extremamente desiguais e autoritárias, sustenta-se com o apoio de um discurso humanista; "colocar a tecnologia do poder no princípio tanto da humanização da penalidade quanto do conhecimento do homem" (Foucault, [1975] 2014a, p. 27). Esse discurso penal de *humanização* das penas – que continua fundamentando reformas penitenciárias, mudanças políticas, alterações legislativas – é criticado por Foucault ([1975] 2014a) ao considerar que a entrada do *homem* no discurso penal moderno deve ser entendida em termos político-estratégicos, e não como resultado de um progresso jurídico, ético ou social. Desse modo, humanizar as penas seria buscar a legitimação do sistema punitivo; é para cumprimento de pena que a prisão se constitui, que ela se mantém, tem de se manter e essa é a regularidade da prisão até hoje:

> Minha hipótese é de que a prisão esteve, desde a sua origem, ligada a um projeto de transformação dos indivíduos. Habitualmente se acredita que a prisão era uma espécie de depósito de criminosos, depósito cujos inconvenientes se teriam constatado por seu funcionamento, de tal forma que se teria dito ser necessário reformar as prisões, fazer delas um instrumento de transformação dos indivíduos. [...] *O fracasso foi imediato [...] Desde 1820 se constata que a prisão, longe de transformar os criminosos em gente honesta, serve apenas para fabricar novos criminosos ou para afundá-los ainda mais na criminalidade* (Foucault, [1975] 2017a, p. 216, grifo meu).

Pelo que defende o filósofo, nessa época fez-se o primeiro balanço do fracasso da prisão: sabe-se que a prisão não reforma, mas fabrica a delinquência e os delinquentes. Se a prisão é o lugar para onde ninguém quer ir, colocar a leitura dentro desse lugar é fazer com que as pessoas leiam onde elas não deveriam estar lendo. Essa é a contradição. Pode-se pensar que propor a leitura no cárcere seja um discurso de humanização da pena. Eu não posso pensar a prisão como um local de degradação, mas ela acaba sendo. Por isso que pensar a leitura no cárcere é contraditório.

O sujeito não deseja ser preso para se redimir, formar-se ou aprender uma profissão. Pensar discursivamente me fez compreender que a prisão funciona porque ela tem de ser ruim em sua essência para que ninguém queira ir para lá. E isso está mobilizado na reflexão da epígrafe[52] que abre este livro, "[...] tragicamente, portanto, *não há sistema carcerário falido*" (Pas-

---

[52] Retomo aqui as duas citações das epígrafes que abrem o livro, de um lado, o Papa Francisco, de outro, a Pastoral Carcerária. De acordo com Melo (2021), duas citações com sentidos opostos. A citação do Papa Francisco tem uma perspectiva positivista, que vê o fenômeno a partir do sujeito delinquente e que enseja todas as pesquisas em torno do entendimento de por que essas pessoas cometem o desvio, sem problematizar o desvio, e daí pensam em que tipo de atendimento seria necessário a elas. O Papa Francisco fala da cura, da ressocialização, do perdão; pode-se pensar que da Justiça Restaurativa também. A outra, que se vê nas entrelinhas da citação da Pastoral Carcerária, é a análise da sociedade criminógena, que vê o fenômeno a partir do sujeito delinquente que enseja todas as pesquisas em torno do entendimento de por que esses sujeitos cometeram o desvio, sem problematizar esse desvio. A citação da epígrafe do PCr pensa a criminalidade como uma produção social, o problema é o sistema e abre a uma crítica à criminologia liberal e a modelos de Direito Penal. A Justiça Restaurativa também

toral Carcerária Nacional, 2014, p. 30, grifo meu), dito de outro modo, a prisão existe justamente para servir ao propósito de não promover o sujeito, ao contrário, o encarceramento aprofunda a marginalização e serve para manter a desigualdade e, sobretudo, o distanciamento social. De acordo com Baratta[53] ([1997] 2018), "a função que a prisão sempre teve e continua tendo: a de depósito de indivíduos isolados do resto da sociedade, neutralizados[54] em sua capacidade de 'causar mal' a ela" (Baratta, 1990, p. 2).

Para corroborar essa reflexão, lembro de um fato ocorrido na Reunião do Conselho da Comunidade, da Comarca de Xanxerê: a gerente do Presídio propôs a construção de uma brinquedoteca na unidade prisional, espaço físico acolhedor aos filhos dos detentos, espaço em que as crianças pudessem ter acesso a brinquedos, à ludicidade, à leitura e ao manuseio de livros infantis, enquanto aguardariam o contato com o pai[55] preso, quando da visita familiar. Ao comentar isso com uma Irmã Religiosa, ela expressou preocupação e disse-me: *atenção, cuidado, pois as crianças podem ter uma falsa boa impressão do presídio e podem desejar ir para lá e isso não pode ocorrer...* A prisão funciona por não funcionar, é um paradoxo; se a prisão funcionasse por um projeto real de reformulação do sujeito, ele poderia desejar ir para lá, tal como o pensamento da Irmã. É deflagrado no discurso da Irmã que não pode ter brinquedoteca porque pode produzir "uma falsa boa impressão do presídio", esse dizer não é planejado, é o discurso que se dá; emerge na materialidade linguística, tanto é que o Projeto de Extensão Universitária de Leitura no Cárcere instaura também essa contradição; não se pode pensar a prisão como sendo um lugar de degradação, mas ela acaba sendo. É o que se institui como discurso.

Ainda na esteira da justificativa do porquê desta pesquisa, busquei o estado da arte, os estudos anteriores já efetuados sobre este objeto, as produções científicas com o termo *remição de pena pela leitura* no Banco de Teses e Dissertações do Portal de Periódicos da Coordenação de Aperfeiçoamento de Pessoal de Nível Superior (Capes), a partir do ano de 2011, data em que foi sancionada a Lei n.º 12.433 (Brasil, 2011), que alterou a Lei

---

poderia ser pensada aqui como uma alternativa ao modelo penal. Nessas duas citações há uma tensão discursiva em termos criminológicos e que vai fazer uma crítica à criminologia liberal e ao modelo de Direito Penal.

[53] Para Baratta ([1997] 2018), do campo da Filosofia do Direito e Sociologia Jurídica, a criminalidade não seria um dado ontológico pré-constituído, mas realidade social constituída pelo sistema de justiça criminal por meio de definições e da reação social.

[54] Wacquant (2010b) emprega os mesmos termos que Baratta (1990) – prisão como *depósito* de corpos – e denuncia a *neutralização* deles.

[55] O Presídio Regional de Xanxerê somente abriga presos do gênero masculino.

de Execução Penal e prevê a remição da pena. Ao refinar a pesquisa e pôr o temo *"remição de/da pena pela leitura"* entre aspas, encontrei o quantitativo de seis produções acadêmicas, conforme elencado no Quadro 1.

Quadro 1 – Teses e dissertações do Banco da Capes com os termos *"remição da pena pela leitura"* e *"remição de pena pela leitura"*

Autor	Título	Tipo Área Data de término	Instituição de Ensino Superior
Vicente Celeste de Oliveira Junior.	As vozes das grades e a remição da pena de prisão pela leitura na Penitenciária Federal em Mossoró/RN.	Dissertação Educação 2017.	Universidade do Estado do Rio Grande do Norte – UERN.
Aline Pires de Souza Machado de Castilhos.	Formas de contenção do poder punitivo: a remição da pena pela leitura e a reinserção social do apenado.	Dissertação Ciências Criminais 2018.	Pontifícia Universidade Católica do Rio Grande do Sul – PUCRS.
Wemberson José de Souza.	Práticas de leitura no contexto prisional: análise da experiência em uma penitenciária masculina do Leste de Minas Gerais.	Dissertação Estudos Territoriais 2018.	Universidade Vale do Rio Doce – Univale – Governador Valadares/MG.
Marilin Soares Sperandio.	Direito, literatura e cárcere: uma análise crítica do projeto de remição de pena pela leitura.	Dissertação Direito 2017.	Faculdade Meridional – IMED – Passo Fundo/RS.
Maria Luzineide Pereira da Costa Ribeiro.	Uma teia de relações: o livro, a leitura e a prisão: um estudo sobre a remição de pena pela leitura nas Penitenciárias Federais Brasileiras.	Tese Literatura 2017.	Universidade de Brasília – UnB.
Thays Coelho de Araujo.	Remição penal pela leitura e letramento: subjetivação e dessubjetivação do sujeito preso.	Dissertação Letras 2018.	Universidade Federal do Amazonas – UFAM.

Fonte: elaboração da autora, a partir de consulta ao Portal de Periódicos da Capes (2019)

Pesquisei e a busca simplificada apresentou 588.526 resultados. Desta busca, constaram 18 opções de grandes áreas de conhecimento, 4.619 opções de áreas de concentração e 600 instituições de ensino superior. Essa busca simplificada fez-me pensar no potencial de discussão e no interesse científico em torno do tema. Ao efetuar nova busca, com termo menos específico *remição de pena,* sem constar *"leitura",* localizei 18 (dezoito) produções, dentre elas, estavam três produções já computadas anteriormente, no Quadro 1. Retomei a busca com o termo *remição da pena,* e foram identificados 23 (vinte e três) registros, desse montante, duas já constavam no Quadro 1, 21 (vinte e uma) são dissertações em distintas áreas, e duas são teses, uma na área de Sociologia (2006) e outra na área de Serviço Social (2017).

Refinei ainda mais a busca, aplicando o filtro para a grande área de Linguística, Letras e Artes, com os mesmos termos e encontrei somente quatro resultados.

Quadro 2 – Grande área de Linguística, Letras e Artes – teses e dissertações do Banco da Capes com os termos *"remição da pena pela leitura"* e *"remição de pena pela leitura"*

Autor	Título	Tipo Área Data término	Instituição de Ensino Superior
Gislaine Valéria Rodrigues.	Letramento literário: uma perspectiva de humanização da literatura no espaço prisional.	Dissertação Letras 2017.	Universidade Estadual de Maringá – UEM.
Maria Luzineide Pereira da Costa Ribeiro.	Uma teia de relações: o livro, a leitura e a prisão: um estudo sobre a remição de pena pela leitura nas Penitenciárias Federais Brasileiras.	Tese Literatura 2017.	Universidade de Brasília – UnB.
Thays Coelho de Araujo.	Remição penal pela leitura e letramento: subjetivação e dessubjetivação do sujeito preso.	Dissertação Letras 2018.	Universidade Federal do Amazonas – UFAM.
Thiago Jose Bot Bonfin.	Entre a reclusão e o ensino: representações identitárias na escrita de detentos-alunos.	Dissertação Letras 2013.	Universidade Federal do Mato Grosso do Sul – UFMS.

Fonte: elaboração da autora, a partir de consulta ao Portal de Periódicos da Capes (2019)

Chama a atenção que o Banco de Teses e Dissertações da Capes, no ano de 2019, apresente somente três dissertações e uma tese na grande área de Linguística com o termo *remição da/de pena pela leitura*. Além dessas buscas, procurei por grupos de pesquisa que se dedicam à leitura em prisões como dispositivo de remição da pena especificamente. Após consulta pelo Portal de Grupos de Pesquisa da Capes[56], não encontrei nenhum resultado. Contudo, há um grupo de pesquisa, sob a coordenação da Prof.ª Dr.ª Maria José Rodrigues Faria Coracini, da Unicamp, intitulado Vozes (In)fames: Identidade e Resistência, inscrito no Diretório de Grupos de Pesquisa do Conselho Nacional de Pesquisas (CNPq), que objetiva dar voz a quem se encontra em situação de rua e excluído da sociedade, porém não é específico do sistema prisional, nem tampouco da leitura no cárcere.

Retomei a busca com um termo mais amplo: *remição*, sem aplicar nenhum filtro, e o sistema identificou 69 resultados, sendo eles bem abrangentes, pois englobam remição de pena por trabalho, por curso profissionalizante, muitos deles nas áreas do Direito, Ciências Jurídicas, Ciências Criminais, Educação etc. Essa consulta demonstrou que há muitas pesquisas sobre leitura na pós-graduação brasileira, todavia, ao delimitar a pesquisa com o termo *remição*, caiu substancialmente o resultado. Nesse contexto em que é pouca a produção científica brasileira acerca do tema, justifica-se a relevância social desta pesquisa, que anseia lançar reflexões sobre o modo de funcionamento das prisões no Brasil e como as Instituições de Ensino podem contribuir na consolidação de um sistema punitivo que trace uma etnografia de quem é o sujeito que está preso e quais foram as condições de produção desse sujeito para esse sistema: "é importante ter em mente que para pensar soluções para uma realidade, devemos tirá-la da invisibilidade." (Ribeiro, 2019, p. 30).

Nesse sentido, com Moita Lopes (2006, p. 14), há que se pensar a pesquisa em Linguística Aplicada, em diálogo interdisciplinar/transdisciplinar, criando inteligibilidade sobre problemas sociais em que a linguagem possui papel central, considerando contingências e vicissitudes sócio-históricas. De acordo com o autor, a Linguística Aplicada contemporânea abarca a posição de outridade e de alteridade, buscando a "compreensão acerca da heterogeneidade, fragmentação e mutabilidade do sujeito social" (Moita Lopes, 2006, p. 27), espraiando-se para contextos de fronteira. Ao pesquisar sobre o sujeito do sistema prisional é possível pensar alternativas para a vida social e isso é parte intrínseca de teorizar e fazer Linguística Aplicada, em contexto de fronteira e de modo transdisciplinar.

---

[56] Disponível em: http://lattes.cnpq.br/web/dgp. Acesso em: 8 ago. 2019.

Isso posto, minha primeira hipótese[57] aventada busca sustentar o jogo entre o dito e o não dito nas narrativas dos presos, o que, diante do dispositivo de poder da remição de pena pela leitura, pode constituir uma reivindicação à subjetividade, à resistência, indicando movimentos de deslocamento e de adesão, uma polivalência tática dos discursos (Foucault, [1976] 2009) que ora funcionam na modalidade de sujeição, ora oferecem possibilidades de gestos de resistência. Antes de iniciar as entrevistas com os presos, fiquei pensando se encontraria esse dizer nas respostas: *Eu li só para cumprir esse requisito do Projeto, pra diminuir dias da minha pena.* O pressuposto sustenta que todos eles foram mobilizados para a leitura por essa questão. Se o único jeito de diminuir a pena é lendo, por conseguinte há de se considerar que eles, ao serem avaliados, estão sendo julgados. É a sentença da liberdade pela leitura. Parece-me, nesse sentido, que serão interpelados a falar que ler é bom, que ler liberta. Diante das condições de produção que sobre eles incidem, serem mobilizados por esse dizer é uma estratégia. Poderão responder que não gostam da leitura, que esta leitura é significada como castigo? O que o apenado está querendo dizer se não disser isso? Será que as relações de poder e as coerções engendradas pelo sistema prisional podem delimitar o modo como os sujeitos devem (con) formar suas narrativas acerca da leitura via dispositivo de remição de pena, limitando o que pode ser falado e determinando como deve ser ouvido?

Diante dessa hipótese formulada *a priori*, antes de os dados coletados serem analisados, procuro responder à questão de pesquisa que norteia este trabalho e que visa a entender como se dá o processo de leitura no cárcere sob as regras da Lei, partindo da análise das relações de poder que se estabelecem no interior de sua trama discursiva. Indago: que posição-sujeito é essa que está sendo construída *nesses, por esses, com esses* sujeitos-leitores, nessas condições de leitura no cárcere como dispositivo de remição de pena? Antes mesmo de vislumbrar uma direção de resposta a essa pergunta, outras fazem-se também importantes: o que é leitura no cárcere? O que pode ser lido no cárcere? Qual leitura possui validade no cárcere? E, sobretudo, quais os efeitos de sentido da remição de pena pela leitura?

Para responder à questão norteadora da pesquisa e seus desdobramentos, o objetivo geral deste estudo é analisar, via discurso, como se constitui o sujeito-leitor em espaço de privação da liberdade e a relação deste com

---

[57] Conquanto alguns teóricos da Aanálise do Discurso defendam a não formulação de hipótese, optei por mantê-la, haja vista ser uma pesquisa em Linguística Aplicada e a abrangência dos eixos de análise e dos autores que aqui trago para discussão conceder certa abertura à interdisciplinaridade.

a leitura como dispositivo de remição de pena. Busco problematizar como se constitui o sujeito da leitura no/do cárcere, olhando para as condições de produção, para a memória discursiva, para o imaginário de sistema prisional e para os marcos normativos que institucionalizam a remição de pena pela leitura. Nessa esteira, observo aspectos linguísticos mobilizados de modo a produzir certa identidade de sujeito prisioneiro, *se* e *como* essa identificação incide na constituição do próprio sujeito dentro do cárcere e a pensar o que implica ler no cárcere a ponto de fazer a pena do condenado poder ser reduzida.

A partir dessas inquietações, seguindo esse percurso analítico, passo aos objetivos específicos:

a. Analisar as condições de produção que incidem sobre os sujeitos que estão atrás das grades e, nesse processo, como eles se constituem tomados pelos gestos de leitura.

b. Conhecer epistemologicamente a noção de leitura sob a perspectiva teórica da Análise do Discurso, atravessada pelo modo como as produções linguageiras que circulam na sociedade dizem da leitura (imaginário e simbólico)[58], olhando para o modo de produção de leitura na prisão.

c. Compreender o processo de subjetivação do sujeito-leitor encarcerado, as relações de poder instauradas na unidade prisional e a (des)construção de posições-sujeito, postas em cena, para validar as leituras pelo Poder Judiciário e remir dias da pena.

d. Investigar as formas de subjetivação engendradas pelas relações de poder e regime(s) de verdade(s)[59] que determinam a ontologia

---

[58] Pela psicanálise, a construção da significação é inconsciente porque escapa ao controle do sujeito. Na Análise do Discurso, essa construção escapa ao domínio total do sujeito devido a uma ordem interna da língua e à ordem da história, que funciona independentemente do sujeito. O simbólico "entra numa relação específica com o real e o imaginário, determinando a subjetividade como efeito da interpelação de que o sujeito é o lugar, pelo viés da identificação" (Gadet *et al.*, [1981] 2012a, p. 64). Os autores designam como real da língua a "existência de um impossível específico a esta, tomando a forma paradoxal de um corpo de interditos, de um sistema de regras atravessado de falhas" (Gadet *et al.*, [1981] 2012a, p. 65). É na relação desse real, pelo viés do simbólico e do imaginário, com a metáfora, com o jogo de palavras, a ficção e o absurdo que situo a interpretação dada neste estudo.

[59] Regime(s) de verdade(s) implica(m) naquilo "que constrange os indivíduos a um certo número de atos de verdade" (Foucault, [1980] 2014c, p. 67), estabelecendo para tais atos determinadas condições e efeitos específicos. Regime(s) de verdade(s) pode(m) se tornar uma política de subjetivação. Segundo Foucault ([1980] 2014c), cada sociedade possui seu próprio regime de verdade, ou seja, cada sociedade acolhe um tipo de discurso como sendo verdadeiro. Esse discurso escolhido não está isento de interesse político ou econômico. Foucault chama de jogos de verdade "não a descoberta daquilo que é verdadeiro, mas das regras segundo as quais aquilo que um sujeito diz a respeito de um certo objeto pode decorrer da questão do verdadeiro e do falso" (Revel, [2007] 2011, p. 149).

política[60] do sujeito-leitor que vive sob uma rede de mecanismos de normalização, em espaço de privação da liberdade.

e. Investigar os efeitos de sentidos da leitura literária de fruição nos sujeitos-leitores em situação de cárcere.

f. Analisar discursivamente a tensão entre o dizer e o não dizer dos sujeitos entrevistados sobre a leitura.

Para a ancoragem bibliográfica e teórica deste estudo, o gesto epistemológico filia-se na Análise de Discurso de linha francesa, sobretudo nos estudos de um de seus fundadores, Michel Pêcheux, e os princípios sobre a relação língua/sujeito/história e sobre a relação língua/ideologia[61], tendo o discurso como lugar de observação dessa relação (Pêcheux, [1982] 1990, [1975] 2009, [1969] 2010a, [1982] 2010b, [1983] 2010c, [1983] 2010d, 2012a, [1983] 2012b); de Michel Foucault e seus estudos sobre mecanismos e técnicas de poder e das relações deste com o saber, a verdade e o sujeito; o biopoder, no âmbito macropolítico (Foucault, [1977-1978] 2008, [1976] 2009, [1971] 2012, [1967] 2013, [1975] 2014a, [1969] 2014b, [1978] 2017); e, também, a partir do trabalho teórico de Eni Orlandi, responsável pela inserção e desenvolvimento dos estudos em AD no Brasil (Orlandi, 1984, [1998] 2003, [1997] 2007, [1983] 2011, [1999] 2012a, [2001] 2012b, [2003] 2012c, [1988] 2012d).

Quando se propõe uma análise nessa perspectiva teórica, a metodologia do gesto de interpretação é construída no batimento entre o dispositivo teórico com a construção do dispositivo analítico; não se seguem critérios

---

[60] Depreendo sentidos de *ontologia política* com Hannah Arendt, estudada por Fry (2010), na medida em que coloca a cargo da existência humana a responsabilidade pela ação política no espaço público e trabalha o ser humano como categoria central da política. Assim, o olhar teórico direcionado à política em Arendt constitui uma *ontologia política*, uma vez que a filósofa busca posicionar-se como o sujeito que observa o mundo e procura o significado dos fatos por meio de uma narrativa que preza por constituir sentido ao mundo. No pensamento arendtiano, há a busca de uma *ontologia política* em que o cidadão se reconhece na possibilidade de agir perante o Estado como parte integrante da sociedade, que se confunde com o Estado. Pensar a *ontologia política* é pensar o nosso próprio lugar no mundo. Arendt vivenciou como a política tinha a capacidade de interferir no destino das pessoas. No livro *Origens do totalitarismo* ([1951] 2013), a filósofa analisa o nazismo e o stalinismo como movimentos políticos que romperam com a tradição de pensamento ocidental. Ela era judia e, com a ascensão nazista, estava incluída na lista persecutória do nacional-socialismo alemão. Em 1933, exilou-se na França. Entre 1940 e 1941, esteve confinada em um campo de concentração em Gurs, na França, do qual conseguiu fugir em 1941. Na sequência, exilou-se em Nova York, nos Estados Unidos; em 1951, tornou-se cidadã norte-americana e lá fixou residência até sua morte em 1975. De acordo com Fry (2010), as ideias arendtianas buscaram elucidar, por meio de uma compreensão filosófica bem fundamentada, o cotidiano da política de seu tempo.

[61] De acordo com Orlandi ([1990] 2008), ideologia se define em AD como um processo de produção de um imaginário, ou seja, produção de uma interpretação particular que apareceria com a interpretação necessária e que atribui sentidos fixos às palavras, em um contexto histórico dado.

positivistas. Nessa perspectiva, considera-se que o gesto de interpretação é sempre leitura de um enunciador sócio-historicamente situado, com base em um referencial teórico, pautado em hipóteses e perguntas de pesquisa e em sua memória, atravessado por determinações inconscientes. Com essa compreensão, apresento a constituição do *corpus* desta pesquisa e, para organizá-lo, o foco se dá no modo de produção da leitura como dispositivo de remição de pena no cárcere. Quanto à natureza do *corpus*:

– *Materiais orais de entrevistas* com cinco apenados que participaram do Projeto de Extensão do curso de Direito da Universidade do Oeste de Santa Catarina intitulado Direito e Cárcere: Remição da Pena pela Leitura, no Presídio Regional de Xanxerê, nos anos de 2016, 2017 e 2018. Dentre o universo de centenas de presos, foi delimitado o quantitativo dos participantes que mais leram livros e mais se beneficiaram com a remição da pena, para que, de forma voluntária, concedessem entrevista à pesquisadora, de forma direcionada/estruturada, com gravação própria em áudio e, posteriormente, transcrita. Sublinho que esse material das entrevistas com os sujeitos-leitores presos é o mais trabalhado na pesquisa, pois o foco analítico recai notadamente sobre ele.

– *Materiais visuais de fotografias* que registram entrevistas com os apenados e ambientes físicos do Presídio Regional de Xanxerê e da Universidade do Oeste de Santa Catarina. O trabalho da AD com o imagético – e com as discursividades que dele emergem – auxilia a pensar o funcionamento discursivo do discurso estabelecido no objetivo geral. Assim, ao trabalhar com materialidade fotográfica, analiso-a como processo discursivo, constitutivamente incompleta e contraditória, investigando pistas nos gestos de leitura que consideram a produção e a reprodução de discursos, marcas de polissemia, opacidade, lugar de plurivocidade dos sentidos.

– *Materiais escritos de legislação*, especificamente: a) Lei de Execução Penal (Brasil, 1984, 2011); b) Recomendação n.º 44 do Conselho Nacional de Justiça (CNJ, 2013); c) Diretrizes Nacionais para a Educação em Estabelecimentos Penais (Brasil, 2010); d) Plano Estadual de Educação em Prisões 2016-2026: educação, prisão e liberdade, diálogos possíveis (Santa Catarina, 2017); Resolução n.º 391[62] do Conselho Nacional

---

[62] A Recomendação n.º 44 (CNJ, 2013) foi revogada pela Resolução n.º 391 do CNJ, de 10 de maio de 2021, contudo ela é parte integrante do *corpus*, haja vista ser a legislação em vigor no momento do nascimento do Projeto.

de Justiça (CNJ, 2021). Esse material foi trabalhado principalmente para compreender a discursividade que incide para dizer do sujeito do cárcere.

– *Materiais escritos pedagógicos:* o Projeto de Extensão do curso de Direito da Unoesc Xanxerê, intitulado *Direito e Cárcere: Remição da Pena pela Leitura.*

– *Materiais escritos de questionários* com acadêmicos do curso de Direito da Unoesc Xanxerê que participam como mediadores de leitura dos apenados no Projeto de Extensão *Direito e Cárcere: Remição da Pena pela Leitura.* O critério de seleção foi entrevistar estudantes que tenham sido os mediadores de leitura dos apenados entrevistados nesta pesquisa, para que respondessem questionário, de forma direcionada/ estruturada, a partir de envio de *e-mail* com o retorno do material respondido, também por *e-mail*, à pesquisadora. Sublinho que este material foi trabalhado somente para compreender a discursividade da nomeação dos sujeitos do cárcere.

Busco, assim, discutir algumas regularidades encontradas neste material. A ordem pela qual apresento o *corpus* já é, em si, um gesto de leitura que significa. De acordo com Orlandi ([1998] 2003), a variedade da natureza do *corpus* corresponde também a heterogeneidade inscrita na própria natureza dos sujeitos-leitores presos. Para trabalhar com essa heterogeneidade, o *corpus* da análise está atravessado pelas diferenças constitutivas das imagens produzidas pelo modo: a) como as produções linguageiras que circulam na sociedade "*dizem*" um sujeito-leitor preso; b) como o Poder Judiciário não só "*diz*" mas também tem de se relacionar com o "*como é dito*" o "*seu*" sujeito-leitor preso; c) como o sujeito-leitor em área de cárcere "*se diz*" nesse espaço de privação de liberdade e, também, como ele "*se diz leitor*". Pela materialidade analisada, procuro dar encaminhamento às indagações propostas. Avento a possibilidade do silêncio da narrativa, da tensão entre o dito e o não dito, como uma saída simbólica ao aprisionamento do corpo, uma saída diante da impossibilidade de inscrição discursiva do sujeito em seu embate diante da vivência do processo de assujeitamento, regido pelas condições de produção do sistema prisional.

Cabe aqui ressaltar o sigilo em relação à identificação dos sujeitos da pesquisa. Não são citados nomes ao longo deste livro; optei pela sigla INF a significar "*informante*", seguida de um algarismo numérico que se refere à ordem aleatória em que ocorreram as entrevistas com os sujeitos-leitores presos, com a intenção de evitar uma possível identificação dos sujeitos referenciados na pesquisa, conforme preceitua a Resolução 466 (2012), que estabelece atribuições da Comissão Nacional de Ética em Pesquisa (Conep), do Conselho Nacional de Saúde (CNS), do Ministério da Saúde (MS) e pelos Comitês de Ética em Pesquisa (CEP) quanto aos aspectos éticos da pesquisa envolvendo seres humanos.

As entrevistas com presos que compõem o *corpus* deste estudo apontam para a necessidade de recortar as unidades discursivas que organizam o *corpus* da investigação. Compreendo a noção de recorte (Orlandi, 1984) como um excerto da situação discursiva, uma "unidade discursiva: fragmento correlacionado de linguagem – e – situação" (Orlandi, [1983] 2011, p. 139). Comprometida com as condições de produção, com a situação discursiva e caracterizada pela dispersão e pela incompletude: a AD propõe o deslocamento de trabalhar com "fatos" e não com "dados". (Orlandi, 1996, p. 211). Sob essa perspectiva, "a análise de discurso não herda dessas ciências positivas a noção de dado" (Orlandi, [2003] 2012c, p. 42), pois dados têm como referência a empiria e desconsideram o gesto teórico do analista. De acordo com Lagazzi (2008), a noção de recorte proposta por Orlandi (1984) possibilita ao analista trabalhar na incompletude constitutiva das materialidades simbólicas, pois "recortar é *selecionar* significantes significativos do funcionamento discursivo, é estabelecer relações significativas entre elementos significantes em diferentes materialidades" (Lagazzi, 2008, p . 1). No trabalho com os discursos, o que interessa é a multiplicidade de sentidos, o domínio da significação como polissemia, não como linearidade informativa. O trabalho do analista de discurso é construído com "descrições regulares de montagens discursivas" produzidas com os recortes: "são momentos de interpretações enquanto atos que surgem como tomadas de posição, reconhecidas como tais, isto é, como efeitos de identificação" (Pêcheux, [1983] 2012b, p. 57).

A organização do *corpus* – o recorte – expôs-me à matéria significante sob análise e ao retorno constante à teoria. Nesta perspectiva teórico-metodológica, a leitura como dispositivo de remição de pena me interessa como discurso, ou seja, de acordo com Pêcheux ([1969], 2010a, p. 81), como efeito de sentidos entre locutores.

Tendo isso em conta, analisar discurso é compreender o funcionamento da não coincidência, da discrepância, verificando os processos de identificação e de contraidentificação dos sujeitos, na relação com os sentidos estabilizados dos discursos. A análise não recai sobre o conteúdo dos enunciados produzidos pelos sujeitos, mas sobre a relação dos sujeitos com esses sentidos, mais parafrástica, mais polissêmica. Em termos analíticos, pode-se trabalhar em três diferentes instâncias, fazendo relação entre elas, mas, ao mesmo tempo, distinguindo-as, para melhor compreender o funcionamento do discurso. Essas instâncias são: a constituição, a formulação e a circulação. É sob a ancoragem dessas instâncias que desenvolvo este estudo.

Para terminar, considerar que analistas de discurso podem ser "pegos pela linguagem. [...] somos interpretados mais do que interpretamos" (Orlandi, [1998] 2003, p. 20). Não pela língua como sistema formal, mas pegos pelo discurso, pelo jogo da língua na história, pelos sentidos. Apresento a divisão do livro: na Parte I, as linhas de forças das condições de produção e, na Parte II, as linhas de sustentação teórica e as (entre)linhas e dobras discursivas da análise, traços não lineares e discursividade, totalizando cinco capítulos, além deste introdutório e de um capítulo conclusivo. Na Parte I, a introdução, nas linhas iniciais, o percurso do trabalho: aprovação da pesquisa no Comitê de Ética em Pesquisa, tema que tomei como objeto de estudo, justificativa, estado da arte, hipótese, questão de pesquisa, objetivo geral e objetivos específicos, metodologia e delimitação do *corpus* de pesquisa. No Capítulo 2, as condições de produção que incidem sobre o sujeito do cárcere, quem são os presos do sistema carcerário brasileiro, trabalho com a materialidade histórica, o interdiscurso, marcas de outros dizeres, de outras situações, em outros tempos, da ordem do repetível, o já dito. No Capítulo 3, a apresentação do Projeto de Extensão Direito e Cárcere: Remição da Pena pela Leitura, a circulação de sentidos dos significantes *remição versus remissão*, o *locus* da pesquisa – o Presídio Regional de Xanxerê. No Capítulo 4, a discursivização da leitura no cárcere e na constituição do sujeito-leitor preso, as entrevistas da pesquisadora, a mediação de leitura pelos alunos de Direito, um breve contraponto a partir da Resolução n.º 391 (CNJ, 2021) e as nomeações sobre esse sujeito encarcerado, custodiado pelo Estado e o funcionamento dos efeitos de sentido: dizer do mesmo de outro modo. Na Parte II, o Capítulo 5 apresenta o ponto teórico nodal, ou seja, a noção de leitura da Análise do Discurso, os conceitos de dispositivo, sujeito, sujeito-leitor e inconsciente; no Capítulo 6, a metodologia do gesto analítico no trabalho com o material significante: a constituição de núcleos temáticos afins para trabalhar o nível da formulação, as regularidades do intradiscursivo; o gesto analítico sobre o dizer dos sujeitos-leitores presos, como o sujeito intervém no repetível, no/ do que é dito pelo sujeito do cárcere, no aqui e agora do sujeito, da forma como é dito o que é dito pelo sujeito do cárcere, a enunciação do não dito, ou seja, com a materialidade linguística, na relação com a materialidade histórica, imbricado na instância da circulação, a materialidade discursiva, o inconsciente, processos de identificação, contraidentificação ou desidentificação, procurando descrever a forma como ela determina as duas outras instâncias (constituição e formulação). E, à guisa de conclusão, nos (des) dobramentos finais, a tessitura de uma tentativa de síntese do desassossego instaurado até aqui, considerando que a incompletude é constitutiva, deixo abertas algumas portas para novas reflexões acerca do tema, afinal, "tudo não se pode dizer" (Gadet *et al.*, [1981] 2012a, p. 56).

Parte I

LINHAS DE FORÇA:
AS CONDIÇÕES DE PRODUÇÃO

QUEM SÃO OS PRESOS DO SISTEMA CARCERÁRIO BRASILEIRO? PRESO NEGRO, NEGRO PRESO; PRESO POBRE, POBRE PRESO; PRESO JOVEM, JOVEM PRESO; PRESO COM BAIXA ESCOLARIDADE

> *Se quiseres conhecer a situação socioeconômica do país,*
> *visite os porões de seus presídios.*
> (Nelson Mandela)[63]

Inicio este capítulo sobre quem são os presos do sistema carcerário nacional com a reflexão de quem ficou 27 anos na prisão por consequência de embate político, Nelson Mandela, líder do movimento contra o regime do *apartheid* na África do Sul, referência mundial da luta contra a opressão racial; advogado, ativista político e presidente da África do Sul nos anos de 1994 a 1999. Para pensar sobre os porões dos presídios brasileiros, busco ancoragem na visão foucaultiana acerca do desafio político global em torno da prisão: "não é saber se ela será ou não corretiva; se os juízes, os psiquiatras, ou os sociólogos exercerão nela mais poder que os administradores e guardas; na verdade, está na alternativa prisão ou algo diferente de prisão" (Foucault, [1975] 2014a, p. 301). Pensar a prisão é um desafio político, sobretudo o sistema prisional brasileiro, levando em conta a conjuntura política, cuja crença é de que, para acabar com a violência e garantir a segurança, deve-se aprisionar mais e mais corpos indisciplinados.

Com Davis (2018, p. 43)[64], considera-se irônico que a prisão seja um produto de esforços coordenados no sentido de criar um melhor sistema de punição, muito mais humano do que os castigos corporais impostos pelo

---

[63] Disponível em: https://www.conjur.com.br/dl/relatorio-cpi-sistema-carcerario.pdf. Acesso em: 22 set. 2020.

[64] Filósofa norte-americana, Davis apresenta o debate sobre o abolicionismo penal como imprescindível para o enfrentamento do racismo institucional. Conforme Ribeiro (2016), ela denuncia o encarceramento em massa da população negra como mecanismo de controle e dominação e questiona a ideia de que a mera adesão a uma lógica punitivista traria soluções efetivas para o combate à violência, considerando-se que o sujeito negro foi aquele construído como violento e perigoso. "Analisar essa problemática tendo como base a questão de raça e

Estado em países europeus até o século XVIII. Mas não é tão simples assim, e o próprio Foucault já o desmistifica trazendo o jogo entre as duas naturezas da prisão pelo então chefe da nação francesa, ao afirmar que a detenção só devia ser uma privação de liberdade e, logo em seguida, acrescentar que a prisão só podia se justificar por seus efeitos corretivos.

Nessa narrativa de Foucault ([1975] 2014a, p. 225) em que o enunciador não consegue tamponar o efeito de sentido prisão *só privação da liberdade* e desliza para *prisão se justifica pelos efeitos corretivos*, está implicada a noção de língua da AD, que, sob este viés teórico, é de incompletude, de heterogeneidade, de abertura e de contínua elaboração. Na perspectiva discursiva, a língua é compreendida entrelaçada à exterioridade e é concebida como materialidade que se constrói sócio-historicamente, que "produz sentidos na relação do sujeito com o ideológico e o histórico, em um sistema em constante movimento, logo, passível de falhas, de equívocos como fatos estruturantes, de deslizes" (Ferreira, 2005, p. 17). No deslize da enunciação do chefe da nação francesa, sentidos outros transbordam, deslocando discursivamente de um sentido primeiro para derivar para outro.

Ainda com relação à carga semântica dessa enunciação narrada por Foucault ([1975] 2014a), *prisão se justifica pelos efeitos corretivos*, auxilia a corroborar o imaginário de sistema prisional, e, neste, o significado social da prisão é de que a punição[65] esteja associada conceitualmente à ligação indissolúvel com o crime. "Com que frequência encontramos a expressão 'crime e castigo'?" (Davis, 2018, p. 92). Parece haver uma relação amalgamada entre castigo e crime, uma representação, uma naturalização da prisão em uma relação causal com a punição.

Isso posto, neste capítulo se propõe trabalhar a materialidade histórica, lembrando que a história, na Análise do Discurso, não é tomada como sucessão de fatos com sentidos já estabelecidos, dispostos em sequência cronológica e em perspectiva evolutiva, mas como fatos que reclamam sentido (Henry, [1994] 2010a, p. 47), que peçam interpretação, que se encontrem

---

classe permite a Davis fazer uma análise profunda e refinada do modo pelo qual essas opressões estruturam a sociedade" (Ribeiro, 2016, s/p).

[65] "Devemos ser honestos no uso da linguagem. Quando falamos em punição estamos falando de infligir dor a alguém, de propósito" (Zehr, 2008, p. 72). Da área da Justiça Restaurativa, Zehr (2008) afirma que o Estado inventa uma série de motivos para infligir dor. É imposta para prevenir crimes, intimidar o ofensor e coibir outros ofensores em potencial. Administra-se a dor em nome da prevenção, mesmo que seu poder de intimidação e sua eficácia sejam bastante discutíveis. "É eticamente questionável infligir dor a uma pessoa a fim de possivelmente coibir outras. Infligimos a dor mesmo que ela possa ter pouca relevância para as necessidades da vítima ou para a solução dos problemas criados pela ofensa" (Zehr, 2008, p. 73).

causas e consequências, cuja materialidade é apreendida no discurso, objeto da ordem da língua e da ordem da história. Dito de outro modo, a AD trabalha com a materialidade da linguagem levando em conta o linguístico e o histórico, dimensões indissociáveis no processo de produção do sujeito do discurso e dos sentidos que o significam. A relação com a linguagem se situa em face da articulação do simbólico com o político. Ao dizer, o sujeito se significa e significa o mundo, intervém no real. O sentido é história, de modo que o sujeito se significa *na* e *pela* história.

Para sublinhar a relação entre língua e história, Pêcheux ([1982] 1990) emprega a expressão "alhures", remetendo a algo que está no estatuto do invisível e do ausente, o que é presente por sua ausência, traços que ficam, insistem e aparecem nas contradições e nas resistências. Ou seja, trata-se da eficácia omni-histórica da ideologia. Nessa direção, "o objeto discurso traz, em sua constituição, a força do alhures, movimentando as fronteiras disciplinares e inquietando as posições estabelecidas a partir de fundamentos epistemológicos distintos, mas estranhamente familiares" (Lagazzi, 2018, p. 159). São as dimensões do real da língua, da história e do inconsciente, entrelaçadas nos processos discursivos que permitem distância de uma visada cartesiana, idealista e positivista. Sob essa perspectiva analítica, o que está em pauta não é o conteudismo, é visibilidade e invisibilidade de certas questões em um plano teórico que (con)(re)clama a história. Com Foucault ([1966] 2016, p. 513, grifo meu), compreende-se que:

> Já que o homem histórico é o homem que vive, que trabalha e que fala, todo conteúdo da História, qualquer que seja, vem da psicologia, da sociologia e das ciências da linguagem. Mas inversamente, visto que o ser humano se tornou de um lado e de outro histórico, *nenhum dos conteúdos analisados pelas ciências humanas pode permanecer em si mesmo estável nem escapar ao movimento da História.*

Ao considerar esse movimento da história, Foucault ([1966] 2016) afirma que, para as ciências humanas, a história forma uma esfera de acolhimento, ao mesmo tempo, privilegiada e perigosa. Para o autor, "o homem jamais aparece na sua positividade sem que esta seja logo limitada pelo ilimitado da História" (Foucault, [1966] 2016, p. 514). Foucault tem sempre por norte fazer uma história dos saberes, contornando dois problemas que ele rejeita: o problema da relação entre sentido e ideologia. Pêcheux[66], por

---

[66] Na perspectiva foucaultiana não implica a contradição e a ideologia. No texto *Remontemos de Foucault a Spinoza*, de 1977, Pêcheux afirma "Foucault permanece hoje um pouco bloqueado. [...] apesar do imenso interesse de

sua vez, considera que o sentido de uma palavra, de uma expressão, "não existe *em si mesmo*, mas, ao contrário, é determinado pelas posições ideológicas que estão em jogo no processo sócio-histórico no qual as palavras, expressões e proposições são produzidas (reproduzidas)" (Pêcheux, [1975] 2009, p. 160). Portanto, com Foucault ([1966] 2016), as análises das ciências humanas têm de ser feitas no interior de uma historicidade que as constitui e as atravessa e, com Pêcheux ([1975] 2009), a interpretação de sentido se dá em certa direção determinada pela relação da linguagem com a história e com seus mecanismos imaginários.

Ancorada nas orientações conceptuais e metodológicas da teoria do discurso pecheuxtiana e foucaultiana, em diálogos e (du)elos[67], com o dizer de Baratta (1990) de que não se pode segregar pessoas e, ao mesmo tempo, pretender a sua reintegração, pois os muros da prisão representam uma barreira violenta que separa a sociedade de uma parte de seus próprios conflitos e entendendo que, para analisar o funcionamento dos processos discursivos que regem o discurso, consideram-se as condições de produção, a exterioridade e o contexto sócio-histórico-ideológico que o envolvem, neste capítulo, apresenta-se, principalmente na instância da constituição, a materialidade histórica: o cenário do sistema prisional brasileiro e os que nele estão custodiados.

E, ao fazê-lo, o confronto com a memória sob a história que percorre o arquivo dos discursos subterrâneos na "heterogeneidade discursiva, feita de trechos e fragmentos, interessa na medida em que nela podem ser determinadas as condições concretas de existência das contradições pelas quais a história se produz, sob a repetição das memórias estratégicas" (Pêcheux, [1981] 2014, p. 25). Pois, para Pêcheux ([1969] 2010a), o estudo dos processos discursivos pressupõe o estudo da ligação entre as circunstâncias de um discurso e seu processo de produção, o que ele chama de condições de produção. É sobre essa ordem de pesquisa que aqui vou me deter, sobre o pano de fundo específico dos discursos.

---

seus trabalhos, está condenado a faltar com a questão da ideologia porque ele ignora a contradição" (Maldidier, 2003, p. 64). No texto de 1971, Haroche, Henry e Pêcheux ([1971] 2007) fazem uma referência explícita à teoria das ideologias de Althusser, tal como foi exposta principalmente em *Ideologia e aparelhos ideológicos de estado*. Os autores relembram que uma formação social, num dado momento histórico, é caracterizada por um modo de produção dominante e por um Estado determinado pelas relações das classes que o constituem. Este, por sua vez, desdobra-se em aparelhos: o aparelho repressivo e os aparelhos ideológicos. De acordo com os autores, as Formações Ideológicas determinam "o que pode e o que deve ser dito a partir de uma posição dada numa conjuntura dada" (Haroche; Henry; Pêcheux, [1971] 2007, p. 26). Em outras palavras, dizem respeito à realização material das ideologias na linguagem.

[67] Faço menção ao título do livro de Gregolin (2004) *Foucault e Pêcheux na construção da análise do discurso: diálogos e duelos*.

Após essa visada teórica, passo a um breve resgate histórico acerca de como se institui o sistema prisional brasileiro. A primeira prisão brasileira foi determinada pela Carta Régia do Brasil, no Rio de Janeiro, em 1769, nomeada como Casa de Detenção (Brasil, 2009, p. 69). Constam nos registros que não havia separação de presos por tipo de crime. Ficavam juntos primários e reincidentes. Conforme Amaral (2020), o Brasil, na condição de colônia de Portugal, não possuía Código Penal próprio e seguia o Direito português e quaisquer normas vigentes no Brasil eram ditadas por Portugal. Se com Foucault ([1975] 2014a) se viu a desumanidade dos suplícios corporais a que eram submetidos os condenados franceses, por aqui, no Brasil, não foi diferente. Com o Código do Império (Brasil, 1830), as penas também eram marcadas por suplícios, caracterizadas pela dureza das punições, cuja pena principal era de morte. Execuções com fogo: queimava-se o corpo até que fosse reduzido a pó, além da morte cruel marcada por tormentos e mutilações; penas corporais e de degredo. O suplício público (longo, terrificante) e seu caráter espetacular serviam para o povo reconhecer a soberania do Rei e, conforme Foucault ([1975] 2014a), uma arte quantitativa do sofrimento, arte de reter vida no sofrimento. Ao aumentar o sofrimento do supliciado, se aumentava o terror naqueles que presenciavam as execuções. Foi assim com Joaquim José da Silva Xavier, o Tiradentes, um dos líderes da Inconfidência Mineira, em 21 de abril de 1792:

> [...] foi enforcado, decapitado e esquartejado. Para que os súditos da Coroa nunca se esquecessem da lição, a cabeça de Tiradentes foi encravada numa estaca e exposta em praça pública em Vila Rica, e seus membros, espalhados pela estrada que levava ao Rio de Janeiro (Figueiredo, 2011, p. 297).

Segundo Motta (2015), a execução de Tiradentes também está inscrita na liturgia do poder que se materializava nas práticas penais da monarquia. Embora a violência sobre o corpo do condenado tenha se executado após a morte pela forca, a exposição pública atinge sua família e sua memória. Com Ribeyrolles ([1859] 2000), atingiu o corpo do réu Tiradentes com o corte da cabeça pregada em um poste em Vila Rica e com o esquartejamento em quatro quartos pregados em postes pelos caminhos de Minas para que aí permanecessem, cabeça e partes do corpo, até que o tempo os consumisse. E mais,

> Declaram ao réu Infame, e infames seus filhos e netos, tendo-os, e seus bens aplicam para o fisco e câmara real, e a casa

> em que vivia em Vila Rica será arrasada e salgada, e que nunca mais no chão se edifique [...] e no mesmo chão se levantará um padrão pelo qual se conserve em memória a infâmia deste abominável réu (Ribeyrolles, [1859] 2000, p. 85).

Qual o crime de Tiradentes? Também foi traição ao Rei, semelhante a Damiens, narrado por Foucault ([1975] 2014a). Passados mais de dois séculos, com os olhos do século XXI, de hoje, indaga-se por que sentença tão cruel? Contudo, com a perspectiva do olhar daquela época, poder-se-ia pensar que fosse merecedor de tal sentença porque traíra o Rei. Avançando um pouco mais, Tiradentes defendia uma revolução que tornasse Minas Gerais independente de Portugal, lamentava "que uns países tão ricos como estes [as Minas Gerais] estivessem reduzidos à maior miséria, só porque a Europa, como esponja, lhe estivesse chupando toda a substância" (Figueiredo, 2011, p. 295). De vilão a herói: de acordo com Figueiredo (2011), ainda no período imperial e, depois, no período republicano, a imagem de Tiradentes[68] passou a ser tomada como ícone da liberdade e da independência do Brasil, como herói da nação. Cabe aqui pensar que esse suplício de Tiradentes, no Brasil, ocorreu mais de três décadas após o de Damiens, na França, que "fora condenado em 2 de março de 1757" (Foucault, [1975] 2014a, p. 9). Isso vem em um rescaldo do que ocorria na Europa; a Coroa Portuguesa traz, na bagagem, junto com a implantação do Império, esse tipo de pena. Interessante pensar que o crime de Damiens foi tentativa de assassinato ao Rei e o crime de Tiradentes também foi tentativa contra a monarquia. Mesmo transcorridas essas dezenas de anos da extinção da festa da punição na Europa e com o surgimento de uma nova justificação política do direito de punir, no Brasil, o corpo continua sendo supliciado, esquartejado, amputado, marcado simbolicamente, exposto vivo ou morto, dado como espetáculo. Em solo brasileiro, a supressão do espetáculo punitivo não teve a mesma cronologia da Europa.

Em 1824, dois anos após a proclamação da independência brasileira, a primeira Constituição do Império foi promulgada pelo Imperador Dom Pedro I. Com Ribeiro (2019), ao trazer a perspectiva histórica, na relação entre escravidão e racismo, pode-se mapear as consequências. "Apesar de a Constituição do Império de 1824 determinar que a educação era um

---

[68] Essa imagem foi constantemente reforçada por pinturas e monumentos (como a instalação do primeiro monumento dedicado a ele na cidade de Ouro Preto, em 1867). No ano de 1965, no Regime Militar no Brasil, Castelo Branco, Presidente da República, contribuiu para o reforço dessa imagem, sancionando a Lei n.º 4. 897, de 9 de dezembro, que instituía o dia 21 de abril como feriado nacional e Tiradentes como, oficialmente, Patrono da Nação Brasileira.

direito de todos os cidadãos, a escola estava vetada para pessoas negras escravizadas" (Ribeiro, 2019, p. 9). A cidadania se estendia a negros libertos, mas os direitos estavam condicionados a posses e rendimentos, justamente para dificultar o acesso deles à educação[69]. Conforme Roig (2005), nessa Constituição não havia previsão de nenhum dispositivo específico sobre execução penal, mas havia princípios como abolição das penas cruéis, previsão da individualização da pena e o artigo 179 definia os direitos civis e políticos dos cidadãos brasileiros, estabelecendo direitos e garantias no processo penal, a proibição de prisão arbitrária, a instituição do juiz e a exigência de nota de culpa para os presos.

Essa Constituição Imperial de 1824 determinou que as cadeias tivessem os apenados separados por tipo de crime e fossem adaptadas para que os detentos pudessem trabalhar. Passados 200 anos, até hoje isso não ocorre no Brasil. Assim, o país também passa pela ruptura do modo de punir do Estado, ao ser sancionado o Código Criminal do Império, em 1830, uma tentativa de extinguir os suplícios dos corpos condenados. Contudo, o Código Penal de 1830 não trazia nenhuma previsão de sistema prisional. De acordo com Branco (2019), foi em 1830 que o Brasil, pela primeira vez, expressa a previsão de privação da liberdade como pena. Esse Código Penal previa que detentos com bom comportamento, após cumprirem parte da pena, poderiam ser transferidos para presídios agrícolas. Nessa linha do tempo do sistema carcerário brasileiro, em meados do século XIX, surgiu o grave problema do sistema carcerário atual: a superlotação[70]; as cadeias do Rio de Janeiro já tinham presos acima do número de vagas. Em 1935, o Código Penitenciário da República estabeleceu, "além do direito do estado punir, *o dever de recuperar o detento*" (Brasil, 2009, p. 70, grifo meu).

Conforme Roig (2005), em 1850, é estabelecida a primeira prisão penitenciária no Brasil, por meio do Regulamento para a Casa de Correção do Rio de Janeiro, Decreto 678/1850, e pode ser considerada a matriz de regramento carcerário nacional. Em outubro de 1890, já no Brasil República, houve a regulamentação do Código Penal da República, no qual foi abolida a prisão/pena perpétua (Brasil, 1890), passando o máximo da pena

---

[69] Para Santos Souza (1983, p. 19), a sociedade escravista instituiu o paralelismo entre cor negra e posição social inferior.

[70] Pelos dados oficiais, continua de forma bem acentuada a superlotação nas prisões brasileiras. Conforme o SisDepen (Brasil, 2020), a ocupação em presídios e carceragens do país apresenta um déficit de 231.768 vagas. Disponível em: https://app.powerbi.com/view?r=ey JrIjoiMjU3Y2RjNjct ODQzMi00YTE4LWEw MDAtZDIzNWQ5YmIzMzk1Iiwid CI6ImViMDkwNDIwLTQ0NGMtNDNmNy05MWYyLTRiOGRhNmJmZThlMSJ9. Acesso em: 18 jun. 2021.

restritiva de liberdade a ser de 30 anos, disposto no Artigo 44 do Decreto n.º 847/1890. Ainda de acordo com Roig (2005), o Código também passou a adotar o sistema progressivo de cumprimento de pena.

Em 1930, havia distintos regulamentos para cada uma das unidades prisionais do país; era necessário uniformizar o regulamento penitenciário brasileiro em um só. Na busca por legislação específica para a execução da pena, em 1933 surge o *Projeto do Código Penitenciário da República*, responsável pela defesa da tripartição dos Códigos em matéria penal – Direito Penal, Processual e Executório –, que é apresentado ao Governo no mesmo ano, porém aprovado na Câmara dos Deputados em 1935 e publicado no *Diário do Poder Legislativo*, em 1937.

Segundo Branco (2019), houve evolução no sistema penitenciário com a Constituição de 1934, que previa em seu artigo 5.º, inciso XIX, normas fundamentais do regime penitenciário e da assistência judiciária; também estabeleceu o voto feminino e o voto secreto, maior independência do poder judiciário e direitos trabalhistas. Em 1937, com caráter autoritário, foi pro-mulgada a *Constituição* que instituiu o Estado Novo[71], leia-se, instituiu o poder de Getúlio Vargas; instituiu a pena de morte em casos de subversão à sobe-rania nacional e suas características aproximaram o Brasil de uma ditadura.

Já a Constituição de 1946 pode ser vista como liberal, no contexto da redemocratização, após a queda do Estado Novo, em 1945. E, novamente com caráter autoritário, a Constituição de 1967 suprimiu liberdades indi-viduais e legitimou o regime militar. Neste transcurso temporal desde a primeira Constituição do Brasil, quanto à legislação da execução penal, a comunidade jurídica nacional (re)clamava para que fosse jurisdicionalizada, mais alinhada ao Estado de Direito. Assim, quatro anos antes da Constituição por muitos denominada Cidadã, a Carta Magna de 1988, foi sancionada a Lei de Execuções Penais, em 11 de julho de 1984. Com a delimitação do cenário de como se historiciza o sistema prisional brasileiro, observou-se uma transformação lenta, gradual, por vezes alinhada ao solicitado por países aliados, internacionalmente.

Na tentativa de encerrar esta breve panorâmica, reporto-me ao quadro elaborado pela Câmara dos Deputados, Governo do Brasil, portanto construído desse/nesse lugar, intitulado "Linha do tempo das sete constituições brasileiras[72]".

---

[71] Para Branco (2019), a CF de 1937 foi inspirada na Constituição de Abril da Polônia (1935), ficando conhecida como Constituição Polaca.

[72] Sobre essa linha do tempo, reflito que, no Brasil, depois do Império só tivemos Repúblicas, denotando uniformidade e homogeneidade, silenciando o termo *ditadura* e enunciando para a Era Vargas (1930/1945) o nome de

Figura 4 – Linha do tempo das constituições brasileiras

Fonte: Câmara dos Deputados, Governo do Brasil[73]

Transitou-se aqui em torno de como se dá o ordenamento jurídico brasileiro, até a criação da Lei de Execução Penal, no decorrer da história e da historização do Brasil, desde o período Brasil Colônia até os dias atuais, considerando que, sob a perspectiva da Análise do Discurso, não se acredita em *uma* história do Brasil, é o modo de historicizar aquilo que passa a fazer sentido a partir das relações imaginárias, das relações ideológicas, das relações de força e aquilo que fica, então, como história. A Análise do Discurso acredita num *modo como o Brasil é historicizado* e esse modo passa a fazer sentido.

Desse pano de fundo, emerge uma contradição: enquanto o discurso da Lei tenta grafar direitos que garantam aspectos de humanidade, antagonicamente, o discurso da prisão parece (a)gravar no próprio corpo do sentenciado castigos e sofrimentos. Se neste estudo investigo a constituição dos sujeitos do cárcere, nesses 200 anos que se passaram desde a Constituição de 1824, olhar como a história desse dispositivo jurídico pensa esse sujeito (ou não pensa sobre ele) é fato a se considerar. Bem ou mal, cada Constituição Federal, ao longo da história, prescreveu, ao Estado, o dever de aplicação dos direitos fundamentais estabelecidos a todos os indivíduos do território nacional, inclusive os detentos. Todavia, há incongruência entre a textualidade da Lei e o modo como ela é aplicada (ou melhor, não aplicada), pois a crise de execução penal nos presídios brasileiros discursiviza

---

Estado Novo e para a ditadura militar (1964/1984) o nome de Regime Militar. Parece que, ao silenciar ditadura, "gerencia conflitos, administra as passagens das formas de governo para que tanto as passagens quanto os conflitos não existam fora de uma certa ordem e de um certo controle" (Orlandi, [1983] 2011, p. 271).

[73] Disponível em: https://www.gov.br/pt-br/constituicao-30-anos/banneres/5binfo-5d-30-anos_fatosemarcos_2-1.png/view. Acesso em: 18 out. 2020.

que a Lei de Execução Penal é violada. Embora tenha sido considerada um dos melhores instrumentos jurídicos do mundo, mesmo passados "anos de sua vigência e da existência de novos atos normativos, *o sistema carcerário nacional se constitui num verdadeiro inferno*, por responsabilidade pura e nua da federação brasileira através da ação e omissão dos seus mais diversos agentes" (Brasil, 2009, p. 70, grifo meu).

Em termos de discurso, dá para perceber alterações profundas no significado de *prisão* quando se tem, também, mudanças nos regimes políticos. De um regime monárquico para um regime republicano, por exemplo, vê-se a mudança do sentido de *punição*. No primeiro caso, a punição é atribuída como castigo e precisa ser severa, de modo que seja exemplar para coibir toda e qualquer tentativa de posição contrária a esse sistema e, no limite, aos poderes individuais do Rei (o poder absoluto); já no segundo, a pena passa a ser compreendida como corretiva, cujo objetivo é incidir no sujeito a culpa por violar a ordem social. Constata-se que, de república para república, essas regras distinguem-se também pelos regimes de governo que cada nação adota, mas o que está em jogo é sempre um modo de excluir da ordem social aquele que (im)põe resistência a essa forma de controle.

Diante do exposto, retomo as indagações da introdução, lembrando que o Brasil é o terceiro país do mundo que mais encarcera[74]: quem são esses presos do sistema prisional brasileiro? É possível mensurar o perfil socioeconômico, sociodemográfico e de escolaridade deles? Qual a faixa etária dos encarcerados do Brasil? Qual o perfil racial da população prisional nos estados brasileiros? É o que apresento nas próximas seções.

2.1 Preso negro, negro preso: a abolição da escravatura manteve correntes invisíveis

> *Meteram-me a mim e a mais trezentos companheiros de infortúnio e de cativeiro no estreito e infecto porão de um navio. Trinta dias de cruéis tormentos, e de falta absoluta de tudo quanto é mais necessário à vida passamos nessa sepultura até que abordamos às praias brasileiras. Para caber a mercadoria humana no porão fomos amarrados em pé e para que não houvesse receio de revolta, acorrentados como os animais ferozes das nossas matas [...] Davam-nos a água imunda, podre e dada com mesquinhez, a comida má e ainda mais porca: vimos morrer ao nosso*

---

[74] "São muitas as causas da superlotação, destacando-se: a) a fúria condenatória do poder judiciário; b) a priorização pelo encarceramento, ao invés de penas e medidas alternativas; c) aparato jurídico voltado para o endurecimento das penas" (Brasil, 2009, p. 247).

> *lado muitos companheiros à falta de ar, de alimento e de água. É horrível*
> *lembrar que criaturas humanas tratem a seus semelhantes assim e que*
> *não lhes doa a consciência de levá-los à sepultura asfixiados e famintos!*
> (Reis, [1859] 2019, p. 80).

Antes de iniciar a problematização a essas indagações sobre a questão racial no contexto do encarceramento, retomo o dizer da epígrafe, da autora Maria Firmina dos Reis, cuja obra foi silenciada[75] em nosso país por séculos e somente ressurgiu na década de 1960. Negra, filha de mãe branca e pai negro, registrada sob o nome de um pai ilegítimo, nasceu em São Luís, no Maranhão, em 1822 e faleceu em 1917. Publicou seu primeiro romance, intitulado *Úrsula* – de onde foi extraído o excerto da epígrafe –, no ano de 1859, algo incomum para uma mulher na época, o qual é considerado um instrumento de crítica à escravidão. Nesta seção, em que abordo o sujeito encarcerado negro, marco a reflexão da epígrafe com a autora que é considerada a primeira romancista brasileira (o que não é pouco para uma mulher negra), para pensar que toda história sempre começa antes: os negros viviam no continente africano e, de suas vidas, tiveram *roubada* a liberdade por algozes e saqueadores. Inclusive Reis ([1859] 2019) narra, em sua obra, o desespero de uma mãe africana que foi presa diante dos filhos (um bebê de colo) e nunca mais os viu ou soube deles.

Ao buscar discutir as indagações propostas na seção anterior, os dados do SisDepen (Brasil, 2019) apresentaram o percentual de 66,69% de negros e de 32,29% de brancos encarcerados no Brasil.

---

[75] Disponível em: https://revistacult.uol.com.br/home/centenario-maria-firmina-dos-reis/. Acesso em: 17 mar. 2021.

Figura 5 – Desigualdade racial no sistema prisional

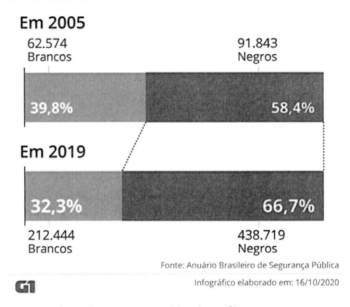

Fonte: Anuário Brasileiro de Segurança Pública (2020)[76]

Análises sobre a questão da cor/raça em populações são mais significativas quando ponderadas por meio de taxas, dentro de cada grupo de cor/raça. Conforme dados do IBGE (2019), apesar de ser de 56,2% de negros o percentual da população total de residentes brasileiros, ao olhar para o percentual de encarcerados no sistema prisional brasileiro, a taxa de encarceramento de negros é maior, de 66,7%. Quanto aos brancos, 42,7% são os residentes brasileiros e 32,3% são os encarcerados, a variação percentual da taxa de brancos decresce na população prisional.

---

[76] Disponível em: https://g1.globo.com/sp/sao-paulo/noticia/2020/10/19/em-15-anos-proporcao-de-negros--nas-prisoes-aumenta-14percent-ja-a-de-brancos-diminui-19percent-mostra-anuario-de-seguranca-publica.ghtml. Acesso em: 11 jun. 2021.

Figura 6 – População residente no Brasil, por cor ou raça

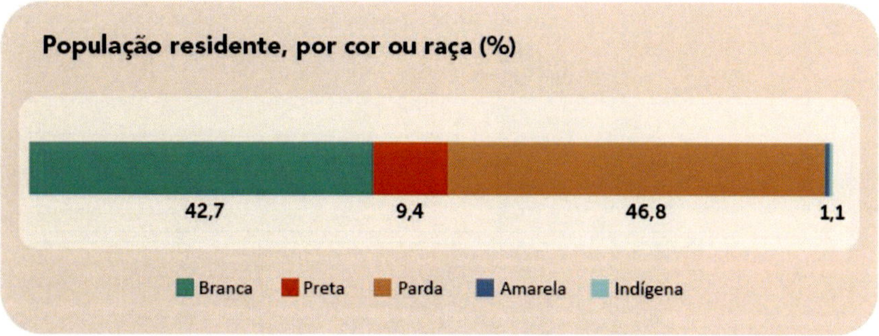

População residente, por cor ou raça (%)

| Branca | Preta | Parda | Amarela | Indígena |

42,7   9,4   46,8   1,1

Fonte: IBGE (2019)[77]

Logo, é maior a população prisional de negros em todos os estados, nas regiões e no Brasil e, pelos dados diagnosticados, há sobrerrepresentação da população negra no sistema prisional. Um estudo da Defensoria Pública[78] do Rio de Janeiro identificou que cerca de 80% das pessoas presas em flagrante no Estado se autodeclararam pretas ou pardas. O estudo denuncia a seletividade do sistema penal: foram ouvidos, entre setembro de 2017 e setembro de 2019, mais de 23 mil homens e mulheres conduzidos a audiências de custódia. A pesquisa também apontou que os autodeclarados pretos ou pardos têm mais dificuldade de conseguir a liberdade provisória. Os pesquisadores identificaram que, mesmo sem condenação anterior, à maioria desses presos foi negada a liberdade provisória – em 81,7%, dos casos, as pessoas detidas continuaram presas após a audiência. Também são negros os que sofrem mais agressões no momento da prisão: 40% relataram ter sido agredidos de alguma forma. Ao responder a mesma pergunta, 34,5% dos entrevistados declararam ser brancos. Observe-se o infográfico, Figura 7.

---

[77] Disponível em: https://educa.ibge.gov.br/jovens/conheca-o-brasil/populacao/18319-cor-ou-raca.html. Acesso em: 11 jun. 2021.

[78] *Perfil dos entrevistados pela Defensoria Pública do Rio de Janeiro nas audiências de custódia entre setembro de 2017 e setembro de 2019.* Disponível em: https://sistemas.rj.def.br/publico/sarova.ashx/Portal/sarova/imagem-dpge/public/arquivos/relat%c3%b3rio_audi%c3%aancias_de_cust%c3%b3dia_2017-2019_-_7v.pdf. Acesso em: 20 nov. 2020.

Figura 7 – Raça, cor e etnia dos sujeitos presos

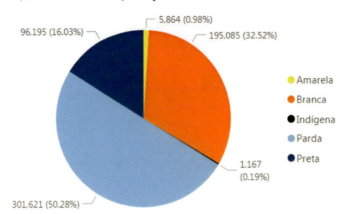

Fonte: Sisdepen – período de jan. a jun. de 2020[79]

De acordo com Wacquant (2010a), trata-se de uma tripla seletividade penal que é constitutiva do fenômeno prisional, pois, se jovens brancos fossem encarcerados nos mesmos índices que os jovens negros, provavelmente a questão seria tratada com outro enfoque:

> Se o Estado Penal tivesse sido implementado indiscriminadamente por políticas que resultassem na captura de um grande número de brancos e cidadãos abastados, dizimando suas famílias e seus bairros como fez para afro-americanos do centro da cidade, seu crescimento teria sido rapidamente tirado dos trilhos e, eventualmente, interrompido por oposição política (Wacquant, 2010a, p. 78)[80].

Com isso, o que Wacquant (2011b) sustenta é que o encarceramento – o fenômeno prisional – se opera justamente mediante diversos filtros, em especial a tripla seletividade penal. O autor salienta a seletividade extrema da penalização, de acordo com a posição de classe, o pertencimento étnico ou *status* cívico e o local de residência – uma seletividade que é um aspecto constitutivo (e não um atributo incidental) da política de gestão punitiva da pobreza. Nesse sentido, a tese de Wacquant (2010a, 2010b, 2011a, 2011b) é a da penalidade neoliberal, imposta pelo Estado.

Esses dados são importantes para que se possa ter uma noção de como a estratificação étnico-racial incide dentro dos muros das prisões, mas é

---

[79] Disponível em: https://www.gov.br/depen/pt-br/sisdepen. Acesso em: 11 jun. 2021.
[80] Livre tradução do original: *"had the penal state been rolled out indiscriminately by policies resulting in the capture of vast numbers of whites and well-to-do citizens, capsizing their families and decimating their neighborhoods as it has for inner-city African Americans, its growth would have been speedily derailed and eventually stopped by political counteraction"*.

importante, sobretudo, em termos de discurso, perceber como esses dados podem ser perigosos e incidirem também na formação de um imaginário de que negros e pobres são pessoas que cometem crimes e que, por isso, estão na prisão, ou seja, de que negros pobres são pessoas criminosas que devem ser excluídos do convívio social.

Para dar seguimento às reflexões, analiso os dados sob outro prisma. Investiguei qual é o perfil étnico-racial da magistratura brasileira: conforme levantamento do Conselho Nacional de Justiça (CNJ, 2018), somente 1,6% dos magistrados brasileiros se autodeclararam pretos. Se acrescentar os 16,5% autodeclarados pardos, totaliza 18,1% da magistratura brasileira negra. E esse índice era ainda menor. Elevou-se a partir do Censo do Poder Judiciário feito em 2013, quando o CNJ editou a Resolução 203, determinando, no âmbito do Poder Judiciário, reserva aos negros de 20% das vagas oferecidas em concursos públicos para provimento de cargos efetivos e de ingresso na magistratura. Segundo se observa no Gráfico 2, a seguir, 80,3% dos juízes, desembargadores e ministros do Poder Judiciário do país se declaram brancos. Cabe questionar o que esses dados mostram para além de apenas números e dados percentuais. No Brasil, há a branquitude do alto escalão do Poder Judiciário com percentual inversamente proporcional de negritude nas masmorras do sistema prisional; por este prisma, "a injustiça, dizem, é lei natural. [...] os negros estão nos mais baixos degraus da escala social" (Galeano, [1998] 2009, p. 5).

Gráfico 2 – Perfil étnico-racial da magistratura brasileira

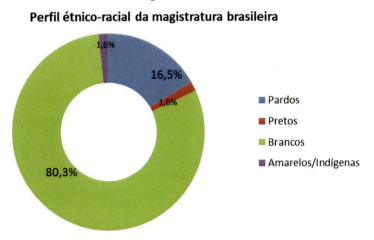

Fonte: elaborado pela autora, a partir dos dados do Perfil Sociodemográfico dos Magistrados Brasileiros (CNJ, 2018, p. 8)

O branco é aquele que tem o poder de atribuir poder. O sistema parece etiquetar o sujeito marginalizado e negro. Mais especificamente, que discurso está em jogo para produzir uma prisão majoritariamente negra no Brasil? Que discurso está em jogo ao produzir um judiciário majoritariamente branco em nosso país?

Pela análise desses dados, pode-se pensar que o racismo possui forte determinação nas escolhas das autoridades no cumprimento das determinações das Leis e do Direito. Os dados mostram um sistema prisional que pune e penaliza prioritariamente a população negra. Os dados mostram que o racismo é naturalizado na esfera jurídica. Ao pensar sobre a etnia dos universitários do curso de Direito da Unoesc Xanxerê, não foi possível obter o percentual especificamente, contudo, em 15 anos de docência neste curso, a predominância da etnia dos universitários foi branca. Não tenho com exatidão o percentual de alunos pardos; lembro-me apenas de um único aluno negro que frequentava a universidade. Ao considerar que havia aproximadamente 50 a 60 alunos por semestre letivo em cada turma, pode-se marcar que os negros frequentam mais as prisões do que as universidades.

Percebe-se que a questão do racismo estrutural é ponto nodal na estratificação social brasileira e a formação de uma nova sociedade perpassa por vozes negras. O art. 3.º da Lei de Execução Penal assevera que, ao condenado, "serão assegurados todos os direitos não atingidos pela sentença ou pela Lei. Parágrafo único. *Não haverá qualquer distinção de natureza racial, social*, religiosa ou política" (Brasil, 1984, grifo meu). A letra da Lei grafa a igualdade, na contramão, o sistema prisional (a)grava e perpetua a desigualdade racial e social.

A Lei n.º 12.288 (Brasil, 2010) instituiu o Estatuto da Igualdade Racial e foi uma tentativa nessa direção, entretanto, mostra ainda mais a condição radicalmente desigual dos negros em nosso país. Não há cisão entre passado e presente, há amálgama; práticas que estruturam o passado estão impregnadas no presente. Roorda (2017) efetuou pesquisa histórica com processos de criminalização da vadiagem no Distrito Federal, entre 1900 e 1910. O autor apresenta o positivismo criminológico como discurso científico dominante no Direito Penal da época, que ele nomeia de racismo científico, com potência genocida.

Quanto à contravenção da vadiagem do *Código Penal* de 1890, já fora prevista em 1888, intencionalmente, no mesmo ano da abolição da escravatura[81]: foi uma resposta direta à abolição, opção política destinada aos recém-libertos da Corte. Foi com a prisão que o Estado Republicano saudou os negros libertos. Do tronco à tranca. A abolição manteve correntes invisíveis, pois, ao abolir a escravidão, abandonaram o negro sem o mínimo apoio do governo. Foi uma página virada abrupta, sem políticas públicas para incluir os ex-escravos à sociedade. De acordo com Roorda (2017), *vadios* e *libertos* são palavras que funcionam, nesse contexto, como quase sinônimos; a indistinção semântica faz inferir que a atuação concreta do sistema punitivo do início da República estava voltada para o controle da circulação da população negra nas cidades.

Passado mais de um século, com o percentual de 66,7% (Brasil, 2019) dos encarcerados brasileiros de raça negra, pode-se afirmar que houve alguma mudança? Numa tentativa de resposta, retomo que a previsão da vadiagem como ilícito penal já constava no Código Criminal do Império[82] de 1830: o capítulo IV tratava dos vadios e mendigos. Tal tipo penal permanece incólume até hoje; em tese, a conduta continua punível na Lei de Contravenções Penais. Ainda em vigor, o Decreto-Lei n.º 3.688/41[83] traz, em seu artigo 59, o tipo penal de vadiagem. A conduta consiste em "entregar-se habitualmente à ociosidade, sendo válido para o trabalho, sem ter renda que lhe assegure meios bastantes de subsistência, ou prover à própria subsistência mediante ocupação ilícita" (Brasil, 1941), com pena de prisão simples, de quinze dias a três meses.

O parágrafo único do dispositivo prevê que "*a aquisição superveniente de renda, que assegure ao condenado meios bastantes de subsistência, extingue a pena*" (Brasil, 1941, grifo meu). Essa redação do parágrafo único mostra que a norma penal somente se aplica aos pobres, pois, mesmo ocioso, pelo texto da lei, basta ter renda para se eximir da pena. Nesse sentido, "a ociosidade, em uma sociedade tão atarefada quanto a nossa é como um desvio" (Fou-

---

[81] Conforme a historiadora Lilia Moritz Schwarcz, o Brasil foi o último país do Ocidente a abolir a escravidão, após mais de três séculos de trabalho forçado, em 13 de maio de 1888, lei sancionada pela princesa Isabel. Em contrapartida, o primeiro país a banir o escravismo foi Portugal, em 1761, mas o Marquês de Pombal direcionou o decreto apenas para Portugal, não para o Brasil Colônia. Pode-se pensar que, por esse lapso temporal de mais de um século – 1761 a 1888 –, teria havido tempo para planejamento de políticas públicas que acolhessem o negro liberto, se houvesse vontade política para tal. Disponível em: https://www.bbc.com/portuguese/brasil-44034767. Acesso em: 25 ago. 2020. Para Roorda (2017), a política pública foi prender o negro liberto ocioso.

[82] Disponível em: http://www.planalto.gov.br/ccivil_03/leis/LIM/LIM-16-12-1830.htm. Acesso em: 12 out. 2019.

[83] Conforme o Juiz do Trabalho Átila da Rold Roesler, pela interpretação da Constituição Federal (Brasil, 1988), o tipo penal de não se querer trabalhar não é razão suficiente para que alguém seja acusado de prática criminosa e há indivíduos que não conseguem trabalhar devido ao sistema excludente. Disponível em: http://www.justificando. com/2016/08/09/sobre-a-vadiagem-e-o-preconceito-nosso-de-cada-dia/. Disponível também em: http://www. conjur.com.br/2012-jun-05/tj-sp-decide-detencao-vadiagem-inconstitucional. Ambos acessados em: 12 out. 2019.

cault ([1967] 2013, p. 22).De acordo com o Juiz do Trabalho Átila da Rold Roesler[84], a contravenção penal de vadiagem, a criminalização da conduta autoriza uma espécie de controle social do Estado sobre os cidadãos e persegue as camadas mais pobres e despossuídas da população brasileira, numa prática de higienização social.

Nesse sentido, ainda, buscando entendimento com os autores Almeida Filho e Santos (2008) e Gentili e Silva (2012), a perda de prioridade nas políticas públicas do Estado foi, antes de mais, o resultado da perda geral de prioridade das políticas sociais induzida pelo modelo de desenvolvimento econômico conhecido por neoliberalismo ou globalização neoliberal, que se impôs internacionalmente. O discurso que parece estar em jogo produzindo sentido é de que o discurso neoliberal produz e cria uma realidade que acaba por tornar impossível pensar e nomear outra realidade, pois as políticas neoliberais não hesitam em fomentar responsabilidades individuais, buscando (en)cobrir responsabilidades institucionais do Estado, especialmente a seletividade de acesso imposta socialmente a esses sujeitos encarcerados. Essa seletividade preexistente que já os havia impossibilitado de agregar-se às políticas educacionais serve para transpô-los neste modelo de organização social para o outro lado do muro, alimentada pela política de repressão e contingenciamento na prisão. Nesse sentido, o filósofo italiano Ordine (2016) mostra como a lógica utilitarista e o culto da posse acabam pondo em perigo valores fundamentais como a dignidade humana: "no mundo em que vivemos, dominado pelo *homo economicus*, certamente não é fácil compreender a utilidade do inútil e a inutilidade do útil (quantas mercadorias desnecessárias são consideradas úteis e indispensáveis?)" (Ordine, 2016, p. 17).

Borges (2019), em seu livro intitulado *Encarceramento em massa*[85], busca compreender a complexidade em que operam as amarras interseccionadas[86] das opressões que perpetuam sistemas desiguais:

---

[84] Atua na 28.ª Vara do Trabalho de Porto Alegre. Disponível em: http://www.justificando.com/2016/08/09/sobre-a-vadiagem-e-o-preconceito-nosso-de-cada-dia/. Acesso em: 3 jul. 2019.

[85] Wacquant (2010a, 2010b, 2011a, 2011b) sustenta que o *encarceramento não é em massa*. Para o autor, não chegou nem chegará a atingir as massas. O fenômeno prisional se opera justamente mediante diversos filtros. A definição de *hiperencarceramento* de Wacquant permite a compreensão do elemento espaço como constitutivo da seletividade penal. "[...] proponho substituir a noção sedutora, mas enganadora, de 'encarceramento de massa', que atualmente enquadra e reduz os debates cívicos e científicos sobre prisão e sociedade nos Estados Unidos (eu mesmo o empreguei, sem pensar muito, em minhas publicações anteriores a 2006), pelo conceito mais refinado de *hiperencarceramento*, a fim de salientar a seletividade extrema da penalização, de acordo com a posição de classe, o pertencimento étnico ou *status* cívico e o local de residência – uma seletividade que é um aspecto constitutivo (e não um atributo incidental) da política de gestão punitiva da pobreza" (Wacquant, 2011b, p. 218-219, grifo meu).

[86] Compreendo a noção de interseccionalidade com Crenshaw (2002) como uma conceituação do problema que busca capturar as consequências estruturais e dinâmicas da interação entre dois ou mais eixos da subordinação.

> Além da privação de liberdade, ser encarcerado significa a negação de uma série de direitos e uma situação de aprofundamento de vulnerabilidades. Tanto o cárcere quanto o pós-encarceramento significam a morte social desses indivíduos negros e negras que, dificilmente, por conta do estigma social, terão restituído seu *status*, já maculado pela opressão racial em todos os campos da vida, de cidadania ou possibilidade de alcançá-la. *Essa é uma das instituições mais fundamentais no processo de genocídio contra a população negra em curso no país* (Borges, 2019, p. 22, grifo meu).

Nessa confluência, segundo o sociólogo camaronês Achille Mbembe, "é necessário formular um contraimaginário que se oponha a este imaginário demente de uma sociedade"[87]. Para Mbembe ([2003] 2018), estudioso da escravidão, da descolonização e da negritude, essas violências vão tomando contorno cada vez mais complexo, modificando-se do controle para o *extermínio necropolítico*, termo criado por Mbembe ([2003] 2018) a partir de seus estudos de Michael Foucault: relacionou o discurso e o poder de Foucault a um racismo de Estado presente nas sociedades contemporâneas, que fortalece políticas de morte. Contudo, Mbembe ([2003] 2018) demonstra que a noção de biopoder em Foucault é insuficiente para dar conta das formas contemporâneas de submissão da vida ao poder da morte e propõe a noção de necropolítica e de necropoder para dar conta das várias maneiras pelas quais, contemporaneamente, as armas de fogo são dispostas com o objetivo de provocar a destruição máxima de pessoas e criar mundos de morte, nos quais populações são submetidas a condições de vida que lhes conferem o estatuto de mortos-vivos. De acordo com Mbembe ([2003] 2018), necropolítica é o poder de ditar quem pode viver e quem deve morrer. Com base no biopoder e em suas tecnologias de controlar populações, o "deixar morrer" se torna aceitável. Mas não é aceitável a todos os corpos. O corpo "matável" é aquele que está em risco de morte a todo instante devido ao parâmetro definidor primordial da raça.

De acordo com Mbembe ([2003] 2018), a escravidão foi uma expressão necropolítica fundamentada pelo pensamento hegemônico eurocêntrico que negou, aos negros, por muitos anos, o *status* de seres humanos. Esse

---

Ela trata especificamente da forma pela qual o racismo, o patriarcalismo, a opressão de classe e outros sistemas discriminatórios criam desigualdades básicas que estruturam as posições relativas de mulheres, raças, etnias, classes e outras. A "interseccionalidade trata da forma como ações e políticas específicas geram opressões que fluem ao longo de tais eixos, constituindo aspectos dinâmicos ou ativos do desempoderamento" (Crenshaw, 2002, p. 177).

[87] Disponível em: http://www.liberation.fr/planete/2013/11/01/est-negre-une-large-partie-de-l-humanite-qu--on-pourrait-qualifier-de-subalterne_943969. Tradução livre minha. Acesso em: 15 set. 2018.

pensamento resultou em milhares de mortes e ainda engendra opressão e desigualdade. Com o autor, pode-se compreender a ordenação sistêmica do sistema prisional brasileiro contemporâneo, cujas estratégias de captura, aprisionamento, exploração, dominação e extermínio do corpo negro seguem ainda a cartilha do colonialismo[88]. Ao olhar a discursividade dos dados estatísticos brasileiros, coaduna-se com o pensar da jurista norte-americana Alexander (2018)[89], para quem o sistema de castas raciais nos EUA não foi superado, foi redesenhado. Ao analisar o sistema prisional dos EUA, a autora expõe como opera o racismo estrutural e institucionalizado nas sociedades ocidentais contemporâneas; o encarceramento em massa se organiza por meio de uma lógica abrangente e bem disfarçada de controle social racializado. "Na era da neutralidade racial, já não é permitido odiar negros, mas podemos odiar criminosos. Na verdade, nós somos encorajados a fazer isso" (Alexander, 2018, p. 282). Assim é nos EUA, e no Brasil, é diferente?

2.2 Preso pobre, pobre preso: para os pobres os rigores da lei, para os ricos os favores dos reis

> *O que interessa ao historiador do cotidiano é o Invisível...*
> (Certeau, [1994] 2013, p. 31)

No cotidiano, como assinala Certeau ([1994] 2013), encontram-se muitas táticas e estratégias, práticas sutis, que parecem se tornar invisíveis, ainda mais quando se fala do sistema prisional. Tão invisíveis que, após a discussão sobre o perfil racial da população prisional brasileira, busquei infor-

---

[88] Conforme Quijano (2010) e Rosevics (2017), a decolonialidade é uma discussão da estratégia geopolítica, refere-se ao processo que busca transcender historicamente a colonialidade e supõe um projeto mais profundo e tarefa urgente para subverter o padrão de poder colonial. Além da África, na América Latina os processos de colonização demarcaram a hegemonia econômica das nações europeias – o eurocentrismo – na dominação do povo. Foi nesta perspectiva que Frantz Fanon escreveu o livro *Pele negra, máscaras brancas* ([1963] 2008), no qual descreve como jovens antilhanos, ao emigrarem para a França, retornam simbolicamente embranquecidos, transformados em franceses, dominando a sua língua e a sua cultura. Fanon também é autor de *Os condenados da Terra* ([1961] 1968), obra em que denuncia o que é ser negro e condenado à inferioridade; demonstra que o colonialismo não está baseado somente no poderio bélico e econômico das nações europeias, mas principalmente na diferença de raça. Decolonial, muito além de ser contrário ao discurso do eurocentrismo e dos Estados Unidos, é valorizar as experiências vividas pelos colonizados, é a ontologia do Sul do mundo. Assim, o projeto decolonial refere-se à condição de libertação dos povos subalternos, reconhecendo sua autenticidade cultural, política, econômica e ideológica.

[89] Michelle Alexander é jurista na área de direitos civis, advogada e professora de Direito. Em 2005, ganhou o *Soros Justice Fellowship*, que apoiou a escrita do livro *A nova segregação*, citado no texto. É uma das principais vozes do documentário da Netflix *A 13.ª emenda*, que trata dos reflexos da segregação racial estadunidense no sistema carcerário ao longo da história dos EUA e concorreu ao Oscar 2017 de melhor documentário. Disponível em: https://www.boitempoeditorial.com.br/autor/michelle-alexander-1360. Acesso em: 31 out. 2020.

mação acerca do perfil socioeconômico desta população encarcerada mas, não há dados registrados/pesquisados nem no Levantamento do SisDepen (Brasil, 2020), nem no levantamento do Banco Nacional de Monitoramento de Prisões e Cadastro Nacional de Presos (CNJ, 2018). Invisível. Ressalto que a prisão é um espaço onde se desdobram conflitos e tensões daqueles que vivem nas so(m)bras da invisibilidade. Mesmo sem dados estatísticos, é possível inferir que o percentual maior de encarcerados é de pobres a partir de estudo efetuado pelo Instituto de Pesquisa Econômica Aplicada (Ipea), em julho de 2019, acerca da desigualdade racial no Brasil[90]. Ao decompor os indicadores de pobreza no início e no fim do período analisado, de 2004 a 2014, conforme os dados do Ipea (2019), embora a pobreza de negros tenha diminuído, ela é persistente e em nível elevado. Em 2014, o nível dos indicadores de pobreza de negros era quase igual ao dos brancos em 2004, quando, na média das linhas de pobreza consideradas, negros tinham chance 2,5 vezes maior de serem pobres que os brancos; em 2014, a chance de negros serem pobres ainda era 2,1 vezes maior que a dos brancos.

Compreende-se que, se não houvesse desigualdade, a contribuição do indicador de cada grupo para a desigualdade total seria igual à sua fração da população. Ou seja, em uma sociedade na qual todos os grupos participam igualmente na pobreza, se 50% da população é branca, 50% dos pobres seriam brancos, mas não é isso que ocorre no Brasil. O diagnóstico do Ipea (2019, p. 26) rejeita e considera nula a hipótese de inexistência de desigualdade racial da pobreza para qualquer nível convencional de significância e para qualquer uma das linhas de pobreza no Brasil. Antes de prosseguir, esclareço que não é objetivo deste estudo explicar a desigualdade racial da pobreza, pois, de acordo com o Ipea (2019, p. 8), é fenômeno complexo, que resulta de vários fatores, nem sempre simultâneos, como a discriminação motivada por racismo e preconceito, a desigualdade regional e educacional, entre outros. Entretanto, esses dados corroboram o entendimento de que há mais pobres negros do que brancos no país, por conseguinte, se a população carcerária possui percentual maior de negros, a possibilidade é de que o perfil econômico da população carcerária siga a esteira da pobreza.

De acordo com Zaffaroni ([1989] 2017), o exercício do poder penal é socialmente configurador e não puramente repressivo; são relações sociais desiguais que, em processos complexos e não homogêneos, informam as diversas agências do sistema penal, cujo resultado final é uma política criminal

---

[90] Disponível em: http://www.ipea.gov.br/portal/images/stories/PDFs/TDs/td_2487.pdf. Acesso em: 31 jul. 2019.

encarceradora e excludente, particularmente na América Latina. Cada país tem o número de presos que decide ter, selecionados entre as populações para as quais, politicamente, decide direcionar o aparato punitivo. E, nessa esteira sobre a violência, a pobreza e o processo histórico da elite política e econômica brasileira, Demo (2001) considera:

> Por certo o pobre pode tornar-se violento, em geral levado pela premência da vida, não porque sendo pobre, teria vocação para a violência. A violência que realmente preocupa é a da elite, porque é tendencialmente total. Como a lei é manipulada por essa elite, que manieta também o judiciário, é mais fácil pegar e condenar o ladrão de galinha. O banqueiro dificilmente vai para a cadeia e, mesmo quando por ventura preso, arranja um *habeas corpus* e logo se evade do país (caso Cacciola). O parlamentar que agride o decoro também não vai para a cadeia, porque foi ele quem inventou a cadeia apenas para os pobres. Eles têm mil maneiras de safar-se: renuncia ao mandato sem maiores consequências, volta na próxima eleição com a devida "impunidade", quando exposto à possível cassação em votação, esta é secreta, negociatas proliferam entre os pares porque facilmente se julga em causa própria, e assim por diante. **Crime nobre é, no fundo, sinal de elegância. Crime pobre é hediondo** (Demo, 2001, p. 114-115).

Compreende-se, com o autor Demo (2001), que a pobreza[91] é produto da forma como historicamente se organizou a sociedade, não é natural. Nesse sentido, com magistrados e políticos e outros *"os peixes grandes* [...] raramente o processo chega ao fim e mais raro ainda serem condenados. E quando condenados quase sempre escapam das grades, sobrando a prisão apenas para os *peixes miúdos"* (Brasil, 2009, p. 47). Para comparação, o autor alega que não se registra violência policial em ambientes ricos, "como festas universitárias, mesmo sabendo-se do uso de drogas nesses lugares, como ocorre nas periferias. Há, portanto, um contexto de criminalização da pobreza" (Ribeiro, 2019, p. 98). Conforme a Comissão Parlamentar de Inquérito do Sistema Carcerário (Brasil, 2009), há total ausência nas cadeias e presídios brasileiros de gente de posses, embora sejam frequentes as

---

[91] Demo (2003) defende que estamos habituados a ver pobreza somente como carência material, no plano do *ter*: é pobre quem não tem renda, emprego, habitação, alimentos etc. Esta dimensão é crucial e não poderia, em momento algum, ser secundarizada. Mas a dinâmica da pobreza não se restringe à esfera material do ter. Avança na esfera do *ser* e, possivelmente, alcança aí intensidades ainda mais comprometedoras. Mais drástico do que não ter mínimos materiais para sobreviver é não ser nada na vida. O Programa das Nações Unidas para o Desenvolvimento (Pnud) maneja o conceito de *pobreza humana*, para indicar que, ao lado da pobreza material, existem outras dimensões importantes, sinalizadas na noção de pobreza humana.

denúncias publicadas pela mídia, relatando o envolvimento de pessoas das classes média e alta em crimes de homicídio, corrupção, fraude, acidente de trânsito e outros. São rotineiras e em elevado número as prisões de envolvidos com estes tipos de crimes, mas a permanência deles atrás das grades é uma raridade. Para ilustrar, um levantamento publicado pela *Revista Época*, de março de 2008, sobre as operações realizadas pela Polícia Federal, revela o retrato da impunidade quando se trata de suspeitos ricos ou influentes que cometem os chamados crimes de colarinho branco. O prejuízo para os governos federal, estaduais e municipais com a ação dessas quadrilhas é estimado em bilhões de reais, segundo cálculos da própria Polícia Federal, Receita Federal, INSS, Ibama e Procuradoria-Geral da República. E esse montante não volta para os cofres públicos.

Do outro lado da moeda, há "presos apodrecendo em estabelecimentos desumanos e violentos por crimes simples como furto de latas de leite, de peças de roupas, dívida ou por ameaça" (Brasil, 2009, p. 49). Como dinheiro e poder são bem escassos, isso significa que aqueles que detêm o poder estão em posição mais favorável[92]. Por sua vez, o escritor uruguaio Galeano ([1998] 2009, p. 7) afirma que os violadores que mais ferozmente violam a natureza e os Direitos Humanos jamais são presos, nunca, pois são eles que têm as chaves das prisões. Para eles, dá uma cegueira crônica e reeditam historicamente a condenação de muitos e os privilégios de poucos. Por conseguinte, pela análise desses dados estatísticos, verifica-se a desigualdade social e racial em nosso país; pauperização e anomia; a justiça social foi reduzida à justiça penal.

Como afirma Wacquant ([1999] 2011a), cada vez mais se verifica, em todo o mundo, a adoção de política de administração da pobreza pela via penal, que, em alguns casos, complementa e, em outros, substitui as políticas assistenciais, chamada por ele de retração da proteção social. Ainda com Wacquant ([1999] 2011a, p. 19), o hiperencarceramento atua como uma estranha política antipobreza e, ao falar das prisões do Brasil, denomina-as de campos de concentração de pobres, cuja função penalógica é de dissuasão e de neutralização, cujo aparelho policial e judiciário (r)estabelece "uma verdadeira ditadura sobre os pobres" (Wacquant, [1999]

---

[92] Silva (2007) pesquisou a representação social do branco no livro didático, buscando contribuir para a melhoria das relações étnico-raciais, na escola e na sociedade como um todo. A pesquisa corroborou o pressuposto inicial da pesquisadora de que o livro didático de Língua Portuguesa de séries iniciais descreve e representa o sujeito branco de forma hegemônica, idealizada positivamente, contribuindo para a construção de uma identidade étnico-racial de representante da humanidade e da cidadania. Conforme a pesquisa, os personagens brancos são ilustrados e descritos como maioria, com constelação familiar, exercendo papéis e funções de prestígio na sociedade.

2011a, p. 12). Batista (2003), apoiada em Wacquant (2007), afirma que "na periferia do neoliberalismo a destruição das precárias estruturas previdenciárias tem dado lugar a um incremento gigantesco de um Estado penal" (Batista, 2003, p. 11).

Para Florestan Fernandes ([1975] 2020), há uma série de mecanismos sociais que naturalizam estruturas assimétricas. Os macroprocessos sócio-históricos ajudam a compreender como foi possível ritualizar no cotidiano das relações sociais formas de convívio que deveriam estar no passado. Mas não ficaram no passado, estão no contemporâneo e o Brasil continua injusto: *para os pobres os rigores da lei, para os ricos os favores dos reis*, ou ainda que *a deusa da justiça tem um olho aberto para os humildes e outro fechado para os poderosos*" (Brasil, 2009, p. 49).

2.3 Preso jovem, jovem preso: a máquina de contar dias é a mesma de moer gente[93]

> *[...] é preciso discernir o que falha não por pretender com isso se amparar definitivamente no verdadeiro (!), mas para tentar avançar tanto quanto se possa em direção à justiça.*
> (Pêcheux, [1975] 2009, p. 276).

Acolhendo esse fragmento da autocrítica pecheuxtiana, buscando uma possível condição para "tentar avançar tanto quanto se possa em direção à justiça", nesta seção problematizo o perfil etário da população prisional. A população carcerária nacional é predominantemente jovem pelo Levantamento Nacional de Informações Penitenciárias, no SisDepen (Brasil, 2020), conforme se visualiza na Figura 8.

---

[93] Menção a Torres (2020). Para a autora, a máquina chamada prisão, sob a batuta do Estado, permite que pessoas presas sejam mortas, decapitadas, pulverizadas e seus membros expostos em rituais de suplício e carnificina semelhante aos descritos por Foucault ([1975] 2014a), na direção de espetacularizar e naturalizar a punição, e, no caso brasileiro, o poder das facções criminosas.

Figura 8 – Faixa etária dos sujeitos presos no Brasil

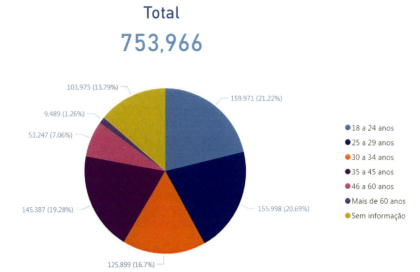

Fonte: Sisdepen – período de jan. a jun. de 2020[94]

Na Figura 8 pode-se visualizar a representação percentual da população jovem no contingente prisional e lembro que aqui há o recorte da população criminalmente imputável, isto é, constam somente os acima de 18 anos. A incidência do encarceramento sobre o grupo de jovens é de 44,79% e, se a essa taxa somarmos a população prisional com idade de até 34 anos, o percentual sobe para 62,11%. A maioria dos presos tem idades entre 18 e 24 anos e outra grande parte dos presos tem idades entre 24 e 29 anos. Ao cruzar o dado geracional, observa-se que a população total de jovens brasileiros está sobrerrepresentada no sistema prisional: a população entre 18 e 29 anos representa 18% da população total no Brasil (Brasil, 2017, p. 30)[95] e 44,79% da população no sistema prisional (Brasil, 2020). Por que essa seletividade penal? Será que encarcerar é a única solução para a questão criminal? Por que esse paradigma de criminoso em potencial? O cerne da questão não poderia ser política penal, teria de ser política social e política educacional.

Tanto Wacquant ([1999] 2011a) quanto Galeano ([1998] 2009) creditam ao projeto neoliberal a difusão da penalidade sobre a juventude dos bairros populares esmagados pelo peso do subemprego crônico; a sociedade de con-

---

[94] Disponível em: https://www.gov.br/depen/pt-br/sisdepen. Acesso em: 11 jun. 2021.
[95] São informados dados de 2017, pois não consegui obter o percentual de jovens de 15 a 29 anos no Brasil, conforme estabelece o Estatuto da Juventude (Brasil, 2013), em 2020, mesmo ano dos dados SisDepen (Brasil, 2020).

sumo insulta os jovens, a publicidade manda consumir, oferecendo o que nega a economia – são prisioneiros do desamparo. O mesmo sistema que precisa vender cada vez mais, remunera cada vez menos. "Dia após dia a liberdade desses meninos é confiscada pela sociedade que sacraliza a ordem ao mesmo tempo em que gera a desordem" (Galeano, [1998] 2009, p. 19). Em tempos neoliberais, a justiça social foi reduzida à justiça penal. O sentido posto para a imagem da deusa da justiça, cujos olhos são tapados, é de que, ao julgar, seja imparcial, contudo, em virtude dessas condições de produção, outros sentidos podem surgir: parece mais produzir o sentido que tapa os olhos para não ver de onde vem o jovem que comete delito, nem por que o cometeu, o que poderia ser um primeiro passo para atuar na reabilitação. Parece que a justiça, empoderada pela sociedade, enjaula o perigo público sob o trinômio negro-pobre-jovem. Para Wacquant (2007), isso parece ser um projeto:

> [...] o fato que as sociedades contemporâneas dispõem de pelo menos três estratégias principais para tratar as condições e as condutas que julgam indesejáveis, ofensivas ou ameaçadoras, representadas: (i) pela higienização dos lugares de visitação e passagem urbana por meio da construção de alojamentos e programas de emprego e renda mínima, que necessitaria de um reposicionamento do Estado em lidar com os fluxos urbanos; (ii) pela criminalização do morador de rua ao relacioná-lo, e a sua condição de rua, exclusivamente às dependências individuais relacionadas ao abuso de álcool ou drogas; e, por fim, (iii) *por rotular os desocupados, os pedintes e todos aqueles que estão à margem da nova ordem econômica como passíveis de delinquência ao ponto de desumanizá-los* (Wacquant, 2007, p. 20-21, grifo meu).

Nessa esteira, pode-se pensar que as legislações e os dispositivos jurídicos estão a serviço de demandas ideológicas. Ainda nessa confluência, Wacquant ([1999] 2011a), a partir da ordem econômica vigente, propõe o que chamou de governo da miséria, ao indicar três características político-econômicas do aprisionamento: 1) a regulação do mercado de trabalho; 2) a exclusão dos grupos étnicos e indesejados; 3) a população pobre, encarcerada, transforma-se em novo produto no mercado. Assim, os resultados obtidos com o aprisionamento indicam como se consolidaram as legislações mais austeras que criminalizaram as populações pauperizadas em diferentes continentes.

Nesse sentido, Frade (2007) pesquisou, em sua tese de doutorado, representações do Legislativo Federal brasileiro sobre a criminalidade, no período de 2003 a 2007, e deparou-se com o trabalho do legislador "focado quase que exclusivamente no crime "do pobre", sinalizando que a elite não é vista como autora na criminalidade" (Frade, 2007, p. 4), muito embora, ao longo da história do Parlamento brasileiro, tenha sido esse período de 2003 a 2007 que registrou o maior número de indícios de ilegalidades cometidas pelos próprios parlamentares; a elite não é vista como autora de criminalidade, portanto não se aplicam penalidades, mesmo havendo indícios de ilegalidades cometidas pelos parlamentares. De outro lado, os pobres são punidos por muito pouco no dizer da música de Nando Reis[96]: *por um pacote de biscoitos, ele passou mais de 20 anos na prisão.* Conforme levantamento da Pastoral Carcerária Nacional[97], no Brasil, há muitos casos de presos famélicos[98], que furtam um pedaço de carne, um pote de manteiga; e o maior percentual é de mulheres, algumas desempregadas, com três, quatro, cinco filhos e, conforme esta pesquisa, elas permanecem anos na cadeia. Ao que parece, a Lei é aplicada ao furtador, não ao líder de organização criminosa nem ao político que dilapidou os cofres públicos.

Sob a chancela do Estado, um grupo de indivíduos que, teoricamente, representa o povo define as condutas socialmente aceitas e as que devem ser objeto de punição, estabelecendo-as e tornando-as coercitivas. O escândalo da corrupção no Legislativo Federal brasileiro sinaliza fortemente "que a lei é mais lei para uns do que para outros". (Frade, 2007, p. 29). O perfil de criminalidade é oriundo da assimetria do poder; a sociedade e o Estado constroem o excluído. Pela pesquisa, a legislatura sob estudo de Frade (2007) caracterizou-se por expressiva participação de legisladores em escândalos de corrupção e os próprios elaboradores da regra se veem como imunes a ela. "A mídia fala na *lei do poderoso, lei do colarinho branco,* no *marginal nobre* e a sociedade reelege parlamentares que comprovadamente cometeram ilicitudes, o que enseja nossa fama de um povo com *memória curta*" (Frade, 2007, p. 37). Para corroborar esse dizer, a autora analisou as novas proposições sugeridas pelo Legislativo naquele período de 2003-2007: do total de 646

---

[96] Compositor José Fernando Gomes dos Reis. Letra de *Rock 'n' Roll* © *Warner Chappell Music, Inc.* Disponível em: https://www.ukecifras.com.br/nando-reis/rock-n-roll/hwmhmg.html. Acesso em: 7 out. 2020.

[97] Disponível em: https://carceraria.org.br/combate-e-prevencao-a-tortura/famelicos-a-fome-que-o-judiciario-nao-ve. Acesso em: 20 nov. 2019.

[98] Desde 2004, existe um entendimento do Superior Tribunal Federal de que casos de furtos famélicos devem ser arquivados, seguindo o princípio da insignificância. A norma, que não é obrigatória, orienta juízes a desconsiderar casos em que o valor do furto é tão irrisório que não causa prejuízo à vítima do crime. Mas isso nem sempre ocorre. Juízes e desembargadores de diversos tribunais pelo Brasil estão mantendo a custódia e condenando à prisão pessoas acusadas de furto famélico ou de pequenos valores, conforme publicação na mídia jornalística. Disponível em: https://www.gazetadopovo.com.br/vida-publica/mulher-pega-4-anos-de-prisao-por-um-pote-de-manteiga-aalkxk927pahomelnoplxpjda/ e https://www.bbc.com/portuguese/brasil-57477601. Acesso de ambos em: 20 jun. 2021.

projetos de lei apresentados, apenas dois se referiam ao "crime do colarinho branco". O legislador criaria leis para marcar a si próprio como criminoso? A discursividade do dado exposto marca um dizer cujo sentido parece ser que a Lei é para os outros, não parece ser para eles, a Lei não é para aqueles que elaboram as leis. Na função de elaboradores legais, são estruturadores do interdito, perpetuam formas constitutivas de violência e de exclusão.

Olhando a história, tão cara para a Análise do Discurso, de um lado, quando houve a abolição da escravatura, criou-se a Lei da Vadiagem e os presos libertos *ociosos* eram recolhidos no cárcere; por outro lado, a primeira Constituição do Império, de 1824, teve seus parlamentares eleitos de forma indireta. Conforme Frade (2007), o critério de escolha era a renda: só quem tivesse renda anual superior a 100 e 200 mil réis poderia integrar o colégio eleitoral da província. O valor da renda anual fixado para a candidatura a Deputado ou Senador era de, no mínimo, 800 mil réis. E isso vem se perpetuando. "A representação de cidadãos no Parlamento, historicamente, também obedece à lógica da oligarquia brasileira[99]. Há famílias de políticos que estão no poder há quase duzentos anos" (Frade, 2007, p. 46). Essa análise histórica ajuda a compreender o significado dos sistemas punitivos, do cárcere, na evolução da sociedade e que o problema da marginalização criminal incide na "necessidade, por motivos ideológicos e econômicos, de uma marginalização criminal" (Baratta, [1997] 2018, p. 190).

Em face ao exposto, as pessoas que compõem a população prisional do país, em sua maioria jovens, possuem histórico de exclusão social. Ao serem presas, custodiadas pelo Estado, continuam a não ter direitos; não é uma questão de perda de direitos, pois já não os tinham...

2.4 Preso sem escola: somos todos brasileiros, mas alguns são mais brasileiros que outros

O título desta seção faz menção ao dizer de George Orwell (2007), "somos todos iguais, mas alguns são mais iguais que outros", no livro *A revolução dos bichos: um conto de fadas,* que consta da seleção do Projeto de Extensão da Unoesc Direito e Cárcere: Remição da Pena pela Leitura. Ao

---

[99] A autora Frade (2007, p. 47-49) tece um mapeamento da oligarquia política brasileira e a análise das linhagens políticas do país destaca o papel dos meios de comunicação na obtenção e manutenção do poder oligárquico, bem como a vinculação direta com o aparelho do Estado. Para exemplificar esse poder oligárquico, no Maranhão há a família Sarney; no Rio Grande do Norte, a família Alves e a família Rosado; em Pernambuco, a família Maciel; na Bahia, a família Magalhães; em Minas Gerais, a família Andrada; em Santa Catarina, as famílias Konder e Bornhausen, algumas desde 1823 no poder, perpetuando-se de pai para filho e para neto.

se abordar a escolaridade dos presos, daqueles que estão atrás das grades, na prisão, poder-se-ia afirmar que somos todos brasileiros, mas alguns são mais brasileiros do que outros. Ao se olhar o perfil de escolaridade da população carcerária brasileira, veem-se os "menos brasileiros" pela estatística do levantamento do Infopen (Brasil, 2017)[100], que toca na questão da leitura, tema desta pesquisa. O infográfico da Figura 9 proporciona melhor visibilidade para essa questão.

Figura 9 – Escolaridade dos sujeitos presos no Brasil

Fonte: Portal Politize[101]

---

[100] Esta informação só está disponível no Infopen (Brasil, 2017). Não há esses dados no SisDepen de jan. a jun. de 2020.

[101] Disponível em: https://www.politize.com.br/populacao-carceraria-brasileira-perfil/#:~:text=O%20Brasil%20tinha%20622.202%20presos,Nacional%2C%20do%20Minist%C3%A9rio%20da%20Justi%C3%A7a. Acesso em:

Conforme se lê na Figura 9, pelo Levantamento Nacional de Informações Penitenciárias (Brasil, 2017), somente 9% deles possuem o ensino médio completo; 14% é o percentual que completou o ensino fundamental e 51% desse contingente não têm o ensino fundamental completo: 4% são analfabetos e 6% foram alfabetizados sem frequentar cursos regulares. Conforme dados do Banco Nacional de Monitoramento de Prisões (BNMP) (CNJ, 2018, p. 45), há 1.724 presos que concluíram o ensino superior; 25 completaram a pós-graduação (*lato sensu*) e dois possuem pós-graduação em nível de mestrado (*stricto sensu*). Enquanto a média nacional de pessoas que não concluíram o ensino fundamental é de 50%, no sistema prisional 8 em cada 10 pessoas estudaram no máximo até o ensino fundamental.

Os números apontados no Infopen discursivizam que maior escolaridade é um fator protetivo contra a criminalidade, que manter os jovens na escola pelo menos até o fim do ensino médio pode ser uma política para redução da criminalidade. Pode-se depreender sentidos dessa discursividade pela enunciação do sujeito-leitor preso, entrevistado, INF 2, conforme o excerto:

> (INF 2) Eu tenho 24 anos. Lá fora eu estudei até a terceira série, na rua, né...
>
> LOC: Terceira série do fundamental?
>
> INF: Do fundamental... ãhhh... porque, na verdade, minha mãe quando ela separô do meu pai eu tinha nove anos. Meu pai era um cara alcoólatra e ele chegava e agredia minha mãe, brigava, até que um dia eu fui defendê ela e ele acabô me dando um tiro na minha perna... tinha nove anos de idade... era uma criancinha... e daí minha mãe separô dele e como meu pai batia muito na minha mãe ela viveu só mais um ano... ela teve problema nos rim, problema nos pulmão, de tanto ele agredi ela, assim, e veio a falecê... então, com deiz ano de idade eu parei de estudá...
>
> LOC: Ficou órfão...
>
> INF: É... não frequentei mais escola nenhuma a não ser aqui dentro da unidade, dentro da unidade eu consegui concluí meus estudo...

Conforme o dizer do INF 2, no excerto precedente, apesar do perfil marcado, em sua maioria, pela baixa escolaridade, diretamente associada à exclusão social e vulnerabilidade, conforme dados do SisDepen (Brasil, 2020), apenas 12,2% da população prisional do país estuda, tem acesso a atividades educativas nas prisões, conforme se vê na Figura 10, a seguir.

---

15 out. 2020.

Figura 10 – Sujeitos presos envolvidos em atividades educacionais

Fonte: SisDepen – período de jan. a jun. de 2020[102]

Não obstante o estabelecido nas determinações normativas e legislativas do Brasil, conforme os dados do SisDepen (Brasil, 2020), se vê que poucos presos no país têm acesso à educação, apenas um em cada 12 presos no país possui acesso à formação educacional. E, dos 753.966 mil presos do país (Brasil, 2020), apenas o percentual de 3,5%[103], ou seja, 23.428 mil presos do Brasil participam de atividade de remição de pena. Se pensar especificamente nos presos que participam de programa de remição de pena pela leitura, esse contingente pode ser ainda menor, pois, segundo os dados do levantamento efetuado, as atividades de remição são pelo estudo e também pelo esporte, não são discriminadas. Pelo Levantamento Nacional de Informações Penitenciárias (Brasil, 2017), em 11 dos 27 estados brasileiros, esse acesso é negado a mais de 90% dos presos. Apenas 50% das unidades prisionais brasileiras possuem salas de aula destinadas a programas de educação. Somente 1/3 das unidades prisionais possuem bibliotecas disponíveis, estrutura necessária

---

[102] Disponível em: https://www.gov.br/depen/pt-br/sisdepen. Acesso em: 11 jun. 2021.

[103] Segundo dados que constam no Censo Nacional de Leitura em Prisões, lançado pelo Conselho Nacional de Justiça (CNJ) e do Executivo Federal de junho de 2023, subiu para 31,5% as pessoas presas no Brasil que possuem acesso à remição da pena pela leitura. Optei por manter no texto o percentual restrito de 3,5% (Brasil, 2020) por ser o do contexto no ano da pesquisa por mim efetuada. Disponível em: https://www.cnj.jus.br/acesso-a-leitura-ainda-e-restrito-nas-prisoes-aponta-censo-do-cnj/#:~:text=Uma%20iniciativa%20como%20essa%20poderia,eram%20apenas%200%2C6%25. Acesso em: 12 dez. 2023.

para a remição de pena pela leitura. Na contramão do que determinam as Regras Mínimas da Organização das Nações Unidas (ONU)[104]:

> [...] devem ser tomadas medidas no sentido de melhorar a educação de todos os reclusos, incluindo instrução religiosa. A educação de analfabetos e jovens reclusos será obrigatória, prestando-lhe a administração especial atenção. No mesmo sentido, tanto quanto for possível, a educação dos reclusos deve estar integrada no sistema educacional do País, para que depois da sua libertação possam continuar, sem dificuldades, a sua formação. Devem ser proporcionadas atividades de recreio e culturais em todos os estabelecimentos penitenciários em benefício da saúde mental e física dos reclusos (ONU, 1977).

Nesse sentido, o art. 17 da Lei de Execução Penal estabelece que a assistência educacional[105] compreenderá a instrução escolar e a formação profissional do preso e do internado, sendo o ensino de primeiro grau obrigatório. Também nessa direção, a Constituição Federal no art. 205: "a educação, direito de todos e dever do Estado e da família, será promovida e incentivada com a colaboração da sociedade, visando ao pleno desenvolvimento da pessoa, seu preparo para o exercício da cidadania e sua qualificação para o trabalho" (Brasil, 1988). O direito à educação escolar nas prisões foi também estabelecido, em 2010, pelas Diretrizes Nacionais para a Oferta de Educação para Jovens e Adultos em Situação de Privação de Liberdade nos Estabelecimentos Penais. Essas diretrizes garantem a oferta de professores qualificados e a certificação e continuação dos estudos, contudo, na prática, isso não ocorre e, com Darcy Ribeiro (1986), pode-se pensar que a crise da Educação no Brasil não é uma crise, é um projeto.

Cabe o questionamento: o que essas estatísticas mostram, para além de apenas números e dados percentuais? Uma pista para essa questão talvez seja o fato de que sendo assim não cause um estranhamento no modo como o discurso de desvalorização do negro, do pobre e, sobretudo, do jovem negro pobre circula e se cristaliza no país. Dito de outro modo, o fato de a prisão ser jovem, negra, pobre e de baixa escolaridade está dentro do

---

[104] Conjunto de Princípios para a proteção de todas as pessoas sujeitas a qualquer forma de detenção ou prisão – Princípio 24, Organização das Nações Unidas. *Regras Mínimas para Tratamento do Preso*, da ONU, Resolução 2.076/77, o Estatuto busca consolidar regras que garantam precipuamente todas as atividades e condições que concretizem a finalidade ressocializante das penas. Adota normas mínimas sobre todas as condições em que funcionarão as unidades prisionais, suas características, regência de suas atividades e dos sujeitos que participam de todo o sistema.

[105] O artigo 26 da Declaração Universal dos Direitos Humanos (DUDH), de 1948, assevera que a educação é um direito humano que deve ser garantido a todos e de forma gratuita. Considerá-la como direito humano significa que ela não pode ser limitada à condição social, nacional, cultural, de gênero ou étnico-racial do sujeito.

espectro esperado para esses sujeitos predestinados a ocupar esse espaço. Discursivamente, o estranhamento se dá quando para a prisão vão homens brancos, ricos e de meia-idade.

Os números percentuais aqui trazidos apontam para a importância de se pesquisar sobre a relação da leitura e desse sujeito que se põe a ler no cárcere, buscando compreender também o discurso que está em jogo nesse espaço e que se constitui nesse cenário, indagando qual a necessidade que está implicada nesse tema. Por que ler pode reduzir a pena? Será que ler modificaria esse sujeito e poderia inclusive fazer valer a redução de sua pena? Por que ler no cárcere precisa medi(a)ção de outrem? A leitura pela leitura não pode reduzir a pena? Ademais, o Infopen também traz dados sobre a remição da pena pela leitura e o relatório ratifica que está estabelecido pela Lei de Execução Penal, defendendo que "o acesso à assistência educacional é um direito garantido à pessoa privada de liberdade e deve ser oferecido pelo Estado na forma de instrução escolar e formação profissional, visando à reintegração da população prisional à sociedade" (Brasil, 2017, p. 53).

Embora a legislação nacional trate da remição de pena por meio da leitura, do esporte e da cultura, os índices de aplicação da medida são baixos, especialmente pela dificuldade de o Estado prover os serviços. Olhando para o cenário brasileiro, em que somente 12% da população prisional está envolvida em atividade educacional, de ensino escolar e cursos técnicos e formação continuada, procurei responder à indagação de quem são esses presos do sistema prisional brasileiro e, por consequência, estou respondendo quem são os leitores que, segundo a textualidade da lei, voluntariamente aderem ao projeto de remição de pena pela leitura. Verifica-se que o percentual significativo da população carcerária possui pouca ou nenhuma escolaridade, não tem acesso aos meios formais de educação, são jovens, são pobres e são negros. Por que eles não leem? Parece-me que, ao entender quem são eles, já se teria a resposta de por que não leem...

Após a exposição desse panorama mais amplo, cabe refletir: é esse cenário que diz do sujeito encarcerado brasileiro, desse sujeito que encontra na leitura uma possibilidade de remição de sua pena como forma de sair deste sistema prisional. A partir dessas estatísticas, olhando para a regularidade que emerge desse discurso, pode-se perceber, na discursividade dos dados estatísticos, que os presos são negros, pobres, jovens e pouco escolarizados ou analfabetos. A estatística acaba produzindo um discurso de que negro e pobre são marginais, por isso que eles estão presos. Ao mostrar esses números, a estatística também reforça o discurso de que esses sujeitos são aqueles que produzem algum perigo para a sociedade. Se 66,3% dos presos no Brasil são negros, 51% não possuem o Ensino Fundamental completo, 41,9% são jovens com idade até 29 anos e, quanto ao perfil socioeconômico da população prisional brasileira, como não há percentual, pode-se inferir que há parcela significativa de pobres, a fatia estatística mostra que esse sujeito, mesmo fora da prisão, é considerado perigoso.

O dado produz um discurso que marginaliza esse sujeito, independentemente de ele estar dentro ou fora da prisão. Essa estatística é resultado de um discurso, mas ela também produz discurso: *fique atento, lá tem um negro, pobre, analfabeto; ele ainda não está na prisão, mas a qualquer momento ele vai dar motivo para ser preso;* "[...] quando se aproxima um pobre de pele escura, o perigômetro acende a luz vermelha. E dispara o alarme" (Galeano, [1998] 2009, p. 45). E continua o autor, falando de expressões nonsense: "Diz-se: *o branco corre, o negro foge*. O branco que corre é homem roubado, o negro que foge é ladrão" (Galeano, [1998] 2009, p. 52). Não é à toa que o sujeito negro é parado na esquina e o sujeito branco passa tranquilamente.

2.5 Na discursividade estatística: criminoso é o negro, o pobre, o pouco escolarizado e o desocupado

> O encarceramento em massa, assim, perpetua e aprofunda padrões preexistentes de segregação e isolamento racial, não apenas removendo pessoas não brancas da sociedade e pondo-as em prisões, mas jogando-as de volta em guetos após sua libertação. Se tivessem recebido uma chance na vida e não sido rotulados como bandidos, jovens não brancos que poderiam ter escapado de suas comunidades no gueto – ou ajudado a transformá-las –, em vez disso se encontram presos num circuito fechado de marginalidade perpétua, circulando entre o gueto e a prisão.
> (Alexander, 2018, p. 280).

Com a epígrafe de Alexander (2018), a caracterização pelos atributos de classe, raça e espaço do encarceramento estadunidense possibilita o estudo da sua concentração espacial em determinados bairros. E no Brasil, é diferente? A discursividade dos dados estatísticos também produz humanismo, que humano é esse? Há uma dicotomia entre o sujeito humano: um humano é mais humano que o outro; um merece ficar na universidade, outro, pela discursividade dos dados estatísticos, na prisão. Qual seria o humano que está hoje na prisão? Esse sujeito que está hoje na prisão não nasceu na prisão, mas, mesmo antes de estar na prisão ele já estava, de algum modo, discursivizado como sujeito da prisão.

Os dados expostos funcionam como dinâmicas da subordinação interseccional. Pode-se observar que, no contexto brasileiro, o racismo encarcera e mata a população negra todos os dias. Os homens negros, principalmente os jovens, são os mais encarcerados e são os mais assassinados, atingindo um percentual de 73% (Brasil, 2015), o que caracteriza o genocídio da juventude negra do país. Contradição está marcadamente associada ao racismo que define privilégios, *status* e poder, segundo a pertença étnico-racial, independentemente de sua posição de classe. A classe social não protege ou impede os homens negros como as mulheres negras de serem expostos às situações de discriminação racial[106]. Ao retomar a discussão sobre a Lei da Vadiagem, pode-se perceber como ela vem se perpetuando. Se essa Lei se instaurou, quem é o vadio que já está constituído? Não é qualquer um. As prisões brasileiras são "máquinas de moer pessoas, mormente pessoas jovens negras e jovens econômica e socialmente vulneráveis; são coisificados nesses navios negreiros do século 21" (Buch, 2019, p.12).

Em face do exposto, sublinhando que o propósito deste estudo não é trabalhar o sujeito em sua individualidade, contudo, a partir das entrevistas efetuadas, pode-se perceber que os dados estatísticos sobre o cárcere brasileiro se confirmam no cárcere xanxereense. Para dar melhor visibilidade, elaborei o Quadro 3, a partir dos dizeres dos sujeitos-leitores entrevistados nesta pesquisa, no qual se pode observar que esses dados estatísticos se confirmam no Presídio Regional de Xanxerê.

Quadro 3 – Perfil dos sujeitos-leitores presos no Presídio Regional de Xanxerê, entrevistados pela pesquisadora

---

[106] São muitos os exemplos: "como muitas pessoas negras que circulam em espaços de poder, já fui 'confundida' com copeira, faxineira ou, no caso de hotéis de luxo, prostituta" (Ribeiro, 2019, p. 25). A autora não questiona a dignidade dessas profissões, mas o porquê de pessoas negras se verem reduzidas a determinados estereótipos. Nesse sentido, Galeano ([1998] 2009) cita fato ocorrido em 1997: um automóvel de placa oficial trafegava em velocidade normal por uma avenida de São Paulo. No carro – novo e caro –, havia três homens. Num cruzamento, um policial mandou o carro parar. Fez com que os três desembarcassem e os manteve durante uma hora de mãos para cima, e de costas, enquanto os interrogava insistentemente, buscando saber onde haviam furtado o veículo. "Os três homens eram negros. Um deles, Edivaldo Brito, era o Secretário de Justiça do governo de São Paulo. Os outros dois eram funcionários da Secretaria. Para Brito, aquilo não era uma novidade. Em menos de um ano, já lhe acontecera cinco vezes a mesma coisa. O policial que os deteve também era negro" (Galeano, [1998] 2009, p. 59). E narrativas como essas se sucedem no cotidiano brasileiro.

Ordem da entrevista	Idade	Escolaridade Ensino Fundamental incompleto	Autodeclarado foi usuário de droga	Cor/raça	Relato de pobreza
1	36	6.º ano	Sim	Pardo	Sim
2	24	3.º ano	Não informado	Pardo	Sim
3	33	5.º ano	Sim	Pardo	Sim
4	22	6.º ano	Sim	Pardo	Não informado
5	32	7.º ano	Sim	Branco	Sim

Fonte: elaborado pela autora (2020)

Pela leitura do Quadro 3, 75% dos presos entrevistados possuem idade até 34 anos; 100% deles possuem como escolaridade o ensino fundamental incompleto; sobre cor ou raça da população prisional, se somar as categorias Preta e Parda para construir a categoria Negra, pode-se pensar que o percentual de negros entrevistados é de 75%; quanto ao perfil socioeconômico, 75% deles relataram situação de pobreza e, por fim, 75% dos entrevistados mencionaram já ter sido usuário de droga. Logo, quanto mais uma sociedade é desigual, tanto mais ela tem necessidade de um sistema repressivo de controle social do desvio. Aos amigos as benesses da Lei, aos inimigos o rigor da Lei. As regras do jogo são apenas para aqueles que não as produzem.

Tendo isso em vista, parece que a leitura como dispositivo de remição de pena, em área de cárcere, não é pensada à toa. Pode-se pensar com Zoppi-Fontana ([1998] 2003) que seja uma engrenagem do funcionamento hegemônico dos gestos de leitura produzidos pela/na escola – pela/na universidade – enquanto sistema de distribuição e adequação do discurso com seus poderes e saberes, um gesto político. Relacionando a leitura como dispositivo de remição da pena com esses dados, pode-se pensar que essa leitura, no/do imaginário social, possui a função de humanizar esse sujeito que foi desumanizado pela estatística: antes de entrar na prisão, ele foi desumanizado e está na prisão; todavia, a leitura na prisão teria a função de torná-lo humano novamente para libertá-lo das grades.

É um jogo. Faltam políticas públicas, notadamente educacionais, e restam abarrotadas as prisões. No ano de 1982, o antropólogo Darcy Ribeiro[107] afirmou: "se os governantes não construírem escolas, em 20 anos faltará dinheiro para construir presídios". Mais que um alerta, a fala

---

[107] Disponível em: https://canalcienciascriminais.com.br/administrando-pobreza-wacquant/ Acesso em: 16 jun. 2020.

de Darcy Ribeiro foi uma previsão que se tornou realidade. É um cuidar de consequências, não uma preocupação com causas. As causas são a ausência do Estado no cuidado com as desigualdades. A atuação do Estado e do legislador se dá *a posteriori*: não se antecipam aos fatos criminosos, eles os tipificam depois que são consumados.

Pela estatística, o criminoso é o pobre, com baixa escolaridade, o negro, o desocupado; o discurso da estatística não se refere à ausência e à falta de responsabilidade do Estado. É entre o possível e o historicamente determinado que trabalha a Análise do Discurso. Nesse entremeio, nesse espaço da interpretação, portanto, a determinação não é uma fatalidade mecânica, ela é histórica. Esse cenário exposto sobre quem são os encarcerados brasileiros deu visibilidade a uma determinação histórica na constituição dos sentidos e dos sujeitos que têm uma forma material concreta distinta nas diferentes formas sociais. São esses os sujeitos que estão no "caótico e desumano sistema penitenciário, que não cumpre qualquer das funções que a prisão deveria atender, como, especialmente, o da ressocialização" (CNJ, 2019, p. 4-5), pelo que afirmou a Ministra Cármen Lúcia Antunes Rocha, Presidente do Conselho Nacional de Justiça, na apresentação do Banco Nacional de Monitoramento de Prisões.

Por esse discurso da Ministra, depreendem-se sentidos de que o Direito Penal brasileiro é uma legislação de muitas regras, de muitos artigos, de muitos parágrafos e de pouca Justiça. Excesso de palavras que parece abrir brechas à ausência do Estado no cuidado dos direitos de seus custodiados. É possível acreditar no discurso de que a pena possui a finalidade de ressocializar os presos? Como ensinar um sujeito a viver em liberdade privando-o dessa liberdade? Seria como ensinar um sujeito a nadar em uma piscina sem água. Conforme afirmou Ana Claudia Pinho, Promotora de Justiça Criminal: "A pena, na realidade, tem apenas uma finalidade (que geralmente não é dita), que é excluir pessoas (os "indesejáveis", os "inimigos") da sociedade" (Brasil, 2017a, p. 147).

Isso pode, algum dia, mudar? É bem provável que possa haver ruptura neste cenário da análise aqui sugerida *se* e *quando* sujeitos "entrelaçarem o fio de suas vidas no tecido dos direitos humanos" (Crenshaw, 2002, p. 188). Com Baratta (1990) e Wacquant (2010b), a maior parte dos presos provém de grupos sociais já marginalizados, excluídos da sociedade ativa por causa dos mecanismos de mercado que regulam o mundo do trabalho. Assim, reintegrar o sentenciado na sociedade significa "corrigir as condições de exclusão social, desses setores, para que conduzi-los a uma vida pós-penitenciária não signifique [...] o regresso à reincidência criminal" (Baratta, 1990, p. 3). A marginalização secundária pode conduzi-lo de volta à prisão. Conforme a relatoria da Comissão Parlamentar de Inquérito do Sistema Carcerário, já "em 1935, o *Código Penitenciário da República* estabeleceu, além do direito do Estado punir, *o dever de recuperar o detento*" (Brasil, 2009, p. 69, grifo meu).

A CONDIÇÃO DO LEGÍVEL EM RELAÇÃO AO PRÓPRIO LEGÍVEL[108]: A UNIVERSIDADE DO OESTE DE SANTA CATARINA – UNOESC XANXERÊ E O PROJETO DE EXTENSÃO DIREITO E CÁRCERE: REMIÇÃO DA PENA PELA LEITURA

> *A busca da reintegração do sentenciado à sociedade não deve ser abandonada, aliás, precisa ser reinterpretada e reconstruída sobre uma base diferente. [...] está relacionada com o conceito sociológico de reintegração social. Não se pode conseguir a **reintegração social do sentenciado através do cumprimento da pena**, entretanto, **se deve buscá-la apesar dela; ou seja, tornando menos precárias as condições de vida no cárcere**, condições essas que dificultam o alcance dessa reintegração.*
> (Baratta, 1990, p. 1, grifo meu)

No dizer da epígrafe, sob o prisma da integração social e do ponto de vista do criminoso, a melhor prisão, indubitavelmente, é a que não existe e isso é corroborado pelo dizer do sujeito preso entrevistado, INF 1, *"cadeia não é bom em circunstância nenhuma"*. Além de uma falácia de naturalização da pena, e para muito além de uma falácia idealista, de acordo com Baratta (1990), e constatando, com os pés de quem pisa o espaço prisional e sente o cheiro do cárcere, de forma realista, é fato que a prisão, no modelo que está aí posto, não pode produzir resultados úteis para a ressocialização do sentenciado. Nesse sentido, pior do que fazer algo que pareça ser uma falácia idealista é não agir, pois "[...] a inação contribui para perpetuar a opressão" (Ribeiro, 2019, p. 14).

Sem filtrar ou frear o funcionamento da linguagem, conforme defendem Fuchs e Pêcheux ([1975] 2010), num espaço sócio-histórico-ideológico, propõe-se compreender, pelos fios do discurso, as condições de produção do Projeto de Extensão Universitária Direito e Cárcere: Remição da Pena pela Leitura e como a exterioridade afeta a produção do discurso. Pensando nestas implicações, passo a delinear o que, em Análise do Discurso, se chama

---

[108] Menção a Pêcheux ([1983] 2010c, p. 52).

de contexto amplo desta pesquisa (o município de Xanxerê, estado de Santa Catarina), a fim de que se possa analisar o contexto restrito (em que se dá a formulação da leitura como dispositivo de remição de pena).

Se "toda história começa sempre antes" (Orlandi, 2001, p. 18), alguma coisa fala antes, em outro lugar, volto o olhar para o que antecede, a fim de compreender o funcionamento do percurso da história, atualizada e ressignificada pela heterogeneidade constitutiva, e, assim, é possível atribuir sentido à que se (con)figura no tempo presente. É a inscrição da história na língua que faz com que ela signifique. Assim, para situar geograficamente o município desta pesquisa, apresento um mapa da localização de Xanxerê, cidade sede tanto do curso de Direito da Unoesc Xanxerê quanto do Presídio Regional de Xanxerê, *locus* deste objeto de estudo.

Neste cenário encontra-se Xanxerê e, pelas duas imagens abaixo, pode-se observar a localização desse município, no Brasil e no mundo (Figura 11) e, de forma ainda mais detalhada, nas dimensões de Santa Catarina e do Brasil (Figura 12).

Figura 11 – Localização do município de Xanxerê no Brasil e no mundo

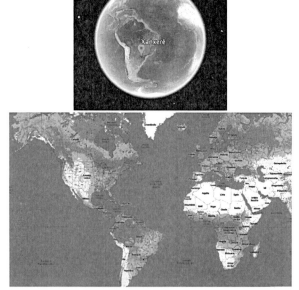

Fonte: Google Earth, com adaptação da autora[109]

---

[109] Disponível em: https://www.google.com.br/intl/pt-BR/earth/. Acesso em: 12 dez. 2018.

Figura 12 – Localização da cidade de Xanxerê no Brasil e em Santa Catarina

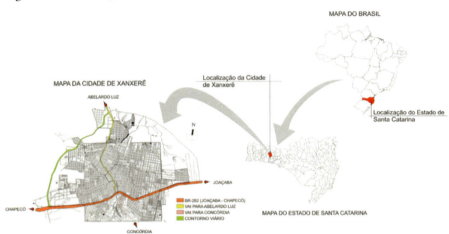

Fonte: Waihrich; Paludo; Santos (2013, p. 211)

Xanxerê está localizada em ponto estratégico da região Oeste Catarinense e possui população aproximada de 52 mil habitantes, conforme estatística do IBGE (2022), o que a torna a terceira maior cidade do Oeste Catarinense (menor que Chapecó e Concórdia). Está inserida na região metropolitana de Chapecó e é sede da Associação dos Municípios do Alto Irani (Amai), composta por 13 municípios. É denominada a Capital Estadual do Milho e destaca-se por ser importante entroncamento rodoviário regional, favorecendo o comércio com o Mercosul. Pelo discurso institucional da Prefeitura Municipal de Xanxerê, exerce significativa influência no Oeste Catarinense, seja do ponto de vista econômico, cultural ou político e, conforme dados, é um município em desenvolvimento que, no cenário estadual, apresenta destaque pelo seu forte potencial na produção agrícola. Segundo o IBGE (2019), Xanxerê é uma das cidades que mais cresce no Estado e é a 22.ª economia de Santa Catarina. Pela imagem do mapa (Figura 13), é possível localizar Xanxerê nas dimensões do estado de Santa Catarina.

Figura 13 – Mapa do estado de Santa Catarina – localização da cidade de Xanxerê

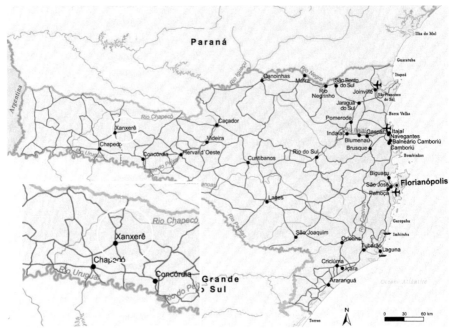

Fonte: Associação dos Municípios do Alto Irani (Amai)[110]

Sua emancipação política[111] data de 27 de fevereiro de 1954 e a origem do seu nome vem da língua indígena *Kaingang*, que significa *campina das cobras* ou *campina da cascavel* – pois na região havia muitas espécies de cobras com predominância da cobra cascavel. Os índios *Kaingang* e *Guaranis* foram os primeiros habitantes do Oeste Catarinense. Depois vieram os portugueses, italianos, alemães, poloneses, sírios, turcos, libaneses, haitianos, venezuelanos e outros.

---

[110] Disponível em: http://www.amaisc.org.br/conteudo/?item=2159&fa=47. Acesso em: 12 dez. 2018.
[111] Consta no histórico do Município de Xanxerê, a partir de documentos jesuítas, que o bandeirante Jerônimo Pedroso de Barros, em 1641, foi o primeiro desbravador a pisar em terras de mata virgem do Oeste Catarinense à procura de índios para escravizar. Por volta de 1839, um grupo de fazendeiros vindos de Guarapuava/PR resolveu explorar os sertões do Sul, motivados pelas notícias de grandes extensões de terras. Na expedição, fez parte um mineiro, José Raimundo Fortes, que mais tarde obteve a concessão de uma grande área de terras, onde se localiza hoje o centro de Chapecó. Ele foi um dos primeiros moradores do Oeste de Santa Catarina e formou família com Ana Maria de Jesus. Pelo Decreto n.º 2.502, de 16 de novembro de 1859, foram criadas duas Colônias Militares, a de Chapecó e a de Chopin. Em 31 de dezembro de 1917, por ato do governo catarinense, o município de Chapecó ficou dividido em cinco distritos, dentre os quais Xanxerê. Disponível em: https://www.xanxere.sc.gov.br/cms/pagina/ver/codMapaItem/4786. Acesso em: 21 out. 2020.

A extensão territorial é de 377,55 km² e está localizada a uma altitude de 800 m do nível do mar. Neste município está o curso de Direito da Unoesc Xanxerê, que iniciou suas atividades no *campus* de Joaçaba (SC), em 1986, autorizado pelo Decreto n.º 91.663, de 20 de setembro de 1985, e reconhecido pela Portaria Ministerial n.º 683, de 12 de dezembro de 1989. Na Fotografia 1, o *campus* da Unoesc Xanxerê.

Fotografia 1 – Universidade do Oeste de Santa Catarina – Unoesc Xanxerê

Fonte: Unoesc[112]

Olhando para o horizonte de retrospecção[113], em 1968, foi criada a Fundação Universitária do Oeste Catarinense (Fuoc), primeira fundação educacional dessa região do estado catarinense. Esta foi a gênese da Fundação Universidade do Oeste de Santa Catarina (Funoesc), que, gradativamente, com a intenção de implantar uma universidade, foi unindo-se a outras fundações educacionais. Em Xanxerê (SC), o curso de Direito foi autorizado pela Resolução n.º 34/Consun/1999, de 16 de junho de 1999,

---

[112] Disponível em: https://www.unoesc.edu.br/unoesc/conheca-unoesc-single/xanxere#. Acesso em: 4 jun. 2021.
[113] A noção de horizonte de retrospecção é da teoria da História das Ideias Linguísticas. Compreendo com Auroux (2009), que o ato de saber possui uma espessura temporal, um horizonte de retrospecção, assim como um horizonte de projeção. O saber não destrói seu passado; "ele o organiza, o escolhe, o esquece, o imagina ou o idealiza, do mesmo modo que antecipa seu futuro sonhando-o enquanto o constrói. Sem memória e sem projeto, simplesmente não há saber" (Auroux, 2009, p. 12).

também com reconhecimento pela Portaria Ministerial n.º 1123, de 6 de dezembro de 1990. Em 1990, o Conselho Federal de Educação incorporou todos os cursos de graduação, incluindo o curso de Direito, à Fundação Universidade do Oeste de Santa Catarina (Funoesc), atual mantenedora da Universidade do Oeste de Santa Catarina – Unoesc. Os cursos de Direito oferecidos em Xanxerê (UNOESC, 2000, 2012, 2018) e Videira, além de Chapecó, tiveram renovados os reconhecimentos e foram aprovados pelo Parecer n.º 385, de 11 de dezembro de 2012.

Os cursos de Direito da Unoesc seguem as Diretrizes Curriculares Nacionais[114] (DCNs) elaboradas pela Câmara Consultiva Temática de Política Regulatória do Ensino Jurídico, propostas ao Conselho Nacional de Educação (CNE) pela Secretaria de Regulação e Supervisão da Educação Superior do Ministério da Educação (Seres/MEC) e devidamente homologadas pelo MEC e publicadas no Diário Oficial da União (DOU). Conforme seu Art. 2.º, inciso IX, preceitua o *"incentivo, de modo discriminado, à pesquisa e à extensão*, como fator necessário ao prolongamento da atividade de ensino e como instrumento para a iniciação científica"* (Brasil, 2018, grifo meu). As DCNs também trazem o perfil esperado do graduando em Direito, que, dentre outros aspectos, deve contemplar a interpretação de fenômenos jurídicos e sociais, visando à postura reflexiva e crítica indispensável ao exercício do Direito, à prestação da justiça e ao desenvolvimento da cidadania. No seu art. 5.º, aborda a formação e esta deve objetivar integração entre prática e conteúdos teóricos. Especificamente, no art. 7.º, estabelece:

> Os cursos deverão estimular a realização de atividades curriculares de extensão ou de aproximação profissional que articulem o aprimoramento e a inovação de vivências relativas ao campo de formação, podendo, também, dar oportunidade de *ações junto à comunidade ou de caráter social* (Brasil, 2018, grifo meu).

De acordo com essas DCNs, no Projeto Pedagógico do Curso de Direito em Xanxerê – doravante PPC (UNOESC, 2018, p. 8), além das atividades previstas na matriz curricular, há a extensão universitária e a pesquisa fomentada por meio dos programas de iniciação científica: a dinâmica do curso ocorre por meio, principalmente, da prática jurídica, seja esta inserida no contexto das disciplinas ou áreas, seja inserida em atividades paralelas ao curso. O PPC do curso reflete a sua preocupação com a formação global e interdisciplinar do acadêmico.

---

[114] Disponível em: http://portal.mec.gov.br/docman/dezembro-2018-pdf/104111-rces005-18/file. Acesso em: 3 jul. 2020.

Na Unoesc Xanxerê, no ano de 2021, ano do término deste estudo, em todas as fases do Curso de Direito – do primeiro ao quinto ano (10 semestres) –, havia cerca de 400 acadêmicos matriculados e cursando; e, até então, havia mais de 1.000 egressos, bacharéis em Direito, neste interstício da história deste curso de Direito[115]. Conforme o discurso institucional da Unoesc, esses dados se traduzem em contribuição significativa desses profissionais para a qualificada atuação jurídica na região.

Esses aspectos foram aqui apresentados porque se entende que o objeto desta pesquisa inscreve-se também na Educação Superior na região do oeste de Santa Catarina, na dimensão extensão comunitária, na medida em que os mediadores das leituras dos apenados são os alunos bolsistas do curso de Direito da Unoesc Xanxerê e parcela significativa desses alunos são residentes nessa região, em Santa Catarina.

Isso posto, passo à apresentação do Projeto de Extensão Universitária do curso de graduação em Direito da Universidade do Oeste de Santa Catarina – Unoesc Xanxerê intitulado Direito e Cárcere: Remição da Pena pela Leitura[116], em parceria com o Presídio Regional de Xanxerê, estado de Santa Catarina, que é estimulado e amparado pela Lei de Execução Penal (Brasil, 2011), pela Recomendação n.º 44 do Conselho Nacional de Justiça (CNJ, 2013)[117] e pelos princípios orientadores das Diretrizes Nacionais para a Educação[118] em Estabelecimentos Penais (Brasil, 2010). Esses marcos

---

[115] Dados obtidos da Coordenação do curso de graduação em Direito da Unoesc Xanxerê, por e-mail, em maio de 2021.

[116] No periódico científico *Anuário Pesquisa e Extensão Unoesc Xanxerê*, Lorenset e Oliveira (2020) apresentam como nasceu o Projeto de Extensão Direito e Cárcere: Remição da Pena pela Leitura, linhas gerais de como é desenvolvido e alguns resultados colhidos. Disponível em: https://portalperiodicos.unoesc.edu.br/apeux/article/view/23876. Acesso em: 16 maio 2020. Também há o vídeo de um estudante de Direito da Unoesc Xanxerê, que apresenta o Projeto Direito e Cárcere: Remição da Pena pela Leitura. Disponível em: https://www.youtube.com/watch?v=1ynQAI6jKYE. Acesso em: 21 set. 2020.

[117] Quando da concepção do Projeto de Extensão, no ano de 2015, estava ancorado em CNJ (2013). O Projeto de Extensão Direito e Cárcere: Remição da Pena pela Leitura foi suspenso durante a pandemia do coronavírus (Covid-19), conforme estabelecido pelas autoridades sanitárias, Portaria n.º 135 (Brasil, 2020) e Portaria n.º 191/GABS/SAP (Santa Catarina, 2020). Até a data da publicação do livro, não foi retomado; se o fosse, estaria ancorado na Resolução n.º 391/CNJ, de 10 de maio de 2021 (CNJ, 2021), ou em outra normativa que estiver em vigor.

[118] A gênese do Projeto de Extensão, em 2015, não foi norteada pela Lei n.º 13.696, de 12 de julho de 2018, pelo fato de o Projeto ser anterior a essa Lei que instituiu a Política Nacional de Leitura e Escrita como estratégia permanente para promover o livro, a leitura, a escrita, a literatura e as bibliotecas. Assim preceitua a textualidade do art. 2.º da Lei: "São diretrizes da Política Nacional de Leitura e Escrita: I – *a universalização do direito ao acesso ao livro, à leitura*, à escrita, à literatura e às bibliotecas; II – *o reconhecimento da leitura e da escrita como um direito*, a fim de possibilitar a todos, inclusive por meio de políticas de estímulo à leitura, as condições para exercer plenamente a cidadania, *para viver uma vida digna* e para contribuir com a construção de uma sociedade mais justa" (Brasil, 2018, grifo meu).

normativos[119] para a Educação em Prisões no Brasil, especificamente no que concerne à remição de pena pela leitura dos sujeitos que estão atrás das grades, são a textualidade da Lei que ampara esse Projeto de Extensão Universitária.

Pensando no funcionamento discursivo do modo de produção do Projeto de Extensão Universitária da Unoesc Xanxerê de remição de pena pela leitura, ao olhar para as condições de produção dele, pode-se pensar por que foi criado dentro de uma universidade, por que esse projeto não foi pensado e criado dentro da prisão? Se foi elaborado dentro da universidade, foi concebido a partir de sujeitos que estão fora da prisão. Os sujeitos que estão na prisão foram ouvidos em algum momento? Não. Qual é a implicação de uma proposta de leitura no cárcere criada por sujeitos de fora e não de dentro do sistema prisional? Só a escola ou a universidade são lugares de saber legitimados? Entre o ideal e o possível, há um abismo. Permanece o possível.

3.1 Circulação de sentidos dos significantes *remição versus remissão*

Ainda antes de adentrar nas especificidades do Projeto de Extensão, propõe-se reflexão acerca de *remição* (com "ç") *versus remissão* (com "ss").

---

[119] Não são os únicos e, neste interstício temporal de construção da pesquisa, observei como a legislação sobre a leitura como remição de pena é um processo. Foram e continuam se desenvolvendo, junto com esta pesquisa. Acerca de outros marcos legais que amparam a remição da pena pela leitura, há a Portaria n.º 276, de 20 de junho de 2012, do Depen e Resolução n.º 69 do Conselho Nacional do Ministério Público (CNMP), de 7 de maio de 2019. O Departamento Penitenciário Nacional emitiu a Portaria n.º 276, de 20 de junho de 2012, que disciplina o Projeto da Remição pela Leitura no Sistema Penitenciário Federal e traz em seu artigo 1.º: "Art. 1º – Instituir, no âmbito das Penitenciárias Federais, o Projeto *Remição pela Leitura*, em atendimento ao disposto na Lei de Execuções Penais, no que tange à Assistência Educacional aos presos custodiados nas respectivas Penitenciárias Federais." Não obstante haja similaridade entre o Projeto Direito e Cárcere: Remição da Pena pela Leitura e o exposto na Portaria n.º 276 do Depen, optei por não analisar este documento pelo fato de em Xanxerê ser um presídio e porque a remição da pena é aferida por meio de resenha escrita elaborada pelo próprio preso, diferente do Projeto da Unoesc em que há mediação da leitura por um estudante de Direito. Disponível em: http://depen.gov.br/DEPEN/dispf/cgtp/PortariaRemioLeitura.pdf. Acesso em: 18 jan. 2019. Em 7 de maio de 2019, o Conselho Nacional do Ministério Público emitiu a Recomendação n.º 69, que "Dispõe sobre a necessidade de observância, pelos membros do Ministério Público, dos artigos 126 a 129 da Lei nº 7.210/84 (Lei de Execução Penal), para que também fomentem ações voltadas ao oferecimento de cursos e disponibilização de livros às pessoas privadas de liberdade e dá outras providências." Disponível em: http://www.cnmp.mp.br/portal/images/Recomendacoes/Recomendao-69.pdf. Acesso em: 4 out. 2019. Há a Nota Técnica n.º 1/2020, do Departamento Penitenciário Nacional (Depen, 2020), cuja finalidade é apresentar orientação nacional para fins da institucionalização e padronização das atividades de remição de pena pela leitura, nos 26 estados do Brasil. Há ainda a *Cartilha da Pessoa Presa*, publicada pelo CNJ, em 2012, que expressa os deveres e os direitos dos presos, contudo não especifica o direito da remição da pena pela leitura, logo, não é objeto de análise nesta pesquisa. Disponível em: https://www.cnj.jus.br/wp-content/uploads/2011/11/cartilha_da_pessoa_presa_1_portugues_3.pdf. Acesso em: 7 jul. 2019.

LEITURA E CÁRCERE

Quadro 4 – Diacronia e definição lexical dos significantes *remição* e *remissão*

ENTRADA LEXICAL[120]	DEFINIÇÃO LEXICAL SEMÂNTICA
Remição *Diacronicamente data do século XIII.*[121] Vocábulo dicionarizado pela primeira vez em 1844.	→ "Remição origina-se do verbo remir e tem o significado genérico de resgate" (Kaspary, 2014, p. 272) e na Lei das Execuções Penais significa compensação da pena, nos termos e condições que estabelecidos nos arts. 126 a 130. "Remição significa ato ou efeito de remir, pagar, resgatar; quitação." (Kaspary, 2016, p. 57). → "Remição (Ç): resgate, pagamento de uma dívida" (Vieira, 2004, p. 274). → No dicionário jurídico, remição origina do latim *redimere* e significa resgate. Com Ç é o resgate da dívida. (Náufel, 2008, p. 650). → Conforme Houaiss (2009), remição traz as mesmas acepções de remir e acrescenta liberação de pena, de ofensa, de dívida. → No dicionário etimológico, *remição* significa "liberdade, resgate" e a data provável do século XIII, era empregado "rremijdo". Do latim, remição= *rëdimëre>remidir>remiir>remir* (Cunha, [1982] 1999, p. 674). → Conforme a Academia Brasileira de Letras, no Vocabulário Ortográfico da Língua Portuguesa (Volp) (ABL, 2009, p. 1641), remição significa resgate e também é datado em 1844, portanto, século XIX. → Remição, de acordo com o direito penal ancorado em Capez (2011), consiste no pagamento da pena pelo trabalho prisional ou estudo, isto é, uma contrapartida.
Remissão *Diacronicamente data do século XIII.* Vocábulo dicionarizado pela primeira vez em 1881.	→ Remissão, apresenta o sentido de perdoar, "indulgência, perdão; ato ou efeito de remeter, enviar [...] alívio temporário de uma doença" (Kaspary, 2016, p. 57). → "Remissão (SS): renúncia ou o perdão a uma dívida ou direito (Vieira, 2004, p. 274).

---

[120] Tanto a inscrição diacrônica quanto a data provável da primeira dicionarização são conforme Houaiss (2009) e Cunha ([1982] 1999).

[121] O dicionário etimológico atribuiu essa data da primeira ocorrência, mas isso não significa que não possa ser recuada. Conforme sublinha o autor Cunha ([1982] 1999), os recursos lexicográficos para datação de vocábulos portugueses são parcos, haja vista a carência de fontes de consulta.

ENTRADA LEXICAL[120]	DEFINIÇÃO LEXICAL SEMÂNTICA
	→Em dicionário jurídico, remissão origina do latim *remittere* e significa perdão. Com SS é o perdão da dívida pelo credor (Náufel, 2008, p. 650).
	→Conforme o Houaiss (2009), remissão é entrada lexical mais antiga, se a observarmos diacronicamente data do século XIII e as acepções, além das já elencadas, são: "sentimento de misericórdia, de indulgência, de compaixão, [...] perdão dos pecados concedido pela Igreja" (Houaiss, 2009, p. 1642).
	→No dicionário etimológico *remissão* tem como vocábulo primitivo *"remissonr e rremison"* cuja data provável da sua primeira ocorrência na língua portuguesa é do século XIII e apresenta a definição/identificação semântica de "tirar do cativeiro, do poder alheio, perdoar". Conforme Cunha ([1982] 1999), do latim, remissão = *remittens>remittere>remitir* (Cunha, [1982] 1999, p. 674).
	→Conforme a Academia Brasileira de Letras, no Vocabulário Ortográfico da Língua Portuguesa – Volp (ABL, 2009), remissão significa perdão.
	→No *Curso de Direito Penal*, de Fernando Capez (2011), remissão é a possibilidade de perdoar a dívida, numa espécie de indulgência a favor do condenado. Esse perdão da pena é ato de concessão, exclusivo, do presidente da república, conforme o art. 84, XII da *Constituição Federal* de 1988.

Fonte: elaboração da autora, ancorada em Cunha ([1982] 1999), Houaiss (2009), Kaspary (2014, 2016), Náufel (2008), Vieira (2004) e ABL (2009)

Pelo exposto no Quadro 4, Capez (2011), Cunha ([1982] 1999), Houaiss (2009), Kaspary (2014; 2016), Náufel (2008), Vieira (2004) e ABL (2009), ao abordar o conteúdo homônimos e parônimos, distinguem, quanto à semântica, os vocábulos homófonos "Remição e remissão são expressos de sentido diferente" (Náufel, 2008, p. 650). Não são equivalentes, apesar de terem significativas interseções. Sobre a origem e a história desses dois vocábulos, pela informação do dicionário etimológico, observa-se que ambos os termos têm a inscrição diacrônica no século XIII[122] (Cunha, [1982] 1999,

---

[122] Ao buscar a origem no *Dicionário Houaiss da Língua Portuguesa* (Houaiss, 2009, p. 1641-1642), apresenta *remição* no ano específico de 1844, portanto século XIX, enquanto *remissão* é datado diacronicamente no século XIII. Portanto, na inscrição diacrônica, há contradição entre os dicionários estudados. A opção deste estudo foi

p. 674), contudo observa-se que *remição* com "ç" foi dicionarizado primeiro em língua portuguesa (1844), com um lapso temporal de 37 anos para a entrada lexical com "ss" (1881): primeiro aparece dicionarizada a identificação semântica de "liberdade, resgate" e 37 anos depois surge a definição de "perdão". Indaga-se: o que faz com que *remição* com sentido de resgate vá para o dicionário antes de *remissão* com sentido de perdão?

Um desdobramento poderia ser pensado a partir do Houaiss (2009), que traz *remissão* com sinonímia de "perdão dos pecados concedido pela Igreja" e, a partir do verbo latino *remissio_õnis> remitir,* significa "ação de pôr a caminho de novo" (Houaiss, 2009, p. 1641-1642). Pode ser que essa seja uma explicação para aparecer antes dicionarizada do que remição com significação de liberação de pena, de ofensa, de dívida. Avançando um pouco mais em torno da origem desses termos, tanto o *Dicionário Houaiss da Língua Portuguesa* (Houaiss, 2009, p. 1641-1642) quanto o *Dicionário Etimológico Nova Fronteira da Língua Portuguesa* (Cunha, [1982] 1999, p. 674) apontam origens distintas: *remição* teria origem no verbo latino *remir* e *remissão* no verbo latino *remitir.* Ao se considerar as matrizes de *remir* e de *remitir*, há diferenças de sentido entre esses dois verbos. O ato de *remir* – por consequência, *remição* – envolve esforço, enquanto o ato de *remitir* – por consequência, *remissão* – envolve concessão, exercício de quem concede independentemente de esforço do beneficiário.

De acordo com Kaspary (2014, p. 273) e com Sabbag (2014, p. 273), *remissão* e *remição* são vocábulos homônimos homófonos e heterógrafos (mesmo som, grafia diferente), e não sinônimos. A equipe lexicográfica da Academia Brasileira de Letras, ao redigir o *Vocabulário Ortográfico da Língua Portuguesa* (Volp), fez questão de apontar o significado dos dois vocábulos de modo expresso em seu texto, quais sejam: *remissão* significa perdão e *remição* significa resgate. Chama a atenção que o Volp (ABL, 2009) não é dicionário, mesmo assim apresenta a significação desses verbetes, possivelmente para diminuir o emprego com acepção semanticamente trocada. Kaspary (2014) sublinha a forma equivocada do emprego do verbete *remissão* em lugar de *remição* para designar o ato de remir, resgatar, registrado no Código Civil de 1916 e repetido "lastimavelmente" usando o mesmo adjetivo do autor, em alguns artigos do Código Civil de 2002, "nos casos em que se aproveitou, *ipsis litteris*, a redação dos artigos correspondentes daquele Código" (Kaspary, 2006, p. 249).

---

considerar o apontado no dicionário etimológico (Cunha, [1982] 1999, p. 674), qual seja, ambas as inscrições datadas do século XIII.

A discussão que se propõe aqui é: por que a escolha de um significante e não outro, por que *remição* e não *remissão*? Cabe a pergunta, o que seria mais relevante para o preso; a *remissão* ou a *remição*? Dessa questão, também, ambígua, outras podem se desdobrar. Mais relevante para quem? Se essa pergunta for feita ao preso, parece óbvio que ele responderia escolhendo o sentido do perdão de sua pena; contudo, quando essa questão é lançada ao judiciário, provavelmente a resposta seria outra, a de remir a pena, ou seja, trocar a pena; trocar dias do cárcere por horas de leitura. Assim, esse sistema jurídico não estaria *perdoando* e *livrando* o sujeito de sua pena, de seu castigo, mas substituindo essa punição. Quem perdoa não troca esse perdão por nada: não há nenhum pagamento por isso, não há nenhuma negociação. Não é disso que se trata no dispositivo de remição de pena pela leitura. A pena de privação de liberdade é trocada pela pena da leitura, portanto, em termos semânticos, o Projeto de Extensão declina do emprego da palavra *remissão,* que remete ao sentido de o preso estar sendo simplesmente perdoado, que não é o caso.

Por fim, caberia, ainda, dirigirmos essa pergunta à universidade como instituição mentora e promotora do projeto. Por que *remição*? Esta, sim, parece uma pergunta difícil de se responder. Trata-se de quitação ou de perdão? Parece haver aí um jogo. Talvez não seja por acaso a possibilidade de um equívoco no efeito do(s) sentido(s) desses significantes, pois, dos gestos de interpretação desses termos, deflagra-se a imbricação do sentido de um significante no sentido do outro significante, e como esses sentidos permeiam, também, o próprio Projeto de Extensão. Inúmeras vezes os alunos mediadores de leitura trocam o emprego do significante com "ç" para "ss". Já no sentido dicionarizado de *remição,* pela etimologia, o que está em jogo é quitação, é pagamento. O preso pode pagar a pena com dias na cadeia, ou pode pagar com horas de leitura. Por que *remição*? Porque o pagamento da pena está sendo feito, ou seja, a pena está sendo cumprida. A pena não está sendo perdoada, a pena está sendo permutada, a pena está sendo trocada, uma pela outra. Leitura entra aqui como pena, como castigo.

Nesse jogo significante, considerando que "o pensamento é fundamentalmente inconsciente" (Pêcheux, [1975] 2009, p. 280), remeto ao efeito da ilusão do enunciador controlar o seu dizer e quando a fala falha, a falha fala e é constitutiva da linguagem. Se *"Só há causa daquilo que falha"* (Pêcheux, [1975] 2009, p. 277, grifo meu), a causa determina o sujeito onde o efeito de interpelação o captura e manifesta-se na forma do lapso, do ato falho, "pois os traços inconscientes do significante não são jamais "apagados" ou "esquecidos" (Pêcheux, [1975] 2009, p. 277) e os deslizamentos não desaparecem sem deixar traços, o ritual se estilhaça no lapso. No seminário 17, Lacan ([1969-70] 2007) define: "Todos os significantes se equivalem de algum modo, pois jogam apenas com a diferença de cada um com todos os outros, não sendo cada um, os outros significantes" (Lacan, [1969-70] 2007, p. 93).

Voltando um pouco mais, tanto em Saussure quanto em Lacan, o significante é definido a partir das relações entre os seus termos. No entanto, para Saussure ([1916] 2006) o significante não é material, "a língua é uma forma e não uma substância". (Saussure, [1916] 2012, p.141). Diferentemente de Lacan ([1955-56] 2008), que toma o significante no sentido material, definindo-o a partir da fala. De acordo com Saussure ([1916] 2012), "o laço que une o significante ao significado é arbitrário [...], ou podemos dizer: o signo linguístico é arbitrário" (Saussure, [1916] 2012, p. 81), ou seja, não há nenhuma determinação do significado frente ao significante e vice-versa. Com base no capítulo seis de *La langue introuvable*[123], Pêcheux e Gadet mostram como o que importa nesta discussão é o conceito de valor, e não o de arbitrário. Os autores retomam Benveniste, "um dos primeiros a questionar o primado do arbitrário na interpretação do trabalho de Saussure" (Gadet; Pêcheux, [1981] 2010, p. 57), que já discute que, para Saussure, o arbitrário está entre o signo e a realidade (substância).

Há uma falta constitutiva à língua funcionando nessa constante recorrência por administrar os sentidos. "Mudar, desviar, alterar o sentido das palavras e das frases; tomar enunciados ao pé da letra; deslocar as regras na sintaxe e desestruturar o léxico jogando com as palavras" (Pêcheux, [1982] 1990, p. 17) são algumas das formas de resistência referidas pelo autor. O enunciador produz sentidos evanescentes, fugidios, em constante movimento entre um significante e outro. "Sujeito à falha, ao jogo, ao acaso, e também à regra, ao saber, à necessidade. Assim o homem (se) significa" (Orlandi, [1999] 2012a, p. 53). Com a autora, sentido e sujeito escorregam, derivam para outros sentidos, para outras posições, na relação tensa do simbólico com o real e o imaginário. O equívoco tem no processo polissêmico seu ponto de articulação.

Isso pode ser observado na contradição do dispositivo de remição da pena pela leitura: por mais que se enuncie querer ressocializar o preso, devolver o preso à sociedade, humanizar o apenado, o sentido da leitura na prisão é de cumprimento de pena. O sentido escapa, deriva, não se tem

---

[123] *A língua inatingível*, de Michel Pêcheux e Françoise Gadet ([1981] 2010), aborda a relação entre história, ideologia e discursividade e como a questão da língua é considerada pelos linguistas profissionais.

o controle do sentido. É *remição* com "ç" porque é outra forma de pagar a pena, porque envolve um esforço daquele que é apenado, é isso que está implicado em torno da leitura no cárcere. Se fosse *remissão* com "ss", seria uma concessão de quem perdoa e não envolveria esforço algum de quem seria perdoado. Leitura no cárcere sob o dispositivo de remição de pena pode ser sujeição ou fruição? Produz um efeito de sentido de leitura como pena, por conseguinte, como castigo.

A reflexão que se propôs aqui é acerca da circulação de sentidos do verbete *remição* no Projeto de Extensão da Unoesc ou mesmo na Lei de Execução Penal e nos marcos legais que institucionalizam a remição da pena pela leitura: o preso não está sendo perdoado, o sentido que se estabelece é de quitação e de pagamento. Para quitar/remir dias de sua pena, o preso lê. Pode-se problematizar que, ao mesmo tempo que essa palavra *remição* vem no Projeto para redimir o sujeito e quitar/reduzir a sua pena, é mais uma questão burocrática: simples assim – leu, remiu; desde que se ajuste aos pressupostos legais[124].

Em outro viés, seria possível pensar *remição/remediação*, permitindo-me também jogar com os sentidos de *mediação* (de mediar), ou *medição* (de medir/de aferir) ou ainda de *remediação* (de remediar, de ministrar remédio), neste caso em tela, obter cura pela leitura, tão presentes no imaginário do senso comum; sentido em circulação de leitura como transformação, de que vai reduzir a pena e os sujeitos presos vão sair da prisão muito melhores do que entraram. O Estado está interessado se a leitura possui poder transformador? O que está em jogo ao reduzir a pena? Será que o Estado se preocupa com o bem-estar do preso ou o intuito é diminuir o quantitativo de presos e liberar mais espaço no sistema prisional para receber mais presos? Há uma tensão contraditória no sistema prisional que quer prender, mas também quer soltar; há a questão da superpopulação carcerária a resolver. O que pode estar em jogo nessa relação estabelecida em Lei, pela leitura, de conceder o alvará de soltura ao preso antes do cumprimento da pena sentenciada?

3.2 Seleção de obras para leitura dos sujeitos em área de cárcere: como quebrar grades internas para integrar-se nas do outro?

Não usei epígrafe aqui porque convido o leitor a analisar a imagem que abre este livro, em que um sujeito preso está dentro da cela e alguém

---

[124] Conforme a Lei de Execução Penal, dentre eles que o diretor do estabelecimento penal encaminhe ao Poder Judiciário cópia do registro dos participantes do Projeto, com informações sobre o quantitativo de leitura de cada preso.

LEITURA E CÁRCERE

o abraça e, para fazê-lo, tem de incluir as grades de ferro da porta da cela nesse enlace. É uma imagem que cabe bem nesta seção cujo título indaga: como quebrar grades internas para integrar-se nas do outro? No sistema prisional, há a barreira de grades visíveis e invisíveis. Nesta seção também apresento o Projeto de Extensão da Unoesc Xanxerê.

A textualidade da Lei[125] determina que os internos podem remir a pena pela leitura com o máximo de 12 livros por ano. A cada exemplar lido são subtraídos quatro dias de pena. Para a implementação do Projeto de Extensão da Unoesc, o primeiro passo foi avaliar a escolaridade dos detentos. Considerando que a prerrogativa do Projeto visa a atender às necessidades sociais de sujeitos presos, proporcionando condições para uma possível reintegração deles na sociedade quando já egressos, ao elaborar a lista de livros, tomou-se como premissa que a obra a ser lida pelo preso participante contemplasse o nível de escolaridade deles, a oferta de leitura para os diferentes níveis de letramento, alfabetização e escolarização. A partir disso, dentre 50 obras clássicas da literatura universal, lista elaborada pelo jornal *Folha de São Paulo*[126], com o amparo da obra de Ítalo Calvino (2007) intitulada *Por que ler os clássicos?*, foram selecionados 15 livros que estariam mais adequados a cada nível de ensino: fundamental I e II e médio (não há nenhum preso com o nível superior em Xanxerê)".

As obras são[127]:

- *Adeus às armas*, de Ernest Hemingway;
- *Admirável mundo novo*, de Aldous Huxley;
- *A hora da estrela*, de Clarice Lispector;
- *A revolução dos bichos: um conto de fadas*, de George Orwell;
- *A semente da vitória*, de Nuno Cobra;
- *Crime e castigo,* de Fiódor Dostoiévski;
- *Ensaio sobre a cegueira: romance*, de José Saramago;
- *Hamlet*, de William Shakespeare;

---

[125] Conforme CNJ (2013), revogada pela CNJ (2021), originada na Portaria CNJ n.º 204/2020 que instituiu o Grupo de Trabalho para a elaboração de Plano Nacional de Fomento à Leitura nos Ambientes de Privação de Liberdade, a fim de promover, de modo sistêmico e amplo, a leitura nos estabelecimentos penais, conforme a legislação vigente e as diretrizes internacionais relacionadas ao tema. Disponível em: https://atos.cnj.jus.br/files/original175506202010085f7f527a0fa89.pdf. Acesso em: 25 out. 2020.

[126] Publicada no jornal *Folha de São Paulo*, de 31 dez. 2007. Disponível em: https://acervo.folha.com.br/leitor.do?numero=17401&keyword=livro&anchor=5486477&origem=busca&originURL=&pd=07688d4bd4b9ac5a-dd014a91a4ff6119. Acesso em: 6 mar. 2017.

[127] A indicação de autor(es), título, local, editora e data de publicação dessas obras pode ser consultada nas Referências, ao final deste livro.

- *Memórias póstumas de Brás Cubas,* de Machado de Assis;
- *O menino do dedo verde,* de Maurice Druon;
- *O pequeno príncipe,* de Antoine de Saint-Exupéry;
- *O processo,* de Franz Kafka;
- *O vermelho e o negro,* de Stendhal;
- *Orgulho e preconceito,* de Jane Austen;
- *Os miseráveis,* de Victor Hugo.

Na imagem, as obras selecionadas.

Fotografia 2 – Seleção de livros pelo Projeto de Extensão da Unoesc Xanxerê *Direito e Cárcere: Remição de Pena pela Leitura*

Fonte: elaboração da autora, a partir do Google Imagens[128]

O ano em que foi formulada essa lista prévia de títulos de livros para fins de remição de pena pela leitura foi 2015, distante três anos da Lei 13.696/2018, que instituiu a Política Nacional de Leitura e Escrita. Reitero que a proposição da lista não foi com sentido de censurar[129] esta ou aquela obra literária, mas, sim, foi um instrumento que guiou a parceria entre o Presídio Regional de Xanxerê e o Projeto de Extensão do curso de Direito

---

[128] Disponível em: https://www.google.com/imghp?hl=pt-BR. Acesso em: 12 set. 2020.
[129] Parece-me desnecessário abordar que sempre se teve em mente que é vedada toda e qualquer censura a obras literárias, religiosas, filosóficas ou científicas, nos termos dos art. 5.º, IX, e 220, § 2.º, da Constituição Federal.

da Unoesc, a partir de dois fatores principais, dentre outros: a falta de livros para que os presos lessem e a carência financeira[130] para adquiri-los (foram comprados com recursos do Conselho da Comunidade de Xanxerê); e a aquisição de obras que permitissem a prática da leitura também por sujeitos presos com possível defasagem de letramento, considerando-se o grau de letramento, alfabetização e escolarização do sujeito preso. Buscou-se, também, um conjunto de leituras historicamente sedimentadas. Ao olhar para esta seleção de obras efetuada em 2015 e refletir sobre meu percurso, hoje, pesquisadora e analista de discurso, compreendo que, ao selecioná-las, busquei as que faziam sentido e significavam para mim, obras que eu havia lido.

Fui mobilizada pela cristalização dos juízos literários acadêmicos, discursos construídos sobre uma imagem calcada e legitimada na academia de boa literatura e pela cultura eurocêntrica, tão naturalizada nos domínios de saber; somente três delas são de autores nacionais. Se 66,7% dos presos nos cárceres brasileiros são negros, por que somente um autor negro na lista elencada? Corroborando essa reflexão, Sueli Carneiro (2005), em sua tese de doutorado defendida na USP, fala em epistemicídio da produção cultural negra no Brasil e procura demonstrar a existência de um contrato racial que sela um acordo de exclusão e/ou subalternização dos negros, no qual o epistemicídio cumpre função estratégica em conexão com a tecnologia do biopoder.

Por outro viés, há de se considerar que somente agora a literatura feminina e a literatura negra estão chegando no Brasil. Não são livros que estão no domínio público[131], não são livros de fácil acesso, são livros que demandam um gasto significativo, cujos direitos autorais estão ativos; precisaria comprá-los. Conforme já mencionei, ao selecionar as obras do Projeto de Extensão, os recursos financeiros eram limitados. Havia a necessidade de adquirir o quantitativo de 20 exemplares de cada obra para o acervo dos presos (CNJ, 2013) e sabe-se que livros atuais são mais onerosos. Para além da questão da unidade prisional, era necessário ter livros disponíveis em quantidade para os acadêmicos lerem, pois eles leem a mesma obra que o apenado lê, e os estudantes não têm condições financeiras de comprar livros caros (são bolsistas exatamente para auxiliar no pagamento da mensalidade

---

[130] A aquisição de livros sujeitou-se à ínfima verba de que se dispunha.

[131] Domínio público é uma condição jurídica na qual uma obra não possui o elemento do direito real ou de propriedade que tem o direito autoral, portanto não havendo restrição de uso de uma obra por qualquer um que queira utilizá-la. Do ponto de vista econômico, uma obra em domínio público é livre e gratuita. Nesse sentido, domínio público é o antônimo do direito autoral. Para consultar a biblioteca digital de Domínio Público do Governo Federal do Brasil, acesse: http://www.dominiopublico.gov.br/pesquisa/PesquisaObraForm.jsp. Acesso em: 29 jun. 2021.

da universidade). Esta é uma das razões de escolher obras de domínio público, obras que já são mais fáceis de conseguir e com o menor custo para compra. São obras clássicas. Um clássico não era escrito por mulheres, não era escrito por negros, nem por mulheres negras. Esses livros chegaram agora ao mercado editorial. Há essas questões para se pensar também.

A própria Recomendação n.º 44 do CNJ (2013) prescrevia que fossem livros *clássicos*, que o Projeto de Extensão tinha de seguir, conforme consta no artigo 1.º, inciso V, letra b:

> [...] assegurar que a participação do preso se dê de forma voluntária, disponibilizando-se ao participante 1 (um) exemplar de obra literária, *clássica*, científica ou filosófica, dentre outras, de acordo com o acervo disponível na unidade adquiridas pelo Poder Judiciário, pelo DEPEN, Secretarias Estaduais/Superintendências de Administração Penitenciária dos Estados ou outros órgãos de execução penal e doadas aos respectivos estabelecimentos prisionais (CNJ, 2013, p. 3, grifo meu).

Havia uma diretriz normativa a ser seguida. Todavia, nesta senda de reflexão, pode-se pensar que seria fundamental incluir obras de Conceição Evaristo, de Carolina Maria de Jesus, de Maria Firmina dos Reis. Se a preferência são os clássicos, conforme o CNJ (2013), poderia ter incluído Castro Alves, Lima Barreto e o catarinense Cruz e Souza[132]. Nessa confluência, há quem possa dizer que Machado de Assis, o maior escritor latino-americano do século XIX, único escritor negro que está na lista, tenha tido a característica da raça negra ocultada por meio da representação da sua imagem como homem branco; percebe-se um branqueamento[133] de Machado de Assis. Segundo dizia Joaquim Nabuco, Machado de Assis *"transformara-se em branco por obra de sua maestria literária."* (Galeano, [1998] 2009, p. 66, grifo meu). Machado de Assis foi o fundador da Academia Brasileira de

---

[132] São muitas as obras de autores negros, por exemplo: *Princesas Africanas*, de Leia Brasil; *O espadachim de carvão*, de Affonso Solano; *A arma escarlate*, de Renata Ventura; *Quissama – o império dos capoeiras*, de Maicon Tenfen; *Na minha pele*, de Lázaro Ramos; *O contador de histórias*, de Roberto Carlos Ramos, ex-interno da Febem (SP). Conforme Ribeiro (2019, p. 29), a série *Cadernos Negros*, criada em 1978, publicou contos e poemas de escritores(as) negros(as), tornando-se um marco para a produção literária negra. Se sairmos dos limites do solo brasileiro, há autora nigeriana Chimamanda Ngozi Adichie, com suas obras traduzidas para mais de 30 línguas, entre elas, *No seu pescoço* e *Sejamos todos feministas*; é uma das principais autoras negras da atualidade.

[133] No fim do século XVIII, os poucos negros latino-americanos que tinham enriquecido, "podiam comprar *certificados de brancura* da coroa espanhola e *cartas de branquidão* da coroa portuguesa, e a súbita mudança de pele lhes outorgava os direitos correspondentes a tal ascensão social" (Galeano, [1998] 2009, p. 66). Nesse sentido, a alquimia de Machado de Assis deu-se pelo talento literário.

Letras e eleito o primeiro presidente da instituição, ocupando esse cargo até sua morte, em 1808.

Dessa discursividade emerge a compreensão de que, na seleção de livros, posso ter sido capturada pelo inconsciente constitutivo da Análise do Discurso, mesmo que com a melhor intencionalidade, contudo foi um projeto elaborado fora do presídio, dentro da universidade. Compreendo, com Paulo Freire ([1996] 2014a), que o fazer teórico é um fazer historicamente situado e coaduno-me com o princípio epistemológico dele: *a cabeça pensa onde os pés pisam*[134], assim, elaborei a seleção de livros *da área onde estavam meus pés*. Ressalto que há obras que abarcam a temática da diversidade e da pluralidade, já elencadas para futura aquisição e incorporação na seleção de leituras, conforme se vê no Quadro 5.

Quadro 5 – Seleção de livros para futura incorporação ao Projeto de Extensão da Unoesc Direito e Cárcere: Remição da Pena pela Leitura

ADICHIE, Chimamanda Ngozi. **No seu pescoço**. São Paulo: Companhia das Letras, 2017.
AKOTIRENE, Carla. **Interseccionalidade**. São Paulo: Pólen; Sueli Carneiro, 2019.
ALEXANDER, Michelle. **A nova segregação**: racismo e encarceramento em massa. Trad. Pedro Davoglio. São Paulo: Boitempo, 2018.
ALMEIDA, Silvio. **Racismo estrutural**. São Paulo: Sueli Carneiro; Pólen, 2019.
ALTOÉ, Sônia. **Infâncias perdidas**: o cotidiano nos internatos-prisão. 3. ed. Rio de Janeiro: Revinter, 2014.
BRASIL, Assis. **Os que bebem com os cães**. Rio de Janeiro: Nórdica, 1975.
CAPPARELLI, Sergio. **Os meninos da Rua da Praia**. 38. ed. Porto Alegre, RS: L&PM Editores, 2007.
CASTILHO, Thiago. **Pensamentos livres**. Rio de Janeiro: Nota Terapia, 2017.
DAVIS, Angela. **A liberdade é uma luta constante**. São Paulo: Boitempo, 2018.
FLAUZINA, Ana Luiza Pinheiro. **Corpo negro caído no chão**: o sistema penal e o projeto genocida do Estado brasileiro. Rio de Janeiro: Contraponto, 2008.
FOUCAULT, Michel. **Vigiar e punir:** nascimento da prisão. Tradução de Raquel Ramalhete. 42. ed. Petrópolis, RJ: Vozes, [1975] 2014.
FRANÇA, Rodrigo. **O pequeno príncipe preto**. Rio de Janeiro: Nova Fronteira, 2020.

---

[134] O autor Frei Beto (Christo, 2004) escreveu um texto em homenagem ao educador brasileiro Paulo Freire ([1996] 2014a, [1997] 2014b), logo após o falecimento deste. O texto é intitulado *Paulo Freire: a leitura do mundo*, publicado em 3 de maio de 1997. Nele, Frei Beto aborda o princípio epistemológico de Paulo Freire. Disponível em: http://sinpro-abc.org.br/download/formacao4.pdf. Acesso em: 28 jun. 2020.

JOCENIR. **Diário de um detento**: o livro. 3. ed. São Paulo: edição do autor, 2016.

LEITURAS Compartilhadas. **Princesas africanas**, ano 9, n. 19, mar. 2009. Ilust. Taisa Borges Léia Brasil, 2009. Disponível em: https://www.sarutaia.sp.gov.br/arquivos/princesas_africanas_-_petrobras_01100357.pdf. Acesso em: 12 out. 2020.

LINS, Valéria Maria Cavalcanti; VASCONCELOS, Karina Nogueira. **Mães encarceradas e filhos abandonados**: realidade prisional feminina e estratégias de redução do dano da separação. Curitiba: Juruá, 2019.

MENDES, Luiz Alberto. **Memórias de um sobrevivente**. São Paulo: Companhia das Letras, 2001.

MENDES, Luiz Alberto. **Às cegas**. São Paulo: Companhia das Letras, 2005.

MENDES, Luiz Alberto. **Cela forte**. São Paulo: Global, 2012.

MENDES, Luiz Alberto. **Confissões de um homem livre**. São Paulo: Companhia das Letras, 2015.

MODESTI, Marli Canello. **Mulheres aprisionadas**: as drogas e as dores da privação da liberdade. Chapecó: Argos, 2013.

QUEIROZ, Nana. **Presos que menstruam**. Rio de Janeiro: Record, 2015.

RAMOS, Lázaro. **Na minha pele**. Rio de Janeiro: Objetiva, 2017.

RAMOS, Roberto Carlos. **O contador de histórias**. Belo Horizonte: Leitura, 2000.

SILVA, Roberto da (org.). **Didática no cárcere II**: entender a natureza para entender o ser humano e o seu mundo. São Paulo: Giostri, 2018.

SOLANO, Affonso. **O espadachim de carvão**. São Paulo: Fantasy - Casa da Palavra, 2013.

TENFEN, Maicon. **Quissama** – o império dos capoeiras. São Paulo: Editora Biruta, 2014.

VARELLA, Dráuzio. **Estação Carandiru**. Rio de Janeiro: Companhia das Letras, 1999.

VENTURA, Renata. **A arma escarlate**. São Paulo: Novo Século, 2011.

YOUSAFZAI, Malala. **Eu sou Malala**: a história da garota que defendeu o direito à educação e foi baleada pelo Talibã. São Paulo: Companhia das Letras, 2013.

Fonte: elaboração da autora (2020)

A elaboração do Quadro 5 demandou significativa pesquisa minha sobre obras que abordem a temática do segmento prisional, foi um trabalho de consultoria que efetuei com dedicação, garimpando títulos de livros escritos por autores negros e do gênero feminino, melhor ainda se escritos por mulheres negras, no sentido de abarcar quem foi silenciado no transcorrer de séculos de história.

Com o decorrer dos anos, alguns presos haviam lido todas as 15 obras da lista do Projeto de Extensão da Unoesc, assim, houve a necessidade de ampliação do acervo de livros. E isso foi positivo, pois houve a incorporação de obras diversificadas (constam do Quadro 6, seção 4.1) e haverá a incorporação de outras, conforme se elencou aqui no Quadro 5[135]. É uma forma de incluir vozes negras e femininas no Projeto, pois, ao longo da história, as vozes negras – e de tantas outras minorias sociais – foram silenciadas. Isso reflete, diretamente, na representatividade desses autores e na construção de identidade dos leitores.

Por outra via, quanto ao desafio da aquisição de 20 livros de cada título (CNJ, 2013), diante da verba (ínfima) de que dispunha o Conselho da Comunidade de Xanxerê, em 2015, propus as obras clássicas, com domínio público, mais acessíveis. Como quebrar grades internas para integrar-se na do outro, para encontrar o outro nos caminhos das grades? Por outro lado, alguém escreveu para este público? Como os presos vão se reconhecer nas leituras propostas?

3.3 Estudantes de Direito e medi(a)ção[136] da leitura dos apenados: pode ser de alteridade uma relação de poder?

Conforme a textualidade do documento (UNOESC, 2019), o Projeto de Extensão Universitária Direito e Cárcere: Remição da Pena pela Leitura possui como escopo a socialização/mediação do conhecimento e, ao fomentar o espírito crítico, pode propiciar perspectiva nova de vida aos apenados, ensejando o desenvolvimento do sujeito para o exercício da cidadania e a qualificação para o trabalho, ancorados na missão da Unoesc, instituição comunitária. Sublinho que este Projeto de Extensão atende à Recomendação n.º 44 do CNJ (2013), que preceitua a *"necessidade de constituição,* por parte da autoridade penitenciária estadual ou federal, *de projeto específico visando à remição pela leitura,* atendendo a pressupostos de ordem objetiva e outros de ordem subjetiva" (CNJ, 2013, p. 3, grifo meu).

Cumprindo o solicitado (CNJ, 2013), o objetivo geral é do Projeto de Extensão da Unoesc é

---

[135] A lista não esgota aqui no quadro elencado. Pode-se adicionar a ela livros bem críticos, como os de Paulo Freire e Eduardo Galeano, entre outros.

[136] Assim, escrito com parênteses para problematizar aproximações e distanciamentos dos sentidos: qual verbo melhor se identifica com esse processo de leitura do preso: *medir ou mediar?*

> [...] contribuir com uma possível reeducação dos apenados pela leitura de obras clássicas da literatura universal que apresentam experiências humanas e suscitam reflexões acerca da responsabilidade pessoal, possibilidade de superação de situações difíceis, busca de sentido e de valores na vida; *contribuir com os estudantes desse curso, fornecendo conhecimentos técnicos e teórico-práticos da área do Direito, ensejando melhor compreensão da sociedade, com visão crítica, gesto de alteridade e ação transformadora* (UNOESC, 2019, p. 2, grifos meus).

Não se pode esquecer que essa é a intenção do Projeto, embora outra possa ser a intenção do sistema prisional: a diminuição de gastos advinda da possibilidade de o preso cumprir sua pena em menor tempo. O desafio que se impõe é olhar para as condições de produção, para o modo como tudo isso se constitui. Pêcheux ([1975] 2009) critica a obviedade e propõe distância da ingenuidade dos discursos lineares. Por esse objetivo geral do Projeto, pode-se perceber que nele se procura contemplar tanto os sujeitos encarcerados participantes do Projeto quanto os sujeitos medi(a)dores de leitura estudantes de Direito. Grifei, na citação, após a marca linguística do ponto e vírgula, para refletir se poderia estar enunciando a falta do estabelecimento de relação entre o sujeito fora dos muros da prisão e o sujeito que se encontra no intramuros do cárcere.

Neste Projeto estão também sistematizados objetivos específicos, conforme acesso ao Projeto de Extensão disponibilizado pela Unoesc para esta pesquisa, quais sejam:

> a. Entrevistar os apenados participantes do projeto *Direito e Cárcere: Remição da Pena pela Leitura* e observar se demonstraram compreensão do conteúdo lido - respeitada a capacidade intelectual de cada *privado de liberdade* -; e, por meio de relatório escrito, o acadêmico relatará ao Poder Judiciário se os encarcerados poderão ser beneficiados com a remição de quatro dias de suas respectivas penas.
>
> b. Contribuir para que apenados e acadêmicos rompam com paradigmas limitantes e desenvolvam nova óptica de juízo de valor, a partir do conhecimento e das reflexões que podem emergir das obras literárias lidas.
>
> c. Promover a integração social dos *privados de liberdade*, por meio do contato com universitários, estudantes de Direito entrevistadores/mediadores de leitura, contribuindo com a construção de nova perspectiva de vida.

d. Refletir acerca das noções de cidadania, cultura e trabalho, tanto os detentos do Presídio Regional de Xanxerê quanto os estudantes de Direito da Unoesc Xanxerê.

e. Buscar a integração entre o Presídio Regional de Xanxerê e a Unoesc Xanxerê, de forma que os acadêmicos do curso conheçam distintas áreas jurídicas e os presos tenham contato com a Universidade e reflitam sobre possíveis caminhos que a ela possam conduzir e boas consequências que dela possam advir.

f. Desenvolver, nos estudantes de Direito da Unoesc Xanxerê, conhecimento teórico e prático da realidade social, jurídica e política da comunidade, do Estado e do País.

g. Fomentar o gesto de alteridade do acadêmico, traduzido em ação concreta desse ao *privado de liberdade*, pela mediação da leitura, buscando compreensão da realidade e da sociedade, dos estratos sociais, com visão crítica, humanitária e transformadora (UNOESC, 2019, p. 2).

Quanto à relevância e abrangência social do Projeto:

Considerando que a educação é direito de todos, dever do Estado e da família, será promovida e incentivada com a colaboração da sociedade, visando ao pleno desenvolvimento do sujeito, seu preparo para o exercício da cidadania e sua qualificação para o trabalho; considerando a necessidade de se substituir o tempo ocioso dos *privados de liberdade* por leitura e estudo, proporcionando o resgate da autoestima e o direito ao conhecimento e o desenvolvimento da capacidade crítica; considerando que a Juíza de Direito da Comarca de Xanxerê, na forma da Lei, no uso das suas atribuições, por meio da portaria 05/2013, instituiu a Remição da Pena pela Leitura no Presídio Regional de Xanxerê; o curso de Direito da Unoesc Xanxerê justificativa as atividades do Projeto de Extensão Universitária *Direito e Cárcere: Remição da Pena pela Leitura,* uma vez que *resta fundamentada a necessidade de colaborar com o Poder Judiciário do Estado de Santa Catarina;* pois é necessário enaltecer a importância da socialização do conhecimento e experiências acadêmicas no sentido de contribuir com a evolução social e consequente melhoria nas condições de convívio humano, inclusive do *privado de liberdade* (UNOESC, 2019, p. 1, grifo meu).

Este Projeto possui como público-alvo acadêmicos bolsistas de todas as fases do curso de Direito dessa IES e sujeitos presos que cumprem pena no regime fechado e semiaberto do Presídio Regional de Xanxerê. Individualmente ou em duplas, entrevistam o apenado que previamente tenha efetuado a leitura do mesmo livro que os acadêmicos leram. Durante a mediação da leitura com os presos participantes do Projeto, conforme recomenda a normativa que ancora o Projeto de Extensão (CNJ, 2013), os acadêmicos observam se eles demonstram compreensão do conteúdo lido, reconhecendo-se "a mediação como relação constitutiva, ação que modifica, que transforma." (Orlandi, [1983] 2011, p. 25). Emprega-se, assim, a noção de mediação como noção de trabalho.

A cada semestre letivo, são realizadas reuniões com os estudantes bolsistas para orientá-los acerca das diretrizes e procedimentos sobre o Projeto de Extensão, livros a serem lidos pelos estudantes mediadores de acordo com o acervo da biblioteca do Presídio e sobre o contato com os presos. De um lado, quanto ao conteúdo das mediações de leitura, os alunos de Direito são orientados a verificar a compreensão de leitura dos apenados demonstrando os seguintes aspectos: apreensão do tema; levantamento das ideias principais; pontos relevantes para os detentos; reflexão crítica; fidedignidade à obra lida. Por outro lado, quanto à forma, para produzir o registro escrito, os acadêmicos são orientados a preencher o relatório considerando: a) estética textual (legibilidade e organização do relatório, construção de parágrafo-padrão, evitar rasura, respeitar margem, escrever com letra cursiva e legível); b) tema (buscar escrever sobre a mediação da leitura do livro pelo preso, evitando pormenores desnecessários e alheios ao objetivo proposto); c) clareza e compreensão (demonstrar, no relatório, se o preso compreendeu, com clareza, o conteúdo da obra lida).

Nessas reuniões com alunos participantes do Projeto é oportunizado também que acadêmicos façam relatos sobre a experiência de mediação de leitura e visita ao cárcere, apresentem sugestões e/ou elenquem potencialidades e fragilidades do Projeto de Extensão, objetivando a melhoria contínua do processo. São várias as tratativas desses encontros. Orienta-se os alunos sobre o texto da Recomendação n.º 44 (CNJ, 2013), que preceitua que o resultado dessa avaliação, nas palavras do CNJ (2013), ou o resultado dessa mediação, nas palavras do Projeto de Extensão da Unoesc, deve ser encaminhado ao Poder Judiciário.

> O resultado da _avaliação_ deverá ser enviado, por ofício, ao Juiz de Execução Penal competente, a fim de que este decida sobre o aproveitamento da leitura realizada, contabilizando-se 4

(quatro) dias de remição de pena para os que alcançarem os objetivos propostos (CNJ, 2013, p. 4, grifo meu).

Diante dessa necessidade de um resultado da avaliação (ou mediação), por escrito, o Projeto de Extensão da Unoesc criou um formulário, um *relatório* que é preenchido pelo alunos de graduação em Direito, em duas vias – uma entregue à Coordenação do Curso e outra ao Presídio Regional de Xanxerê, posteriormente entregue ao Poder Judiciário –, e *sugerem* se o preso poderá ou não ser beneficiado com a remição de dias da pena. Muito embora o próprio texto da Recomendação n.º 44 do CNJ (2013) especifique que haja uma "forma de realização dos processos avaliativos [...] critério legal de avaliação" (CNJ, 2013, p. 4), os estudantes de Direito da Unoesc, mediadores da leitura, são informados também de que a validação dessa leitura do sujeito-leitor preso pelo mediador não assume um caráter de avaliação pedagógica ou de prova, e que devem "observar aspectos relacionados à compreensão e compatibilidade com o livro trabalhado" (CNJ, 2013, p. 4) e leitura efetuada pelo preso. Ao que cabe perguntar: não se sente o preso *avaliado* nesse processo? No fragmento, a enunciação do sujeito-leitor preso entrevistado, INF 1:

> (INF 1) <u>Eu nunca pensei que eu ia consegui gravá um livro na minha cabeça e apresentá</u> de uma formaaa... O primeiro livro que eu apresentei foi *Admirável mundo novo*, na verdade, ele fala de uma sociedade quase como a nossa, <u>na verdade, e fiquei conversando com ele e foi me deixando bastante à vontade</u>, depois apresentei *Os miseráveis*" pros acadêmicos.

Esse sujeito preso entrevistado, pelo dizer precedente, aponta uma possível preocupação dele quanto a conseguir *"gravá um livro na minha cabeça"*; mesmo com a afirmação de que o acadêmico de Direito da Unoesc o teria deixado à vontade para expor a compreensão do livro, esse dizer indica como os presos se sentem *avaliados* nesse processo. A proposição do Projeto da Unoesc é de atuação do estudante mediador como um gesto de alteridade, com a proposição de uma discussão sobre a leitura efetuada, contudo não se ignora que, por se sentirem de certa forma *avaliados*, permanece a dificuldade de os sujeitos-leitores presos terem de *provar* que conhecem um conteúdo predeterminado; não deixa de ser uma grade quantitativa de avaliação; não deixa de se promover uma visibilidade do sujeito-leitor preso que se torna mensurável; não deixa de se supor que o sujeito-leitor preso se sinta preso pela grade de leitura interpretativa e, avançando mais, talvez nada inocente, conforme os interesses em jogo.

Como analista de discurso, fico pensando na discursividade do termo *sugerem* empregado antes, *"sugerem* se o preso poderá ou não ser beneficiado com a remição de dias da pena"*, e inúmeras vezes em entrevistas[137] concedidas, apresentação e publicação em anais de eventos científicos[138], notícias veiculadas na mídia, etc. Poderia ser o emprego *ipsis litteris* do objetivo específico do Projeto de Extensão, contudo, ao voltar no texto do documento, o dizer marcado não é *sugerir*, é: "por meio de relatório escrito, o acadêmico *relatará* ao Poder Judiciário se os encarcerados poderão ser beneficiados com a remição de quatro dias de suas respectivas penas" (UNOESC, 2019, p. 2, grifo meu).

Se não se quer empregar a mesma acepção do Projeto de Extensão, poderia ser: emitem *parecer* atestando ou não a efetivação da leitura. Contudo, os sentidos que estão colocados em circulação ao empregar *sugestão* remetem a um cuidado com o próprio Poder Judiciário que tem de ser o dono da decisão. Nesse sentido, ao analisar o documento, há um dizer marcado bem no início do texto que aponta para "necessidade de colaborar com o Poder Judiciário do Estado de Santa Catarina" (UNOESC, 2019, p. 1). O que ocorre de fato é que os alunos produzem um relatório manuscrito em que narram, na opinião deles, após a mediação da leitura, se aquele preso pode ou não se beneficiar da remição de dias da pena. Avançando um pouco mais, qual o significado de *sugestão*? Ao consultar os sentidos possíveis para *sugestão*, encontramos "conselho, proposta, ideia, estímulo, inspiração" (Houaiss, 2009, p. 1786). Essa entrada lexical data do século XV e não há acepção de determinação, de dever, de obrigação. Possivelmente, a preferência por *sugestão* foi para não determinar como deve ou não proceder o Poder Judiciário; o enunciador foi interpelado pelo pré-construído[139], o dizer foi regido por um imaginário de Justiça.

Pêcheux ([1983] 2010c) aponta que a memória discursiva restabelece os implícitos "(quer dizer, mais tecnicamente, os pré-construídos, elementos citados e relatados, discursos-transversos, etc.) de que sua leitura necessita: a

---

[137] *Vide* publicações. Disponível em: https://www.unoesc.edu.br/noticias/single/projeto-de-extensaeo-da-unoesc-e-apresentado-na-justica-federal. Disponível em: http://www.jfsc.jus.br/novo_portal/ conteudo/noticias_publicacoes/conteudoNoticiaInternet.php?idMateria=48880. Acesso em: 10 ago. 2019.

[138] Desde que o Projeto de Extensão iniciou, foi apresentado em eventos científicos como seminários e simpósios e publicado nos anais de eventos. Disponível em: https://portalperiodicos.unoesc.edu.br/ condeb/ article/view/21449/12575. Disponível em: https://portalperiodicos.unoesc.edu.br/siepe/article/view/17640. Acesso em: 2 out. 2019.

[139] Pêcheux ([1975] 2009) define o efeito de pré-construído como um elemento que irrompe no enunciado como aquilo que foi pensado antes, em outro lugar, independentemente, produzindo o sentido como evidência, como sempre-já-lá, com o já pensado do pensamento. O pré-construído fornece ao sujeito os elementos de saber ou objetos do seu discurso.

condição do legível em relação ao próprio legível" (Pêcheux, [1983] 2010c, p. 52). Nesse sentido, compreende-se, com Pêcheux ([1975] 2009, [1983] 2012b), o funcionamento em que um discurso anterior irrompe no eixo da formulação: é o funcionamento do interdiscurso[140], via pré-construído, como efeito de discurso-transverso[141]. Nesse sentido, o interdiscurso é uma instância de constituição de um discurso transverso que regula para um sujeito enunciador as condições de produção de um discurso e o modo de apresentação dele.

Nessa grade teórica, considero também a concepção de interdiscurso elaborada por Courtine ([2009] 2014), que consiste num processo de reconfiguração incessante produzido pela relação do discurso com seu exterior, relação que envolve a repetição, o apagamento, o esquecimento, ou mesmo a denegação[142]. Pêcheux ([1975] 2009, p. 167) chama de incorporação-dissimulação os elementos do interdiscurso: a unidade imaginária do sujeito, sua identidade presente-passada-futura. Ao empregar que os alunos *sugerem* ao Poder Judiciário, há um atravessamento no intradiscurso de discursos advindos de tempos e lugares outros, instaurando efeitos de sentidos contrários à homogeneidade. Pela formulação do dizer, a enunciação *sugerem* se constitui em discurso autorizado, em incorporação-dissimulação de elementos do interdiscurso. Nessa perspectiva, de acordo com Pêcheux ([1975] 2009), o interdiscurso, enquanto pré-construído, fornece a matéria-prima que sustenta o dizer no eixo da formulação, isto é, no intradiscurso, e articula o já dito e a atualidade.

Pêcheux ([1975] 2009, p. 153) considera que algo fala sempre antes, em outro lugar, independentemente, isto é, sob a dominação do complexo das formações discursivas[143]. O interdiscurso determina o sujeito impondo

---

[140] Interdiscurso é a memória discursiva que fornece ao sujeito as evidências do seu discurso.

[141] O discurso-transverso determina as operações de articulação que permitem ao sujeito produzir suas formulações. Para Pêcheux ([1975] 2009), o discurso-transverso é o funcionamento do interdiscurso que determina as articulações e encadeamentos entre os enunciados. "O *interdiscurso enquanto discurso-transverso* atravessa e põe em conexão entre si os elementos discursivos constituído pelo *interdiscurso enquanto pré-construído*, que fornece, por assim dizer, a matéria prima na qual o sujeito se constitui como "sujeito-falante", com a formação discursiva que o assujeita" (Pêcheux, [1975] 2009, p. 154).

[142] Denegação é entendida como mecanismo de defesa em que há a recusa do sujeito em reconhecer um determinado pensamento ou um desejo como seu, mesmo que tal desejo ou pensamento tenha sido expresso conscientemente em um momento/situação anterior. Para formular este entendimento, ancorei-me em Authier-Revuz (2004).

[143] Para Pêcheux ([1975] 2009, p.147), a formação discursiva (FD) se define como aquilo que, numa formação ideológica (FI) dada, determina o que pode e o que deve ser dito. Logo, na teoria pecheuxtiana, as palavras recebem seu sentido da FD na qual são produzidas, segundo as posições sustentadas por aqueles que as empregam; a FD é a matriz do sentido, é o lugar da constituição do sentido. As FD são configurações dos discursos em suas relações, ou seja, de acordo com Ferreira (2001, p. 15) e Indursky (2013), que leram Pêcheux ([1975] 2009), o interdiscurso compreende o conjunto das formações discursivas e se inscreve no nível da constituição do discurso, haja vista

e dissimulando-lhe seu assujeitamento sob a aparência de autonomia, isto é, por meio da estrutura discursiva da forma-sujeito. O pré-construído enquanto o sempre-já-aí da interpelação ideológica que fornece-impõe a realidade e seu sentido sob a forma da universalidade. Sob a aparência da autonomia, a substituição entre palavras como se tivessem sentido evidente e literal, ao enunciar *sugestão* ao Poder Judiciário, dissimula o assujeitamento imposto pela interpelação ideológica.

A memória discursiva é o saber de muitas outras vozes e que retorna em nosso dizer sem pedir licença, inconscientemente, constituindo todo o dizer com seus já ditos e seus apagamentos, manifestando-se no intradiscurso e o interdiscurso, o já dito, o que fala antes, em outro lugar, "disponibiliza dizeres que afetam o modo como o sujeito significa em uma situação discursiva dada" (Orlandi, [1999] 2012a, p. 31). Dito de outro modo, *sugerir* ao Poder Judiciário é um enunciado que reverbera efeitos da história do enunciador na reconstrução cotidiana de uma formação social determinada; é um modo de tornar visível a relatividade da posição-sujeito e seu lugar na territorialização, uma relação de forças, no entanto, silenciada. São os sentidos do social, do histórico e do cultural que são regidos por um imaginário, que é político; há uma aparência de controle e de certeza dos sentidos, inconsciente e ideologia aí significam "um sítio de significância que configura um processo de identificação" (Orlandi, [1992] 2003a, p. 24).

O dizer do enunciador que marca a preferência por *sugestão* faz refletir sobre a questão da formação dos sentidos e sobre o modo pelo qual ideias que parecem naturalizadas podem ser formadas em um processo com percurso por vezes longo, "repleto de particularidades que desaparecem frequentemente no efeito de evidência produzido na relação dos sujeitos com 'seus' discursos" (Orlandi, [1992] 2003a, p. 9).

---

trabalhar com a ressignificação do sujeito sobre o que já foi dito, sobre o repetível, determinando deslocamentos promovidos pelo sujeito nas fronteiras de uma FD. Conforme Orlandi ([1999] 2012a), as formações discursivas não são homogêneas, não funcionam automaticamente, são constituídas pela contradição; são heterogêneas e suas fronteiras são fluidas, configurando-se e reconfigurando-se num *continuum* em suas relações. Ainda de acordo com Pêcheux ([1983] 2010d), o dispositivo da FD está em relação paradoxal com seu exterior: uma FD não se constitui um espaço estrutural fechado, é invadida por elementos que vêm de outro lugar (de outras FD) que se repetem nela, fornecendo-lhe suas evidências discursivas fundamentais (por exemplo, sob a forma de pré-construídos e de discursos transversos). O domínio de saber de uma FD funciona como um princípio de exclusão do que nela não é formulável, em função da FI que provém; "zonas atravessadas por toda uma série de efeitos discursivos [...] uma espécie de validação discursiva que afeta dentro de uma FD as sequências situadas em suas fronteiras, até o ponto em que se torna impossível determinar por qual FD elas são engendradas" (Pêcheux, [1983] 2010d, p. 310). Nesse sentido, a FD é dotada de fronteiras desestabilizadas e o gesto de leitura consiste em relacionar o que é dito na sequência discursiva em análise com o que é dito em outros discursos para melhor interpretar não ditos no interior do que é dito.

Assim, podemos nos iludir pensando que somos os únicos responsáveis pelas rédeas de nossas vidas, como sujeitos-de-direito, mas eis que nos deparamos com o Estado, que nos vê como massa homogênea, e percebemos que as rédeas não nos pertencem. De acordo com Lagazzi (1988, p. 21), constatamos a tentativa do Estado em abafar diferenças dos sujeitos na busca do cidadão comum, contudo observamos a permanência da *hierarquia de poder entre as pessoas*, uma hierarquia de *autoridade*, constitutiva do próprio Estado. Ainda de acordo com a autora, essas relações hierarquizadas e autoritárias de comando-obediência, presentes em situações e contextos sociais, "levam as pessoas a se relacionarem dentro de uma esfera de tensão, permeada por direitos e deveres, responsabilidades, cobranças e justificativas. Temos assim, um *juridismo* inscrito nas relações pessoais" (Lagazzi, 1988, p. 21).

Essa hierarquia de poder, de autoridade das relações jurídicas que foram estabelecidas ao longo da história, regula e modela padrões e processos de convivência dos sujeitos. De acordo com o cientista social Erving Goffman, autor de *Manicômios, prisões e conventos* ([1961] 2015), há cinco grandes grupos de instituições totalitárias, definidos como "indivíduos com situação semelhante, separados da sociedade mais ampla por considerável período de tempo, levam uma vida fechada e formalmente administrada" (Goffman, [1961] 2015, p. 11). O autor classifica prisões, cadeias, penitenciárias, campos de prisioneiros de guerra etc. como "instituições criadas com o propósito de conter pessoas que representam intencionalmente uma ameaça para a sociedade" (Goffman, [1961] 2015, p. 16). Tais espaços de exclusão podem ter sido formados em consequência de uma exclusão anterior, por vezes baseada em critérios ideológicos, derivados de valores morais, ou seja, valores determinados por sujeitos *autorizados* a falar em nome de um poder.

Feita essa visada teórica, pode-se pensar que, do outro lado dos muros da prisão, do outro lado da cidade, em sentido oposto, os acadêmicos participantes do Projeto de Extensão Direito e Cárcere: Remição da Pena pela Leitura conhecem a realidade de um sistema carcerário *in loco* – e não apenas teoricamente –, sistema que é objeto de estudo no curso de graduação em Direito. Indaga-se: por que não podem estar, lado a lado, unidade prisional e universidade? Por que manter uma estratégica distância físico-espacial entre elas? Em outro sentido, há que se perguntar por que aqueles que estão do lado de dentro da prisão estão distantes da leitura? Como foram excluídos dos processos de escolarização? Pela polissemia, depreendem-se sentidos na distância extremista entre a universidade e a prisão. O que o Projeto de Extensão da Unoesc faz é evidenciar quem é que está no cárcere: aquele sujeito que nunca teve acesso à leitura. Esse Projeto de Extensão parece, de certa forma, tentar resgatar algo numa instituição prisão que a instituição escola não fez por esse sujeito. Sujeito preso: sujeito de direito sem direito, mas com direito de ler. Com Orlandi ([1983] 2011, p. 207), não esquecer que mesmo os direitos podem ser respostas às faltas produzidas pelo próprio sistema. Nesse sentido, o direito concedido pelo Estado é o direito de remediar a falta.

Conforme o dizer do personagem Tistu – o menino do dedo verde –, da clássica obra da literatura universal que é objeto de leitura de apenados e de estudantes de Direito que participam do Projeto de Extensão, mediadores de leitura: "Que será que a gente podia fazer para que eles sofressem menos?" (Druon, 2010, p. 36). Desafio político? Na visão foucaultiana, há sim um desafio político em torno da prisão e o desafio é propor "algo diferente de prisão" (Foucault, [1975] 2014a , p. 301). De acordo com o autor, a prisão não funciona e é por isso que é tão importante; diz respeito a toda uma tecnologia do adestramento humano, da vigilância do comportamento e da individualização dos elementos do corpo social. Em decorrência, a prisão não funciona para corrigir, mas funciona por seu efeito normalizador, na contramão do expresso na Lei de Execução Penal, art. 1.º: "A execução penal tem por objetivo efetivar as disposições de sentença ou decisão criminal e *proporcionar condições para a harmônica integração social do condenado e do internado*" (Brasil, 1984, grifo meu).

Pela textualidade dessa Lei, prisão é para ser uma instituição que reforma o sujeito; é lugar para o preso se ressocializar e ser posto novamente em sociedade. No art. 105, consta "transitando em julgado a sentença *aplica pena privativa de liberdade*" (Brasil, 1984, grifo meu), por conseguinte não há a privação da dignidade. E a circulação de sentidos com o prefixo latino *re* remete ao entendimento de que, se utiliza o prefixo *re*, algo falhou, pois o significado dele é "novamente, repor, reposição" (Vieira, 2008, p. 79) e "movimento para trás ou em sentido contrário; repetição; retrocesso, recuo" (Houaiss, 2009, p. 1615). É canônica a compreensão de que a formação de nova palavra pela ampliação prefixal, ou seja, acréscimo de prefixo à palavra já existente, acarreta a mudança de sentido, o que ocorre com *re*ssocializar, *re*formar, *re*formular, *re*educar, *re*constituir...

Com essa problematização morfológica e semântica do prefixo *re* –
tão empregado no sistema prisional –, *re*torna-se à reflexão de que a prisão
acaba servindo justamente ao contrário: ela não funciona para ser um lugar
de *re*formulação do sujeito porque não é um lugar para o sujeito se formar.
Prisão não é lugar para formação; escola é. E a prisão acaba funcionando
muito bem por ela não funcionar como lugar de *re*formulação, de *re*constituição e de *re*ssocialização do sujeito. Paradoxalmente, por ser a prisão um
lugar ruim, hostil, o discurso do medo se espraia e nenhum sujeito quer ir
para lá. Parece que é isso que está em jogo no discurso do sistema prisional
e é corroborado na epígrafe que abre este livro: trágico.

3.4 O *locus* Presídio Regional de Xanxerê: por que enunciar que é um "sistema humanizado"?

> *Não se vive em um espaço neutro e branco; não se vive, não se morre,
> não se ama no retângulo de uma folha de papel. Vive-se, morre-se,
> ama-se em um espaço quadriculado, recortado, matizado, com zonas
> claras e sombras, diferenças de níveis, degraus de escada, vãos, relevos,
> regiões duras e outras quebradiças, penetráveis, porosas. Há regiões de
> passagens, ruas, trens, metrôs; há regiões abertas de parada transitória,
> cafés, cinemas, praias, hotéis, e há regiões fechadas do repouso e da
> moradia. Ora, entre esses lugares que se distinguem uns dos outros,
> há os que são absolutamente diferentes: **lugares que se opõem a todos
> os outros, destinados de certo modo, a apagá-los, neutralizá-los ou
> puri ficá-los**. São como que contraespaços. [...] A sociedade adulta
> organizou seus próprios contraespaços, suas utopias situadas, esses
> lugares reais fora de todos os lugares. [...] **há as prisões**, e tantos outros.
> (Foucault, [1967] 2013, p. 19-20, grifos em negrito meus)*

Com Foucault ([1967] 2013), vemos que há uma utopia feita para apagar
os corpos, a utopia do corpo negado. Em 14 de março de 1967, os arquitetos
e urbanistas do Círculo de Estudos Arquiteturais, de Paris, convidaram Foucault para pronunciar uma conferência sobre o espaço, na qual ele propõe
a criação de uma ciência cujo objeto fosse esses espaços diferentes, esses
outros lugares, o que o autor chamou de heterotopia, e descreve as prisões
como "heterotopias de desvio: isto significa que os lugares que a sociedade
dispõe em suas margens, nas paragens vazias que a rodeiam, são antes
reservados aos indivíduos cujo comportamento é desviante relativamente
à média ou à norma exigida. Daí [...] as prisões" (Foucault, [1967] 2013, p.
22). Na visão foucaultiana, as prisões são heterotopias ligadas à passagem,

à transformação, ao labor de uma regeneração e possuem um sistema de abertura e de fechamento que as isola em relação ao espaço circundante e nelas entra-se porque se é obrigado. Assim,

> As normas humanas não são todas universalizáveis: as da disciplinarização do trabalho e as da transfiguração pela festa não podem desenrolar-se na linearidade de um mesmo espaço ou de um mesmo tempo [...] forte ritualização das rupturas, dos limiares, das crises. Estes *contraespaços,* porém, são inter-penetrados por todos os outros espaços que eles contestam [...] Eles são apreendidos em uma sincronia e uma diacronia específicas que fazem deles um sistema significante entre os sistemas da arquitetura. Não refletem a estrutura social nem a da produção [...] são rupturas da vida ordinária, imaginários, representações polifônicas da vida, da morte, do amor, de Éros, e Tánatos[144] (Defert, [1967] 2013, p. 38, grifo meu).

Concordando com Defert ([1967] 2013), não estamos lidando com formas arquiteturais nem com modos de produção, mas com tecnologias de poder. Foi na busca desses contraespaços, dos problemas de uma política dos espaços, que Foucault veio a redescobrir o panóptico de Bentham, em *Vigiar e punir* ([1975] 2014a). Por essas análises, o espaço recebe a articulação do poder sobre o corpo e do saber ao poder: é a arquitetura da vigilância, espaços por meio dos quais o poder se mostra, "é a incongruência do conteúdo que designa a arquitetura como heterotopia" (Defert [1967], 2013, p. 49). Portanto, na história foucaultiana dos espaços, da espacialização do poder, inscrito no espaço colonial designado de biopoder (Foucault, [1976] 2009), os problemas de espaço tornam-se politicamente diferentes, as relações que são possíveis entre o poder e o saber, a arquitetura e o urbanismo "misturam-se com múltiplas práticas e discursos, mas o espaço é o lugar privilegiado de compreensão de como o poder opera" (Foucault *apud* Defert, [1967] 2013, p. 52). A partir da noção de heterotopia, Foucault torna-se passagem obrigatória para toda análise de espaço.

Nesse pensar, para Baratta (1990), faz-se necessária a abertura da prisão à sociedade e, reciprocamente, da sociedade à prisão.

---

[144] O instinto de morte ou *Thanatos* é um conceito desenvolvido por Freud ([1900] 2010), nascido em oposição ao instinto de vida, ou *Éros*, e definido como o gerador de impulsos inconscientes, que aparece como a busca de voltar ao absoluto descanso da não existência. Enquanto *Eros* é uma força que gera dinamismo, *Thanatos* é caracterizado por gerar retiro e buscar descanso. Disponível em: https://psiconlinews.com/2018/08/thana-tos-o-que-significa-a-pulsao-de-morte-para-sigmund-freud.html#:~:text=O%20instinto%20de%20morte%20ou,absolu to%20descanso%20da%20n%C3%A3o%2Dexist%C3%AAncia. Acesso em: 23 out. 2020.

Um dos elementos mais negativos das instituições carcerárias, de fato, é o isolamento do microcosmo prisional do macrocosmo social, simbolizado pelos muros e grades. Até que não sejam derrubados, pelo menos simbolicamente, as chances de "ressocialização" do sentenciado continuarão diminutas (Baratta, 1990, p. 2).

Tendo-se por base essa afirmação de Baratta (1990), o Presídio Regional de Xanxerê abre seus portões à universidade e aos acadêmicos de Direito. Com o autor, refletimos que muros e grades do microcosmo prisional isolam o sujeito preso do macrocosmo social e, enquanto isso perdurar, as chances de o sistema prisional ressocializar o sujeito preso são "diminutas". Trago fragmentos de dizeres dos sujeitos-leitores presos entrevistados, nos quais emergem marcas linguísticas que apontam para o retorno à prisão, após serem egressos do sistema prisional.

(INF 3) [...] saí, continuá os estudo, arrumá um trabalho, ahh, por mais que dizê um trabalho honesto, né, valorizá bastante a família, né, ihhh, porque essa vida só existe num caminho, né, o volta aqui, né, o acaba morrendo, né... [...] Eu recomendaria pra eles, pra tentá saí dessa, ahhh, saí daqui e mudá lá fora, não voltá de novo, né... eles se conseguissem tirá alguma coisa ali, né, e saísse desse caminho...

(INF 4) Só que na verdade tipo eu pensei dessa última veiz porque eu não era a primeira veiz...

LOC: Tu já foi preso outra vez?

INF: Eu já fui. Já é a tercera, tercera veiz que tô sendo preso... [...] o que eu passei no Presídio, de começo, pra mim era mais só mais uma, mais uma cadeia, intendeu?

LOC: Por que é a terceira vez?

INF: É a terceira veiz. A primeira veiz eu fui, fiquei deiz meis ali em Concórdia. Eu sô de Entre Rios. Ihh... fiquei deiz meiz lá e fui imbora. Aí a outra veiz parei aqui. Eu fiquei oito meis, sete mês fechado e um semiaberto. Daí fui imbora. Aí, dessa veiz eu não foi, né, tipo, a gente, sei lá, vai achando que não vai dá nada, que não vai dá nada, que vai dá poca cadeia, intendeu? Claro, é cadeia, tá privado de tua liberdade e isso não tem preço que pague, intendeu? Mah, mas, tipo, dessa veiz aí, acho que dessa caminhada foi tempo suficiente pra mim vê o que eu quero pra mim, intendeu? Por que eu sempre falei, eu sempre fui sincero coa minha família desde a primeira vez que eu caí, até a segunda, intendeu? Que na verdade, sei lá, eu ia continuá fazendo errado, intendeu? Tipo, falhei...Tô falando sinceramente minhas palavra, que não tem porque eu iscondê nada, intendeu? Aí, da segunda veiz, a mesma coisa e da terceira veiz a minha família falava: você vai, da próxima veiz, agora, você vai ficá bastante na cadeia, foram me aconselhando... Aí eu não... Eu, pra mim, era mais uma cadeia e fiz errado de novo, esses meus amigo...

(INF 5) [...] na verdade assim, não me orgulho disso, mais eu sô multirreincidente, né... São vários processos, vários crime, uns eu cometi, outros eu não cometi, ehhh, então, assim, ehh, uma vida bagunçada, né... I eu, eu luto, eu costumo dizê, assim, que eu tô me arrastando...

A partir das enunciações dos sujeitos-leitores presos INF 3, INF 4 e INF 5 precedentes, vê-se corroborada a reincidência ao sistema prisional dos egressos desse sistema. E um dos aspectos que se pode pensar que contribua com esse retorno dos presos à prisão, uma, duas, três vezes, seria esse imaginário de sistema determinado pelo macrocosmo social isolado por muros e grades no microcosmo prisional, conforme apontou Baratta (1990). Avançando um pouco mais, conforme o Programa das Nações Unidas para o Desenvolvimento (Pnud) (2018), dentre os aprisionados reincidentes, 20,5% cometeram o primeiro ato infracional antes dos 18 anos; 20,6% com menos de 17 anos e muitos deles passaram pelo programa de medidas socioeducativas. De acordo com esse mesmo Programa, "o percentual de reincidência no Brasil é um dos mais altos do mundo" (PNUD, 2018, p. 129). Segundo a Comissão Parlamentar de Inquérito do Sistema Carcerário Brasileiro (Brasil, 2017a, p. 69), o índice de reincidência de quem cumpre pena alternativa varia de 6% a 12%[145]. Por outro lado, o índice de reincidência de quem sai do sistema prisional varia de 70% a 80%. "O crime não tem que ser destino" (Brasil, 2017a, p. 69).

Do outro lado da cidade, em sentido oposto ao da Universidade, localiza-se o Presídio Regional de Xanxerê[146], especificamente, na rua Mara-

---

[145] As penas alternativas à prisão – ou penas restritivas de direitos, na terminologia adotada pelo Código Penal – encontram amparo jurídico na Constituição Federal, que em seu art. 5.º, inciso XLVI, dispõe que "a lei regulará a individualização da pena e adotará, entre outras, as seguintes: a) privação ou restrição da liberdade; b) perda de bens; c) multa; d) prestação social alternativa; e) suspensão ou interdição de direitos" (Brasil, 2010, p. 18).

[146] Previsto na legislação (Brasil, 1984) como cadeia pública, o presídio, em tese, deveria ser destinado ao recolhimento de presos provisórios, ou seja, que ainda estão aguardando a sentença. Entretanto, o Presídio Regional de Xanxerê abriga mais de uma centena de privados de liberdade que já receberam a sentença de condenados, por falta de vaga em penitenciárias. O Brasil possui 1.424 unidades prisionais, segundo levantamento sobre o sistema carcerário do Departamento Penitenciário Nacional do Ministério da Justiça (Depen). O que define os tipos de estabelecimentos penais é a finalidade original das unidades. De acordo com a Lei de Execução Penal, penitenciária é a unidade prisional destinada aos condenados a cumprir pena no regime fechado, enquanto as colônias agrícolas,

nhão, n.º 1780, no bairro Castelo Branco. Se para Henry ([1994]2010a) fatos reclamam sentidos, indago por que a universidade está situada tão longe do Presídio? Xanxerê não é uma cidade planejada, as edificações foram surgindo aqui e acolá, contudo refuto a possibilidade de mera coincidência a significativa distância espacial entre universidade e presídio; a localização do presídio parece ser estratégica. A que estratificação e/ou classificação essa distância serve? A quem pertence o direito de elaborar essa taxionomia? Pensando na exclusão da escola e na inclusão na prisão, a prisão está perto de quem? E a universidade? Ante as indagações formuladas, sem resposta, reflito que "Os instrumentos científicos não são feitos para dar respostas, mas para colocar questões" (Henry, [1990] 2010b, p. 38).

Fotografia 3 – Localização do Presídio Regional de Xanxerê

Fonte: adaptado do Google Earth[147]

---

industriais ou similares são destinadas aos presos do regime semiaberto, e a casa do albergado àqueles em regime aberto. Detentos provisórios devem aguardar o julgamento em cadeia pública, sinônimo de presídio. Há ainda os hospitais de custódia, onde deve cumprir medida de segurança quem cometeu crime por algum problema mental e foi, por isso, considerado inimputável ou semi-imputável. O levantamento do Depen demonstra que a separação dos presos por tipo de regime de pena prevista em lei não está sendo cumprida e o Presídio Regional de Xanxerê é um exemplo dessa ocorrência. Das 260 penitenciárias que deveriam abrigar exclusivamente condenados ao regime fechado, somente 52 seguem a Lei de Execução Penal, conforme Infopen (Brasil, 2017).

[147] Disponível em: https://www.google.com.br/intl/pt-BR/earth/. Acesso em: 3 out. 2019.

O Presídio Regional de Xanxerê é uma construção em alvenaria. Na frente do Presídio há um terreno desabitado, imenso, coberto por floresta densa e nativa. De um lado do Presídio há moradias e até um pequeno comércio, do outro lado há uma encosta florestal. A rua é asfaltada e pouco movimentada, com canteiros centrais que não recebem cuidados de jardinagem. Bem em frente ao Presídio, há a sinalização de uma faixa de pedestres[148]. Chama a atenção o dizer inscrito na parede da edificação e que pode ser lido na Fotografia 4: SISTEMA HUMANIZADO CIDADANIA RESPEITADA. Não por acaso, o lema da Secretaria de Estado da Justiça e Cidadania do Estado de Santa Catarina é *Sistema Humanizado, Cidadania Respeitada!*

Fotografia 4 – Presídio Regional de Xanxerê

Fonte: a autora (2019)

Ao que se pode indagar por que esse dizer na fachada do Presídio está escrito sem pontuação alguma? Por que há a marca da vírgula após humanizado (,) e do ponto de exclamação (!) ao fim do lema quando vem

---

[148] Em uma das visitas da PCr, um dos membros comentou o quanto foi difícil que o Poder Público compreendesse a importância de sinalizar a faixa de pedestre na rua em frente ao Presídio. Após inúmeras tentativas, pleiteou junto a um vereador e foi pela Câmara Municipal que conseguiu obter o pleito que concede um pouco mais de segurança a quem lá chega, sejam familiares de presos ou mesmo servidores.

escrito após a assinatura de ofícios e documentos emitidos por este órgão da Academia da Justiça e Cidadania? O que está enunciando essa pontuação ou a falta dela, no caso da fachada do Presídio? Conforme Houaiss (2009), o ponto de exclamação (!) é sinal gráfico que indica admiração, utilizado para exclamar, ou seja, é empregado para expressar emoção, surpresa, espanto, exaltação, entusiasmo, dentre outros usos. Por que na fachada do Presídio foi silenciada essa exclamação? Nada a exaltar e a exclamar em um Presídio?

Para o analista de discurso, a marca de pontuação – ou a falta dela – é importante no funcionamento discursivo. A pontuação instala no fio do dizer as marcas da significação. Discursivamente, considerando que a língua funciona no equívoco, a pontuação – ou a falta dela – pode registrar na materialidade linguística a fronteira tênue entre aquilo que é dito e aquilo que é interpretado.

> Qual o papel da pontuação? Qual é o seu sentido? Por que se tem necessidade da pontuação? [...] a pontuação é uma violência simbólica necessária: um mecanismo que administra nossa relação à incompletude da linguagem, trabalhando a incompletude do sentido e o inacabamento do sujeito (Orlandi, [2001] 2012b, 116).

Nesse sentido, a pontuação organiza a memória produzindo legibilidade, uma relação regrada com os sentidos. Por exemplo, se pontuarmos "Sistema Humanizado, Cidadania Respeitada!", esse gesto de interpretação vai conceder legibilidade ao enunciado, pois a pontuação fabrica a normalidade semântica em uma língua dada. Assim, para Orlandi ([2001] 2012b), do ponto de vista discursivo, há diferença significada pelo jogo das pontuações em que trabalha o equívoco. Se, da perspectiva pragmática, a pontuação parece fechar o sentido no texto, discursivamente não se fecha e se instala a tensão em que joga a abertura do simbólico e da ideologia. Pela pontuação, "o sujeito trapaceia com a incompletude e com sua dispersão, produzindo imaginariamente a imagem do Um, do Completo, do Acabado, do Finito" (Orlandi, [2001] 2012b, p. 126).

E ainda: por que é necessário escrever, reiterar, informar, inscrever que *a cidadania é respeitada e o sistema é humanizado* no Presídio Regional de Xanxerê? Qual o sentido dessa insistência em enunciar "*sistema humanizado*"? Já houve um tempo na história em que o sistema prisional era degradante, desumano? Ou, contemporaneamente, ainda o é? Parece haver uma tensão contraditória instaurada aí, ressonâncias da memória discursiva do sistema carcerário emergindo dessa inscrição; alguma denegação silenciada.

E na contramão desse discurso ressocializador, que se diz *humanizado*, a partir da minha inscrição em outra discursividade, na posição-sujeito membro da Pastoral Carcerária, ouvi relato informal, de preso, em que um recluso foi para a sala de aula com meia nos pés, no rigor do inverno do mês de julho, e o agente penitenciário mandou-o de volta para a cela, pois o detento deveria estar sem meias, só de chinelos. Há uma oposição entre o discurso *humanizador* do agente penitenciário pela inscrição na fachada do Presídio e as ações efetivamente empreendidas por ele para o cuidado com os sujeitos presos dentro do intramuros da prisão. Que valor tem a educação do preso para esse agente penitenciário? Ao impedi-lo de presenciar a aula, parece que esse apenado foi castigado e punido, subtraiu-se dele o direito à dialogicidade, o direito à educação; relações de força, de poder, de autoritarismo. Antes, ao contrário, se o sistema fosse *humanizado*, não deveria o agente penitenciário incentivá-lo à presença em sala de aula?

Assim, se, por um lado, temos o discurso da Lei que prevê a humanização na teoria da pena[149], diz garantir a integridade física ao preso e a inscrição na fachada do Presídio "Cidadania respeitada, sistema humanizado", por outro, temos o dizer do próprio preso explicitando violência. Por estar nesse lugar da Pastoral Carcerária, chega-me outro discurso, distinto do da Lei; pode-se pensar que os presos considerem que o agente da Pastoral seja alguém externo ao sistema prisional, mas, ao mesmo tempo, envolvido com esse sistema – essa é a posição da PCr. Também compreendo que podem ser enunciações esperadas, haja vista que, para a Pastoral, podem relatar que sofrem, que estão em más condições. Não estou afirmando que não sejam relatos verdadeiros, reais, contudo é o esperado, é do discurso.

Desse modo, por essa discursividade, emergem relatos informais de presos e, exatamente por serem informais, (re)velam o impronunciável, como que por superfície porosa, sentidos escapam, à revelia da vontade de silenciar. Outro preso relata ter de lavar o calçado do agente penitenciário. Há relato também de que os apenados são coagidos a ficarem ajoelhados no chão, com as mãos na parede, com o espaço lateral do corpo liberado para os agentes penitenciários – *os vestidos de preto* – baterem no preso. Por esse dizer informal, sofrem agressões violentas, são arrebentados por dentro, sofrem dilacerações nos órgãos internos. E por que nessa posição? Não fica vestígio visível no corpo do recluso. Não há como provar o ocorrido. Se invisível, resta impunível; quando o infrator é um agente do Estado é praticamente ininvestigável.

---

[149] A leitura como dispositivo de remição de pena parece entrar nos interstícios, fins e objetivos da pena.

Ainda na esteira da violência dentro dos muros da prisão, nessa via do discurso da Pastoral Carcerária, outro relato – reitero – informal: os presos tiveram de beijar os pés de um novo diretor[150]. Mas primeiro apanhavam, mesmo que não oferecessem resistência, até porque estavam algemados. O enunciador afirma que um agente penitenciário encapuzado segurava o preso, outro agente penitenciário, também encapuzado, *quebrava* o rosto desse apenado, com murros e bofetadas. E, depois de apanhar assim, com a face esbofeteada, ainda tinham de beijar os pés do novo diretor. Comentam os presos que não reconheceram a voz destes agentes penitenciários encapuzados, supondo até que possam ter vindo de outras unidades prisionais. Outro tipo de relato é que o detento seja retirado de sua cela à noite, levam-no para a única sala do Presídio que não possui câmera – leia-se, na qual estão isentos da possibilidade do registro, do flagrante –, a sala do servidor com a função de Chefe de Segurança, e batem no preso; a queixa é de que batem nas pontas dos dedos das mãos e a dor é insuportável. Conforme o dizer dos presos, se abrirem a boca, se contarem, apanham ainda mais, sofrem agressões de novo.

Houve uma das visitas da Pastora Carcerária em que os detentos falaram abertamente sobre a violência que a eles era infligida, sem receio de que um ou outro ouvisse, sem receio que os presos *regalias* pudessem denunciá-los, em alto e bom som – não se sentiram interditados –, relataram essas agressões físicas para mim e para outra senhora. Eles nos chamam de "irmãzinha" – diferente de outros discursos em que poderíamos ser chamadas de "camarada", de "senhora", de "amiga" –, um traço do discurso religioso que busca a identificação dos sujeitos entre si pelo reconhecimento na igualdade[151]. Perguntaram se poderíamos, de alguma forma, auxiliá-los. Então, agendamos uma visita à Promotoria Pública de Xanxerê, fomos bem recebidas pela Promotora que assegurou investigar os fatos.

Por outro viés – agora formal –, pela discursividade da posição-sujeito de pesquisadora, a questão da violência emerge na materialidade linguística do *corpus* da pesquisa:

> (INF 5) Só que isso tamém teria que ser aplicado pro Servidor que interage ca gente aqui, né? Todos nós sabemos que eles são de, eles são aqui, <u>só o fato de vestirem preto a gente já</u>

---

[150] Isso teria ocorrido em anos anteriores à gestão da gerente do Presídio quando concedidas as entrevistas para a pesquisa.

[151] Na Pastoral Carcerária, chamamo-nos de *irmãos* e *irmãs* na fé. Irmandade é uma marca do discurso religioso; por exemplo, na celebração da Santa Missa, ao proferir o vocativo antes de iniciar a homilia (o sermão), o padre celebrante fala "Caríssimos *irmãos*".

sabe que é mão pra tráis, "sim senhor" "não senhor". Só que tem algumas pessoa que não entendem isso, que acham que precisa batê, berrá, agredi verbalmente, sabe? Então, ah... hoje eu posso andá com o cabelo mais bonitinho, alguns dias atráis eu tinha que andá coa minha cabeça rapada, minha autoestima ia lá pra baixo e minha autoestima faiz parte da minha ressocialização, acredito eu, sabe?

LOC: Então às vezes batem?

INF: Batem sim! Vô te contá, outro dia o cara entrô lá atráis, lá, assim, porque a rapaziada domorô um poco pra chamada, outra coisa desumana (*ênfase*) daqui... daqui uma hora vão fazê o fecha, horário de verão, vão lá, chaveiam tudo lá, nóis tamos no regime semiaberto (*ênfase na pronúncia de semi – pausa – aberto*), eu li isso no *Código de Processo Penal*, né, a gente chega do serviço, não dá nem pra se alimentá, tomá um banho direito, já tão fechando, é uma aglomeração, acho que isso é aquela coisa, né, um poquiiinho (*bem enfatizado*) mais de humanidade, né, a gente tá preso, tá lá atráis, lá, poderia fazê o fechinha um poquinho mais tarde pra gente, né...

LOC: E ele o rapaz só demorou, ele já bateu?

INF: É, entrô lá pra dentro, lá, ihhh... foi tirando um por um a soco, a chute, agredindo verbalmente, chamando de vagabundo, de lixo, sabe? Essas coisa assim... que não precisa... [...] então, tem pessoas aqui, eu costumo dizê, assim, o representante da Lei, ele tem o dever de cumpri a Lei. A partir do momento que viola a Lei, então, ele é tanto criminoso quanto eu.

De todos os cinco presos entrevistados, somente da fala de um deles emergiu o dizer de que sofrem violência física. Cabe refletir que os outros presos possam ter se sentido interditados, isto é, sabiam bem o que podia e o que não podia ser dito, sabiam bem o que não devia ser dito, o que deveria ser silenciado. O silêncio deles sobre isso pode ter sido pleno de sentidos, ao considerar que não puderam dizer ou não conseguiram dizer. É no jogo entre significantes que se constitui o sujeito, assujeitado à linguagem e a tudo que ela representa ou simboliza – como o interdito. Com Foucault ([1969] 2014b), compreende-se que são as práticas discursivas que se submetem e, ao mesmo tempo, resistem às regulações impostas pelo momento histórico--social e geográfico, pela conjuntura, pelas convenções tácitas e anônimas de uma dada sociedade de discurso, na qual pode emergir a falta constitutiva; às resistências ao poder com que se (im)põem as relações sociais. No caso em tela do INF 5, a relação de poder, de autoridade, pode ter assujeitado os sujeitos presos entrevistados a não falarem, exceto um deles.

De acordo com Coracini (2011), nada impede que a singularidade do sujeito irrompa por entre as malhas da Lei, das regras impostas, alterando o que parece estável e estabelecido; nada impede que o incontornável e o incontrolável se imponham, forçando reações outras, isso porque o real do discurso "faz furo na malha aparentemente homogênea e previsível do discurso" (Coracini, 2011, p. 147). E ao tratar da tríade real da língua, da história e do discurso, há de se considerar também "o real do inconsciente, que sabe mais do sujeito do que é possível pressupor. Seja lá como for, é possível observar os furos no discurso, os furos na fala, a falha, a falta..." (Coracini, 2011, p. 148). No recorte dessa entrevista, no relato desse preso, ao mesmo tempo que tentou tamponar o sofrimento, o mal-estar retornou e irrompeu no dizer. E interessa para a reflexão aqui, acerca da inscrição na fachada do Presídio "Sistema humanizado cidadania respeitada", o que está marcado no próprio dizer do preso INF 5 quando ele pede: *um pouquinho mais de humanidade.*

Essa violência repressiva contribui para a humanização do preso? Ou contribui para a subjetivação dele, para o assujeitamento nesse processo de normalização, no qual diferentes formas de violência do Estado assujeitam os corpos e asseguram materialmente a submissão dos dominados. Pêcheux ([1975] 2009), citando as análises de Foucault, fala das múltiplas engrenagens que arregimentam os indivíduos, por meio de "dispositivos materiais que asseguram seu funcionamento e as disciplinas de normativização que codificam seu exercício" (Pêcheux, [1975] 2009, p. 279). Conforme o relatório da Comissão Parlamentar de Inquérito (CPI) do Sistema Carcerário, elaborado pela Câmara dos Deputados (Brasil, 2009), em uma porta na Penitenciária Lemos de Brito, em Salvador, uma frase escrita à mão, diz que os sistemas prisionais brasileiros são os sistemas Dez: "*Dez* graçado, *Dez* humano, *Dez* truidor, *Dez* ligado, *Dez* figurado, *Dez* engonçado, *Dez* agregador, *Dez* temperado, *Dez* trambelhado, *Dez* informado" (Brasil, 2009, p. 13, grifo meu). Cabe pensar, se fosse dada a oportunidade de os próprios presos escreverem um lema na fachada do Presídio de Xanxerê, haveria a inscrição *Sistema humanizado cidadania respeitada*? A resposta parece óbvia.

Dessa questão, outras se desdobram. O que enuncia esse dizer do sistema prisional do estado de Santa Catarina? O que escreveriam nessa mesma fachada os condenados presos nesse sistema? Como a humanização contribui para responder a pergunta da pesquisa? Em que medida a humanização ou desumanização me auxilia pensar que posição-sujeito se constitui no cárcere pelo dispositivo de remição de pena pela leitura? Pelas condições de produção apresentadas há quase uma impossibilidade de humanização desse sujeito nesse espaço. Há reiteração da humanização da pena na fachada do Presídio, conforme prescreve a Lei, mas as condições de produção vão mostrando que não dá para lidar com a humanização dentro do cárcere. É contraditório.

No gesto interpretativo da materialidade linguística inscrita na fachada do Presídio Regional de Xanxerê, *Sistema humanizado cidadania respeitada*, há a presença de silenciamentos que significam, que fazem sentido, que fazem emergir a noção de memória discursiva em Análise do Discurso que se distancia do sentido psicologista da memória individual e se aproxima dos "sentidos entrecruzados da memória mítica, da memória social inscrita em práticas, e da memória construída do historiador" (Pêcheux, [1983] 2010c, p. 50). De acordo com o autor, a Linguística como disciplina de interpretação possui dificuldades e fragilidades, pois a ordem da língua e da discursividade, do simbólico e da simbolização, pode fazer emergir uma "tensão contraditória no processo de inscrição do acontecimento no espaço da memória" (Pêcheux, [1983] 2010c, p. 50).

Nessa esteira teórica, estão os implícitos, os pré-construídos e os discursos-transversos necessários à leitura; condição do legível. A questão crucial é buscar "onde residem esses famosos implícitos, que estão 'ausentes por sua presença' na leitura da sequência" (Pêcheux, [1983] 2010c, p. 52). Nesse sentido, o uso linguageiro pode ser compreendido como um jogo de força da memória que visa a manter uma regularização preexistente com os implícitos que ela veicula na "estabilização parafrástica negociando a integração do acontecimento, até absorvê-lo e eventualmente dissolvê-lo; mas também, ao contrário, o jogo de força de uma desregulação que vem perturbar a rede dos 'implícitos'" (Pêcheux, [1983] 2010c, p. 53).

O analista de discurso busca distanciar-se das evidências e "interrogar os efeitos materiais de montagem de sequências" (Pêcheux, [1983] 2010c, p. 53), pois a memória não pode ser apagada, ela funciona por retomada, por atualização, nunca é esquecida, é (res)significada. O trabalho do analista "tenta dar conta do fato de que a memória suposta pelo discurso é sempre reconstruída na enunciação" (Achard, [1983] 2010, p. 17). Nesse sentido, o desafio que aqui se impõe é ler os "implícitos" do discurso "construído" no sistema prisional brasileiro, especificamente no Presídio Regional de Xanxerê, mesmo havendo no discurso "construído" uma legitimação que serve de memória a outros discursos, pois "esses discursos não podem ser lidos fora de suas histórias mais longas" (Orlandi, [2002] 2013, p. 336).

Dando continuidade à apresentação do *locus* Presídio Regional de Xanxerê, há o solário – pátio de banho de sol – espaço físico em que tomam duas horas de banho de sol por dia, cujo piso é de concreto e possui cobertura com tela e é nele que ficam os presos quando da visita da Pastoral Carcerária. Observe-se a Fotografia 5.

Fotografia 5 – Espaço para o banho de sol no Presídio Regional de Xanxerê

Fonte: pátio de banho de sol, Portal TJSC[152]; monitoramento do banho de sol, Portal de notícias Tudo sobre Xanxerê[153]

---

[152] Disponível em: https://portal.tjsc.jus.br/web/sala-de-imprensa/noticias/visualizar/-/asset_publisher/I22DU7evsBM8/content/presidio-regional-de-xanxere-e-inspecionado-pela-corregedoria=-geral-da-justica;jsessionid=2B5C183376D8E4ED1D96BA1A566D75CC. Acesso em: 18 jan. 2019.

[153] Disponível em: http://tudosobrexanxere.com.br/index.php/desc_noticias/ressocializacaeo_um_incentivo_para_recomecar_do_lado_de_fora_do_presidio. Acesso em: 12 de jan. 2019.

Enquanto tomam sol e se movimentam nesse espaço cercado de grades de ferro pintadas de verde, são monitorados pelos agentes penitenciários por meio de sistema eletrônico. Alguns caminham freneticamente naquele quadrado, conforme presencio como membro da Pastoral Carcerária, o que parece remeter a um desejo de eles resistirem ou de não sucumbirem à morbidade do cárcere. Quando perguntei se o sujeito-leitor preso entrevistado, INF 1, lia no pátio, no banho de sol, ele respondeu:

> (INF 1) É, no pátio prefiro fazê exercício e caminhá mais no sol, porque se passa muito tempo parado, na verdade, você tem que se movimentá, porque senão o corpo dói, na verdade...

Pelo dizer do INF 1, no fragmento precedente, depreende-se o sentido de que essa movimentação dos corpos é do desejo de eles diminuírem a sensação de opressão e a angústia de estarem enclausurados 22 horas por dia em uma cela de 2x3 m², ou seja, 6 m² (seis metros quadrados) com mais sete apenados. Pois, *"se passa muito tempo parado, na verdade, você tem que se movimentá, porque senão o corpo dói."* Ainda nesta perspectiva da arquitetura desses espaços físicos, as construções desses ambientes seguem indicações de órgãos federais reguladores. O Ministério da Justiça publicou *Diretrizes para Elaboração de Projetos e Construção de Unidades Penais no Brasil,* com amparo legal na Resolução n.º 09, de 18 de novembro de 2011:

> Deve-se primar por aspectos de harmonização do ambiente com a vida humana, de forma a favorecer o equilíbrio, a saúde e a tranquilidade, considerando itens como a pintura (cores), acabamento, *configuração espacial que minimize a sensação de opressão, respeito ao espaço pessoal, layout* dos ambientes obedecendo aos princípios da ergonomia etc. Tais cuidados são necessários *para minimizar os efeitos da prisionalização, nocivos à saúde mental,* não só dos presos, mas também dos funcionários que vivenciam os espaços prisionais (Brasil, 2011a, p. 44, grifos meus).

Essa orientação parece contrastar com a edificação nas cores branca, verde e vermelha em que se situa a unidade prisional do município de Xanxerê, com superlotação da população carcerária e esse é o retrato do sistema prisional catarinense que possui 14 unidades interditadas[154], uma morte a cada oito dias e operação 27,5% acima da capacidade. A unidade

---

[154] Xanxerê está com medida judicial de interdição, falta de vagas. Disponível em: https://ndmais.com.br/reportagem-especial/panela-de-pressao-em-sc-superlotacao-disputa-entre-10-faccoes-e-mortes-assombram-sistema-prisional-do-estado/. Acesso em: 14 ago. 2019.

de Xanxerê opera acima da capacidade, pois contabiliza 74 vagas conforme indicado na plataforma Geopresídios (CNJ)[155] e, no momento da entrevista, o local abrigava mais de 300 encarcerados, ou seja, 300% acima da capacidade máxima[156]. Nesse Presídio, o cumprimento da pena é coletivo, ficam alojados entre seis e sete presos em cada cela projetada para dois detentos. Desse total de 300 presos, mais de 100 tinham condenação definitiva e deveriam cumprir pena em penitenciária ou colônia penal agrícola. Em entrevista, o juiz João Marcos Buch[157] comentou que o sistema prisional de Santa Catarina pode ser comparado a uma panela de pressão prestes a explodir: "onde o estado falta, o estado paralelo se apresenta. Não há opção. É muito difícil para um jovem de 18 anos sair ileso de todo esse sistema." E pelos dados do SidDepen (Brasil, 2020) observa-se que os presos do Brasil são predominantemente jovens. Corroborando a fala desse magistrado, há que se pensar e não esquecer que até mesmo *os direitos são respostas às faltas produzidas pelo próprio sistema (o direito é o direito de remediar a falta)*" (Orlandi, [1983] 2011, p. 2017, grifo meu).

No mapa da Figura 14 apresenta-se a situação das vagas no sistema prisional do estado de Santa Catarina. Embora os dados da imagem no mapa do Estado sejam de 2017 e reflitam um déficit de vagas de 250% no Presídio Regional de Xanxerê, quando o déficit atual é maoir, pode-se ter uma noção da gravidade da superpopulação carcerária nessa unidade, que foi considerada uma das 12 piores unidades prisionais de Santa Catarina, segundo uma pesquisa realizada pelo Conselho Nacional de Justiça (CNJ). Os dados apontam ainda que, das unidades no Estado, duas têm situação considerada ruim; 16 são regulares; 16 boas e quatro têm situação excelente. Contudo, praticamente em todas as unidades há mais presos que o número de vagas. A fonte utilizada para a radiografia do sistema prisional é o Relatório Mensal do Cadastro Nacional de Inspeções nos Estabelecimentos Penais (Cniep).

---

[155] Disponível em: https://www.cnj.jus.br/inspecao_penal/mapa.php. Acesso em: 12 ago. 2019.

[156] A Corte Interamericana de Direitos Humanos (CIDH) já determinou que a pena fosse contada em dobro em pelo menos duas unidades prisionais do país devido a diversos problemas, entre eles a superlotação. Resolução da Corte Interamericana de Direitos Humanos de 22 de novembro de 2018 – Medidas Provisórias a Respeito do Brasil – Assunto do Instituto Penal Plácido de Sá Carvalho e Resolução da Corte Interamericana de Direitos Humanos de 28 de novembro de 2018 – Medidas Provisórias a Respeito do Brasil – Assunto do Complexo Penitenciário de Curado. Disponível em: https://www.corteidh.or.cr/docs/medidas/placido_se_03_por.pdf. Acesso em: 12 ago. 2019.

[157] Disponível em: https://ndmais.com.br/reportagem-especial/panela-de-pressao-em-sc-superlotacao-disputa-entre-10-faccoes-e-mortes-assombram-sistema-prisional-do-estado/ Acesso em: 14 ago. 2019.

Figura 14 – Situação das vagas nos 49 presídios do estado de Santa Catarina

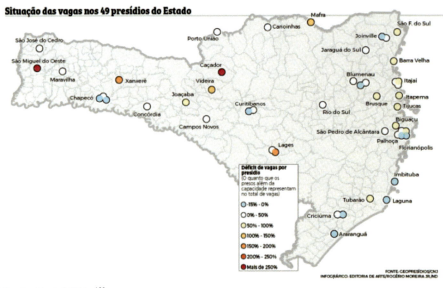

Fonte: Portal ND+[158]

Quando ingressei na parte interna do Presídio pela primeira vez, precisei entregar a minha carteira de identidade para que a agente penitenciária[159] do Departamento de Administração Prisional (Deap), que usava uniforme na cor preta, efetuasse a minha Identificação de Visitante, que ficou registrada no Prontuário i-PEN sob o n.º 162995. Tenho uma cópia dessa Identificação e devo apresentá-la à recepção toda vez que lá vou, com a foto que consta no meu Registro Geral (RG). Segui à risca a instrução da servidora pública, sem contestação, com passividade[160]. Afinal, eu queria adentrar no Presídio, embora, a mim, a quantidade de informações solicitada tenha me surpreendido. Entreguei-me à potencialidade do estranhamento, ao insólito da experiência. Na formalidade, aplicou-se a identificação impessoal. Para a atendente, simples medida administrativa para regular a vida cotidiana.

---

[158] Disponível em: https://ndmais.com.br/seguranca/mapa-do-sistema-penitenciario-de-sc-faccoes-superlotacao-e-sete-mortes-em-2017/ Acesso em: 12 dez. 2019.

[159] Sobre essa questão terminológica, minha escolha discursiva e a justificativa dela é para flexionar o gênero do adjetivo com o mesmo gênero do artigo, assim a agente penitenciária: marco o feminino.

[160] A exigência de documentos para identificação e a aspereza da atendente fizeram-me refletir sobre a passividade de sujeitos familiares em visita aos presos, todos padronizados de calça cinza, camisa branca e chinelos estilo *Havaianas*, esperando, em pé, por muito tempo... Suas fisionomias espelhando tristeza, humilhação... Fico pensando que as pessoas só vão ao Presídio visitar os detentos se estão muito, mas, muito obstinadas... O sistema é estruturado para que o sujeito não retorne lá...

Os meus dados de identificação foram cadastrados no sistema e eu tive de assinar um documento em que eu estava ciente dos riscos que corria ao adentrar no cárcere. Eu efetuei inúmeras tentativas para obter acesso ao teor do texto que consta nesse formulário, contudo sem sucesso. Interessante é que nunca me disseram que não iriam providenciá-lo, ao contrário, nas minhas várias solicitações presenciais, os atendentes, alguns mais diplomáticos outros mais secos e diretos, afirmavam que precisavam de autorização, que falariam com um ou outro servidor de nível hierárquico superior, todavia nunca pude reler o teor completo do texto que assinei. Há que se refletir no porquê da não entrega do formulário para aquele que assina tal documento. O que está sendo silenciado? Que outros sentidos dele podem emergir? É uma ausência presente a significar... Do texto, eu lembro apenas que, por ser a primeira vez que ia ao Presídio, eu já estava assustada, amedrontada, atemorizada e, ao ler aquelas linhas, por um curto espaço de tempo, pensei em desistir da visita. O que estaria eu fazendo em um local em que a minha vida estava em risco, em perigo? Criei coragem, assinei o formulário e pude entrar no Presídio.

Para adentrar ao recinto das celas no Presídio Regional de Xanxerê, excetuando o portão de entrada do Presídio, há mais quatro portas – uma com detector de metal –, muitos cadeados e grades separam o mundo extramuros do mundo intramuros da prisão. Quando se vai ingressar no pavilhão dos presos de regime fechado, exala um forte odor. Não é cheiro de suor, é outro cheiro que tento identificar... Eu diria que se assemelha ao cheiro de creolina[161], um desinfetante, bactericida e fungicida, utilizado em animais feridos, para desinfetar locais acometidos por bernes. Preciso narrar que, mesmo passados anos, lembro que no início das visitas eu ficava em estado de angústia quando saía do Presídio. Contudo, eu procurava nada representar enquanto falava com os presos.

Nessas visitas, pude ver as celas no aspecto da engenharia e da arquitetura: medem 6 m² (seis metros quadrados), contando com o banheiro e nelas são alojados seis a oito presos. O chuveiro é frio[162], nas celas não há

---

[161] "A creolina é uma substância de cor branca, de cheiro forte e repugnante, utilizada na zona rural por criadores pobres no tratamento de feridas (bicheiras) de animais. O uso da creolina no tratamento de presos revela que, no Brasil, presos recebem tratamento pior que o concedido a animal bruto" (Brasil, 2009, p. 210).

[162] Sobre o banho frio dos presos no rigoroso inverno de Xanxerê, busquei informação acerca da concordância ou não do estado no qual estão custodiados e encontrei respaldo no Recurso Especial n.º 1537530/SP do Superior Tribunal de Justiça (STJ), em que, após o ingresso de Ação Civil Pública pela Defensoria Pública do Estado de São Paulo, o Poder Público foi obrigado a disponibilizar banhos aquecidos em todas as unidades prisionais do estado. Na oportunidade, o Ministro Relator Herman Benjamin afirmou: "[...] a legislação impõe

água quente, *nunca tiveram,* conforme um deles me falou informalmente. Xanxerê é uma cidade que apresenta temperaturas muito frias no inverno, o termômetro pode marcar até -2°. No espaço destinado aos banhos de sol (são dois solários, um na Galeria A e outro na Galeria B), há dois chuveiros que teriam água quente a gás, para banho coletivo – uma espécie de biombo de cimento e concreto, contudo, pode-se calcular que o número de quatro chuveiros quentes não atende à demanda de mais de 300 presos. Em cada cela, há um vaso sanitário que não é como o vaso sanitário que se conhece, que se tem em casa ou em banheiros de espaços públicos. O nome comercial é vaso turco, que os presos, na linguagem da cadeia, chamam de *boi.* É uma espécie de buraco em que a louça sanitária é assentada no cimento no chão e a diferença do vaso turco com o vaso sanitário é que o preso não tem onde sentar. Além de ter de ficar agachado para defecar, os presos precisam defecar e urinar na frente uns dos outros. Não há janela na cela. A pouca claridade adentra nesse espaço que os presos chamam de X pela porta com grades de ferro, na cor verde, sem proteção de vidro. Pode até arejar, mas é a mesma abertura no inverno e no verão, no frio ou no calor.

Eles permanecem 22 horas do dia dentro destas celas de 2x3 m², subdimensionadas, com pouca ventilação. Muito embora não haja presos sem colchão, somente dois em cada cela, no lugar de camas, dormem em colchão sobre suportes de concreto em uma das paredes de cada cela. Especificando melhor, nessa parede dormem três, porque um fica no chão, embaixo dos outros dois suportes de concreto. Os outros se amontoam como podem no ínfimo espaço da cela. Durante o dia, como há superlotação, os presos têm de amontoar os colchões para poderem ter o mínimo espaço de circulação. É nesse espaço que eles leem. Conforme previsto no artigo 88 da Lei de Execução Penal (Brasil, 1984), tanto as penitenciárias como as cadeias públicas devem ter celas individuais[163] com dormitório, aparelho sanitário e

---

ao Estado o dever de garantir assistência material ao preso e ao internado, nela incluída "instalações higiênicas" (Lei 7.210/1984, art. 12), expressão que significa disponibilidade física casada com efetiva possibilidade de uso. Assim, não basta oferecer banho com água em temperatura polar, que transformaria higiene pessoal em sofrimento ou, *contra legem,* por ir além da pena de privação de liberdade, caracterizaria castigo extralegal e extrajudicial, consubstanciando tratamento carcerário cruel, desumano e degradante". Disponível em: https://www.conjur.com.br/dl/resp-1537350-acordao-publicado-anos.pdf. Acesso em: 25 ago. 2019. Foram instalados aquecedores nos chuveiros do Presídio Regional de Xanxerê, em meados de julho de 2023. Mas, ao que se sabe, não é possível ligá-los, pois a fiação elétrica do Presídio é exposta e deficitária, não suporta tamanha carga e cai a luz pela sobrecarga da energia. Riscos de incêndio e acerca da fiação elétrica exposta constam relatados na Ação Cível Pública n.º 0001359-08.2014.8.24.0080, relacionada à capacidade dessa unidade prisional. Disponível em: https://www.jusbrasil.com.br/jurisprudencia/tj-sc/467882667. Acesso em: 25 ago. 2019.

[163] Nas colônias penais, é possível agrupar condenados em celas coletivas, de acordo com a legislação, desde que seja respeitado o limite máximo de lotação do recinto. Não há dados específicos sobre a adequação das prisões

lavatório em espaço mínimo de seis metros quadrados em ambiente salubre. A Lei grafa o ideal, a prisão (a)grava o real.

Dando sequência à narrativa das condições de produção do cárcere, para além da arquitetura do edifício prisional, há o funcionamento organizacional: nos detentos do regime fechado[164] quase não mantêm contato com os agentes penitenciários. Os encarcerados vestem uniforme laranja; já os *regalias*, vestem uniforme verde. O *regalia* é o preso que possui bom comportamento, atende os outros presos pelo corredor de circulação que separa preso do segurança; neste corredor, o *regalia* se movimenta para atender os presos de uniforme laranja, levando água e comida e abre as celas para buscá-los quando os agentes penitenciários solicitam. Num espaço em que uns submetem os outros, o preso *regalia* expõe o quanto há uma rede de obediência servil e aqui cabe a metáfora de La Boétie ([1576] 2021)[165], *a lenha é rachada com cunhas feitas da mesma lenha*, isto é, o Estado submete uns por intermédio dos outros. Segundo La Boétie ([1576] 2021), o governante cria uma pirâmide ilusória e transfere um pouco do poder para meia dúzia de tenentes, que repetem o processo. Esses subalternos, achando que realmente têm algum poder, submetem os abaixo deles com mão forte.

Avançando um pouco mais, sobre a questão do uso da vestimenta, do uniforme de cor *laranja* ou de cor *verde* usado pelos sujeitos que estão atrás das grades e que os obrigam a se fundir numa matriz indumentária e, por que não, num matiz marcado pela onipresença do sistema que os acompanhará por toda a vida no cárcere, uma mutação que caracteriza os sinais manifestos a que são submetidos os "meninos maus" (Kalifa, 2013, p. 308), os que estão à margem social. No recorte discursivo a seguir, a enunciação dos sujeitos-leitores presos entrevistados, INF 2, INF 3 e INF 4 que aponta para esse corpo preso e produtivo do *regalia*:

> (INF 2) [...] ehh... agora eu consegui saí pra regalia, né, daí que eu ajudo trabalhá ali drento, trabalhá, assim, que eu digo, éhh... soltá os preso, servi água, né, água gelada, água quente, que era uma coisa que eu gostaria bastante, ajudo tamém coa remição... [...] É... (barulho das grades) é o do

---

à Lei de Execução Penal.

[164] O Presídio de Xanxerê recebe presos sob dois regimes: fechado e semiaberto. O *Regime Fechado* é imposto para os casos de condenação a oito ou mais anos de reclusão. São definidas quantas horas diárias de trabalho e de sol o detento poderá ter. O *Regime Semiaberto* é possibilitado para condenados entre quatro e oito anos, não sendo caso de reincidência ao crime. É permitido que o preso trabalhe ou faça cursos fora da prisão.

[165] Autor de *Discurso da servidão voluntária*, Étienne de La Boétie (1530-1563) faz uma análise política sobre a obediência.

bom comportamento... Eu nunca tive nenhuma falta, né, na verdade nada, né, vai pra treis anos que tô aqui e eu sempre estudei, faço o que eu pudé fazê, assim, da remição pra saí mais antes, né, respeito os diministra, respeito os professor, né... [...] agora, me derum a regalia pra eu podê trabalha, pra eu ganhá mais a remição, então, sempre me ajudarum, então, não tenho nenhuma quexa, sempre me ajudarum muito começando pela Diretora, pelo chefe de segurança, sempre me apoiarum, eles dão incentivo pra gente continuá estudando, são as coisa certa, né?

(INF 3) [...] ihh... pelo bom comportamento... ãhhh...eles me derum a confiança de trabalho ali, né, que hoje tamo no meio... já chegô a 300 preso aí, né, então, no caso, são 12 que trabalhum de regalia que hoje, que tem que, né, devido...

LOC: E você trabalha?

INF: E eu fui no leque aí escolhido...

LOC: Tu pode explicá esse regalia? O que que é?

INF: Ãhhh... que nem nosso trabalho seria nóis passamo as mamita pra eles, né, a água ali, né, como nóis tamo no corredor, passamo a água, liberamo o pátio, né, liberamo os preso pro pátio, tiramo eles pra visita, né, então, daí, o agente ele não tem o contato co preso, né... Daí, nóis tiramo ele até a primeira porta ali, né, daí pra fazê o procedimento ali, pra sê tirado pra visita, né...

LOC: Ahh... Entendi...

INF: Daí, nóis temo contato cum eles pra liberá pro pátio, então, nóis temo um bom senso cum eles, tamém pra tê uma convivência, respeitamo eles...

LOC: E os presos respeitam bem os regalias?

INF: Não! (bem enfático) Bem complicado. Eles não gostam por conta que nós trabalhamo pros agente, então, nóis tamém temos regras a cumpri, então, como é no sistema ali, é quando as veiz tem alguma coisa errada né, então, nóis não podemo apoiá coisa errada, nóis tem que sê pelo certo, então, tamo trabalhando pelos agente porque eles não tão toda hora lá dentro e nóis tamo, então, se acontece alguma coisa errada, nóis temo que passá e eles não gostum, eles querem que a gente passe coisa, que trabalhe pra eles, mais pra eles nóis só fazemo o necessário, então, quando eles pedem uma coisa que é de fora da regra, assim, nóis não fazemo, daí eles acabum virando brabo cum nóis, acabum desrespeitando, só que nóis não levamu muito em conta o que eles falum, né, porque se nóis levá em conta tudo que eles falum, virava uma bagunça. Só que uma situação fica beem complicada, daí, assim, nóis temo que passá pra sê tomada... ahhh... providência ali...

LOC: Eu tô vendo que teu uniforme é verde, então porque os regalias usam uniforme verde?

INF: Sim.

LOC: Pra se destacá dos outros... E eu tô vendo que tem um número no teu uniforme. Vocês são chamados pelo número ou pelo nome? Como que é isso?

INF: Ahhh... Não, a matrícula não éhhh chamada, ali eles chamam de regalia...

LOC: Ahhh tá... É só o número por ter... Pra sabê de quem que é aquele uniforme?

INF: É..

LOC: Ahh... Entendi... Muito bem!

INF: E a questão ali, pra finalizá, como eu ganhei a oportunidade de trabalho, né, são mais deiz dia, né, então, de remição, mais aula, tudo, então seria quinze, então isso ali foi uma bênção que veio pra mim, mas que Deus me concedeu, sabe, porque eu fiz a minha parte, eu me esforcei, e depois de uma mudança, né, dessa veiz que quando eu tava revoltado lá eu não dizia nada, fiquei um ano e poco ali naquela situação, ali, depois, eu mudei até os pensamento, por isso que eu acredito bastante numa força bem maior, né, e que pode mudá, né, a vida da gente, mais desde que a gente faça a parte da gente, né...

(INF 4) Minha irmã, na verdade, caiu junto cum nóis e meu irmão caiu no homicídio aí, tipo, tudo mais o menos na mesma época, intendeu? Daí eu comecei a pensá: bem, porque o primeiro que caiu na cadeia, apesar de eu não sê o mais velho, fui eu, intendeu? Daí começô pesá, pelo seguinte, não por mim tá ali, intendeu? Mas, sim, por pensá que tem mais pessoa que você ama e junto com você, intendeu? No mesmo regimento... Às veiz, tamém, por você tá longe, tipo minha irmã, igual, ficô em Chapecó. Daí meu irmão tava aqui, mah... ele tava de regalia, intendeu, aí eu num tinha muito contato com ele, entendeu? Às veiz, nóis conversava, quando eu tava em otra Galeria...

LOC: Então teu irmão tava preso aqui, mas vocês tavam em Galerias separadas?

INF: Isso.

> LOC: E ele era regalia?
>
> INF: <u>Regalia.</u>
>
> LOC: Ah, daí mesmo estando na mesma prisão não conseguia conversar...
>
> INF: Não. Quando eu saí pro semiaberto, que eu saí, agora em agosto, mah... daí eu caí cum radinho, cum telefone, intendeu? Com telefone... Aí eu voltei pro fechado... Voltei... E saí agora, faiz um meis, tô aqui fora de novo...

Percebe-se, pelo dizer desses sujeitos-leitores entrevistados, que, nesse lugar social em que se configura o presídio, há determinações diferentes para aqueles que estão encarcerados. Alguns poucos presos, no dizer do próprio INF 3, dentro de um universo *"já chegô a 300 preso aí, né, então, no caso, são 12 que trabalhum de regalia"*, contam com a possibilidade de ter algum trabalho para o funcionamento do ambiente prisional e passam a ser chamados de *regalias*. Esses presos *regalias* possuem um contato mais próximo com os agentes penitenciários, tendo, também, uma rotina diferenciada no local. Os presos consideram os *regalias* como beneficiados, de certa forma, o que os faz desejar ser um preso *regalia*.

Há uma relação hierarquizada entre presos *regalia* e os outros presos que parece se confirmar nas marcas linguísticas que emergem do dizer do INF 3, ao ser indagado se os presos respeitam os *regalias*, conforme excerto:

> (INF 3) Não! *(bem enfático)* <u>Bem complicado. Eles não gos-</u> <u>tam por conta que nós trabalhamo pros agente,</u> então, nóis tamém temos regras a cumpri, então, como é no sistema ali, é quando, as veiz, tem alguma coisa errada, né, então, nóis não podemo apoiá coisa errada, nóis tem que sê pelo certo, então, <u>tamo trabalhando pelos agente porque eles não tão</u> <u>toda hora lá dentro e nóis tamo, então, se acontecê alguma</u> <u>coisa errada, nóis temo que passá e eles não gostum,</u> eles querem que a gente passe coisa, que trabalhe pra eles, mais pra eles nóis só fazemo o necessário, então, quando eles pedem uma coisa que é de fora da regra, assim, nóis não fazemo, daí, eles acabum virando brabo cum nóis, acabum desrespeitando, só que nóis não levamu muito em conta o que eles falum, né, porque se nóis levá em conta tudo que eles falum, virava uma bagunça. <u>Só que uma situação fica beem</u> <u>complicada, daí assim, nóis temo que passá pra sê tomada...</u> <u>ahhh... providência ali...</u>

Na verdade, para ocupar a posição de preso *regalia* é preciso se alinhar às normativas do sistema para manter a oportunidade de remição de pena pelo trabalho, o que pode potencializar ainda mais a normalização dentro do espaço do cárcere. Com a sujeição às normas, aos *"diministra",* com a obediência do sujeito, adquire alguns benefícios, algumas regalias. Depreendem-se sentidos disso na fala do INF 2 *"é o do bom comportamento... Eu nunca tive nenhuma falta, né"* e do INF 3 *"ihh... pelo bom comportamento... ãhhh...eles me derum a confiança de trabalho ali, né"*. Parece operar aí uma reconfiguração hierárquica no interior do presídio, para aqueles presos que se adequarem ao que os *"diministra"* esperam deles, no dizer do INF 2; são os movimentos das relações de poder.

Isso posto, volto a descrever sobre o espaço arquitetônico do Presídio: o estado de conservação das paredes e do piso do pavilhão onde estão os internos do regime fechado apresenta danos, apesar de paredes com tintas descascando e grades enferrujadas, há que ressaltar que é um ambiente limpo. Segundo a gestora do Presídio, são eles, os presos, que limpam o Presídio sob a orientação dos agentes. Em entrevista[166], a gerente do Presídio Regional de Xanxerê explicou que a manutenção do presídio é feita pelos detentos do regime semiaberto. Todas as atividades de açougue, padaria, lavanderia, cozinha, hortifruti, portaria, limpeza interna e externa do presídio são realizadas por eles. Com exceção do setor administrativo, os demais serviços são efetuados por presos de confiança, os *regalias*. E, por esse trabalho, são remidos dias da pena.

Ainda quanto à arquitetura, as visitas da Pastoral Carcerária, por exemplo, são efetuadas no corredor de circulação dos presos e os momentos celebrativos realizam-se no solário, conforme pode ser visualizado na Fotografia 6.

---

[166] Disponível em: http://tudosobrexanxere.com.br/index.php/desc_noticias/ressocializacaeo_um_incentivo_para_recomecar_do_lado_de_fora_do_presidio. Acesso em: 17 mar. 2019.

Fotografia 6 – Celebração religiosa da Pastoral Carcerária

Fonte: acervo da autora, cedido pela PCr de Xanxerê (2019)

Conforme se observa nas imagens, o Presídio Regional de Xanxerê não possui um espaço físico para as celebrações inter-religiosas, portanto, não atende ao previsto na textualidade da Lei (Brasil, 2011a, p. 47), que assegura ser possível a destinação da mesma dependência para mais de uma finalidade ou uso, desde que haja compatibilidade, como é o caso, por exemplo, do espaço inter-religioso, que pode ser devidamente justificado em Memoriais Justificativo e Descritivo. Não atende à Lei, pois nem sequer há espaço inter-religioso no Presídio de Xanxerê.

Ademais, muitas vezes, na posição-sujeito de pesquisadora e de membro da Pastoral Carcerária, é possível presenciar presos recebendo a visita de esposa e filho pequeno, alguns são bebês de colo, sentados em bancos de plástico, na área externa do pavilhão, mas intramuros da prisão. Nesse espaço do pátio externo do pavilhão dos reclusos de regime fechado, espaço entre a cozinha e a recepção, há um pequeno jardim, sempre bem cuidado, grama verde, coloridas flores. São os próprios presos que trabalham e cuidam do jardim como forma de remir dias da pena. Esse espaço contrasta com todo o restante da materialidade da prisão. Informalmente, a gerente do Presídio afirmou que uma unidade prisional é um ambiente de dores, traumas, vícios e tristezas que levam muitos sujeitos para lá e só quem lá está diariamente sabe o quão árdua é a missão de geri-la.

Do lado de dentro, certo silêncio parece negar que em torno de 300 sujeitos vivem ali, respondendo por alguma transgressão da Lei ou esperando serem julgados. O silêncio é quebrado por batidas muito fortes. Os agentes penitenciários fecham as portas e os cadeados, batendo fortemente contra as grades que produzem um som muito estridente, resultado do ferro contra o ferro. Informalmente, um preso disse-me que esse barulho fica gravado na mente, constantemente retorna à cabeça, à noite, por exemplo... Esse barulho que causa sobressalto, que assusta, pode ser considerado tratamento degradante.

Voltando à inscrição na fachada do Presídio, pode ser considerado humanizado um sistema que fecha as portas batendo de forma estrondosa, ferro contra ferro? Objetiva-se desconstruir o sujeito para quebrar qualquer resistência... Presenciei: é um processo de violência brutal. Desconstruir o sujeito, seja culturalmente, seja linguisticamente, tem de quebrar todos os laços para quebrar qualquer resistência. Durante o dia, essas batidas são contínuas, pois são muitas portas que são abertas e fechadas a todo instante. Acerca dos presídios e configuração de tratamento ultrajante, o Supremo Tribunal Federal em setembro de 2015, finalizou o julgamento de uma ação. Em seu voto, o relator, ministro Marco Aurélio Mello, avaliou a situação dos presídios como vexaminosa:

> A superlotação carcerária e a precariedade das instalações das delegacias e presídios, mais do que inobservância, pelo Estado, da ordem jurídica correspondente, configuram tratamento degradante, ultrajante e indigno a pessoas que se encontram sob custódia. As penas privativas de liberdade aplicadas em nossos presídios convertem-se em penas cruéis

e desumanas. Os presos tornam-se 'lixo digno do pior tratamento possível', sendo-lhes negado todo e qualquer direito
à existência minimamente segura e salubre (Barbiéri, 2019).

Não obstante o ministro esteja do lado das relações de poder, esse
dizer dele questiona ações e omissões do Estado em relação ao sistema
penitenciário brasileiro e considera que as condições degradantes do sistema prisional são incompatíveis com a Constituição. Por que nada se faz
efetivamente para que as pessoas custodiadas pelo Estado sejam somente
privadas de liberdade como prevê a textualidade da lei se a própria Corte
Suprema assume que há privação de dignidade dentro dos presídios brasileiros? Pela gravidade da situação instalada, por que o Supremo Tribunal
Federal não interfere na formulação e implementação de políticas públicas,
bem como na coordenação de medidas concretas a fim de superar o estado
de inconstitucionalidade?

Na confluência desse pensar sobre os sujeitos do cárcere tudo que
está implicado nesse sistema, compreendo que este estudo está atravessado
pela vida dos homens infames. Encontro em *A vida dos homens infames*
(Foucault, ([1977] 2015) um dos textos mais primorosos para falar desse
lugar de invisibilidade da prisão, que só ganha visibilidade com o poder da
Universidade. A fama era uma deusa. Não ser a fama é que traz o lugar da
obscuridade que produz e contrói inclusive os informantes desta pesquisa.
Sujeitos infames, apagados e silenciados, realçados com a visibilidade de
estudos. O próprio Foucault afirma: "Este não é um livro de história. [...] É
uma antologia de existências" (Foucault, [1977] 2015, p. 203). A "antologia
de existências" exige uma leitura com a qual não se produzam categorias,
que não se aprisionem essas vidas. Foucault explica:

> Não procurei reunir textos que seriam, melhor que outros,
> fiéis à realidade, que merecessem ser guardados por seu
> valor representativo, mas textos que desempenharam um
> papel nesse real do qual falam, e que se encontram, em con-
> trapartida, não importa qual seja sua exatidão, sua ênfase ou
> sua hipocrisia, atravessados por ela: fragmentos de discurso
> carregando os fragmentos de uma realidade da qual fazem
> parte (Foucault, [1977] 2015, p. 206).

Como afirma o filósofo nesse texto: "Esses discursos realmente atra-
vessaram vidas; essas existências foram efetivamente riscadas e perdidas
nessas palavras" (Foucault, [1977] 2015, p. 207). Avançando um pouco
mais sobre as condições de produção dessas "vidas infames", havia um

Aviso explicativo na entrada do Presídio que informava a vestimenta para quem vai visitar o preso: uso de calça cinza, camisa branca e chinelos estilo *Havaianas*, conforme se pode ler na Fotografia 7.

Fotografia 7 – Mural: padronização para os visitantes dos presos

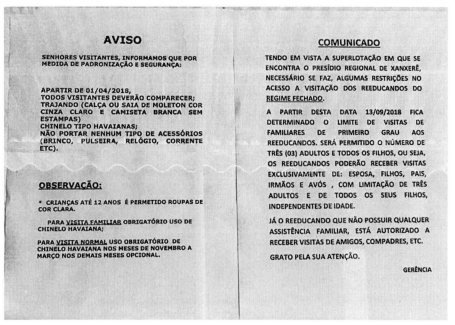

Fonte: a autora (2018)

Antes da pandemia mundial da Covid-19, o sábado era o dia em que os presos mais recebiam visita: ao passar pelo Presídio neste dia da semana, pela parte da tarde, via-se uma multidão uniformizada de cinza e branco, à espera do horário. Do lado de fora do Presídio, via-se a ansiedade estampada no rosto dos visitantes. Essa condição de produção é corroborada pela autora Luz (2021), em seu conto *Roupas claras*:

> Estou vestindo roupas claras, o uniforme dos que visitam seus entes encarcerados. É o regulamento. A desgraça de se ter um filho ou um parente próximo preso se estende a todos que o cercam. De certa forma, em maior ou menor medida, somos também encarcerados. Estamos presos, as restrições e as penas são indiretamente decretadas à família. Nossos pensamentos não cessam, as reservas financeiras são

> liquidadas, a tristeza e a humilhação nos acompanham. [...]
> os pais têm cadeira cativa no banco dos réus. Mesmo que a
> culpa não seja nossa, estamos ali. Somos julgados de forma
> difusa ou velada (Luz, 2021, p. 439).

Não são só os corpos dos internos que são dóceis, estão, por assim dizer, docilizados e assujeitados também os corpos tristes de tantos familiares vestidos com "roupas claras" (Luz, 2021, p. 439), todos da mesma forma – calça cinza, camisa branca e chinelos abertos. Lá fora do intramuros da prisão, em dia de visita, o silêncio predomina, mesmo com a presença de crianças. Até as crianças pequenas precisam seguir a regra do vestuário. De acordo com Luz (2021), os pais e a família dos presos também são julgados de forma velada, indiretamente sentenciados e diretamente humilhados.

Por outra via, observe-se, pelo dizer no mural (Fotografia 7), que no Presídio Regional de Xanxerê os sujeitos do cárcere são chamados de *reeducandos*. Também sentidos são colocados em circulação pelo dizer inscrito no quadro de avisos: "*tendo em vista a superlotação em que se encontra o Presídio Regional de Xanxerê, necessário se faz, algumas restrições no acesso a (sic) visitação dos reeducandos*". O próprio sistema e os servidores da instituição penal admitem a superpopulação carcerária e, pelo dizer do texto, depreendem-se sentidos de que são os presos que mais sofrem, inclusive com a restrição de visitas. Na enunciação dos sujeitos-leitores presos entrevistados, emergiram marcas linguísticas de aglomeração, conforme o excerto:

> (INF 3) Eu faço isso, <u>por mais que teja gente conversando,</u> eu me concentro na leitura e consigo entendê o livro... Intão, muitos criticum que é pocos dia, né, <u>i por caso de tê muita gente nas cela e, daí, não consegue se concentrá na leitura...</u>
> (INF 5) Ah, o regime... <u>Assim, é difícil porque é muita aglomeração de pessoa, então, a concentração tem que tá em alto nível</u> porque num... olha... é a televisão, né, é rádio, éhh... conversa paralela, né, então, a leitura tem que sê, o livro tem que sê bom, muito bom, assim, que cative a atenção e aí tem esse mergulho ali e vai [...] <u>é uma aglomeração, acho que isso é aquela coisa, né, um poquiiiinho</u> (bem enfatizado) <u>mais de humanidade né,</u> a gente tá preso...

Avançando um pouco mais, ao serem chamados para as visitas – ou outra saída da cela que se faça necessária, por exemplo, para mediação de leitura, para irem ao médico, para irem a audiências, etc. –, quando os presos saem das suas respectivas celas, são algemados;[167] enquanto esperam, ficam voltados de frente para a parede, com a cabeça abaixada, cabelo raspado, não podem olhar para o agente penitenciário. Em uma de minhas visitas da Pastoral Carcerária[168], estava muito frio, uns 7 °C e o preso estava com a mesma roupa que usa no verão: uniforme laranja, bermuda e camiseta, chinelo estilo *Havaiana*. Ainda narrando acerca das algemas, se os apenados saem do Presídio seja para audiência, ir ao banco, ir ao hospital ou à consulta médica, eles são *algemados* também nos pés, com o instrumento de ferro designado *marca-passo*. Informalmente, ouvi dos presos relatos do quanto essa algema para os pés, mais do que reduzir a mobilidade do preso, humilha o sujeito. Os presos precisam se ajoelhar em frente ao agente penitenciário para pôr o marca-passo e para retirá-lo. Mais que evitar que o preso fuja ou agrida alguém, parecem mais animais à mercê de seus donos. Espetacularização.

Apresentou-se aqui, neste tópico, o *locus* Presídio Regional de Xanxerê, espaço intramuros da prisão onde são efetuadas as leituras como dispositivo de remição de pena, sob as regras da Lei. A leitura que liberta. Poderia ser uma metáfora, mas neste caso não é. O que isso significa? O que implica? Há uma discursividade posta em torno da leitura como capaz de redimir (para remir) e libertar o preso. Claro que esse libertar cai como uma luva na metáfora: o imaginário de que a leitura produz um imaginário para atravessar fronteiras, mundos, culturas, assim, atravessaria as grades da prisão. Mas há aí uma contradição, aqueles que estão presos são em sua maioria justamente aqueles que não tiveram acesso à leitura no ambiente formal de aprendizagem, ou seja, na escola. Como o Estado, representado pela prisão, cumpriria aquilo que o mesmo Estado, representado pela escola, parece não ter cumprido? Com este estudo, fico pensando se as leituras, sob esse ordenamento, podem contribuir para mitigar os efeitos da prisionalização.

---

[167] A Súmula Vinculante n.º 11, do STF, regulamenta o uso das algemas. É a seguinte a íntegra do texto aprovado: "Só é lícito o uso de algemas em caso de resistência e de fundado receio de fuga ou de perigo à integridade física própria ou alheia, por parte do preso ou de terceiros, justificada a excepcionalidade por escrito, sob pena de responsabilidade disciplinar civil e penal do agente ou da autoridade e de nulidade da prisão ou do ato processual a que se refere, sem prejuízo da responsabilidade civil do Estado". Disponível em: http://www.stf.jus.br/portal/jurisprudencia/menu Sumario.asp?sumula=1220. Acesso em: 25 set. 2019.

[168] Foi em 13 ago. 2019.

4

AS CONDIÇÕES DE PRODUÇÃO QUE INCIDEM NA DISCURSIVIZAÇÃO DA LEITURA NO CÁRCERE E NA CONSTITUIÇÃO DO SUJEITO-LEITOR PRESO

> *Diríamos que o sentido está sempre no viés. Ou seja, para se compreender um discurso é importante se perguntar: o que ele não está querendo dizer ao dizer isso? O que ele não está falando, quando está falando disso?*
> (Orlandi, [1983] 2011, p. 275)

Há uma tensão entre as relações de poder. Até mesmo as relações de poder desigual entre pesquisadora e entrevistados. O desafio que neste estudo se impõe é analisar como os gestos de leitura efetuados por presos agem nessas condições de produção específicas da leitura como dispositivo de remição de pena. O que o preso entrevistado diz será analisado aqui como o dito dele, mas nunca esse dito como uma verdade transparente. É sobre isso que Orlandi ([1983] 2011) propõe refletir a partir da epígrafe: que, a partir das análises das entrevistas, se compreendam também os silenciamentos, aquilo que não é falado, sobre a presença-ausente dos ditos. Ao efetuar o gesto interpretativo, considerar que o preso imagina o que a pesquisadora quer saber. O preso pode ser regido por um imaginário do que ela concebe como leitura e, de algum modo, ele projeta um dizer a partir da expectativa que ele possui com a expectativa dela.

Reflete-se que o sujeito preso entrevistado pode ter me olhado como alguém que está envolvido no Projeto; não como uma amiga dele, ou a mãe, ou uma prima. Eles tinham consciência de que estavam falando com uma mulher branca, uma mulher que para muitos representa a Pastoral Carcerária, representa uma professora da Universidade, então, provavelmente, nessas entrevistas foram regidos por um imaginário deles com a interlocutora. Pêcheux ([1975] 2009) aponta que se fique atento à afirmação do óbvio: ao verem o lugar social da pesquisadora, podem ter projetado algo no seu dizer que considerassem que se esperava ouvir, conforme aventado em minha hipótese inicial.

Exemplifico essa reflexão ao ser tomada inicialmente de espanto pelo domínio de excelente vocabulário desses presos, pouco escolarizados. Pode-se pensar: há alunos no ensino superior que não possuem tal domínio vocabular. Contudo, buscando distanciar-me da transparência e da evidência da linguagem, não se pode esquecer que esses presos sabiam que estavam sendo entrevistados por uma professora e procuraram projetar, em seus dizeres, o melhor do conhecimento deles.

Retomo aqui a hipótese por mim formulada. Antes de iniciar as entrevistas, fiquei pensando se encontraria esse dizer nas respostas: *Eu li só para cumprir esse requisito do Projeto pra diminuir dias da minha pena*. E, após as entrevistas efetuadas, posso afirmar que nenhum deles, em nenhum momento falou assim... E ao que parece, foram mobilizados para a leitura por essa questão. Então, o que o preso está querendo dizer ao não dizer isso? Eles sabiam que estavam sendo julgados. Eles estão sendo julgados o tempo todo. No Projeto de Extensão, são julgados pelos alunos mediadores da leitura e, no lugar social de pesquisadora, são julgados por mim, entrevistadora. Eu sou a pessoa de autoridade ali; isso age... Esse é um ponto a refletir. É paradoxal, mas eu, analista, tenho de desconfiar da entrevistadora. De acordo com Henry ([1977] 2013, p. 185), a linguagem, como ferramenta, é imperfeita e lacunar.

4.1 As condições de produção das entrevistas da pesquisadora com os sujeitos-leitores em espaço de privação da liberdade

> *Essas pessoas me fizeram compreender que quanto mais difícil é o contexto, quanto mais é violento, mais é vital manter espaços de respiro, de sonho, de pensamento, de humanidade. Espaços abertos para outra coisa, relatos de outros lugares, lendas ou ciências. Espaços onde voltar às fontes, onde manter a própria dignidade.*
> (Petit, 2013, p. 17).

Entrevistei, em 18 de dezembro de 2018, cinco apenados que participaram do Projeto de Extensão do curso de Direito da Universidade do Oeste de Santa Catarina e o Presídio Regional de Xanxerê, nos anos de 2016, 2017 e 2018, delimitando, dentre este universo de presos, o quantitativo deles que mais leram livros e mais se beneficiaram com a remição da pena, para que, de forma voluntária, concedessem entrevista de forma direcionada/estruturada[169], com gravação própria em áudio e, posteriormente, transcrita.

---

[169] Ao elaborar o roteiro semiestruturado norteador das entrevistas, faltou tematizar a questão da leitura em relação ao poder, que está subjacente na hipótese da pesquisa. Isso delimitou as respostas dos entrevistados e

Entendo que as perguntas têm um papel central na produção do discurso dos presos, sobretudo na condição em que se encontram, na hierarquia que se produz entre a entrevistadora e os presos, uma relação de poder. As questões também delimitam o objeto daquilo que é dito. As questões efetuadas remetem para a caracterização do histórico de vida dos presos, especialmente sua vida delinquencial; perfil escolar; a familiaridade com a leitura e a relação com as atividades no contexto prisional; como se deu a aproximação com o Projeto de Extensão Universitária da Unoesc Xanxerê Direito e Cárcere: Remição da Pena pela Leitura e suas razões; como se produz a leitura no contexto prisional e o impacto que pode ou não causar na vida do preso.

Foram horas de gravação que demandaram mais de um mês na transcrição delas do áudio para o texto. Não obstante tenha sido árdua a tarefa da transcrição, optei por eu mesma fazê-la, a fim de garantir a fidedignidade ao dizer de cada preso entrevistado e, também, ao escrever palavra por palavra que foi enunciada, meu gesto analítico interpretativo já estava sendo mobilizado. Eu já estava diagnosticando: fiz um trânsito exaustivo e investigativo pelo material e fui percebendo questões fortes que me auxiliaram no gesto de compreensão. Todavia, a incompletude é constitutiva da Análise do Discurso, pois a análise "só pode ser parcial: a análise não tem fim" (Henry, [1977] 2013, p. 156).

Era uma tarde ensolarada e quente; termômetro indicando 33 °C. O Presídio Regional de Xanxerê agendou o horário das entrevistas, com início às 13h30[170], procurando não alterar muito a rotina da unidade prisional. Bem recebida pela agente penitenciária que estava na recepção, fui encaminhada ao estagiário, acadêmico do curso de graduação em Pedagogia, responsável por efetivar e organizar a participação dos apenados no Projeto de Extensão Direito e Cárcere: Remição da Pena pela Leitura. Após obtido o aceite do Chefe de Segurança, realizei as entrevistas.

Havia cinco agentes penitenciários, todos vestidos com o uniforme preto do Depen e portando arma de fogo, alojada no coldre fixado na cintura, dentre eles o Chefe de Segurança. Conquanto o porte de arma de fogo faça parte do cotidiano desses profissionais, os que não a manuseiam, ao vê-las, sentem-se amedrontados. Nenhum deles demonstrou acolhida à visita da

---

percebi essa lacuna quando efetuei o gesto analítico sobre as enunciações dos sujeitos-leitores presos.

[170] Esse é o horário das visitas da Pastoral Carcerária, não é horário nem de refeição, nem de lanche, servidores em seus postos.

pesquisadora. Pelo semblante de alguns deles, eu me senti uma intrusa, algo como: *o que essa mulher vem fazer aqui?* Não se mostraram receptivos à minha presença.

Foi um tratamento diferente da agente penitenciária da recepção. Eu havia idealizado esse momento de coleta de dados para a pesquisa e esperado pela aprovação da Comissão Nacional de Ética em Pesquisa e do Comitê de Ética em Pesquisa, enfim, estava autorizada a ir efetivamente a campo e efetuar as entrevistas. Não consigo traduzir em palavras o sentimento que me tomava, mas almejava viver esse momento como pesquisadora. Não sem medos, dúvidas, receios. Esses sentimentos eram parte constitutiva de mim e estavam entrelaçados à alegria de vencer o desafio de poder ouvir os apenados e à expectativa do que eu ouviria deles.

Passei pelas quatro portas que dão acesso ao pavilhão dos encarcerados, dentre elas uma detectora de metais. Foi o agente penitenciário que passou com os dois celulares que eu levara para poder efetuar as gravações das entrevistas. Aguardei alguns minutos no corredor até que o primeiro preso entrevistado chamado chegasse. Muito rigor na segurança. Os presos vêm algemados, os agentes penitenciários fortemente armados, grades de ferro por todos os lados. O preso tem de andar de cabeça abaixada, não pode dirigir o olhar para o agente.

Chamou a atenção o fato de que os agentes penitenciários entregaram uma camiseta limpa para o preso vestir ao ir para a entrevista. Presenciei isso, pois estava em pé, no corredor. O detento chegou, os agentes tiraram a algema das mãos dele e ele recebeu uma camiseta limpa; tirou a camiseta que estava usando e vestiu a camiseta limpa recebida, estando de costas para mim e virado para a parede. Na sequência, foi novamente algemado. Qual o imaginário que rege esta cena? Eles iam para o recinto da entrevista com a camiseta impecavelmente asseada. Não se sabe se após a entrevista ele permanecia com a camiseta limpa ou não. Como observei que o primeiro preso precisou trocar a camiseta que usava por uma limpa, fui observando, um a um, nas entrevistas e estavam todos impecáveis. O que enuncia essa assepsia da roupa? Por que essa higienização só do vestuário? Pela Fotografia 8, é possível observar as condições de produção das entrevistas.

Fotografia 8 – Espaço físico das entrevistas com presos do regime fechado

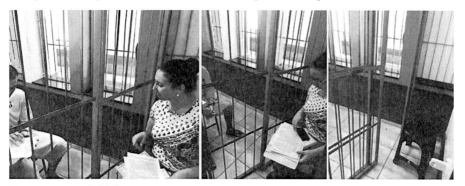

Fonte: a autora (2018)

Eu ficava sentada em um banquinho de plástico em um cubículo; não havia espaço para movimento nenhum. O preso ficava à frente, atrás das grades e algemado. Se eles concordassem em realizar a entrevista, tinham de assinar o Termo de Livre Consentimento e a assinatura era efetuada com dificuldade, pois tinham de segurar a caneta algemados.[171] Durante todo o tempo das entrevistas, em torno de quatro horas, por determinação do Presídio, o estagiário pedagogo permaneceu ao meu lado naquele espaço ínfimo, em pé – não havia onde sentar, nem cadeira, nem banco. Essa presença poderia ter inibido os presos nas falas? Não sei responder; não houve opção, foi determinado e assim se cumpriu.

Durante todo o tempo das entrevistas, ouvia-se um barulho torturante de batidas de ferro contra ferro. Os agentes penitenciários batiam as portas de ferro com muita força. Havia agitação no estreito corredor. A todo instante, saíam e chegavam presos, o que dificultava ainda mais a circulação de pessoas. Estava tão abafado que escorria suor pelas minhas têmporas e dos interlocutores. Faço questão de narrar este registro para problematizar as condições em que vivem os encarcerados, lembrando que o sujeito condenado um dia retornará ao convívio social e, segundo o Deputado Domingos Dutra[172], "A nação precisa cuidar e respeitar seus presos, pois hoje eles estão *contidos*, mas amanhã eles estarão *contigo*." Não existe prisão perpétua no Brasil. Se não morrer no cárcere, o custodiado vai voltar para a sociedade. Como voltará? Esse é um problema da sociedade, não só da Justiça.

---

[171] Nas mediações de leitura também o preso precisa assinar algemado o relatório para os acadêmicos.
[172] Frase ouvida na Bahia, complementada pelo Deputado Federal Domingos Dutra (Brasil, 2009, p. 69). Disponível em: https://www.conjur.com.br/dl/relatorio-cpi-sistema-carcerario.pdf.. Acesso em: 25 ago. 2019.

Nesse sentido, Foucault, com o emprego dos verbos no pretérito imperfeito do indicativo, afirma: "A partir do momento que alguém *entrava na prisão, acionava-se um mecanismo que o tornava infame, e quando saía*, não podia fazer nada senão voltar a ser delinquente" (Foucault, [1975] 2017a, p. 219, grifo meu). Cabe pensar, trazendo para o tempo presente: o sujeito que cai na prisão hoje consegue sair dela sem voltar ao plano da infração, do ilegalismo? A resposta a essa questão, no pensamento foucaultiano, é uma estratégia, não se procura reeducar os delinquentes, torná-los virtuosos (no próprio dizer de Foucault), "não lhes ensinar nada para estar bem seguro de que nada poderão fazer saindo da prisão. O caráter de inutilidade" (Foucault, [1975] 2017a, p. 219).

Continuando a narração, o calor estava tão insuportável que um dos presos entrevistados, mesmo algemado, subiu em uma cadeira e ligou um ventilador fixo à parede, no alto, em um dos cantos do parlatório. E, dentre os barulhos violentos das portas, mais um se instalou, ensurdecedor: o ruído era tão alto que consideramos melhor suportar o calor e manter desligado o ventilador. E qual o signo do barulho dos agentes penitenciários batendo estrondosamente as portas que dão acesso às galerias, com as celas dos presos? O que esse barulho está enunciando? Não será essa a linguagem que aponta aos presos as relações de poder, de quem dita as regras do jogo? O barulho assustador pode ser considerado um signo de trauma. Ou um signo de sobressalto. Um susto tão grande e contínuo que parece lembrar o preso, o tempo todo, que está sob custódia do Estado, do poder institucionalizado... Retoma-se o dizer da fachada do Presídio: pode ser humanizado um lugar com esse signo opressor? Como o sujeito preso se constitui sob essas condições de produção?

Outro aspecto que chamou a atenção foi que, muitas vezes, durante as entrevistas, eu tinha de pôr a cabeça apoiada nas grades de ferro para poder enxergar melhor e ouvir o detento com mais acuidade, assim, via o entrevistado por meio de quadrados de ferro das grades que me separavam do apenado. Poderia a entrevista ter sido realizada em um recinto sem grades? E estar com a barreira das grades me fez pensar que a semântica da nomeação *reeducando* tão empregada no sistema prisional e Poder Judiciário se esvai... Alguém que está sendo educado, precisa ficar atrás de grades de ferro? Nesse ambiente, estando do lado de dentro do parlatório (conforme se vê na Fotografia 8), realizei três das cinco entrevistas, por serem com presos do regime fechado.

A quarta entrevista foi realizada também no parlatório, mas não no espaço em que os presos ficam, e sim no espaço em que os visitantes permanecem, portanto ambiente sem grades de ferro a separar entrevistadora e entrevistado. Esse ambiente do parlatório estava bagunçado. Enquanto se realizava a entrevista com o preso do regime semiaberto, inúmeras vezes outros presos – os *regalias* – traziam sacolas de mantimentos, que os presos chamam de *jumbo*, e jogavam ao chão, conversando entre si. Do que se pôde ver pela transparência das embalagens, eram materiais de higiene e comida para os presos, conforme se vê na Fotografia 9. Já havia considerado deprimente o ambiente da entrevista com as grades de ferro e, nesse espaço, além de deprimente, desorganizado, com várias interrupções. A sensação era de que não estavam sendo facilitadas aquelas entrevistas; senti-me intrusa.

Fotografia 9 – Espaço físico da entrevista com preso do regime semiaberto

Fonte: a autora (2018)

Desta entrevista, emergiu a linguagem no corpo preso pela tatuagem. Nas celas, os detentos inscrevem sobre a pele sinais que mostram a dificuldade da fala, mas que são suficientes para expressar o sofrimento e a revolta. Os tatuadores trabalham com instrumentos improvisados, à revelia e sem o conhecimento dos agentes penitenciários, correndo-se o risco de contrair uma infecção purulenta. Nessas condições, as tatuagens são muito perigosas, por isso também podem expressar, conforme Kalifa (2013), a coragem, a força e a resistência do sujeito preso em área de cárcere. A linguagem da tatuagem emergiu de apenas um dos cinco presos entrevistados; por não haver regularidade na materialidade linguística analisada, optei por não discutir a temática da linguagem da tatuagem neste livro.

Para realizar a última entrevista, aguardei cerca de 40 minutos até que o preso retornasse do trabalho, às 18h. No ambiente físico em que fica a administração do Presídio, a gerente do Presídio ofereceu cafezinho e água e disse-me que ficasse à vontade. Já eram em torno de 17h30. No horário que eu havia chegado ao Presídio, por volta das 13h, esta servidora não estava, provavelmente, em horário de almoço. Nesta tarde de atuação como pesquisadora, foi somente a partir desse momento que me senti acolhida no Presídio. Embora não tenha aceitado o café, o gesto dela foi bem distinto da receptividade dos agentes penitenciários que me atenderam antes dela.

Nesse tempo de espera pelo preso trabalhador, permaneci no espaço em que há duas pequenas estantes e os livros que elas contêm são utilizados no Projeto de remição pela leitura. O professor de literatura que o Estado disponibiliza para trabalhar 20 horas semanais no Presídio estava ao computador e pude conversar brevemente com ele acerca do Projeto de Extensão da Unoesc de remição de pena pela leitura. Pelo dizer mobilizado por ele, os presos estavam preferindo ler livros que o Estado fornece, haja vista serem *livros que têm mais ilustrações e possuem menos páginas de texto que muitas das obras listadas no Projeto da Unoesc*. Esse dizer mobilizado pelo professor inspirou a incorporação, no Projeto de Extensão, de algumas obras de literatura que o estado de Santa Catarina disponibiliza ao sistema prisional, pois, assim, ampliou-se o repertório e o acervo das leituras tanto dos presos quanto dos alunos mediadores da leitura.

O projeto de remição da pena pela leitura do estado de Santa Catarina é intitulado *Projeto Despertar para a Leitura* (Santa Catarina, 2016)[173] e estreou no Complexo Penitenciário de Florianópolis, no ano letivo de 2018, portanto posterior ao Projeto de Extensão em parceria entre a Unoesc e o Presídio Regional de Xanxerê, de 2015, que iniciou no ano letivo de 2016. Cabe aqui uma reflexão com o título deste projeto do estado de Santa Catarina e o movimento analítico proposto acerca da circulação de sentidos e o que significam os significantes: *remição* e *remissão*. Ao buscar no Houaiss (2009) a sinonímia de *despertar*, dentre outros, encontra-se: "fazer sair do estado de inércia; fazer readquirir força ou atividade; provocar, estimular; acordar; ato ou efeito de abandonar a indiferença, a inatividade, ou iniciar um processo" (Houaiss, 2009, p. 665). Se *remição* vem de remir, de resgate, de troca de pena que demanda esforço, retomando o exposto no Capítulo 3, seção 3.1, pode haver contradição também no projeto do Estado: por mais que se apresente um projeto que enuncie querer ressocializar o preso, o sentido da leitura nesse processo é de cumprimento de pena.

---

[173] Projeto Despertar para a Leitura, do estado de Santa Catarina. Disponível em: file:///C:/Users/Win/Downloads/Plano%20estadual%20de%20educa%C3%A7%C3%A3o%20em%20pris%C3%B5es_online%20IOESC%20(3).pdf. Acesso em: 18 jan. 2019.

O sentido escapa; não se tem o controle dele. Leitura no cárcere sob o dispositivo de *remição* de pena parece não poder ser fruição; parece produzir um efeito de sentido de leitura como pena, portanto como castigo. E quem, em sã consciência, iniciaria um processo de *despertar para o castigo*? Seria *estimulado* para o *castigo*? Seria *provocado* para o castigo? Aqui convém recordar Pêcheux ([1969] 2010a) e sua especulação de que o processo discursivo supõe uma antecipação – um imaginário – das representações dos interlocutores, sobre a qual se funda a estratégia do discurso. Seria o caso do imaginário de leitura como transformadora presente nas representações dos interlocutores desse Projeto *Despertar para a Leitura*? A materialidade linguística do título do projeto em questão apresenta indícios capturados no fio do dizer e mostra que a língua funciona como tamponamento à irrupção do não todo, como se fosse possível controlar o sentido do que se diz. Ilusão.

Feita essa reflexão e visada teórica, dando continuidade sobre a ampliação do acervo das leituras tanto dos presos quanto dos alunos mediadores de leitura, o Quadro 6 a seguir apresenta as obras incorporadas ao Projeto de Extensão da Unoesc.

Quadro 6 – Livros de literatura incorporados ao Projeto de Extensão da Unoesc Xanxerê Direito e Cárcere: Remição da Pena pela Leitura, no ano de 2019

BACH, Richard. **Fernão Capelo Gaivota**. 19. ed. Tradução de Ruy Jungmann. Rio de Janeiro: Record, 2014.
CERVANTES, Miguel de. **Dom Quixote de la Mancha**. Rio de Janeiro: Ediouro, 2002. 3 v.
FLAUBERT, Gustave. **Madame Bovary**. São Paulo: Martin Claret, 2003.
GASPARETTO, Zíbia. **Quando chega a hora**. 27. ed. São Paulo: Vida & Consciência, 2008.
JUNIOR, Aristeo Foloni. **A cápsula do tempo**. 2. ed. Blumenau: Vale das Letras, 2016.
JUNIOR, Aristeo Foloni. **Garoto estranho**. 2. ed. Blumenau: Vale das Letras, 2016.
KAFKA, Franz. **A metamorfose**. São Paulo: América do Sul, 1988.
PEETERS, Frederik. **Pílulas azuis**. São Paulo: Nemo, 2015.
RAMOS, Graciliano. **Vidas secas**. 74. ed. Rio de Janeiro: Record, 1998.
BACH, Richard. **Fernão Capelo Gaivota**. 19. ed. Traduçãode Ruy Jungmann. Rio de Janeiro: Record, 2014.
CERVANTES, Miguel de. **Dom Quixote de la Mancha**. Rio de Janeiro: Ediouro, 2002. 3 v.

FLAUBERT, Gustave. **Madame Bovary**. São Paulo: Martin Claret, 2003.

GASPARETTO, Zíbia. **Quando chega a hora**. 27. ed. São Paulo: Vida & Consciência, 2008.

JUNIOR, Aristeo Foloni. **A cápsula do tempo**. 2. ed. Blumenau: Vale das Letras, 2016.

JUNIOR, Aristeo Foloni. **Garoto estranho**. 2. ed. Blumenau: Vale das Letras, 2016.

KAFKA, Franz. **A metamorfose**. São Paulo: América do Sul, 1988.

PEETERS, Frederik. **Pílulas azuis**. São Paulo: Nemo, 2015.

RAMOS, Graciliano. **Vidas secas**. 74. ed. Rio de Janeiro: Record, 1998.

SILVA, Fernando Henrique Becker. **O aprendiz de cavaleiro**. 2. ed. Blumenau: Vale das Letras, 2016.

SUASSUNA, Ariano. **O santo e a porca**. 21. ed. Rio de Janeiro, José Olympio, 2010.

TWAIN, Mark. **As aventuras de Tom Sawyer**. São Paulo: Scipione, 2006.

VERNE, Júlio. **A volta ao mundo em 80 dias**. São Paulo: Novo Horizonte, 1982. v. 1.

VERNE, Júlio. **Viagem ao centro da terra**. Porto Alegre: L&PM, 2002.

Fonte: elaborado pela autora, a partir do projeto de remição da pena pela leitura do estado de Santa Catarina, intitulado Projeto Despertar para a Leitura (2020)

Além das obras que o Estado disponibiliza para leitura, foram incorporadas outras também, com a finalidade de ampliar o repertório do acervo do Projeto de Extensão. Destas, algumas delas são adaptações do original, o que facilita a leitura e a compreensão dos presos com menos escolaridade. A seguir, na Fotografia 10, o espaço que abriga o acervo de livros de literatura para leitura dos presos como dispositivo de remição de pena, em somente duas estantes, no Presídio Regional de Xanxerê.

Fotografia 10 – Acervo de obras literárias para leitura como dispositivo de remição de pena, no Presídio Regional de Xanxerê

Fonte: a autora (2018)

São esses os livros disponíveis para 300 presos; há limitação de obras disponibilizadas. Esse carrinho, igual aos de supermercados para efetuar compras, é utilizado para entrega de livros aos apenados participantes do Projeto. Pelo que me foi relatado, um preso *regalia* passa nas celas e faz a distribuição dos livros aos interessados em participar da remição de pena pela leitura. Situação ideal seria os detentos terem um espaço físico para a biblioteca, no qual pudessem circular, fazer suas escolhas e ler com o apoio ergonômico de cadeiras e mesas. "Se a biblioteca é, como pretende Borges, um modelo do Universo, tentemos transformá-la num universo à medida do homem e, volto a recordar, à medida do homem quer dizer também alegre [...], enquanto retiram ou voltam a pôr nas estantes alguns livros de interesse científico, isto é, uma biblioteca onde nos apeteça ir" (Eco, 1994, p. 3).

A Lei de Execução Penal determina, no art. n.º 21, que cada estabelecimento penal deve possuir uma biblioteca "para uso de todas as categorias de reclusos, provida de livros instrutivos, recreativos e didáticos" (Brasil, 1984). E se há biblioteca, precisa de um bibliotecário, profissional que reúne, organiza e difunde as informações na biblioteca onde atua. A biblioteca e o bibliotecário prisional podem auxiliar na "prática pedagógica" da *remição* da pena pela leitura. Como pode ter caráter pedagógico uma atividade que pode ser entendida como castigo? *Remição* com "ç" pode assim ser entendida pela análise apresentada. Proponho ler o enunciado com a troca de termos, nesse caso em questão, do mesmo campo lexical, semanticamente falando: "na prática pedagógica do *castigo* da pena pela leitura". Pedagogia, segundo o Houaiss (2009), é a "ciência que trata da educação dos jovens, que estuda os problemas relacionados com o seu desenvolvimento como um todo" (Houaiss, 2009, p.1455). Tendo essa acepção em mente, aqui nesse dizer fui presa nas malhas esburacadas da rede significante; o deslize, o sentido outro que não cessa, retornou. A escola está na origem da pedagogia; a prisão, da criminologia. Ao que cabe perguntar: pode-se falar em prática pedagógica neste espaço? Paradoxo...

Ao nível da estrutura institucional, desponta uma falta política que conduz a uma deficiência institucional. O precário acervo de livros, a ausência de espaço físico para abrigar uma biblioteca e de recursos para aquisição de livros, a falta do bibliotecário, é constitutiva da prática do gestor/professor do espaço prisional, que tem de lidar com isso de algum modo. É um apagamento que o Estado produz e institui. Reitero que a Lei grafa o ideal e o cotidiano do sistema prisional (a)grava o real.

No horário de 17h30, praticamente todos os servidores do administrativo do Presídio encerraram suas atividades laborais do dia e saíram do trabalho. Se havia alguém circulando era preso *regalia*, como aparece na Fotografia 10. Sozinha na sala, fiquei mais um tempo naquele espaço físico que contém o ínfimo acervo de livros do Presídio, em seguida, fui avisada que chegaram os presos que se beneficiam da remição da pena por trabalho. Saí da edificação que abriga o setor administrativo e me dirigi novamente ao pavilhão dos presos. Nesta última entrevista, o estagiário da Pedagogia não me acompanhou, pois seu turno de trabalho havia encerrado. Quando a gerente do Presídio, pela janela da sala dela, viu que eu iria realizar a entrevista no ambiente bagunçado do parlatório – aquele da entrevista anterior –, abriu a janela e me chamou, com cortesia, recomendou-me que realizasse a entrevista no ambiente em que os advogados conversam com os clientes presos, chamada sala da Ordem dos Advogados do Brasil (OAB). E insistiu que assim fosse. Novamente, senti acolhimento e respeito pelo meu trabalho de pesquisadora. Fiquei pensando se ela concordaria com a entrevista anterior efetuada naquele espaço entulhado. Creio que foi indicação dos agentes penitenciários com o desconhecimento dela. Fico pensando que, se esse é o tratamento dispensado pelos agentes penitenciários a uma pesquisadora, como são tratados os presos?

Hora de realizar a última entrevista. A sala da OAB é um espaço físico que também possui grades de ferro e, além dessas, há a barreira de vidro; a comunicação do advogado com o preso se dá por meio de um telefone. Possui ar-condicionado, um conforto único no espaço que abriga o pavilhão de presos do Presídio, mas estava desligado. É um espaço físico que difere muito dos outros ambientes dessa prisão. Quadro pendurado na parede, bancada de mármore, piso com revestimento em porcelanato, porta de vidro, computador, monitor e teclado à disposição, conforme se visualiza na Fotografia 11.

Fotografia 11 – Sala da OAB, no Presídio Regional de Xanxerê

Fonte: a autora (2018)

Chama a atenção nesta sala, a tela pintada à mão. O quadro pintado traz a imagem de uma mulher personificada pela deusa Têmis, com os olhos vendados, uma espada e uma balança próximas dela. Conforme informação no sítio virtual do Supremo Tribunal Federal, o conceito de Justiça tem diversos símbolos associados a ele, dentre estes os pintados no quadro: os olhos vendados representariam a imparcialidade da Justiça, a espada representaria a força, a coragem, a ordem e a regra necessárias para impor o Direito, e a simbologia da balança representaria a equivalência e a equação entre castigo e culpa; Têmis é a deusa da Justiça, da Lei e da ordem, protetora dos oprimidos – socialmente circula instalando os efeitos de imparcialidade, isenção e exatidão do Judiciário, conforme se pode visualizar na Fotografia 12.

Fotografia 12 – Quadro pendurado na parede da sala da OAB, no Presídio Regional de Xanxerê

Fonte: a autora (2018)

    Investiguei sobre a autoria deste quadro, busquei informação, contudo não há registro documentado da doação da obra de arte para a unidade prisional. Nos bastidores da unidade prisional, conta-se a história de que seria de autoria de uma esposa de egresso do Presídio Regional de Xanxerê. Ela teria pintado a tela supostamente como terapia que a auxiliasse a suportar o período em que o marido ficara preso. Seria tão autoral que, quando alguém elogiou a boca da deusa Têmis pintada na tela, teria dito: "pintei a boca igual a que eu gostaria que fosse a minha; para ficar assim, ainda farei uma plástica de preenchimento dos meus lábios". Por telefone, efetuei tentativa de contato com a possível artista dessa obra de arte, mas ela não reconheceu a autoria. A pedido dela, após o envio da fotografia do quadro, via WhatsApp, respondeu-me que o quadro não era dela: "Como eu te disse, não é meu mesmo. Eu não teria pintado esse quadro. Não gosto dessas imagens da justiça". Autoria negada.

LEITURA E CÁRCERE

Como afirma Freud ([1925] 2014), a negação traz a suspeita de que na afirmação estaria a verdade que se tenta abafar do consciente. A negação, um dos mecanismos de defesa, percebidos e analisados por Freud, traz à baila, à revelia do consciente, algo que foi recalcado, mas que teima em irromper no fio do discurso. São as enunciações do não dizer; os sentidos do silêncio. Ao não querer enunciar que pintou o quadro, quantos sentidos emergem. Provavelmente esse assunto seja um tabu ou um trauma para ela. Talvez não queira nem sequer pensar nisso. São os "famosos implícitos que estão ausentes por sua presença" (Pêcheux, 2010c, p. 52); no silenciamento da autora que denega a autoria do quadro, o que está presente por sua ausência? Essa discussão acrescenta ao meu estudo para pensar que teria sido tão ruim o marido ter tido passagem pelo sistema prisional, ser egresso desse sistema, a ponto de ela negar a autoria de uma obra de arte, negar a pintura em tela como se desejasse deixar nos subterrâneos desse sistema tudo o que lá ocorreu, as angústias vivenciadas; uma tentativa de tamponar o sofrimento ou mal-estar que, provavelmente, não cessa de retornar – o imaginário do sistema prisional que segrega; tentativa de não voltar a adentrar nesse sistema carcerário que interdita; melhor calar.

Se esta pesquisa objetiva investigar a constituição de sujeitos do cárcere, mesmo o quadro pintado não sendo especificamente acerca da leitura do preso, essa enunciação tangencia o objeto deste estudo e incide sim sobre as condições de produção. Provavelmente, o choque do acontecimento de o marido ser um egresso do sistema prisional provoque nela "um jogo de força que visa manter uma regularização preexistente com os implícitos que ela veicula [...] estabilização parafrástica negociando a integração do acontecimento, até absorvê-lo e eventualmente dissolvê-lo" (Pêcheux, 2010c, p. 53). Qual o discurso que a atravessa e a constitui? Pela discursividade do quadro, imagem opaca e muda, há um sempre já-lá, no retorno de um paradigma pesado sobre o sistema prisional que ela não quer que se repita. Nem na memória. É tão ruim assim estar no sistema prisional como familiar de apenado que se queira apagar qualquer vestígio desse tempo? A resposta é sim, mas ninguém está livre de viver isso.

A prisão é o fundo do poço para qualquer pessoa. Este livro não se propõe a contar histórias, mas a refletir sobre elas. Ninguém vai apagar a história desse preso, cuja esposa pintou um quadro com temática da Justiça e doou-o para a unidade prisional. Se a autora não quisesse que ninguém refletisse sobre, ela não teria doado o quadro, não deixaria a obra de arte lá no Presídio Regional de Xanxerê. É importante pensar que essas histórias do cárcere não são histórias de uma única pessoa, elas são histórias de muita gente. Ninguém está livre de adentrar nos porões de uma prisão e os presos que estão lá não são exclusivamente de uma cidade, de um município, são de outros lugares. Nosso país é continental. Outras mulheres, outras famílias foram atingidas da mesma forma que essa esposa do egresso, com a mesma dor, com a mesma vontade de ocultar e enterrar para sempre o ocorrido, provavelmente com o mesmo constrangimento.

Os presos são o retrato da sociedade, então, como que espelhos, da sociedade eles vão refletir vários aspectos: a classe social, a idade, o sexo, a cor... Sobre esta reflexão, encontro âncora com a sensibilidade da narrativa do conto *Roupas claras* (Luz, 2021), cuja personagem existiu e, segundo a autora, foi até a Justiça chorar pelo filho. Uma família prestigiada na cidade em que vivia enfrenta uma desordem sem precedentes com o filho que sai do sistema familiar e ingressa no sistema carcerário. A juíza, de mãos atadas ante a sentença proferida, chorou junto com essa mãe. E isso, de certa forma, causa um choque porque se vê a criminalidade muito distante, nas fronteiras, nas margens, nunca no próprio seio familiar. Quando a prisão chega perto das pessoas, atinge alguém do próprio núcleo familiar, é muito mais difícil de aceitar, é muito mais difícil de julgar. Uma prisão é uma quase morte. É um suplício não só para o preso, mas para toda a família.

Então, essa história do quadro pintado sem autoria reconhecida não é somente a história dessa pessoa, retrata a história de várias outras famílias. Processo constante de (re)elaboração e (res)significação; evitar a estigmatização pelo "espaço móvel de divisões, de disjunções, de deslocamentos e de retomadas, de conflitos, de regularização... Um espaço de desdobramentos, réplicas, polêmicas e contra discursos" (Pêcheux, 2010c, p. 56). Pela discursividade do quadro, imagem opaca e muda, há um sempre já-lá, no retorno de um paradigma pesado sobre o sistema prisional.

Isso posto, a disposição do quadro fica na parede com visibilidade à altura dos olhos do apenado, isto é, ele o verá quando estiver nesta sala da OAB, atrás das grades e do vidro separador, falando de frente com seu advogado. Fiquei intrigada com esta tela. Chama a atenção, pois enuncia que a deusa da justiça estaria vestida com a bandeira do Brasil e, pela imagem, o rosto dela é um contínuo deste símbolo. Sobre o tecido da bandeira, percebem-se as correntes de um dos pratos da balança rompidas e, desse prato, caem moedas douradas, reverberando sentidos de um sistema engendrado e conduzido em relação a um poder econômico, de sujeitos que podem usar do tráfico de influência para conquistar a conivência da

Lei. Esse rompimento de um dos pratos da balança parece enunciar que o judiciário, embora pregue a justiça na sua forma ideal, respeitando a ética, a imparcialidade e o equilíbrio, inscreve historicamente a parcialidade, a imoralidade e o consentimento do tráfico de influências em função de acordos de bastidores movidos a dinheiro.

No espaço da bandeira do Brasil, em que se inscreve "Ordem e Progresso", pela imagem pintada na tela, há o apagamento desse dizer. Essa ausência de palavras pode aludir à impressão de evidência dos sentidos criados pelo imagético, como se a imagem e sua significação estivessem em diálogo com os dados da enunciação marcados no interdiscurso. A deusa retratada no quadro está vendada, em posição ereta, postura naturalizada como efeito de guarda da Justiça. Contudo, não se enxergam nem os braços nem as mãos dela, por conseguinte, ela não está portando a espada, o que pode enunciar a ideia de perda da defesa, de que algo está solto, fora do controle das mãos, marcando que os sentidos não nascem nessa materialidade discursiva não verbal, mas são preexistentes a esse dizer. Ou seja, o contraditório, a parcialidade e a imparcialidade sustentam o imaginário de Justiça, muito embora outros sentidos possam furar a espessura significante do que seria Justiça no Brasil.

Também é materialidade discursiva na imagem uma cruz, parece ser de madeira e ocupa toda a verticalidade do quadro: é nela que a balança da Justiça está pendendo para um dos lados, sem equilíbrio e parece enunciar o sofrimento, o calvário que o sujeito apenado terá de suportar, semelhante ao da narrativa bíblica[174], em que Jesus Cristo, preso, foi condenado à crucificação. A imagem da cruz pode remeter também à crença de que é o Filho de Deus que veio para salvar a humanidade e, neste caso específico, dar coragem ao sofrimento dos apenados.

Como analista, indago se os presos que veem o quadro possam interpretá-lo como a divisão da Justiça no Brasil, entre ricos e pobres. Qual a intencionalidade deste quadro ficar exatamente à frente da visão dos presos? Perceber que a deusa da Justiça Têmis[175], fundamente inscrita pelo discurso do Direito, possa ser deslocada para/por outros modos de significação, retomando o sentido de corrupção? Pode-se depreender sentidos da linguagem não verbal do quadro que não produz dizer alheio aos acontecimentos sócio-históricos, mas, ao contrário, suscita uma leitura

---

[174] A leitura da Bíblia emerge da enunciação de todos os presos entrevistados.

[175] Sobre esta temática, há o artigo científico intitulado "A justiça discursivizada por Angeli: encontro de materialidades", escrito por Francis Lampoglia e Lucília Maria Sousa Romão. Disponível em: http://www.ufscar.br/linguasagem/edicao03/ic001.php. Acesso em: 15 set. 2020.

que constrói uma rede movimentada de sentidos outros, sempre prestes a romper com o estabilizado e a inscrever o outro.

Dando continuidade à narração das condições de produção das entrevistas, esta, a última, foi realizada nesta sala com o quadro mencionado na parede, frente a frente com o apenado do regime semiaberto e sem a presença do estagiário de Pedagogia do Presídio, razão também de não haver fotografia minha com o entrevistado. Confesso que fui regida por um imaginário e senti um pouco de receio de ficar sozinha, de porta fechada, frente a frente com o preso. Naquele horário, depois de 18h, já não circulavam mais agentes penitenciários, não que eu os visse, não havia nenhum na hora que eu saí da sala da OAB e do espaço prisional. Quando terminei as entrevistas, era próximo das 19h e, mesmo tendo passado mais de cinco horas ininterruptas no Presídio, não me sentia cansada, sentia-me gratificada.

Destarte, conforme Orlandi ([2006] 2010), as condições de produção incluem os sujeitos e a situação. A situação compreende as circunstâncias da enunciação – o aqui e o agora do dizer, o contexto imediato – e o contexto sócio-histórico-ideológico; ambos funcionam conjuntamente, não há como dissociá-los. Ao analisar o funcionamento das condições de produção da leitura como dispositivo de remição de pena no cárcere, compreendo que os sentidos enunciados por meio da materialidade linguística emergem de condições histórico-sociais que determinam as posições que os sujeitos ocupam diante do ato de ler. Conforme Pêcheux ([1969] 2010a), que releu Saussure ([1916] 2012), há que se separar a homogeneidade cúmplice entre a prática e a teoria da linguagem: se a língua é pensada como um sistema, deixa de ter a função de exprimir sentido e se torna um objeto do qual a ciência pode descrever o funcionamento.

Para explicar melhor, ele apresenta a metáfora do jogo de xadrez utilizada por Saussure ([1916] 2012) no *Cours de Linguistique Générale*, para pensar o objeto da linguística: "diremos que não se deve procurar o que cada parte significa, mas quais são as regras que tornam possível qualquer parte, quer se realize ou não" (Pêcheux, [1969] 2010a, p. 60). Sem negar a concepção de língua saussuriana, Pêcheux propõe o deslocamento de função para funcionamento, que não se restringe somente aos aspectos linguísticos, mas abarca a colocação dos protagonistas no discurso, ou seja, as condições de produção que explicitam o funcionamento dos processos discursivos na sociedade. Dito de outro modo, a ciência que trata do signo se constitui pelo abandono do terreno da função de sentido para se situar no funcionamento do sentido.

Com esse deslocamento, o autor ainda sugere que os textos, como a língua, funcionam e, ao entender que há diferentes níveis de funcionamento, o mesmo se dá com o movimento analítico. Nesse sentido, a noção de condições de produção ocupa lugar privilegiado na Análise do Discurso, na medida em que não é possível atribuir ao sujeito a produção de suas falas, por conseguinte, não se pode afirmar que o sujeito é a fonte do discurso, origem do seu dizer. Para Pêcheux ([1969] 2010a, p. 85), em um estado dado das condições de produção do discurso, os elementos que constituem esse estado não são justapostos, mas mantêm entre si relações suscetíveis de variar conforme a natureza dos elementos que estão em jogo. Assim, na teoria pecheuxtiana, o processo de produção designa o conjunto de mecanismos formais que produzem um discurso em dadas circunstâncias e o termo discurso implica efeitos de sentidos entre interlocutores e é marcado por quem diz e em quais condições ele é dito:

> As "condições de produção" de um discurso não são espécies de filtros ou freios que viriam inflectir o livre funcionamento da linguagem [...] não há espaço teórico socialmente vazio no qual se desenvolveriam as leis de uma semântica geral [...] *o discursivo só pode ser concebido como processo social cuja especificidade reside no tipo de materialidade de sua base, a saber, uma materialidade linguística* (Fuchs; Pêcheux, [1975] 2010, p. 179-180, grifo em itálico meu).

Logo, eis a razão de pensar as condições de produção de um discurso, neste estudo, as condições de produção que incidem na discursivização da leitura como dispositivo de remição de pena, no sistema prisional.

4.2 As condições de produção da medi(a)ção de leitura efetuada pelos alunos de Direito da Unoesc Xanxerê com os sujeitos-leitores presos no Presídio Regional de Xanxerê

> *O mediador tem uma função decisiva na constituição das relações de poder.*
> (Orlandi, [1983] 2011, p. 275)

Dando continuidade às condiçõcs de produção da leitura no cárcere, lanço um olhar sobre a medi(a)ção da leitura dos apenados pelos acadêmicos do curso de Direito da Unoesc Xanxerê. Escrevo medi(a)dores com a letra *(a)* entre parênteses para problematizar aproximações e distanciamentos dos sentidos: poderia tão somente *medir*, ser aferida/tomada a leitura desse preso e, de outro lado, seria possível *mediar* essa leitura, mobilizando aspectos outros na interlocução entre preso e estudante de Direito.

Mediar essas leituras não é um processo fácil. Faz-se necessário sensibilizar os acadêmicos para essa questão, mesmo que, na contrapartida, esses estudantes recebam bolsa de estudo. Alguns expõem dificultadores vários que ensejam falta de tempo, pois trabalham durante o dia todo e estudam à noite e, some-se a isso, têm demandas de trabalhos acadêmicos extraclasse. Muitos alunos residem em outros municípios, portanto acrescenta-se mais esse tempo de deslocamento até o Presídio; outros estão gerenciando o tempo de maternidade/paternidade, administrando o tempo com bebê pequeno e amamentação; etc. Contudo, a maioria dos alunos relata que é gratificante demais participar do Projeto de Extensão como mediador de leitura e ser beneficiado com a bolsa de estudos.

A condição de produção do aluno de Direito não é uma condição de aluno-leitor, é de aluno-mediador. Percebe-se uma diferença na relação de poder que isso mobiliza: a leitura que esse estudante tem lhe concede um lugar de poder em relação ao modo de identificar e de validar a leitura do preso. Pela análise do funcionamento discursivo, a categoria do mediador não é transparente. Ao contrário, de acordo com o exposto na epígrafe de Orlandi ([1983] 2011), há uma relação de poder que se instaura. O mediador, no domínio do discurso, fixa sentidos, organiza as relações e disciplina os conflitos.

Fazendo paráfrase, não é um projeto de leitura como projetos que há em hospitais[176]: por exemplo, leitura no leito; dose de leitura, leitura hospitalar, ler faz bem para saúde... Nesse tipo de projeto, há uma biblioteca, um voluntário leva livros para o paciente que está no leito do hospital e, se o paciente quiser ler, ele lê ou, caso não queira, não lerá. Mas isso não vai implicar a alta dele, não vai implicar ir embora mais cedo do hospital, antes do previsto; não vai implicar nada e ninguém vai tomar essa leitura. O paciente vai ler em outra relação. Quanto ao projeto de leitura na prisão, há todo um sistema regendo e, segundo Foucault, "ninguém entrará na ordem do discurso se não satisfizer a certas exigências ou se não for, de início, qualificado para fazê-lo" (Foucault, [1971] 2012, p. 35). Na visão foucaultiana, há todo um mecanismo de controle dessa produção de leitura.

Pelo Projeto da Unoesc e nos marcos legais que institucionalizam a remição de pena pela leitura, há controle do que pode ser lido, como deve

---

[176] Disponível em: https://portalhospitaisbrasil.com.br/projeto-leitura-no-leito-oferece-livros-para-pacientes--e-acompanhantes/. Acesso em: 27 maio 2019.

ser lido, a validade dessa leitura. Não é qualquer leitura. É a leitura dada nessas condições de produção do cárcere, com fim específico de libertar o sujeito preso. Não só libertar metaforicamente pela leitura, mas libertar literalmente. Há um jogo instaurado aí com liberdade – a *leitura que liberta* não é metáfora. Para muito além do sentido que circula no senso comum, lá no Presídio, a leitura é libertadora mesmo. Quanto mais o preso lê, menos dias ele permanece na prisão. Neste estudo, interessa menos o que a remição pela leitura pretende conforme o previsto na Lei e mais o que a leitura está fazendo de fato na vida desses sujeitos.

No dizer da Lei e, por conseguinte, do Projeto da Unoesc, não basta o preso dizer que leu, que a leitura é boa; no dizer da Lei tem de ter um registro escrito, no dizer do Projeto tem de ter um medi(a)dor que diga: *ele leu*. É preciso confessar essa leitura. Conforme Nunes ([1998] 2003)[177], tem de *provar* que leu, tem de submeter a práticas avaliatórias, tem de prestar contas, precisa ser julgado a partir de regras estabelecidas. Se no imaginário escolar, a leitura do aluno é constantemente julgada/avaliada pelo professor, tal julgamento regula também imaginariamente o procedimento de leitura de sujeitos-leitores presos, que devem se inteirar das estratégias de leitura como dispositivo de remição de pena, que têm de se submeter a "rituais de avaliação, embora se apresentem como neutros e isolados na prática de estudo cotidiana, estão na verdade diretamente relacionados com os gestos interpretativos que emergem [...] são pontos de captura do sujeito-leitor" (Nunes, [1998] 2003, p. 32). Portanto, são um efeito de veracidade legitimado neste espaço regulamentado, mesmo que para obter o benefício da remição de pena tenha de aderir obrigatoriamente a este espaço, mesmo que para provar que leu signifique silenciar a própria leitura e aderir à leitura do outro.

No dizer dos marcos legais da remição da pena pela leitura, os livros que o preso teria lido antes de adentrar no cárcere, mesmo que conseguisse relatá-los e mesmo que ultrapassasse o quantitativo de uma centena, não poderiam ser considerados para remir dias da pena. Para remição da pena, só é válida a leitura efetuada após estar dentro da prisão. Logo,

> [...] *o que se tem em vista na verdade é um lugar vazio para o leitor, com o apagamento de sua história de leituras*: procura-se, desse modo, definir os padrões de uma boa leitura, sem se perguntar quem é o leitor pressuposto nessa atividade. [...] se ignora que o leitor real tem uma história e um posicionamento frente a outras leituras (Nunes, [1998] 2003, p. 33, grifo meu).

---

[177] Conquanto o texto de José Horta Nunes ([1998] 2003) seja sobre a leitura que circula na escola, é possível estabelecer uma relação com a leitura que circula no espaço prisional; analisa condições de leitura na relação entre a prática escolar e outras práticas vigentes na sociedade.

Nessa confluência, pela Lei que institucionaliza a remição de pena pela leitura não importa se ler foi bom ou se foi ruim, se o preso gostou ou se não gostou da leitura – isso não se considera. Por mais que eles digam que foi bom ler, que foi libertador no sentido do senso comum, não importa. Pode ter sido muito ruim, pode ter sido péssimo, mas, desde que o apenado demonstre que tenha lido um livro, vai receber a recompensa dessa leitura pelo Poder Judiciário, qual seja, a diminuição de quatro dias que ele fica na cadeia. Reduzir a pena pela leitura é quase como uma alegoria, é uma questão burocrática: leu, remiu dias da pena; leu, diminuiu dias no cárcere.

Por ser uma questão burocrática, inclusive, os mediadores de leitura são cientificados acerca da responsabilidade do relato efetuado para o Poder Judiciário dessa mediação de leitura, pois constitui crime a conduta de falsidade quanto à remição de pena: "Aos integrantes da Comissão supracitada deverá ser dada ciência dos termos do Artigo 130, da Lei nº 7.210/84, acerca da possibilidade de constituição de crime por atestar com falsidade um pedido de remição de pena" (Depen, 2012, p. 2). Isso os alunos estão bem cientes, pois elaboram/redigem e são signatários do relatório Formulário Projeto de Extensão Direito e Cárcere: Remição da Pena pela Leitura e atestam se o preso leu ou não a obra e este registro é enviado ao Poder Judiciário. A matéria-prima desses relatórios são as entrevistas que são efetuadas com os apenados participantes do Projeto, nos espaços físicos dentro do Presídio Regional de Xanxerê.

Apresentam-se, a seguir, algumas fotografias de mediação de leitura efetuadas por estudantes de Direito.

Fotografia 13 – Entrevistas dos estudantes de Direito mediadores de leitura com presos participantes do Projeto Direito e Cárcere: Remição da Pena pela Leitura

Fonte: acervo do curso de Direito da Unoesc Xanxerê

 A partir desses registros iconográficos, é possível visualizar o ambiente em que ocorre a mediação de leitura e percebe-se que, mesmo protegido por todo esse aparato, o preso encontra-se algemado. Inicialmente, antes da reforma do Presídio, havia uma sala denominada *sala dos advogados* e era um ambiente muito bom para a interlocução entre presos e alunos, pois ficavam sentados frente a frente; havia uma mesa com computador à disposição dos estudantes e, sem barreira nem de grade e nem de vidro, o preso algemado permanecia em frente aos alunos de Direito mediadores da leitura. Após fevereiro de 2018, a mediação de leitura com presos passou a ser realizada na sala da OAB e também no parlatório, espaço destinado às visitas de familiares dos presos – esses dois com a barreira de grades de ferro, mais o vidro.

Sempre havia a presença de um agente penitenciário na sala, junto com os alunos, o que pode ser observado em uma das fotografias em que se vê o pé e a perna de alguém supostamente do sexo masculino. Também, algumas vezes as entrevistas eram acompanhadas pelo estagiário da Pedagogia. Durante muito tempo, as entrevistas ocorriam neste espaço, contudo, após a inauguração da sala da OAB, esta sala foi desativada, não há mais este espaço no Presídio. Então, as entrevistas passaram a ser realizadas no parlatório, naquele espaço ínfimo com grades de ferro pintadas de vermelho em que só cabem dois sujeitos se ficarem em pé, não há como pôr cadeira, o espaço não comporta. Foi o espaço em que eu efetuei as entrevistas desta pesquisa. Foi colocado um banquinho de plástico para eu sentar, mas o estagiário da Pedagogia ficou em pé, o tempo todo.

Assim que as entrevistas começaram a ser realizadas nesse ambiente do parlatório, os acadêmicos mediadores de leitura reclamaram das péssimas condições de atuação. Esse relato ocorreu no início do semestre letivo 2018/2. Conforme já mencionado, o curso de Direito realiza ordinariamente reuniões (in)formativas com os alunos bolsistas participantes do Projeto de Extensão – ao menos uma por semestre letivo. Não são convidados para participarem da reunião, são convocados e, por conseguinte, há presença maciça deles. Nessas reuniões, os acadêmicos relatam como está ocorrendo a mediação de leitura com os presos, apresentam dificultadores, fragilidades e potencialidades do Projeto; são dirimidas dúvidas. Acerca da reclamação dos alunos sobre o parlatório no espaço em que os presos ficam, foi conversado com a gerente do Presídio e ela alterou o espaço das entrevistas: atualmente, estão sendo realizadas em dois espaços: na sala da OAB ou no parlatório, entretanto os alunos ficam no espaço destinado aos visitantes. Se a entrevista ocorrer no espaço para os visitantes no parlatório, os alunos ficam sentados em uma cadeira com braço de apoio do lado externo; se for realizada na sala da OAB, já há cadeiras à disposição e uma bancada de mármore para apoiar material e há computadores à disposição.

Em qualquer desses espaços, o preso fica em pé do lado interno durante toda a entrevista, não tem onde sentar; fica separado do estudante mediador de leitura com barreira de vidro. O contato é por telefone, conforme pode ser observado nas fotografias. Quando vão em duplas de alunos, só há um telefone, assim, eles têm de se dividir: durante um espaço de tempo um estudante ouve o preso e, depois, passa o telefone para o outro estudante. Na Fotografia 13 é possível ver o preso em pé, atrás do vidro, ao ser

LEITURA E CÁRCERE

entrevistado. Isso pode remeter a um truncamento da comunicação: pode fluir uma mediação de leitura nessa condição de produção, com barreira de vidro e com telefone sendo o único meio de comunicação?

Respondendo *não* para essa indagação, entendo que as condições de produção aqui apresentadas procuram dar visibilidade para o modo de vida em área de cárcere e que essas condições de produção são determinantes para a constituição do sujeito-leitor nesse espaço prisional. O que se tem é uma leitura pelo dispositivo de remição de pena com falta de condições totais para que essa leitura ocorra. Ao olhar para essas condições de produção, pôde-se observar que houve momentos em que havia condições mais propícias para que de fato ocorresse uma interlocução entre sujeito-leitor preso e estudante bolsista de Direito, mediador da leitura. Contudo, o que se vê nessa proposta de verificação é que a grande questão é: esse sujeito-leitor preso leu ou não? Ele pode ou não ter dias da pena remidos? O modo de verificação da leitura com o preso, na sala da OAB e no parlatório, com tempo cronometrado e predefinido, antes de mediar, mais parece um processo de barrar a identificação com o preso. Compreende-se a questão de poucos servidores para atendimento de tantas demandas, mas, pelas condições de produção determinadas pela unidade prisional para as entrevistas que estavam sendo efetuadas pelos estudantes bolsistas com os sujeitos-leitores presos no ano que antecedeu a pandemia do coronavírus, percebe-se mais um cumprir um *script*, cumprir uma tarefa do que uma proposta de humanização ou de ressocialização, tecendo um contraponto ou um distanciamento ao dizer da inscrição da fachada do Presídio Regional de Xanxerê.

Por outro viés, pode-se pensar que faltou uma negociação das condições da parceria entre Universidade e Poder Judiciário. Ao se considerar que havia uma demanda por parte do sistema penitenciário e da Justiça por oferecer esta oportunidade do dispositivo de remição de pena pela leitura, da qual não davam conta por si e havia uma confiança na qualidade do atendimento pela Universidade, há de se questionar o porquê de a Universidade não ter problematizado ou discutido sobre o tipo de intervenção que se produziria entre presos e estudantes, sobre o papel da Universidade neste contexto. A unidade prisional determinou como se dariam as mediações de leitura e a Universidade aceitou o proposto. Há uma relação de poder entre Universidade e Justiça que poderia ter ditado os termos da intervenção dos alunos do Direito da Unoesc com os sujeitos-leitores presos. A Justiça procurou a Universidade porque precisava do Projeto de Extensão. Ao olhar para essa condição de produção hoje, compreendo que a Universidade tem poder e tem de se valer desse poder para não se sujeitar ao sistema prisional e seus instrumentos de controle de ditar as condições de inserção nesse contexto[178].

Nesse sentido, o modo de mediação da leitura pelos acadêmicos de Direito poderia ter sido diferente. Poder-se-ia propor um modo de leitura não individualizada e individualizante. O espaço arquitetônico do Presídio Regional de Xanxerê não comporta[179] isso, mas um exemplo seriam círculos ou rodas de leitura, que produziriam, no mínimo, uma tripla diferença fundamental no modo de subjetivação da leitura no cárcere: experiência coletiva, e não meramente individual; possibilidade de debate, mais que de mera avaliação se leu ou não leu; outro lugar do mediador, que poderia estar implicado de outro modo com os leitores e, por conseguinte, quem sabe, estabelecer uma relação de mais alteridade. Possivelmente, ao retomar o Projeto de Extensão da Unoesc Direito e Cárcere: Remição da Pena pela Leitura, após a pandemia de Covid-19, haverá proposição ao Poder Judiciário nesse sentido.

4.3 Na ordem do discurso surge uma resolução para a leitura como dispositivo de remição de pena: direito à literatura?

> *Uma sociedade justa pressupõe o respeito dos direitos humanos,*
> *e a fruição da arte e da literatura em todas as modalidades e em*
> *todos os níveis é um direito inalienável.*
> (Candido, [1988] 2017, p. 193)

Enquanto desenvolvia minha pesquisa, no dia 10 de maio de 2021, o Conselho Nacional de Justiça aprovou a *nova* Resolução n.º 391, que revoga a Recomendação CNJ n.º 44/2013, e alguns aspectos me parecem importantes

---

[178] Essa é uma questão importante para pensar não apenas circunscrito à pesquisa, mas para o futuro. Após a pandemia de Covid-19, o Projeto de Extensão não foi retomado. Contudo, caso seja, entendo que a Universidade precisa se valer desse poder institucional para não se sujeitar ao poder externo e pensar outras possibilidades de leitura para esses presos, inclusive em outros espaços, tanto para a própria leitura do sujeito-leitor preso que não na cela, quanto para a mediação dos estudantes de Direito da Unoesc, que permita uma possível interação entre eles, uma interlocução.

[179] No ano de 2023, houve mobilização da Prefeitura Municipal de Xanxerê e Câmara de Vereadores com a doação de um terreno ao estado de Santa Catarina para a edificação de uma nova unidade prisional. Caso se concretize, será positivo porque haverá espaço arquitetônico para as atividades de estudo dos presos e pode mitigar os efeitos da superpopulação, da falta de vagas. Há uma Ação Cível Pública, sob o n.º 0001359-08.2014.8.24.0080, relacionada ao limite da capacidade de vagas do Presídio Regional de Xanxerê e às más condições de infraestrutura, entre outros aspectos. Compreende-se que o Governo, o Estado que custodia os presos, está ciente da necessidade de desativar esta unidade prisional de Xanxerê e construí-la em outro local. A pergunta que fica é: quando? Disponível em: https://www.jusbrasil.com.br/jurisprudencia/tj-sc/467882667. Acesso em: 12 dez. 2021.

nessa normativa: a extinção das resenhas previstas na Recomendação n.º 44 do CNJ (2013) e que deverão ser previstas formas de auxílio para fins de validação do relatório de leitura de pessoas em fase de alfabetização, "podendo-se adotar estratégias específicas de leitura entre pares, leitura de *audiobooks*, relatório de leitura oral de pessoas não alfabetizadas ou, ainda, registro do conteúdo lido por meio de outras formas de expressão, como o desenho" (CNJ, 2021, p. 6). Ou seja: a perspectiva é de universalização do direito, ao invés de ser a remição um privilégio de poucos. Essa Resolução faz parte do Plano Nacional de Fomento à Leitura nos Ambientes de Privação de Liberdade (Portaria CNJ 204/2020). O texto da normativa é lindo. Contudo, se não se tem nem livro de papel no cárcere, o sujeito-leitor preso terá acesso a *audiobook?*

A partir dessa normativa, há amarrações burocráticas que se fazem necessárias pela Vara de Execução Penal (VEP) de cada comarca, que deverá instituir uma Comissão de Validação da leitura para homologação. Por essa normativa, a leitura será *validada*, não mais *avaliada*. Essa é uma distinção considerável. A atividade de leitura será realizada com as obras literárias constantes no acervo bibliográfico da biblioteca da unidade de privação de liberdade. Continua sendo *obra literária* e constante do acervo da biblioteca da unidade prisional. A existência das bibliotecas prisionais é condição *sine qua non*, é espaço imprescindível para a prática da remição de pena pela leitura. Antes de tudo é necessário ter acesso aos livros, e isso somente será possível se existirem as bibliotecas prisionais. A inclusão das bibliotecas prisionais no texto da resolução é um avanço, contudo, não sendo cética, embora seja um importante passo, pergunto: a presença do profissional bibliotecário no sistema prisional, em um ambiente com tantas carências, quantos anos demorará para ser colocada em prática? Ou melhor, algum dia isso será colocado em prática?

Nessa direção, tomando-se por base a Resolução n.º 391, de 10 de maio de 2021, cujo dizer do texto "Estabelece procedimentos e diretrizes a serem observados pelo Poder Judiciário para o reconhecimento do direito à remição de pena por meio de práticas sociais educativas em unidades de privação de liberdade" (CNJ, 2021, p. 1). De início, pensei sobre as distinções entre *Recomendação* e *Resolução*. A revogada é *Recomendação* (n.º 44, CNJ, 2013) e a em vigor é *Resolução* (n.º 391, CNJ, 2021). Antes havia tão somente uma *recomendação* do CNJ para a remição da pena pela leitura, não era de observância obrigatória e, provavelmente, nem todas as Varas de Execução Penal do país a adotavam. Talvez não a reconhecessem, pois isso tudo é uma política que envolve gastos, envolve gestão de pessoas e a situação carcerária no Brasil carece de infraestrutura, em distintos níveis, para implementar um programa de leitura no cárcere.

De 2013 a maio de 2021 havia uma *Recomendação* do CNJ. No dia 10 de maio de 2021, o CNJ publica uma *Resolução,* ou seja, estabelece diretrizes, é de observância; o Poder Judiciário vai ter de observar. A partir de então, já se tem uma normativa bem mais forte, que não apenas *recomenda,* mas que *resolve/estabelece,* que determina que seja adotada a remição da pena pela leitura no cárcere. É um normativo de mais impacto. *Recomendação* não é necessariamente um ato normativo, mas se poderia considerar como um embrião de uma regulamentação. A resolução traz um caráter mais normativo e regulamentador. Então, agora, o que isso vai representar? Que as Varas de Execução Penal serão obrigadas a adotar o estabelecido na Resolução n.º 391 do CNJ (2021) como política mesmo, pois trata-se de um programa que tem de ser implementado, não é apenas recomendado.

Logo, juízas e juízes de execução penal agora têm um regramento – uma regulamentação – nacional para a remição da pena pela leitura sobre o direito do sujeito do cárcere previsto desde 2011, quando a Lei de Execução Penal n.º 7.210/84 foi atualizada (Brasil, 2011). A nova regulamentação atende a uma determinação do Supremo Tribunal Federal que incumbiu o Conselho Nacional de Justiça de regulamentar o tema. Dentre toda a população carcerária do país, somente 3,5% dos presos brasileiros acessam esse direito de remição da pena pela leitura (Brasil, 2019)[180]. O texto da Resolução n.º 391, de 10 de maio de 2021, do CNJ, em seu art. 5.º prescreve:

> Art. 5º <u>Terão direito à remição de pena pela leitura as pes-</u>
> <u>soas privadas de liberdade que comprovarem a leitura de</u>
> <u>qualquer obra literária,</u> independentemente de participa-
> ção em projetos ou de lista prévia de títulos autorizados,
> considerando-se que: I – a atividade de leitura terá caráter
> voluntário e <u>será realizada com as obras literárias cons-</u>
> <u>tantes no acervo bibliográfico da biblioteca da unidade de</u>
> <u>privação de liberdade;</u> II – o acervo bibliográfico poderá ser
> renovado por meio de doações de visitantes ou organizações

---

[180] Segundo dados que constam no Censo Nacional de Leitura em Prisões, lançado pelo Conselho Nacional de Justiça (CNJ) e do Executivo Federal de junho de 2023, subiu para 31,5% as pessoas presas no Brasil que possuem acesso à remição da pena pela leitura. Optei por manter no texto o percentual restrito de 3,5% (Brasil, 2020) por ser o do contexto no ano da pesquisa por mim efetuada. Disponível em: https://www.cnj.jus.br/acesso-a-leitura-ainda-e-restrito-nas-prisoes-aponta-censo-do-cnj/#:~:text=Uma%20iniciativa%20como%20essa%20poderia,eram%20apenas%200%2C6%25. Acesso em: 12 dez. 2023.

da sociedade civil, <u>sendo vedada toda e qualquer censura a obras literárias, religiosas,</u> filosóficas ou científicas, nos termos dos art. 5º, IX, e 220, § 2º da Constituição Federal; III – o acesso ao acervo da biblioteca da unidade de privação de liberdade será assegurado a todas as pessoas presas ou internadas cautelarmente e àquelas em cumprimento de pena ou de medida de segurança, independentemente do regime de privação de liberdade ou regime disciplinar em que se encontrem (CNJ, 2021, p. 5).

O texto da Lei grafa o ideal da infraestrutura, o espaço prisional (a) grava o real de precariedade desses espaços no cotidiano da prisão. Há espaço para biblioteca na unidade prisional? Há bibliotecário contratado pelo Estado, trabalhando no espaço prisional? A Resolução n.º 391 (CNJ, 2021) grafa que ao sujeito-leitor preso compete comprovar *"a leitura de qualquer obra literária"* e *"será realizada com as obras constantes do acervo bibliográfico da biblioteca da unidade de privação de liberdade"*. Ao que cabe perguntar: como esse sujeito-leitor preso vai ler *qualquer obra* se não há obras para ler? A letra da Lei alimenta a ilusão de que eles podem ler tudo, que eles podem ler o que quiserem, de que eles têm acesso facilmente aos livros. Paradoxalmente, forma-se a imagem de um sujeito-leitor preso totalmente *livre* para escolher suas leituras por iniciativa própria, e sem limitações de censura ou de condições financeiras, pode-se ler tudo, pode-se ler qualquer obra. Ilusão.

Não há biblioteca, nem tampouco bibliotecário, nem acervo bibliográfico nas unidades prisionais. Retomando Candido, se o direito à literatura é um direito inalienável tanto quanto um direito humano à saúde, à alimentação, por ora, em nosso país, é utopia. Fica apagada a tão necessária e inexistente política pública do Estado de aquisição e distribuição de acervo de livros, de contratação de profissional bibliotecário, ao passo que parece conferir ao sujeito-leitor preso a tarefa de construir *livremente* sua história de leitura. Sobre aquisição de livros para o sistema prisional, a Resolução n.º 391 do CNJ preceitua: *"o acervo bibliográfico poderá ser renovado por meio de doações de visitantes ou organizações da sociedade civil"*. De acordo com Robledo (2011 *apud* São Paulo, 2012, p. 67),

Uma biblioteca ou uma coleção de livros exerce um papel essencial no interior de uma população marginalizada [...]. Muito além do fornecimento de informação ou de um apoio à educação formal. Para os cidadãos vivendo em condições normais de desenvolvimento, um livro pode ser uma porta a mais que se abre; para aqueles que foram privados de seus direitos fundamentais, ou de condições mínimas de vida, um livro é talvez a única porta que pode permitir-lhes cruzar a fronteira e saltar para o outro lado.

Com a autora, entende-se que, para além de doações que poderão se concretizar ou não, políticas públicas são necessárias para implantação de bibliotecas nas unidades prisionais. Essa prática proposta pelo CNJ (2021) parece colocar em cena, de um lado, a questão da formação individual do sujeito-leitor preso, de outro, a administração da leitura, o gerenciamento do acervo por meio não de aquisição do Estado, mas de doações de visitantes ou organizações da sociedade civil. Se as doações não se efetivarem, os sujeitos-leitores presos permanecem sem livros, sem ter o que ler, sem poder se beneficiar da prerrogativa da Lei.

Pode-se pensar que é uma forma de apagamento, haja vista constar no texto da Resolução n.º 391 do CNJ (2021) que o sujeito-leitor preso pode ler o que quiser, só que o texto dessa normativa não institui a política pública específica, a condição financeira que possibilite a aquisição de livros para serem lidos. A política para a leitura como dispositivo de remição de pena, no percurso entre governo e unidade prisional, não aparece no texto da Lei nem para o sujeito-leitor preso e se supõe sua *liberdade* de leitura. Na verdade, o texto da Lei (a)grava: *são recebidas doações de livros.* Esta política para a leitura no cárcere mais parece desajustada, desconectada da prática efetiva da prisão, não sei se por desconhecimento, negligência ou deficiência de recursos materiais. É uma falta política que conduz a uma deficiência institucional. E a unidade prisional tem de lidar com isso de algum modo, nem que seja pela via do não fazer, do não proporcionar o benefício da leitura como dispositivo de remição da pena. Por outro viés, como não fazer se agora tornou-se obrigatório proporcionar esse direito aos presos?

Nessa direção, ainda problematizando a questão econômica e de políticas públicas, ou a falta delas, o texto da Resolução n.º 391 do CNJ (2021), no art. 5.º, inciso V, no primeiro parágrafo prescreve:

> § 1º *O Juízo competente instituirá Comissão de Validação, com atribuição de analisar o relatório de leitura,* considerando-se, conforme o grau de letramento, alfabetização e escolarização da pessoa privada de liberdade, a estética textual (legibilidade e organização do relatório), a fidedignidade (autoria) e a clareza do texto (tema e assunto do livro lido), observadas as seguintes características: I – *a Comissão de Validação será composta por* membros do Poder Executivo, especialmente

aquele ligados aos órgãos gestores da educação nos Estados e Distrito Federal e responsáveis pelas políticas de educação no sistema prisional da unidade federativa ou União, incluindo docentes e bibliotecários que atuam na unidade, *bem como representantes de organizações da sociedade civil, de iniciativas autônomas e de instituições de ensino públicas ou privadas, além de pessoas privadas de liberdade e familiares*; II – *a participação na Comissão de Validação terá caráter voluntário e não gerará qualquer tipo de vínculo empregatício ou laboral com a Administração Pública ou com o Poder Judiciário* (CNJ, 2021, p. 6, grifos meus).

Pelo texto da normativa do CNJ (2021), ao Poder Judiciário compete instituir uma Comissão de Validação da leitura de remição da pena e, dentre esses sujeitos, podem ser designados *"representantes de organizações da sociedade civil, de iniciativas autônomas e de instituições de ensino públicas ou privadas, além de pessoas privadas de liberdade e familiares"* (CNJ, 2021). Avançando um pouco mais, o texto da normativa dispõe que *"a participação na Comissão de Validação terá caráter voluntário e não gerará qualquer tipo de vínculo empregatício ou laboral com a Administração Pública ou com o Poder Judiciário"* (CNJ, 2021, grifo meu). Ao que cabe problematizar: institui-se a leitura como forma de remição da pena em todas as unidades prisionais do país, de forma universal, com igualdade para todos, mas a validação desta leitura terá caráter voluntário. Por quê? Por que o Estado que custodia esse sujeito-leitor preso não vai remunerar o sujeito que validará a leitura?

A depender da boa vontade dos cidadãos, há muitas iniciativas que conjugam esforços para minimizar os efeitos da prisionalização, mas até que ponto são efetivas? Mais parece um simulacro, uma máscara de que se faz algo pelo sujeito preso, pois está grafado na normativa. E o signatário da Resolução n.º 391 do CNJ/2021 é o Ministro Luiz Fux, presidente do Supremo Tribunal Federal e do Conselho Nacional de Justiça no período de 2020 a 2022, leia-se autoridade constituída e instituída.

Estamos sob a outorga de um sistema neoliberal, como não relacionar a questão da leitura com o espaço econômico? Já comentei aqui sobre a carência financeira para a aquisição de livros, vou agora me deter em refletir como a validação da leitura de remição da pena foi pensada por essa normativa como um caráter voluntário, desse modo, o profissional que assumir essa tarefa não terá qualquer espécie de pagamento, de remuneração. Isso mostra que a leitura como remição da pena é passível de uma administração conforme os interesses em jogo. Ao não propor vínculo empregatício para a Comissão de Validação da leitura no cárcere, os fatores econômicos aparecem de maneira decisiva para determinar (ou não) as diferentes práticas de leitura: não haverá gastos com pessoal e eu já havia sinalizado que o texto da normativa do CNJ (2021) também se propõe a receber doações de livros para os acervos das bibliotecas (que não existem), portanto a aquisição de livros ficará sujeita não a verbas, mas a doações.

Pergunto: qual é o valor que se dá para o trabalho de validar uma leitura? Ou melhor formulada a questão: a leitura é vista como um trabalho? Percebe-se a construção e a sustentação de interpretação com finalidades específicas: os servidores do presídio são remunerados, a administração pública é remunerada, os servidores do Poder Judiciário são bem remunerados, mas o trabalho de validação da leitura do sujeito-leitor preso é voluntário. Conforme Pêcheux ([1982] 2010b), há um trabalho social de leitura, que em sua divisão configura diferentes perfis de leitores, ao que eu acrescentaria diferentes lugares sociais. São palavras de ordem que marcam as relações de produção da conjuntura neoliberal, termos que metaforizam o campo da leitura no espaço econômico, são gestos que indicam as práticas de administração e de gerenciamento das forças produtivas.

São formas de organização do econômico que emergem da letra da normativa CNJ n.º 391/2021. Essa marca linguística da normativa, precedente, dá visibilidade à prática de leitura, ao saber, como se fossem logicamente estabilizados com atividades de controle e administração que regulam o espaço do lisível. A neutralidade da normativa é apenas aparente. Pode-se pensar que esta imagem de voluntariado e de não remuneração seja produzida pela política educacional e pelas condições e opções econômicas que vigoram no Brasil, desde sempre...

Com efeito, são outras as condições de leitura no espaço prisional. Meu intuito aqui não é fazer a "malhação de Judas" por sobre a normativa do CNJ, mas problematizar que enquanto o Poder Judiciário e a sociedade como um todo continuarem a considerar que o trabalho da leitura não é trabalho, por conseguinte, não precisa remuneração, novas legislações não resolvem. Ao que parece, o problema não é de legislação, o problema é ideológico. O problema é estarmos amarrados a formações discursivas que entendem a constituição de uma biblioteca prisional a partir de doações ao acervo e a Comissão de Validação da leitura dos sujeitos-leitores presos, a ser instituída pela Vara de Execução Penal de cada Comarca, como doação de tempo, sem possibilidade de receber remuneração pelo trabalho de validar essas leituras. Não parece promissor o Brasil continuar a simplificar as mazelas sociais com uma nova legislação, dentre as tantas já existentes. Ao que parece, o problema brasileiro não é a falta de leis. Conforme Pereira (2021), o Brasil é um país de muitas leis – mais de 180 mil normas legais – e poucos resultados; segundo o autor, as leis do Brasil são inadequadas, sem eficácia ou sem nenhum resultado prático à sua vigência.

Pela filiação teórica deste estudo, são as condições de produção que estão no bojo da construção dos sentidos. O trabalho de transformação do sistema prisional é difícil, porque perpassado por questões políticas, administrativas, econômicas e ideológicas. Contudo, por que a tentativa de apagar o trabalho do profissional da leitura? Essa regulamentação jurídica faz parte de um discurso social interferindo na perpetuação de imagens e na modificação delas dentro de um complexo de formações imaginárias.

Por outra via, investiguei na Resolução n.º 391 (CNJ, 2021) quais são as obras que contam para a leitura como dispositivo de remição de pena e transcrevo *ipsis litteris* o art. 5.º:

> Terão direito à remição de pena pela leitura as pessoas privadas de liberdade que comprovarem a leitura de qualquer <u>obra literária</u>, independentemente de participação em projetos ou de lista prévia de títulos autorizados, considerando-se que: I – a atividade de leitura terá caráter voluntário e <u>será realizada com as obras literárias constantes no acervo bibliográfico da biblioteca da unidade de privação de liberdade</u> (CNJ, 2021, p. 5, grifo meu).

Essa normativa do CNJ estabelece que é leitura de obra literária, portanto excetuam-se: a leitura de obras jurídicas que poderiam ser de interesse dos presos, por exemplo, a Constituição Federal, o Código de Processo Civil, o Código de Processo Penal ou o próprio Código Penal; a leitura de obras de cunho espiritual, como a Bíblia; a leitura de obras científicas em qualquer área, tais como em Psicologia, Linguística, Sociologia e Antropologia. Para entender o que é "essa estranha instituição chamada literatura" (Derrida, [1992] 2014), vou me apoiar em Candido ([1988] 2017), que chama de literatura, de maneira ampla, todas as criações em todos os níveis da sociedade, em todos os tipos de cultura, das mais simples às formas mais complexas da produção escrita das grandes civilizações: "a literatura aparece claramente como manifestação universal de todos os homens em todos os tempos. *Não há povo e não há homem que possa viver sem ela, isto é, sem a possibilidade de entrar em contacto com alguma espécie de fabulação*" (Candido, [1988] 2017, p. 176, grifo meu).

> Ora, se ninguém pode passar 24 horas sem mergulhar no universo da ficção e da poesia, *a literatura concebida no sentido amplo a que me referi parece corresponder a uma necessidade universal, que precisa ser satisfeita e cuja satisfação constitui um direito.* [...] a literatura é o sonho acordado das civilizações. [...] talvez não haja equilíbrio social sem a literatura. Deste modo, *ela é fator indispensável de humanização e, sendo assim, confirma o homem na sua humanidade, inclusive porque atua em grande parte no subconsciente e no inconsciente.* [...] A literatura confirma e nega, propõe e denuncia, apoia e combate, fornecendo a possibilidade de vivermos dialeticamente os problemas. [...] *humaniza em sentido profundo, porque faz viver.* (Candido, [1988] 2017, p. 177-178, grifos meus).

Candido ([1988] 2017) defende que a obra literária é um objeto construído e é exatamente porque é construção que é grande seu poder humanizador. Para o autor, esse é o primeiro nível humanizador, haja vista a organização da palavra comunicar-se "ao nosso espírito e o leva, primeiro, a se organizar; em seguida, a organizar o mundo". (Candido, [1988] 2017, p. 179). Nesse mesmo sentido de obra literária ser construção, para Benjamin ([1936] 2012, p. 239),

> A alma, o olho e a mão estão assim inscritos num mesmo contexto. Interagindo, eles definem uma prática. Essa prática deixou de nos ser familiar. O papel da mão no trabalho produtivo tornou-se mais modesto, e o lugar que ela ocupava durante a narração está agora vazio. ([...] Na verdadeira narração, a mão intervém decisivamente, com seus gestos, aprendidos na experiência do trabalho, que sustentam de cem maneiras o fluxo do que é dito.) A antiga coordenação da alma, do olho e da mão, que transparece nas palavras de Valéry, é típica do artesão, e é ela que encontramos sempre, onde quer que a arte de narrar seja praticada.

Benjamin ([1936] 2012) toma a produção do narrador como elemento-chave da caracterização como um artesão da palavra, como um criador de histórias a partir do conhecimento dos costumes e das tradições. Nesse sentido, podemos pensar que o trabalho do leitor também é artesanal, é corpo em funcionamento, é "alma, olho e mão". A produção literária tira as palavras do nada e as dispõe como um todo articulado. Por conseguinte, mesmo que não se perceba, o caráter de coisa organizada da obra literária torna-se um fator que deixa o sujeito mais capaz de ordenar a própria mente e sentimentos; em consequência, mais capaz de organizar a visão que tem do mundo. De acordo com Candido ([1988] 2017), toda obra literária pressupõe a superação do caos interior, determinada por um arranjo especial das palavras e fazendo uma proposta de sentido.

A literatura a todos humaniza, pois permite que os sentimentos passem do estado de emoção para o da forma construída e isso pode ser uma "aquisição consciente de noções, emoções, sugestões, inculcamentos; mas na maior parte se processa nas camadas do subconsciente e do inconsciente, incorporando-se em profundidade como enriquecimento difícil de avaliar" (Candido, [1988] 2017, p. 182). Nessa direção, a potência da literatura, enquanto instituição conectada às democracias, com o dizer praticamente infinito de dizer tudo, consiste em um desejo de justiça, "onde até o mais simples direito falta, como, por exemplo, ficcionaliza Vidas Secas, de Graciliano Ramos. Um poder literário que configura mais um despoder, o poder de dizer o não dito, em reserva, de trazer à discussão temas pouco ou maltratados pela mídia" (Nascimento, 2014, p. 26).

No Brasil, quem melhor pensou nas relações entre sociedade e literatura foi o crítico literário Antonio Candido, autor da epígrafe que abre esta seção, considerado referência para se pensar nos fundamentos estéticos e sociais do país. Em seu texto *O direito à literatura*, publicado em 1988, na efervescência do fim da ditadura e na promulgação da Constituição Federal, Candido propõe que a literatura seja considerada um direito humano: "Uma sociedade justa pressupõe o respeito dos direitos humanos, e a fruição da arte e da literatura em todas as modalidades e em todos os níveis é um direito inalienável" (Candido, [1988] 2017, p. 193).

Ao fazer essa proposição, o autor tece algumas reflexões a respeito dos Direitos Humanos e quanto são contraditórios, na medida em que há, no contemporâneo, o máximo de racionalidade técnica e de domínio da natureza que permitiriam o progresso, mas, na contramão, a irracionalidade também é máxima, pois não se solucionam problemas dramáticos[181] da vida em sociedade. Ao que ele sinaliza: "Todos sabemos que a nossa época é profundamente bárbara, embora se trate de *uma barbárie ligada ao máximo de civilização*" (Candido, [1988] 2017, p. 172, grifo meu). Teoricamente, seria possível entrever uma solução para grandes desarmonias que geram a injustiça, a solução de tantos problemas, e, no entanto, não se empenha nela. Com o autor, se a barbárie continua crescendo, ao menos não se vê mais seu elogio. Já não se constroem pirâmides com as cabeças de inimigos

---

[181] Adjetivo do próprio autor.

mortos, já não se cobrem muralhas com peles escorchadas dos inimigos; pode-se até fazer coisas parecidas ou piores, todavia esse horror não é mais proclamado, já não é natural falar dele.

Candido ([1988] 2017) comenta sobre certa mudança no discurso de políticos que aludem a não mais ser possível tolerar tanta injustiça social, mas não há empenho nenhum para mudança efetiva. Tais pronunciamentos parecem mostrar que a face da miséria constrange e, de forma hipócrita, políticos se mostram sensibilizados à injustiça social, entretanto não agem em consonância com o problema. Ao considerar a literatura como direito humano, o pressuposto para pensar os Direitos Humanos é "reconhecer que aquilo que consideramos indispensável para nós é também indispensável para o próximo" (Candido, [1988] 2017, p. 174). O autor avança nessa reflexão e questiona: entende-se que o outro tem direito à alimentação, à saúde, à moradia, à instrução, mas será que pensam que os pobres teriam direito a ler Dostoiévski? Por que nem todos têm direito à arte e à literatura? Ao que complementa: parece que os sujeitos não estendem todos os seus direitos ao semelhante e a inclusão do "semelhante no mesmo elenco de bens que reivindicamos está na base da reflexão sobre os direitos humanos" (Candido, [1988] 2017, p. 175).

Parece plausível pensar que o processo de constituição de subjetividade está como que amalgamado aos direitos humanos, não só àqueles que asseguram a integridade física, mas aos que garantem a integridade psíquica, espiritual, mental; em assim não sendo, a ação pode ser mutiladora. Nesse mesmo sentido, Ana Maria Machado, no texto intitulado *O direito de ler* ([1993] 2009), afirma:

> Negar à grande maioria da população o amplo acesso à leitura, por falta de uma política consistente de fomento ao livro e incentivo à literatura, equivale a um ato de força muito covarde, a uma arbitrariedade das autoridades que ocupam o poder, contra quem não está em condições de se defender, até mesmo por ignorância do que está sendo negado. No caso do livro, a omissão em defender o direito à leitura através de medidas concretas acaba sendo uma forma de opressão (Machado, [1993] 2009, p. 74).

Por conseguinte, negar o direito à leitura, mormente a literária, é mutilador e opressor. Quanto à falta de condições de as pessoas se defenderem pela falta de acesso aos livros, a autora Machado ([1993] 2009) afirma que é uma forma esperta de a elite se perpetuar no poder, pois consolida a dominação ao não permitir que nossos jovens tenham mais informação, mais desenvolvimento intelectual, mais preparo para enfrentar situações novas nem mais preparo para serem bem-sucedidos na sociedade. Retomando a fala de Darcy Ribeiro (1982), não é crise, é projeto. Trilhando essa mesma via, para Candido ([1988] 2017), fruir a literatura é um direito das pessoas de qualquer sociedade[182], com ela ocorre humanização e enriquecimento. A literatura desenvolve no sujeito a quota de humanidade na medida em que o torna mais compreensível e aberto para a natureza, a sociedade e o semelhante.

O que Candido ([1988] 2017) entende por humanização? É o processo que confirma no homem traços essenciais, "como o exercício da reflexão, a aquisição do saber, a boa disposição para com o próximo, o afinamento das emoções, a capacidade de penetrar nos problemas da vida, o senso da beleza, a percepção da complexidade do mundo e dos seres, o cultivo do humor" (Candido, [1988] 2017, p. 183). Será esse o entendimento de humanização do estado de Santa Catarina ao inscrever na fachada das penitenciárias e presídios, tal como no Presídio Regional de Xanxerê, "Sistema humanizado cidadania respeitada"? Eis a questão...

O livro mais característico do humanitarismo, segundo Candido ([1988] 2017), é de Victor Hugo, *Os miseráveis*, obra que faz parte do rol das leituras propostas aos sujeitos-leitores presos pelo Projeto de Extensão da Unoesc. Um dos temas básicos dessa obra é a ideia de que a pobreza, a ignorância e a opressão geram o crime, e o sujeito é condenado pelas condições sociais. Victor Hugo retrata as condições da sociedade da época e focaliza uma série de problemas graves. A criança brutalizada pela família, o orfanato, a fábrica, o explorador; a história da pobre mãe solteira Fantine, que confia a filha a um par de sinistros malandros, de cuja tirania brutal ela é salva pelo criminoso regenerado Jean Valjean. Pelo recorte, a enunciação do INF 1:

> (INF 1) A própria literatura já digo, então, na verdade, ela ajuda muito pra você tipo não fechá tua mente [...] *Os mise-*

---

[182] Nesse sentido, também Benjamin ([1936] 2000) defende a acessibilidade de obras de arte, e propõe a dissolução do que chama de aura dessas obras, destituindo a obra de arte de seu *status* de raridade. Para Benjamin, a arte deve sair da esfera aristocrática, que faz dela inacessível, e atingir dimensões sociais. Embora o estudo de Benjamin seja mais voltado ao cinema e às imagens, pode-se pensar, de forma análoga, a literatura. Para o autor, a perda da aura e as consequências sociais resultantes desse fato podem ser possibilidade de mudança qualitativa na relação do povo com a arte. A análise de Benjamin ([1936] 2000) mostra que as técnicas de reprodução das obras de arte, provocando a queda da aura, seria um processo positivo, na medida em que possibilita outro relacionamento do povo (massa, para Benjamin) com a arte, dotando-o de um instrumento eficaz de renovação das estruturas sociais. Trata-se de uma postura otimista, que foi objeto de crítica. Contudo, é uma reflexão.

ráveis, sobre a própria questão da humildade, né, que nem o Valjean ficô preso por 19 anos por causa de um pão [...] livro se aprende a questão de humildade e de amor, no caso, com o próximo, né, então, tipo a parte que ele fala dos miseráveis, a parte que ele fala "uma vida por um pão", no caso a mãe da pequenininha tava praticamente se prostituindo, na verdade, um poco por comê, até a questão de quando ela vendeu os dois dente da frente dela pra mandá o dinheiro pra comprá ropa e remédio pra filha dela, que, na verdade, não compraram nada e a parte que ela fala "uma vida por um pão", na verdade foi uma parte que me marcô muito...

Pelo fragmento precedente, corroborando o pensar de Candido ([1988] 2017), a obra *Os miseráveis* sensibilizou esse preso, pois o autor considera que a literatura possui uma força insuspeitada. Candido ([1988] 2017) considera que a entrada do pobre no tema do Romantismo e o fato de ser tratado com a devida dignidade, seja um momento relevante no capítulo Direitos Humanos por meio da literatura. Para o autor,

Focalizar a relação da literatura com os direitos humanos de dois ângulos diferentes. Primeiro, verifiquei que a literatura corresponde a uma necessidade universal que deve ser satisfeita sob pena de mutilar a personalidade, porque pelo fato de dar forma aos sentimentos e à visão do mundo ela nos organiza, nos liberta do caos e portanto nos humaniza. Negar a fruição da literatura é mutilar a nossa humanidade. Em segundo lugar, a literatura pode ser um instrumento consciente de desmascaramento, pelo fato de focalizar as situações de restrição dos direitos, ou de negação deles, como a miséria, a servidão, a mutilação espiritual. Tanto num nível quanto no outro ela tem muito a ver com a luta pelos direitos humanos (Candido, [1988] 2017, p. 188).

Cabe à organização da sociedade restringir ou ampliar a fruição desse bem humanizador. Pela estratificação social, coube ao sujeito-leitor preso a fruição de *Os miseráveis*. Não há difusão humanizadora das obras literárias. Numa sociedade estratificada como o Brasil, "a fruição da literatura se estratifica de maneira abrupta e alienante" (Candido, [1988] 2017, p. 189). Assim, parece ser plausível pensar que o principal obstáculo possa ser a falta de oportunidade, não a incapacidade. Pelo excerto do preso INF 1, pode-se pensar que seja o poder universal dos grandes clássicos, que ultrapassam a barreira da estratificação social e, de certo modo, podem redimir as distâncias impostas pela desigualdade econômica, pois têm a capacidade de interessar a todos, "fazem falta e deveriam estar ao alcance de todos como um direito" (Candido, [1988] 2017, p. 193).

4.4 Funcionamento discursivo e os efeitos de sentido das nomeações sobre o sujeito do cárcere: dizer do mesmo de outro modo[183]

> *A História não estuda o homem no tempo;*
> *estuda os materiais humanos subsumidos nos conceitos.*
> (Veyne, [1976] 1983, p. 44)

Pensar as nomeações[184] no sistema carcerário pode contribuir para entender como se constitui a criação de um imaginário em que o sujeito que vive e/ou viveu um período encarcerado carregará consigo uma discursividade permeada de estigmatização (des)velada pelo próprio significante presidiário ou ex-presidiário, selo indelével do descrédito. E os sujeitos-leitores presos entrevistados enunciaram essa discursividade, conforme se vê no excerto:

> (INF 3) <u>Tenho vontade de saí daqui e continuá meus estudo,</u> ahhh... cuidá do meu filho, dá um apoio pra ele, né <u>e mostrá</u> <u>pra sociedade assim, estudá, consegui um trabalho bom e</u> <u>eles, através das minhas atitude, porque eu sei coas minhas</u> <u>palavra vai sê difícil mudá,</u> se eu saí falando pra todo mundo, não poderia sê dessa forma, <u>vai sê bem complicado, então,</u> <u>quando eu saí lá, sê essa outra pessoa, a sociedade vai vê, então,</u> <u>"ele não depende de ninguém, tá lá vivendo a vida dele, tem</u> <u>os estudo, trabalho dele", né...</u> Então eles vão julgá no começo, né, depende quando eu saio, mas, depois, eles vão notá que eu não só aquela pessoa, a mesma pessoa, sô otra, então, acredito que esse seja um caminho... [...], saí, continuá os estudo, arrumá um trabalho, ahh..., por mais que dizê um trabalho honesto,

---

[183] Esta seção inspirou a escrita do artigo científico "Sujeitos do cárcere: nomeações e efeitos de sentido" (Lorenset; Braga, 2019), publicado em coautoria com o Professor Orientador Dr. Sandro Braga, na Revista *Signum: Estudos da Linguagem*, Londrina, v. 22, n. 1, p. 67-87, abr. 2019. Disponível em: http://www.uel.br/revistas/uel/index. php/signum/article/view/36322. Acesso em: 25 jul. 2019.

[184] Quando se nomeia é como se esse nome fosse transparente e isento de posição, mas, discursivamente, compreendo esse gesto como uma designação por conter a marca de um posicionamento. Dessa forma, considero a designação com Guimarães (2003, 2004, 2005, 2018) como significação de um nome funcionando em sua relação com outros nomes e com o mundo recortado historicamente por esse mesmo nome: dar nome a algo ou a alguém é dar-lhe existência histórica. Nessa tessitura, entendo com o autor que o gesto de designar assinala uma filiação à qual o enunciador pertence e na qual se inscreve e, também, um caráter político, pois é preciso primeiro nomear para, então, dizer algo a respeito do objeto assim designado e é sócio-historicamente marcado.

né, valorizá bastante a família, né, ihhh..., porque essa a vida só existe num caminho né, o volta aqui né, o acaba morrendo, né. (INF 5) quem fica aqui... isso aqui num, isso aqui não ressocializa ninguém, tipo jogá ali, tá ali fechado dentro do cubículinho, andando pra lá e pra cá, a família cada 15 dias, tem pessoas que são de longe, assim, a cada 60, 90, a mídia, a informação, a manipulação que eles fazem, a lavagem cerebral que eles fazem na mente de quem tá ali [...] depois disso aqui, a gente fica cicatrizado... Eu agora tenho dificuldade pra encará, assim, às veiz, eu fico revoltado, num nego, porque eu olho a sociedade e vejo muita hiprocrisia, hipocrisia, assim, como é que eu posso dizê, sabe aquela coisa de você vivê, passá por aquilo e fazê a vida intera tentando acertá e dá sempre errado, e aí você sai lá fora, lá tem que encará, aqui você sabe que tá no teu lugar, você cometeu um crime, você é né, você é tachado como um bandido, tá preso, você tá no teu lugar e quando você voltá pro teu, embora, a tua consciência esteja ali vários dias e a tua consciência, né, "Não!, cumpri minha pena"... Eu sei que os desafio lá fora e por conta, por conta da da passagem dentro do sistema carcerário, ela é, ela é mais árdua talvez que aqui, porque você sabe que as pessoa que tão aqui, né, elas convivem com você, assim, embora tenha aquela indiferença, mas, você nem percebe, lá fora, eu vejo, às vezes, no serviço, né, a gente sai daqui fazê o trabalho, assim, numa empresa e a gente encontra muito disso, né, o preconceito... [...] me feiz entendê assim que a gente tem uma vida ainda pela frente, a gente vai trombá outras pessoa, vai acabá conhecendo otras pessoas...

Isso é corroborado no pensamento foucaultiano em que sujeitos são marcados pelos efeitos e relações de poder, são moldados pelas estruturas, instituições, discursos, pelos dispositivos instrumentais no/do sistema prisional, pois "a historicidade que nos domina e nos determina é belicosa e não linguística" (Foucault, [1978] 2017, p. 41). E nesse pensar acerca da historicidade, com a epígrafe de Veyne ([1976] 1983), compreende-se que o *continuum* espaço-temporal não passa de um quadro didático a perpetuar uma tradição narrativa. Os fatos históricos não se organizam por períodos, recolocados em seu tempo, mas por noções; têm de ser recolocados sob seu conceito. No dizer de Veyne ([1976] 1983), os materiais humanos até comportam a temporalidade, já que são humanos, mas "invocar o tempo é uma maneira inadequada de afirmar que a História deve ser o inventário completo dos acontecimentos" (Veyne, [1976] 1983, p. 45). Para o analista de discurso, antes do rastreamento de dados históricos/cronológicos, importa a compreensão de como os sentidos são produzidos.

Nessa confluência, em que medida analisar as nomeações do sujeito encarcerado vai me auxiliar a compreender a constituição desse sujeito? Na medida em que o ato de nomear (im)põe um primeiro gesto de localizar o sujeito na e pela linguagem, tornando-o, também, materialidade passível e possível de interpretação, pois nomear também constitui o sujeito e atribui-lhe sentido no âmbito das condições de produção. Como o sistema judiciário nomeia o sujeito em situação de cárcere? Como a letra da Lei o grafa? As alternativas para essa nomeação são muitas: encarcerado, detento, preso, reeducando, privado de liberdade, criminoso, condenado, sentenciado, prisioneiro, delinquente, malfeitor, indesejável, bandido... Pelo dizer inscrito na imagem da Figura 15, o sujeito em situação de cárcere é reeducando e detento. A nomeação *reeducando* é empregada com frequência por atores do Poder Judiciário e Estado. Cabe pontuar um estranhamento em relação a esse uso quando iniciei o trabalho com o Projeto de Extensão entre acadêmicos da Unoesc e o Presídio Regional de Xanxerê: os servidores do Presídio empregavam *reeducando*.

Figura 15 – Nomeação *reeducando* para a população carcerária brasileira

Fonte: Portal LeiaJá[185]

Constato, ainda, uma frequente ocorrência da nomeação *reeducando* quando o Estado e/ou a assessoria do Ministério da Justiça e Cidadania se pronunciam sobre o sistema carcerário em Santa Catarina. Minha indagação recai sobre o que está em jogo ao se mudar a nomeação de *preso* para *reeducando*. À primeira vista, posso inferir que o segundo termo permitiria colocar o sujeito que vive atrás das grades em outra posição e condição subjetiva; ao invés de simplesmente *aprisionado* passaria a estar *sujeito à reeducação*.

Nesse sentido, outros horizontes parecem poder se abrir à rotina da vida do sujeito que se encontra dentro dos muros do cárcere, uma vez que o termo *reeducando* implicaria ações do próprio sistema penitenciário nesse processo de reeducação. Não obstante, o termo ainda é passível de estigmatização, haja vista que, na formação morfológica de *reeducando*, o prefixo latino *re* atua como elemento composicional de incidência na significação de um elemento designativo de repetição, ou seja, indica uma ação repetida, com o acrescimento de uma carga semântica retroativa sobre o radical *educando*. Em outras palavras, ao dizer *reeducando*, diz-se também de aquele que já esteve em posição de *educando*, submetido a um processo de educação, mas... Deixo as reticências justamente para marcar tudo aquilo que poderia estar implicado na conjunção adversativa que demarcaria a falha do sistema educacional em relação a esse sujeito e que o submete novamente, porém, agora, à reeducação, e desta vez dentro de outro sistema, o sistema penitenciário.

Proponho, no Quadro 7, uma breve alusão a alguns termos e significados dicionarizados que nomeiam o sujeito objeto desta pesquisa.

Quadro 7 – Nomeações para o sujeito do cárcere, custodiado pelo sistema prisional brasileiro, conforme o *Dicionário Houaiss da Língua Portuguesa* (Houaiss, 2009)

Entrada lexical Inscrição diacrônica Página da citação	Definição lexical
Apenado (1459) (p. 156)	Condenado a pena; punido, castigado. Trabalhador forçado.

---

[185] Disponível em: https://www.leiaja.com/carreiras/2019/09/12/na-cadeia-detentos-apostam-em-notas-altas-no-enem/. Acesso em: 22 set. 2019.

Condenado (1266) (p. 515)	Que ou quem foi declarado ou reconhecido como culpado. Diz-se de ou indivíduo contra o qual foi imposta uma pena por infração da qual foi considerado culpado. Que ou quem aguarda sentença (diz-se de criminoso, de contraventor). Que ou aquele que é perverso, de maus antecedentes, ou incorre na reprovação de outrem. Sem possibilidade de recuperação. A quem não se dá mais esperança de vida, desenganado. Infeliz, desgraçado, maldito.
Delinquente (1444) (p. 610)	Que ou o que delinque, contrariando a lei ou a moral; criminoso, infrator.
Detento (1958) (p. 674)	O que se acha detido em um lugar, esp. na prisão; prisioneiro. O que cumpre pena de detenção. Detido, retido, demorado.
Encarcerado (Século XIV) (p. 747)	Que se encarcerou. Fechado em cárcere. Afastado do convívio social, isolado
Preso (Século XIII) (p. 1547)	Encerrado num local fechado. Impedido de se movimentar com liberdade; tolhido. Fixado ou unido a outra coisa, colado, ligado, atado. Indivíduo encarcerado em uma prisão. Indivíduo detido ou capturado por agentes da autoridade policial ou judicial para procedimento posterior. Tomado, agarrado. Cativo, detento, detido, encarcerado, presidiário, prisioneiro.
Prisioneiro (Século XIV) (p. 1552)	Que perdeu a liberdade, cativo. Aquele que foi privado da liberdade; preso, detento. Indivíduo que vive encarcerado numa prisão.
Privado (Século XIII) (p. 1553)	Destituído de algo, despojado, desapossado. Que pertence a um indivíduo particular. Que é pessoal e não expresso em público. Restrito, reservado a quem de direito, confidencial. Sem presenças alheias; só, solitário, isolado. Pertencente a indivíduo, particular, próprio.
de liberdade (1338) (p. 1175)	Grau de independência legítimo que um cidadão, um povo ou uma nação elege como valor supremo, como ideal. Conjunto de direitos reconhecidos ao indivíduo, isoladamente ou em grupo, em face da autoridade política e perante o Estado; poder que tem o cidadão de exercer a sua vontade dentro dos limites que lhe faculta a lei. Condição de pessoa livre.
Reeducando (Século XX) (p. 1629)	Aquele que é objeto de reeducação, que está sendo reeducado.

Fonte: elaboração da autora com dados do *Dicionário Houaiss* (2009)[186]

---

[186] As menções dicionarizadas, e que circulam no senso comum, funcionam sob o efeito ilusório de que a língua é clara e precisa para dizer da significação do mundo. Distanciando-me do senso comum e compreendendo que

A partir das descrições do Quadro 7, nas trilhas das possibilidades de sentido que o dizer torna possível, considerando-se que a interpretação "sempre se dá de algum lugar da história e da sociedade e tem uma direção, que é o que chamamos de política" (Orlandi, [2003] 2012c, p. 18-19), não há como falar de sentido sem falar de memória e vice-versa; pensar como se dá a circulação dos sentidos, os diferentes modos de analisar o funcionamento da memória em sua relação com a linguagem, a história e a sociedade.

Para melhor analisar o funcionamento dessas nomeações na textualização da Lei e marcos normativos sobre a remição da pena pela leitura, apresento o Quadro 8.

Quadro 8 – Nomeações usadas pelo sistema prisional brasileiro para dizer do sujeito encarcerado – número de ocorrências que constam em normativos legais

Nomeação/ Entrada lexical[187]	Lei de Execução Penal[188]	Recomenda-ção CJN n.º 44/2013[189]	Resolução CJN n.º 391/2021[190]	Diretrizes Nacionais para a Educação em Estabelecimen-tos Penais[191]	Plano Estadual de Educação em Prisões 2016-2026[192]
Apenado	-	3	-	-	11
Condenado	5	2	-	1	3
Delinquente	-	-	-	-	1
Detento	-	-	-	-	4
Encarcerado	-	-	-	1	-
Interno/ Internado	-	-	4	-	-

há discurso na lexicografia, entendo o dicionário como instrumento linguístico, uma vez que "o aparecimento dos instrumentos linguísticos não deixa intactas as práticas linguísticas humanas" (Auroux, 2009, p. 70). A noção de instrumentos linguísticos da História das Ideias Linguísticas significa uma extensão da relação do falante com sua língua, processo que se persegue a longo prazo, sem chance de ser finalizado; rompendo a ligação exclusiva das ciências com a temporalidade, propõe-se a compreendê-lo em sua historicidade constitutiva, desconstruindo o imaginário de espelhamento da língua nele significado. É nesse sentido que opto aqui pela análise de termos aportados em dicionário, pois, em sua materialidade linguística, busca-se compreender como se constituem pelo e no funcionamento discursivo do enunciado dicionarizado os sentidos e a posição do sujeito em sua travessia histórica.

[187] Considero as entradas lexicais tanto no singular como no plural, portanto há a soma delas.

[188] (Brasil, 2011).

[189] (CNJ, 2013).

[190] (CNJ, 2021).

[191] (Brasil, 2010).

[192] (Santa Catarina, 2017).

Nomeação/ Entrada lexical[187]	Lei de Execução Penal[188]	Recomenda-ção CJN n.º 44/2013[189]	Resolução CJN n.º 391/2021[190]	Diretrizes Nacionais para a Educação em Estabelecimen-tos Penais[191]	Plano Estadual de Educação em Prisões 2016-2026[192]
Preso	1	6	4	2	130
Prisioneiro	-	-	-	-	1
Privado de liberdade	-	-	15	16[193]	6
Reeducando	-	-	-	-	3

Fonte: elaboração da autora (2019-2021)

Com a visibilidade e a dizibilidade do funcionamento discursivo que emerge dos quadros precedentes, de acordo com Pêcheux ([1975] 2009), a memória tanto pode ser o interdiscurso (memória discursiva e estruturada pelo esquecimento) quanto pode ser arquivo (memória institucionalizada e organizada pelo não esquecimento), decorrentes tanto de práticas histórico-sociais de organização e distribuição da informação quanto de normatizações; neste estudo, a partir da memória materializada pelo arquivo das normatizações do sistema prisional brasileiro, emerge a memória discursiva que permeia esse sistema permitindo a elaboração de um projeto de remição da pena pela leitura.

Considerando a descrição das nomeações no Quadro 7, usadas pelo sistema prisional brasileiro para dizer do sujeito encarcerado que vive preso, busquei o número de ocorrências que constam em marcos normativos legais e institucionais acerca da leitura como dispositivo de remição da pena, para compreender os efeitos de sentido decorrentes do funcionamento da nomeação no corpo da escrita dos textos de Lei: analiso as escolhas entre as opções vocabulares de nomeação para esse sujeito que está atrás das grades e como os processos discursivos agem na textualização da Lei, na lexicalização das nomeações. Por meio dessa descrição, no Quadro 8, procuro apontar como se dá a inscrição do sujeito nesses documentos e, assim, "dar visibilidade aos embates ideológicos que a escrita da lei tenta

---

[193] Nas Diretrizes Nacionais para a Educação em Estabelecimentos Penais (Brasil, 2010), há três vezes a menção de *privado de liberdade* e 13 vezes *privação de liberdade*: por ser do mesmo campo lexical, opto por somar e considerar a incidência 16 vezes.

apagar no simulacro lógico-formal que lhe serve de arcabouço textual" (Zoppi-Fontana, 2005, p. 99).

No gesto interpretativo dessa materialidade linguística, a partir do levantamento das nomeações utilizadas para referir aquele que vive atrás das grades, passo à análise dos efeitos de sentido dessas formas de nomear, considerando-se as condições de produção desses sujeitos e do sentido do dizer sobre eles. Ao olhar para a entrada lexical *condenado* – que é a nomeação com mais ocorrências no Quadro 8, empregada na Lei de Execução Penal[194] (Brasil, 2011) – dentre outros sinônimos, deparamo-nos com: "Que ou aquele que é perverso, de maus antecedentes, ou incorre na reprovação de outrem. Sem possibilidade de recuperação. [...] A quem não se dá mais esperança de vida, desenganado. Infeliz, desgraçado, maldito" (Houaiss, 2009), que atua na estabilização de um sentido que desqualifica o sujeito, reforçando a construção do imaginário de sujeito marginal, ou seja, um sujeito à margem da sociedade.

Muito embora diferencie a conotação que subjaz no texto da Lei de que já está sentenciada a pena, de que a privação de liberdade não é provisória, há uma carga semântica antagônica ao que preconizam os textos da Lei: no Brasil, a Lei de Execução Penal vigente, Lei nº 7.210, estabelece em seu artigo 1.º: "A execução penal tem por objetivo efetivar as disposições de sentença ou decisão criminal e *proporcionar condições para a harmônica integração social do condenado e do internado*" (Brasil, 1984, grifo meu). No dizer do próprio texto da Lei, há a nomeação *condenado* – pela dicionarização, seria aquele "sem possibilidade de recuperação", aquele que "incorre na reprovação de outrem". Levando em conta esse modo de significar o sujeito, pode-se questionar como o Estado cumpriria o que preconiza o texto da Lei, quer seja "proporcionar condições para harmônica integração social", para um sujeito assim qualificado, a partir de tal nomeação.

Analisando-se acerca dos modos de nomear o sujeito sob a guarda do sistema judiciário, observa-se que quando muda o lugar de enunciação, muda também o modo de enunciar esse sujeito. Ao se tomar o recorte discursivo do Quadro 8, muito embora seja um dizer datado por uma temporalidade mais atual, do século XX, nota-se que não há ocorrência da entrada lexical *reeducando* em nenhum texto da Lei analisada, exceto três ocorrências dessa

---

[194] "Art. 40 - Impõe-se a todas as autoridades o respeito à integridade física e moral dos condenados e dos presos provisórios. Art. 41 - Constituem direitos do preso: [...] XI - *chamamento nominal*" (Brasil, 2011, grifo meu), dito de outro modo, a Lei de Execução Penal diz que o sujeito privado de liberdade possui o direito de ser chamado pelo nome, sem nenhuma discriminação.

nomeação no Plano Estadual de Educação em Prisões 2016-2026 (Santa Catarina, 2017). Compreende-se que os enunciados de atores do Poder Judiciário e do Estado e três ocorrências do termo *reeducando* que constam no documento Santa Catarina (2017) dão visibilidade às ressonâncias marcadas pela tentativa de promover uma ruptura com uma carga semântica atribuída ao termo historicamente, mas como todo sentido só é possível porque já fez sentido antes, marcas deste mesmo semantismo se mantêm ao se produzir nova renomeação.

A materialidade discursiva apresenta a alteração da nomeação *preso* ou *condenado* para *reeducando* – aquele que é objeto de reeducação, que está sendo reeducado. Contudo, o enunciador do texto da Lei (Brasil, 2010; Brasil, 2011; CNJ, 2013; CJN, 2021), ao não nomear *reeducando*, filia-se à nomeação instaurada há séculos de *preso* ou *condenado*, atravessada, cindida e clivada pelo interdiscurso: ao não nomear *reeducando*, o enunciador desliza e o equívoco se traduz em fato estruturante porque inscreve o sujeito em uma memória discursiva que busca ressignificar, e, assim, (in)tenta apagar a conotação pejorativa, contudo sentidos outros transbordam e retornam.

Neste campo enunciativo, principalmente no documento analisado de Santa Catarina, há visibilidade do hibridismo e da heterogeneidade na materialidade discursiva, pois as nomeações oscilam de um lado a outro: ora com carga semântica mais eufêmica exemplificada pelas seis incidências da nomeação *privado de liberdade* e pelas três ocorrências de *reeducando* ora deixando emergir atravessamentos em polo antagônico, observados em 11 ocorrências da nomeação *apenados*, três vezes citada a nomeação de *condenado*, quatro incidências de *detento*, 130 ocorrências da nomeação *preso* e as nomeações *prisioneiro* e *delinquente* aparecem uma vez cada uma nesse documento.

Percebe-se, nessa pluralidade de nomeações do Quadro 8, uma oscilação na discursividade que pode ser vista como uma investida em alterar o discurso buscando na opção da escolha lexical um efeito mais eufêmico para dizer do sujeito aprisionado, contudo esse gesto parece apenas mudar a nomeação do referente, mas sem alterar os processos identitários desse sujeito, que permanece reificado, coisificado. No texto dos marcos normativos legais, há um constante exercício que intenta marcar uma nova designação – significação *versus* ressignificação –, mas os deslizes se traduzem em forças de enfrentamento do novo campo semântico e as nomeações acabam sendo lineares, porque há estabilização do sentido. Assim, compreendo que as palavras não são coladas aos sentidos, elas recebem "seu sentido" da formação discursiva na qual são produzidas (Pêcheux, [1975] 2009, p. 146).

Cabe pontuar que mobilizo as formas de nomeação usadas pelo sistema prisional brasileiro para dizer do sujeito encarcerado em paralelo com a significação dicionarizada (Houaiss, 2009), no intento de produzir uma análise que aponte como os sentidos são produzidos e como eles escapam mesmo quando da existência de todo um dispositivo linguístico que tenta controlá-lo. Dito de outro modo, os termos dicionarizados atuam na estabilização do significado, na tentativa de manutenção, naturalização e cristalização do sentido no imaginário de língua, inclusive no sistema prisional. Observo também que na diacronia da ocorrência desses termos, a nomeação *reeducando* teve início só no século XX, enquanto *condenado* teve seu primeiro registro no ano de 1266 e o registro diacrônico de *preso* data do século XIII, o que me leva a pensar o que propulsionaria a criação de um termo quando já existe outro dentro do mesmo campo de significação? Trata-se de uma pergunta retórica; o que está em jogo não é dizer mais do mesmo, mas, sim, dizer do mesmo de outro modo. E é este o ponto: ao dizer de outro modo, mobilizo um sentido e não outro e, ao fazer isso, filio-me a uma formação discursiva e não a outra. No entanto, não se pode perder de vista que a naturalização da nomeação daqueles que vivem atrás das grades atravessa séculos da história prisional, apontando que as nomeações mudam, mas a designação parece continuar a mesma.

Quantitativamente, há mais incidência da nomeação *preso* no Plano Estadual de Educação em Prisões (Santa Catarina, 2017); são 130 ocorrências. Criar ou substituir palavras ao longo do tempo e o desdobramento em novas palavras são fenômenos linguísticos que merecem o olhar do analista, assim, neste ponto, proponho a análise da materialidade discursiva da definição lexical de preso como "tomado, agarrado, cativo, detento, detido, encarcerado, presidiário, prisioneiro" (Houaiss, 2009), ao que percebo a polissemia constitutiva dessa formulação, pois essa nomeação traz em seu arcabouço de sinônimos a nomeação de muitas outras formas de nomear. Nesse sentido, o nome *preso* parece se filiar a um termo com carga semântica mais pejorativa presente desde o século XIII, todavia, na materialidade, percebo que não há ocorrência dominante, isto é, não há a primazia do funcionamento de um único termo, ao contrário, mesclam-se, o que indica funcionamento heterogêneo dessas nomeações, haja vista que, nos documentos analisados, praticamente emergiram todas as nomeações.

Importante pontuar o momento em que começou a aparecer a possibilidade da alteração dessa forma de nomear, como pode ser observado a partir das 16 ocorrências da nomeação *privado de liberdade*[195] nas *Diretrizes Nacionais para a Educação em Estabelecimentos Penais* (Brasil, 2010), contudo a substituição de uma cobertura lexical por outra não implica necessariamente ruptura com uma formação discursiva à qual esse nome se inscreve. Nessa direção, aponto a alteração que houve na normativa do Conselho Nacional de Justiça, a Resolução n.º 391/2021, que revogou a Recomendação n.º 44/2013: por esta estar vigente durante praticamente todo o tempo do interstício desta pesquisa e por ter norteado o Projeto de Extensão do curso de Direito, Direito e Cárcere: Remição da Pena pela Leitura, em parceria com o Presídio Regional de Xanxerê, foi aqui mantida e foi analisada.

A Recomendação CNJ n.º 44/2013 trazia as nomeações de *apenado* (três incidências) e de *condenado* (citado duas vezes), já a Resolução CNJ n.º 391/2021, expedida oito anos após, não apresenta nenhuma vez as acepções *apenado* nem *condenado*. Contudo, o documento normativo de 2021 mantém a nomeação *preso*, utilizada quatro vezes, cita três vezes *interno* e não havia nenhuma menção a *privado de liberdade* no texto CNJ n.º 44/2013. A Resolução n.º 391/2021 do CNJ apresenta 15 vezes a incidência da nomeação *privado de liberdade* inexistente na Recomendação n.º 44/2013. Ao que parece, é uma tentativa de o legislador dizer do mesmo de outro modo. E, sobretudo, é interessante atentar para o que está em jogo discursivamente nessa troca de um léxico por outro. Há nessa materialidade uma investida de mudança da designação, mas a mudança efetivamente de um sentido pejorativo não ocorre e o já dito retorna nas nomeações – quatro vezes no emprego da nomeação *preso*.

Dando continuidade ao gesto analítico, no Quadro 8 chama a atenção constar cinco vezes a nomeação *condenado* na Lei de Execução Penal (Brasil, 2011), duas ocorrências na Recomendação n.º 44 (CNJ, 2013), uma incidência nas Diretrizes Nacionais para a Educação em Estabelecimentos Penais (Brasil, 2010) e três citações no Plano Estadual para Educação em Prisões 2016-2026 (Santa Catarina, 2017). Chama também a atenção quanto à nomeação *preso*, na mesma sequência dos documentos antes elencados e, respectivamente, deparo-me com uma incidência na Lei de Execução Penal (Brasil, 2011), seis ocorrências na Recomendação n.º 44 (CNJ, 2013), quatro ocorrências na Resolução n.º 391 (CNJ, 2021), duas citações nas Diretrizes Nacionais

---

[195] A nomeação *privado de liberdade* é empregada pela Justiça Restaurativa, que surgiu em meados da década de 1970. No Brasil, ela passa a ser mais utilizada na década de 2010, por organizações sociais, juízes e varas da justiça, com apoio da Pastoral Carcerária.

para Educação em Estabelecimentos Penais (Brasil, 2010) e 130 vezes no Plano Estadual de Educação em Prisões 2016-2026 (Santa Catarina, 2017).

Apresentei um panorama de como a textualidade da Lei nomeia o sujeito *preso*, mas e como o próprio sujeito que vive em espaço de privação de liberdade se autonomeia? E como o acadêmico de Direito, o mediador de leitura como dispositivo de remição de pena pelo Projeto de Extensão da Unoesc Xanxerê, nomeia esse sujeito?

Quadro 9 – Autonomeação do sujeito que vive em espaço de privação de liberdade e nomeação desse sujeito pelos estudantes bolsistas de graduação em Direito da Unoesc Xanxerê, mediadores de leitura como dispositivo de remição de pena[196]

Nomeação Entrada lexical	Autonomeação do preso[197]	Nomeação pelo estudante de Direito, mediador de leitura
Apenado	-	15
Detento	-	3
Preso	38	7
Privado de liberdade	2	-
Reeducando	-	12

Fonte: elaborado pela autora, a partir do dizer de presos entrevistados e de estudantes de Direito que responderam ao questionário da pesquisa (2021)

Pelo Quadro 9, constata-se que o dizer do estudante de Direito, mediador de leitura como dispositivo de remição de pena, coaduna-se com o dito na textualidade da Lei, com hibridismo, pluralidade e heterogeneidade de nomeações. Ao nomeá-los como *apenado* (15 vezes), *detento* (três), *preso* (sete) e *reeducando* (12), observa-se a tentativa de dizer do mesmo de modo diferente. Contudo, ao olhar para a autonomeação do sujeito encarcerado, exceto duas menções ao termo *privado de liberdade*, todos os outros dizeres dos entrevistados, maciçamente, empregam a nomeação *preso*. Que sentidos estão aí em movimento, circulando nesse dizer? Parece marcar que o sujeito que vive em área de cárcere não entra nesse jogo de dizer do mesmo de modo diferente.

---

[196] Elenquei somente as nomeações citadas pelos presos e pelos estudantes.

[197] *Preso*, por ser a nomeação empregada por eles próprios ao falar de si, assim, também a utilizei. Este quadro compila o dizer dos cinco presos entrevistados pela pesquisadora.

Ao mudar o lugar de enunciação, muda também o modo de enunciar esse sujeito. Nenhum deles se autonomeou com a entrada lexical de *reeducando*. Antagonicamente à textualidade da Lei (Santa Catarina, 2017), há visibilidade de homogeneidade presente na materialidade discursiva do sujeito *preso*; não há carga semântica mais eufêmica não... Pelo dizer enunciado, em nenhum momento, dentre as seis horas de entrevista, eles se autodeclararam objeto de reeducação, que estão sendo reeducados. Ao não nomearem *reeducando*, filiam-se à nomeação instaurada há séculos de *preso*, atravessada, cindida e clivada pelo interdiscurso; não se autonomear *reeducando* é fato estruturante porque inscreve esse sujeito em uma memória discursiva, sob nomeação linear, com sentido estabilizado.

Retomando a definição lexical de *preso*, é "agarrado, cativo, detento, detido, encarcerado, presidiário, prisioneiro" (Houaiss, 2009) e, pela polissemia constitutiva dessa formulação, o nome *preso* parece se filiar a um termo com carga semântica mais pejorativa, pela diacronia, presente desde o século XIII. Dizer do mesmo de outro modo não funciona com os *presos*. A naturalização da nomeação daqueles que vivem atrás das grades atravessa séculos da história prisional, apontando que as nomeações mudam, mas a designação parece continuar a mesma; ao que parece, apenas muda a nomeação do referente, sem alterar os processos identitários desse sujeito, que, ao ser custodiado pelo Estado, adentra na "máquina de moer gente" (Brasil, 2017a, p. 147), *preso* na máquina chamada prisão. Constata-se que, mesmo com toda investida na mudança na forma de nomear os sujeitos do cárcere, não mudam as significações, não mudam as políticas públicas.

A partir da discussão proposta, considero que os sentidos não se expandiram, pois a reescrituração de um nome por outro, referiu-se ao mesmo, retomando a designação antes instaurada. Parece que *novas* formas de ocorrências lexicais atendem muito mais a uma investida eufêmica de minimizar em documentos oficiais o sentido que recai sobre o termo que refere àquele que vive no cárcere do que propriamente ressignificar o sujeito do cárcere que está implicado e trancado com cadeado nas grades desse sistema. "[...] Para que minhas palavras tenham sentido é preciso que elas já façam sentido. E isto é o efeito do interdiscurso" (Orlandi, [1999] 2012a, p. 33), assim, pelo gesto analítico efetuado, depara-se somente com a troca da nomeação dos sujeitos encarcerados, contudo não se trocaram paralelamente políticas e princípios humanitários que apostem na recuperação e na reintegração dos sujeitos do cárcere para a convivência em sociedade.

Nessas materialidades linguísticas que constituem os recortes discursivos, constata-se, no fio do discurso, no eixo da formulação, intradiscursivamente, a marca do sempre já-lá, o traço da memória que desliza e, ao deslizar, deixa vestígios, que aqui relacionamos com o que Pêcheux ([1969] 2010a) chama de esquecimento n.º 2, a ilusão do enunciador de que possui o controle do sentido do dizer sem se dar conta que é interpelado pela memória discursiva e pelas ressonâncias parafrásticas interdiscursivas: no lapso, na oscilação-vacilação, a tentativa de controlar o dizer, que escapa, que não pode ser tamponado, que desliza pelas brechas, fendas e fissuras da porosidade da língua, no eixo da memória discursiva, na interdiscursividade. "Não somos indiferentes às palavras e as palavras não são indiferentes ao que significam" (Orlandi, 2012e, p. 219). Segundo Pêcheux ([1983] 2012b) é por filiação a redes de sentidos – complexas – que os sentidos se constituem.

Depois dessa análise sobre os efeitos de sentido das nomeações dos sujeitos que se encontram atrás das grades, dentro do sistema prisional, buscando as materialidades discursivas em movimento na circulação de sentidos, entendemos com Authier-Revuz (2010, p. 272) que nomear é um trabalho que se inscreve "sério, grave, tenso, na não coincidência das palavras com as coisas, de si mesmo com o seu dizer. [...] neste constante movimento reflexivo são formas de retorno na linearidade sobre o dito". Nessa confluência, nomear é uma presença insistente e repetitiva, na não coincidência das palavras com as coisas na escrita do texto da Lei; há tentativa de fixar o controle dos sentidos, porém esse movimento dá forma às oscilações-vacilações da memória e da identidade, e, por esse vacilo, por esse deslize entre *condenado* e *preso* e não *privado de liberdade* e *reeducando*, constata-se que, ao tentar ressignificar, retornam pistas interdiscursivas marcando o pertencer "das palavras e das sequências de palavras ao discurso em curso em todas as formas de remissão a outro discurso já-dito, [...] da alusão, do estereótipo, da reminiscência, quando esses fragmentos são designados como 'vindos de outro lugar'" (Authier-Revuz, 2004, p. 16).

Linhas gerais: síntese da Parte I

A proposta trazida para reflexão nesta primeira parte do livro foi pensar as condições de produção da leitura como dispositivo de remição de pena, sob as regras da Lei. A escolha deste tema aborda uma questão muito específica, mas que abre uma profusão de problemas relevantes a serem analisados, seja referentes à desigualdade social, ao modo de funcionamento dos sistemas de segurança e de justiça, às condições do sistema penitenciário, aos fins e justificativas da pena, à tensão entre o que diz a lei e o que se vê na realidade ou à reflexão sobre a leitura e sua produção e expressão neste contexto.

Assim, procurei esboçar respostas para a indagação: quem são os presos do sistema prisional brasileiro? E, nesta tentativa, pela fatia estatística, o criminoso é o pobre, o jovem, o negro e o pouco escolarizado; no discurso da estatística não há referência à ausência e à falta de responsabilidade do Estado. É um cuidar de consequências, não há uma preocupação com causas. As causas são a ausência do Estado no cuidado com as desigualdades. A atuação do Estado e do legislador se dá *a posteriori*: não se antecipam aos fatos criminosos, eles os tipificam depois que são consumados. E os tipificam para serem aprisionados "os peixes miúdos" (Brasil, 2009, p. 47), já que, para os peixes grandes (políticos, magistrados, promotores, delegados, advogados etc.), "raramente o processo chega ao fim e mais raro ainda serem condenados. E quando condenados quase sempre escapam das grades" (Brasil, 2009, p. 47). Ao que parece, no Brasil os peixes grandes cometem muitos crimes que não são julgados e, se o forem, o Poder Judiciário tem mais dificuldade de condená-los.

Nesse pensar, com a ancoragem da filiação teórica da Análise do Discurso, nesse espaço da interpretação, a determinação não é uma fatalidade mecânica, ela é histórica. Este cenário exposto sobre quem são os encarcerados brasileiros deu visibilidade a uma determinação histórica na constituição dos sentidos e dos sujeitos que têm uma forma material concreta distinta nas diferentes formas sociais. Pensar quem são esses sujeitos presos, discutir relações sociais bastante agudas para que se olhe para a estrutura social vigente de uma forma sensível e se questione: o que se está fazendo com todo esse sistema, há alguma possibilidade outra, diferente da que se tem?

Na verdade, para muito além de olhar para a estrutura social vigente, pensar, planejar, formular e implementar políticas públicas integradas. Afinal, são esses os sujeitos que estão no "caótico e desumano sistema penitenciário, que não cumpre qualquer das funções que a prisão deveria atender, como, especialmente, o da ressocialização" (CNJ, 2019, p. 4-5), pelo que afirmou a Ministra Cármen Lúcia Antunes Rocha, quando Presidente do Conselho Nacional de Justiça, na apresentação do cadastro Banco Nacional de Monitoramento de Prisões. Por esse discurso da Ministra, depreendem-se sentidos de que o Direito Penal brasileiro é uma legislação de muitas regras, de muitos artigos, de muitos parágrafos e de pouca Justiça. Excesso de palavras que parece abrir brechas à ausência do Estado no cuidado dos direitos de seus custodia-dos. Isso pode, algum dia, mudar? É bem provável que possa haver ruptura neste cenário da análise aqui sugerida se e quando sujeitos "entrelaçarem o fio de suas vidas no tecido dos direitos humanos" (Crenshaw, 2002, p. 188).

Nessa confluência, em 2019, o Supremo Tribunal Federal concluiu que as condições carcerárias do Brasil violavam direitos fundamentais dos presos e reconheceu o chamado "estado de coisas inconstitucional" em relação ao sistema penitenciário nacional.[198] O próprio Estado faz a *mea culpa, mea máxima culpa*. O próprio Estado reconhece como estão os presos custodiados no país. De acordo com a Constituição Federal, é dever do Estado brasileiro garantir os direitos fundamentais de seus cidadãos, inclusive daqueles que se encontram em privação provisória de liberdade. Mas o que se vê nos presídios brasileiros, via de regra, é uma situação de tortura institucional que viola os padrões nacionais e internacionais de Direitos Humanos: uma combinação de superlotação, deficiência na prestação de serviços internos, número insuficiente de agentes penitenciários, resultando em um desumano estado de calamidade. No mínimo contraditório que, na fachada do Presídio Regional de Xanxerê, conste a inscrição "*Sistema humanizado cidadania respeitada*".

Nesse enredo, pode-se pensar que os discursos são conflitantes. A Lei tem um discurso, mas, quando se chega ao sistema penitenciário, há que legitimar outro discurso. O agente penitenciário parece ter de legitimar o discurso dele perante o sujeito preso, mesmo escrito na fachada do Presídio o discurso da humanização, embora não esteja na Lei. A Lei de Execução Penal, em seu art. 1.º, fala que a execução penal objetiva "efetivar as disposições de sentença ou decisão criminal e proporcionar condições para a harmônica integração social do condenado e do internado" (Brasil, 1984). Portanto, aborda a integração social, não a humanização. Na sequência dessa mesma Lei, no art. 3.º prescreve: "Ao condenado e ao internado serão assegurados todos os direitos não atingidos pela sentença ou pela lei" (Brasil, 1984). Reitero, a Lei assegura, mas não é o que se vê no sistema prisional brasileiro, com poucas exceções.

Nessa perspectiva, o discurso ressocializador que está operando no âmbito do Presídio Regional de Xanxerê, opera para alguns efeitos, numa relação de poder do agente penitenciário com o preso. Ao que cabe perguntar: por que esse discurso persiste? Qual a função desse discurso

---

[198] De acordo com a Arguição de Descumprimento de Preceito Fundamental - ADPF 347/DF.

ressocializador no âmbito carcerário? Ele tem uma função ali no Presídio. Esse discurso impacta na relação com os presos, embora não tenha base legal. Parece plausível pensar que os materiais institucionais, que estão mais próximos do sujeito preso, precisam se valer de um discurso ressocializador para criar uma legitimidade ético-política, para exercer um tipo de controle, cuja natureza é refletir de que modo a leitura seria ou não operacionalizada, porque ela foi aceita pelo sistema, antes mesmo de se ter uma normativa pelo CNJ (2021), havia apenas uma recomendação (CNJ, 2013).

Nessa confluência, percebe-se que o Projeto de Extensão, embora elaborado pela universidade, que é o espaço da crítica, introduz também esse discurso ressocializador, de certa forma, humanizador e ele é invocado pelos alunos, de acordo com os questionários que responderam. Até eu mesma cito esse discurso ao tratar da seleção das obras, na seção 3.2 deste livro, quando apresento a prerrogativa do Projeto: visa a atender às necessidades sociais de sujeitos presos, proporcionando condições para uma possível reintegração deles na sociedade quando já egressos. Esse discurso humanizador e ressocializador também é citado ao tratar da mediação pelos alunos, na seção 3.3 deste livro, na qual se aponta que o Projeto visa a fomentar o espírito crítico, pode propiciar perspectiva nova de vida aos apenados, ensejando o desenvolvimento do sujeito para o exercício da cidadania e a qualificação para o trabalho. É o que se vê na própria textualidade do Projeto de Extensão, trabalhado na seção 3.2, que busca contribuir com uma "possível reeducação dos apenados pela leitura de obras clássicas da literatura universal que apresentam experiências humanas e suscitam reflexões acerca da responsabilidade pessoal, possibilidade de superação de situações difíceis" (UNOESC, 2019, p. 2).

Avançando um pouco mais e trazendo esse atravessamento de discursos, notadamente no Capítulo 3, pode-se perceber que o próprio Projeto de Extensão Universitária aborda várias vezes a questão da ressocialização. Pelo exposto precedente, percebe-se que o discurso humanizador não está só na inscrição da fachada do Presídio Regional de Xanxerê e que o dispositivo de remição de pena pela leitura, viabilizado por esse Projeto de Extensão, está atravessado por disputas discursivas, com práticas discursivas distintas, que recaem sobre os corpos dos sujeitos presos.

Nesse trilhar, nesta primeira parte do livro, ainda, apresentei a Universidade do Oeste de Santa Catarina – Unoesc Xanxerê e o *locus* Presídio Regional de Xanxerê, que, conquanto próximos pela parceria estabelecida no Projeto de Extensão Universitária Direito e Cárcere: Remição da Pena pela Leitura, estão geograficamente distantes e separados tanto nas latitudes do município – haja vista o Presídio ficar do lado oposto ao lado da cidade em que se situa a universidade – quanto nos objetivos de cada um deles, pois, enquanto a universidade está marcada pela inclusão, o Presídio está marcado pela exclusão. Pode-se pensar que universidade e presídio não são só instituição, mas podem ser prática de significação, parte do processo de produção de subjetividades, em que a materialidade da linguagem – o *como* se diz – é fio condutor da compreensão dos sentidos que existem nas relações que se estabelecem na sua produção.

Ao transitar pela constituição do ensino superior no Oeste Catarinense, procurei estabelecer as condições de produção e a organização do espaço regional na microrregião da Associação dos Municípios do Alto Irani, em que residem parcela significativa dos estudantes do curso de graduação em Direito, mediadores de leitura no cárcere pelo Projeto de Extensão da Unoesc. Por outra via, ao transitar no ambiente físico do Presídio Regional de Xanxerê, deparei-me com um espaço marcado por linhas de força – relações de força –, violência, barulho constante de grades batendo ferro contra ferro, muito embora a inscrição externa apresente o dizer "SISTEMA HUMANIZADO CIDADANIA RESPEITADA" *(sic)*, e compreende-se que a edificação do Presídio pode servir para a (res)significação da memória, dos sujeitos, do Estado e do próprio espaço urbano.

Nesta Parte I, apresentei também as condições de produção, a metodologia e os objetivos do Projeto de Extensão Universitária intitulado Direito e Cárcere: Remição da Pena pela Leitura e os marcos legais que normatizam a remição da pena pela leitura e a educação em prisões no Brasil, em Santa Catarina e em Xanxerê. Problematizei a circulação de sentidos do verbete *remição* em comparação com *remissão*, com amparo de cânones da Língua Portuguesa e da linguagem jurídica, e a circulação de sentidos regida pelo imaginário e memória discursiva em *sugerir* ao Poder Judiciário, enunciado que reverbera efeitos da história do enunciador. Refleti que a leitura como dispositivo de remição de pena pode se traduzir em exercício (im)posto, retomando o dizer da epígrafe que abre a seção 4.1, "para subjugar corpos e espíritos, para submeter os leitores à força de um preceito ou de uma fórmula, para capturá-los nas redes de uma 'identidade coletiva'" (Petit, 2013, p. 105).

Outra travessia deste trabalho foi apresentar as condições de produção das entrevistas que foram realizadas pela pesquisadora com os sujeitos-leitores presos e, também, aspectos da atividade dos alunos como mediadores de leitura com os participantes do Projeto de Extensão da Unoesc. De acordo com Orlandi ([2006] 2010), as condições de produção incluem os sujeitos e a situação. A situação compreende as circunstâncias da enunciação – o aqui e o agora do dizer, o contexto imediato – e o contexto sócio-histórico-ideológico; ambos funcionam conjuntamente, não há como dissociá-los. Fazem parte da prática discursiva as relações de sentido: "podemos dizer que o que dizemos tem relação com outros dizeres e que isso faz parte dos efeitos de sentido de nosso dizer" (Orlandi, [2006] 2010, p. 16). Faz parte também da prática discursiva, o modo como as condições de produção do discurso estabelecem as relações de força, entendidas como o lugar social do qual falamos que marca o discurso com a força da locução que este lugar representa. Cada lugar tem sua força na relação de interlocução e isso é representado nas posições-sujeito. Por conseguinte, essas posições não são neutras e se carregam do poder que as constitui em suas relações de força. Conforme Pêcheux ([1969] 2010a), as condições de produção constituem o sentido da sequência discursiva produzida: os interlocutores, a situação, o contexto-histórico-social-ideológico não são meros complementos.

Nessa senda, também foi apresentada e problematizada a Resolução n.º 391 (CNJ, 2021), notadamente quanto aos aspectos de falta de políticas públicas para que as unidades prisionais tenham infraestrutura para oferecer universalmente a remição da pena pela leitura aos sujeitos presos, pois há um percentual significativo das prisões brasileiras que não possuem biblioteca, muito menos acervo de livros. A normativa é linda, mas parece-me utópica ao propor *audiobooks* aos presos em processo de alfabetização, pois, se nem livros de papel há, o Estado providenciará acesso dos presos a livros que precisam de tecnologia? Outrossim, discutiu-se a não remuneração dos validadores da leitura do preso, conforme o texto, *sem vínculo empregatício*, por meio de trabalho voluntário da Comissão de Validação da leitura, instituída pela Vara de Execução Penal, e o que está implicado nisso.

Outra contradição analisada dessa normativa é que "a validação do relatório de leitura não assumirá caráter de avaliação pedagógica ou de prova, devendo limitar-se à verificação da leitura e ser realizada no prazo de 30 (trinta) dias, contados da entrega do documento pela pessoa privada de liberdade" (CNJ, 2021, p. 6). Percebo uma polarização, pois que o texto prescreve que a Comissão de Validação da leitura terá a "atribuição de *analisar o <u>relatório de leitura</u>*, considerando-se, conforme o grau de letramento, alfabetização e escolarização da pessoa privada de liberdade, a estética textual (legibilidade e organização do relatório), a fidedignidade (autoria) e a clareza do texto (tema e assunto do livro lido)" (CNJ, 2021, p. 6, grifo meu). No mínimo, antagônico: de um lado, não se avalia; de outro, apresenta critérios para analisar o relatório de leitura do preso.

Outra seção desta primeira parte analisa como são nomeados os sujeitos que vivem parte de suas vidas atrás das grades do sistema prisional e quais efeitos de sentido decorrem dessas nomeações, uma vez que, no *corpus* deste estudo, deparei-me com nomeações diferentes para a mesma designação. Constatei que, mesmo com toda investida na mudança na forma de nomear os sujeitos do cárcere, não mudam as significações, por conseguinte não mudam as designações, que são as significações que um nome pode carregar consigo. Conforme Guimarães (2005, p. 89), os movimentos designativos ressignificam constantemente o real, identificado pelo simbólico, e incluem necessariamente o funcionamento político que afeta a língua no acontecimento da enunciação. A reflexão proposta faz pensar sobre as latitudes que a língua oferece, a fim de não reproduzir um imaginário de sujeitos do cárcere, nele inscritos sentidos em funcionamento, marcados pelas estruturas de poder, naturalizadas na sociedade.

A partir dessa discussão, observei que os sentidos não se expandiram, pois a reescrituração de um nome por outro, referiu-se ao mesmo, retomando a designação antes instaurada. Por exemplo, a nomeação *condenado* e a nomeação *preso* são substituídas por *reeducando* e *privado de liberdade*, todavia essas duas últimas formas de ocorrências lexicais atendem muito mais a uma investida eufêmica de minimizar em documentos oficiais o sentido que recai sobre o termo que refere aquele que vive no cárcere do que propriamente ressignificar o sujeito do cárcere que está implicado e trancado nas grades desse sistema.

Nesse prisma, são as palavras que dizem (d)o sujeito, significam os sujeitos, que, antes de falar, são *falados* pelas palavras, por sentidos anteriores nelas sedimentados nos quais os sujeitos se inscrevem para significar. Nesse jogo, nessa tensão entre o mesmo e o diferente, entre o já dito e o a se dizer, pelo gesto analítico efetuado, observei somente a troca da nomeação dos sujeitos encarcerados, não se trocaram paralelamente políticas e princípios humanitários que apostem na recuperação e na (re)integração dos sujeitos do cárcere para a convivência em sociedade.

Nessa perspectiva, com a âncora de Melo (2019, 2021), tento associar essa discussão à problematização sobre essas designações do preso e dos fins ou objetivos da pena. Por que se pune alguém é uma questão milenar dentro das teorias da pena. O que justificaria punir alguém? Esse é o tema da teoria geral da pena e do Direito Penal, com a preocupação clássica no Direito, que é a separação entre direito e moral. Tradicionalmente, são apontadas três possíveis justificações para a teoria da pena: i) olho por olho, dente por dente, em várias reformulações, chamadas da teoria da retribuição por Kant, em sua obra *Fundamentação da metafísica dos costumes* (Kant, [1785] 2009); ii) prevenção geral, que é pautada por uma leitura utilitarista da pena, eu puno para intimidação dos outros e prevenção do cometimento de crimes, o que, para Kant ([1785] 2009), seria inaceitável porque a pessoa seria utilizada como meio, e não como fim; iii) a prevenção especial, que busca evitar que aquela pessoa específica não volte a delinquir.

Conforme Melo (2021), é aqui onde se insere a temática da ressocialização que é criticada por uma corrente do Direito Penal, que está veiculada na mídia brasileira diariamente: a postura garantista, que procura pensar o Direito Penal como um instrumento de tutela de direitos fundamentais, numa dupla face. O fim do Direito Penal é de proteção do mais fraco contra o mais forte: do fraco ofendido ou ameaçado pelo delito, ou seja, a vítima; e, de outro lado, o réu ou o condenado, que é fraco diante da reação comunitária ou estatal, pautada pela vingança. É uma corrente que entende a pena como privação de direitos e considera intolerável qualquer atividade pedagógica ou corretiva na expiação da pena, porque lesivos para a liberdade interior e a dignidade pessoal do réu, por sua pretensão de transformar a pessoa. O único que se pode e se deve pretender da pena, e continuo de acordo com Melo (2021), é que não perverta o réu, que não o reeduque, mas que tampouco o deseduque, que não tenha uma função corretiva, mas tampouco uma função corruptora, que não pretenda fazer o réu melhor, mas tampouco que o faça pior.

Importante este debate porque ele dá um enquadramento do que se poderia pretender da leitura. Numa perspectiva garantista, quanto mais objetiva a demanda para a satisfação do critério, melhor. O foco de análise seria muito mais nos critérios de avaliação dessa leitura e se eles demandam uma alteração ou modificação do sujeito do que do sujeito-leitor. Compreendo que, neste cenário, a leitura pelo dispositivo de remição de pena é importante porque não há uma avaliação ou exame da personalidade do preso, da sua posição crítica, decorrente da leitura, ou por outra atividade. Isso é bom. Essa dimensão legal emerge dos relatórios de avaliação elaborados pelos alunos do Direito da Unoesc Xanxerê mediadores dessa leitura do sujeito-leitor preso no Presídio Regional de Xanxerê, não há uma demanda concreta por parte do Poder Judiciário de análise desse impacto na vida do sujeito preso[199]. Há que se pensar que quem faz esse controle é um estudante de Direito, e não um psicólogo ou um psiquiatra, que têm a função clássica do exame[200].

Todavia, o discurso ressocializador continua operando. Ele é invocado em alguns discursos oficiais, e não é por acaso que autoridades religiosas o façam, inclusive, autoridades do Supremo Tribunal Federal, como a fala da Ministra Carmen Lúcia, aqui citada. Mas, ao que parece, esse discurso, como demonstro nos documentos da Secretaria de Justiça de Santa Catarina e na fachada da Presídio Regional de Xanxerê, opera na relação concreta e direta com o preso, embora, como se vê com Melo (2021), não se sustenta numa criminologia crítica, não se sustenta nas teorias da pena, não encontra respaldo na legislação, cujo único pilar disciplinador era o trabalho, que não consegue ser oferecido no cárcere para atender a toda a demanda dos presos; nem nas análises da Justiça, que deve se pautar por critérios objetivos.

Nesse sentido, compreendo que é possível ler as teorias da pena como práticas discursivas, correlatas, sim, mas que têm suas próprias positividades e se correlacionam de formas distintas com as práticas sociais e particularmente jurídicas e, por que não se pensar, podem ensejar práticas de si e modos de subjetivação diferenciados. Pode-se pensar que há quatro níveis operando: i) discurso criminológico, que se divide entre pensar o homem delinquente ou a sociedade criminógena; ii) teorias da pena e do direito penal, que discutem o que justifica jurídica, e não moralmente, punir uma pessoa; iii) regramento jurídico específico de um país, que institucionaliza comandos de conduta e sanções, mas que estão sujeitos a modificações de seus sentidos a partir da forma como interpretados; iv) as práticas discursivas do sistema penitenciário em si para legitimar sua ação.

Nesse percurso da criminologia, de acordo com Melo (2019, 2021), há uma oposição marcada entre a perspectiva liberal ou positivista de análise, centrada no desvio e, como tal, no homem delinquente como desviante, ao

---

[199] Fica a sugestão para pesquisas e análises futuras de entrevistar o Juízo de Execução Penal e/ou trazer decisões do Poder Judiciário para entender os critérios utilizados para reconhecimento ou da remição da pena pela leitura, quando o benefício é concedido ou quando é negado.

[200] Ao olhar para o passado, quando aprovada a Lei de Execução Penal (Brasil, 1984), havia exame criminológico para a progressão de regime. Atualmente, houve alteração legal, numa perspectiva mais garantista, buscando conceder mais objetividade ao sistema, aproximando o cumprimento da pena a uma perspectiva contábil: cumpre-se um sexto da pena, progride-se. Esse modelo foi incrementado recentemente com alteração legal dos percentuais de cumprimento de pena, de acordo com o tipo de delito, que aponta para uma modificação da natureza da pena, o que remete a uma dimensão de governo em Foucault ([1977-1978] 2008).

qual se haveria de pensar as estratégias de intervenção em sua pessoa, e uma criminologia da reação social ou crítica, que foca na sociedade criminógena e na produção do delito pela reação social, seletiva, estigmatizadora, sistêmica.

Por todo o exposto, pensar o sujeito preso no sistema prisional contribuiu para entender como se constitui a criação de um imaginário em que o sujeito que vive e/ou viveu um período encarcerado carregará consigo uma discursividade permeada de estigmatização (des)velada até pelo próprio significante *presidiário* ou *ex-presidiário*. Isso é corroborado no pensamento foucaultiano em que sujeitos são marcados pelos efeitos de poder, são moldados pelas estruturas, instituições, discursos, pelos dispositivos instrumentais, pelas relações de poder.

Parte II

LINHAS DE SUSTENTAÇÃO TEÓRICA E (ENTRE) LINHAS E DOBRAS DISCURSIVAS: A ANÁLISE

GRADE TEÓRICA: AS LINHAS DE SUSTENTAÇÃO

> *Quem elegeu a busca, **não pode recusar a travessia**.*
> (Rosa, [1956] 2019, grifo meu)

Na travessia da segunda parte, apresento o ponto teórico nodal para este estudo, a fim de, a partir das regularidades que emergiram do material de entrevistas efetuadas com os sujeitos-leitores presos, efetuar o gesto analítico sobre as Sequências Discursivas (SD) (re)cortadas do *corpus*, sobre vestígios materiais da "palavra tomada em um sentido extenso que 'fluidifica' suas fronteiras" (Authier-Revuz, 2010, p. 260).

O Capítulo 5 assegura a fundamentação teórica da Análise de Discurso (AD) para a análise da materialidade do *corpus* e é constituído pelas seções: i) as linhas do dispositivo a partir dos eixos poder, saber e subjetivação; ii) a noção de leitura como um processo discursivo que mobiliza sentido(s); iii) as noções de sujeito, de sujeito-leitor e de posição-sujeito, processo sócio--histórico de produção de efeitos de sentidos, a partir de um lugar social, atravessado por um mosaico de discursos, interpelado pelo inconsciente; iv) a noção de inconsciente, também lugar de constituição do sujeito.

Permito-me ousar aqui e parafrasear Authier-Revuz (2004, p. 23): ao leitor, para quem estas páginas dos pressupostos teóricos se constituírem em uma *recapitulação*, permite-se *saltar* o Capítulo 5 e ir direto ao Capítulo 6, em que há a problematização e o gesto analítico sobre a leitura no cárcere, como se dá, qual regularidade emerge, o que está em jogo, qual o sentido de leitura nesse lugar e por que leitura na prisão.

5.1 Desemaranhando as linhas da noção de dispositivo: mecanismos de poder que capturam, governam, controlam e seus atravessamentos

> *Desemaranhar as linhas de um dispositivo é, em cada caso, traçar um mapa, cartografar, percorrer terras desconhecidas, é o que Foucault chama de trabalho em terreno. É preciso instalarmo-nos sobre as próprias linhas,*

que não se contentam apenas em compor um dispositivo, mas atravessam-no, arrastam-no, de norte a sul, de leste a oeste ou em diagonal.
(Deleuze, 1990, p. 155).

Se este estudo investiga a constituição do sujeito-leitor em espaço de privação da liberdade a partir do dispositivo de remição de pena pela leitura, cabe aqui pontuar o conceito de dispositivo, considerando que a subjetividade é constante e processual, não é o ponto de chegada, mas tem a ver com os acontecimentos que se formam a partir dos dispositivos com os quais o sujeito tem contato. E meu entendimento de dispositivo se sustenta a partir da noção trazida por Michel Foucault e interpretações posteriores de Gilles Deleuze e de Giorgio Agamben, a partir das bases elencadas por Foucault[201].

No bojo da empreitada intelectual do filósofo Foucault está a historicização da mudança dos regimes de governo baseados na figura do soberano como poder central para os regimes de biopoder e a constituição das sociedades disciplinares, diluindo-se em conjuntos de discursos e práticas institucionais sustentadas por saberes específicos. O conceito de dispositivo é central para as discussões foucaultianas. É em *História da sexualidade*, no volume *A vontade de saber* ([1976] 2009), que Foucault desenvolve suas primeiras análises sobre biopolítica e o conceito de dispositivo, apesar de já ter empregado o termo *dispositivo* em *Vigiar e punir* ([1975] 2014a). De modo mais objetivo, o que Foucault entende por dispositivo é especificado em uma entrevista do ano de 1977, intitulada *Sobre a história da sexualidade* ([1977] 2017b), na qual responde, ao entrevistador, o sentido e a função metodológica atribuída ao conceito de dispositivo:

[...] um conjunto decididamente heterogêneo que engloba discursos, instituições, organizações arquitetônicas, decisões regulamentares, leis, medidas administrativas, enunciados

---

[201] Não mobilizo aqui a noção de dispositivo de Michel Pêcheux, embora seja constitutiva para a Análise do Discurso, pois possui seu modo de funcionamento no batimento do dispositivo teórico e do dispositivo analítico diante das demandas do *corpus* e da posição do analista. Optei por não trazê-la, compreendendo que pensar os dispositivos na AD, diferentemente da perspectiva filosófica de Foucault e de Agamben, é pensar uma disciplina de interpretação. A AD faz uma consequência teórica analítica da noção de dispositivo. A própria AD francesa é "concebida como um dispositivo" (Gadet, [1990] 2010, p. 8), assim, "quando a AD monta seu dispositivo teórico-analítico, ela é afetada pelos demais dispositivos que estão na ordem do discurso da/na contemporaneidade" (Neckel; Süssenbach, 2019, p. 10). Considerei mais produtivo pensar o dispositivo de remição de pena pela leitura principalmente em Foucault, pelas relações de poder que se compõem no jogo da dominação e da resistência, e em Agamben, pelas questões da dessubjetivação do sujeito pelos dispositivos contemporâneos, considerando seus aspectos técnicos e tecnológicos e atravessamentos.

científicos, proposições filosóficas, morais, filantrópicas. Em suma, *o dito e o não dito são os elementos do dispositivo.* O dispositivo é a rede que se pode estabelecer entre estes elementos. [...] *tal discurso pode aparecer como programa de uma instituição* ou, ao contrário, como elemento que permite justificar e mascarar uma prática que permanece muda; pode ainda funcionar como reinterpretação desta prática, dando-lhe acesso a um novo campo de racionalidade. Em suma, entre estes elementos, discursivos ou não, existe um tipo de jogo, ou seja, mudanças de posição, modificações de funções, que também podem ser muito diferentes. [...] entendo dispositivo como um tipo de formação que, em um determinado momento histórico, teve como função principal responder a uma urgência. *O dispositivo tem, portanto, uma função estratégica dominante* (Foucault, [1977] 2017b, p. 364, grifos meus).

Pelo excerto, compreende-se que é como espaço de heterogeneidade que se alicerça o dispositivo e diz respeito aos elementos discursivos e não discursivos; sustenta-se numa relação política. No dispositivo surge a instância híbrida e relacional que "está em funcionamento quando se discute política-linguagem-vida" (Butturi Júnior, 2019, p. 21).

Deleuze (1990), por sua vez, explica que um dispositivo é "um conjunto multilinear, composto por linhas de natureza diferente" (Deleuze, 1990, p. 155) e alicerçou nos três eixos interpretativos da ontologia histórica de Foucault – o saber, o poder e a subjetivação – a composição heterogênea do dispositivo em quatro dimensões, quais sejam: a linha da visibilidade, a linha da enunciação, a linha de forças e a linha de subjetivação – "que se entrecruzam e se misturam, acabando por dar uma nas outras, ou suscitar outras, por meio de variações ou mesmo mutações de agenciamento" (Deleuze, 1990, p. 157-158). A primeira linha delimita o que pode ser visto e como se deve ver; a segunda, produz o que pode ser dito e como dizer e ouvir; a terceira, apresenta a dimensão do poder, seus embates, resistências e as fissuras que podem produzir no dispositivo; por fim, a última linha movimenta os processos de individualização no dispositivo. Retomando o dizer da epígrafe de Deleuze (1990), Foucault chama de *trabalho em terreno* o desemaranhar das linhas de um dispositivo; nesse trabalho, o sujeito se instala sobre as próprias linhas que não se contentam em compor um dispositivo, mas atravessam-no.

O jogo multiforme estabelecido entre essas linhas permitiu a Foucault pensar os diferentes modos pelos quais os seres humanos se tornam sujeitos.

Com o conceito de dispositivo, Foucault aponta processos de assujeitamento que produzem tipos de sujeitos por sua cooptação em campos de saberes que, estabelecendo jogos de poderes entre si, configuram sua relação com os outros e consigo. O assujeitamento engendrado por dispositivos pode não ocorrer de forma pacífica, haja vista considerar-se que, para constituir-se como sujeito nas tramas dos dispositivos nos quais são submetidos, implica uma relação com as normas e os regimes de verdade que os sustentam. Pode-se compreender que, nas linhas de força do dispositivo, enredam-se práticas de controle e possibilidades de resistências, pois, "lá onde há poder, há resistência" (Foucault, [1976] 2009, p. 91).

Voltando a Deleuze, "não é exagero dizer que todo dispositivo é um mingau que mistura o visível e o enunciável" (Deleuze, [1988] 2013a, p. 48). Será que mistura ou é uma não relação? Foucault ([1977] 2017b, p. 364) diz que há um jogo entre as visibilidades e as dizibilidades, na perspectiva de mudanças de forma e de funções. A função estratégica do dispositivo resulta do cruzamento das relações de poder e dos campos de saber. E para cumprir essa função estratégica, o dispositivo, inscrito em um jogo de poder, necessita de "intervenção racional e organizada nessas relações de força, seja para desenvolvê-las em determinada direção, seja para bloqueá-las, para estabilizá-las, utilizá-las, etc." (Foucault, [1977] 2017b, p. 367).

No ano de 2005, com o título *O que é um dispositivo?*, Giorgio Agamben proferiu uma conferência no Brasil, na Universidade Federal de Santa Catarina (UFSC). O autor cedeu o texto da conferência para a *Revista Outra Travessia*, edição n.º 5, organizada em comemoração à passagem dele na UFSC. Nesse texto e em outro (Agamben, [2006] 2009), o conceito foi repensado e, de certo modo, reformulado na contemporaneidade; o filósofo italiano convida a abandonar o contexto da filologia foucaultiana e a situar os dispositivos considerando, de um lado, os seres viventes e, de outro, os dispositivos em que estes são incessantemente capturados. E, entre os dois, o sujeito, indivíduo vivo presente por meio dos processos objetivos de subjetivação que o constituem e dos dispositivos que o inscrevem e o capturam nos mecanismos de poder. De acordo com Agamben, a subjetividade se mostra e resiste com mais força no ponto em que os dispositivos a capturam e a põem em jogo. "Uma subjetividade produz-se onde o ser vivo, ao encontrar a linguagem e pondo-se nela em jogo sem reservas, exibe em um gesto a própria irredutibilidade a ela" (Agamben, [2004] 2007, p. 57-58). Propõe Agamben a partir da ampla classe dos dispositivos foucaultianos:

LEITURA E CÁRCERE

> [...] chamarei literalmente de *dispositivo qualquer coisa que tenha de algum modo a capacidade de capturar, orientar, determinar, interceptar, modelar, controlar e assegurar os gestos, as condutas, as opiniões e os discursos* dos seres viventes. Não somente, portanto, as prisões, os manicômios, o Panóptico, as escolas, a confissão, as fábricas, as disciplinas, as medidas jurídicas, etc., cuja conexão com o poder é um certo sentido evidente, mas também a caneta, a escritura, *a literatura*, a filosofia, a agricultura, o cigarro, a navegação, os computadores, os telefones celulares e – por que não – a própria linguagem (Agamben, [2006] 2009, p. 40-41, grifos meus).

A partir desse conceito agambeniano de dispositivo, o que está ao meu redor e com o que me relaciono pode ser visto como dispositivo de produção de subjetividade. Nesse sentido, essa concepção de dispositivo ajuda a compreender que há uma série deles, para além do que Foucault lista, que se atravessam ou se encontram, formando constantemente subjetividades. Nessa esteira, por que não pensar a própria leitura no cárcere para remição de pena como um dispositivo? É o que se propõe neste estudo, considerando que não são linhas que demarcam limites rígidos de um sistema ou de um objeto; elas os desestabilizam, os fazem tornarem-se suscetíveis a movimentos de contínua acomodação quanto às tentativas de efetivar "processos singulares de unificação, de totalização, de verificação, de objetivação, de subjetivação" (Deleuze, 1990, p. 158). Isso me faz pensar que essas linhas podem ser tensionadas pelas enunciações, pelos objetos, pelos sujeitos e pelas forças em exercício que o próprio dispositivo produz. São linhas enredadas a configurações de poder e de modos de subjetivação, considerando, nesse jogo, conforme Foucault ([1975] 2014a), que a prisão está ligada a uma série de dispositivos e, antes de se destinarem pretensamente a aliviar, a curar e a socorrer, tendem mesmo a exercer um poder de normalização. Eis a questão.

O entendimento por dispositivo, nesta pesquisa, dialoga com Foucault, Deleuze e Agamben. Apesar de certas diferenças, os três autores coincidem no entendimento de que um dispositivo sempre irá pressupor linhas de força e de disputas nos jogos de poder e constitui sujeitos. Quando sustento que a leitura para remição de pena no Poder Judiciário é um dos atuais dispositivos jurídicos, é porque considero nele o jogo estratégico com elementos heterogêneos e sua função é, de certo modo, a garantia de uma punição ao transgressor, pela leitura, não mais por suplícios do corpo, não mais por trabalhos forçados.

Nesse sentido, o conceito de dispositivo é tomado nesta pesquisa como forma de operacionalizar uma leitura que troca dias de pena, tornando todos os rituais jurídico-penais meticulosas engrenagens de uma maquinaria que pode visar a alcançar um resultado específico: a normalização. Contudo, mais do que uma sobreposição de elementos, o que faz é colocar em jogo as três instâncias indispensáveis nos trabalhos de Foucault: saber, poder e subjetividade. E da relação entre poder, saber e subjetividade, decorre aquilo que o autor chamou de tema geral de seus estudos: criar uma história dos diferentes modos em que um indivíduo se torna sujeito em uma dada cultura.

5.2 A noção de leitura da Análise do Discurso: um processo discursivo que mobiliza sentido(s)

> *A menção do nome Análise do Discurso (AD)*
> *mobiliza imediatamente **mais de uma leitura**.*
> (Ferreira, [1998] 2003, p. 201, grifo meu).

Pelo dizer marcado na epígrafe de Ferreira ([1998] 2003) e de acordo com Orlandi ([1988] 2012d), a leitura[202], na perspectiva discursiva, em acepção ampla, pode ser entendida como atribuição de sentidos. Leitura pode significar concepção, quando é usada no sentido de leitura de mundo, refletindo a relação com a noção de ideologia. Assim, a leitura pode ir além de uma simples decodificação de signos, atividade mecânica que determina uma postura passiva diante de um texto.

Para a Análise do Discurso, o processo de leitura vai muito além da primeira etapa que é decodificação da palavra escrita; contrapõe-se a uma visão de leitura como decodificação linguística e a um sentido único, fornecido pelo texto, porque inclui o histórico-social como constitutivo do discurso. Assim, na "perspectiva da AD, a leitura remete a processos de significação determinados ideologicamente" (Coracini, 2010b, p. 100). É a interpretação que extrapola a letra do texto, é a continuidade da leitura do mundo acionada pelo sujeito-leitor que vai além, que mobiliza o(s) sentido(s).

---

[202] Escolhi trabalhar a leitura neste estudo somente sob a perspectiva discursiva, contudo ressalto aqui, pela perspectiva teórica da educação, a contribuição do professor de Língua Portuguesa Paulo Freire. Com reconhecimento internacional, para o educador brasileiro, "A leitura de mundo precede a leitura da palavra, daí que a posterior leitura desta não possa prescindir de continuidade da leitura daquele. Linguagem e realidade se prendem dinamicamente" (Freire, [1992] 2011, p. 19-20). Pela concepção freiriana, não basta ser alfabetizado para o ato de ler, que envolve decodificação, constatação, reflexão e transformação de significados.

Com Orlandi ([1988] 2012d), compreende-se que a noção de leitura discursiva é polissêmica, contrapõe-se à linearidade da leitura monossêmica. Para a Análise do Discurso, a organização linguística interna do texto é o que menos interessa; o que está em jogo é o modo como o texto organiza sua relação com a discursividade. Se, em acepção ampla, leitura é construção de sentidos, em sentido mais restrito, leitura pode significar "a construção de um aparato teórico e metodológico de aproximação de um texto" (Orlandi, [1988] 2012d, p. 7). Ao assumir uma perspectiva discursiva na noção de leitura, se pensa a produção de leitura como parte do processo de instauração do(s) sentido(s), considerando que os sujeitos produtores do(s) sentido(s) – o sujeito-autor e o sujeito-leitor – têm suas especificidades e sua história, são sócio-historicamente determinados e ideologicamente constituídos, regidos pelas condições de produção, imaginário discursivo que habita o sujeito e determina o seu dizer.

Dito de outro modo, tanto os sujeitos quanto os sentidos são determinados histórica e ideologicamente, constituem-se num mesmo processo. Sob essa âncora discursiva, a leitura envolve as relações de força ideológicas que proporcionam aos sujeitos envolvidos inscreverem-se na história e produzirem sentidos. Os sentidos não existem em si mesmos – em sua relação transparente com a literalidade do significante –, mas, ao contrário, são determinados *pelas posições ideológicas que estão em jogo no processo sócio-histórico* no qual as palavras, expressões e proposições são produzidas (isto é, reproduzidas)" (Pêcheux, [1975] 2009, p. 146, grifo meu).

Nessa confluência, a leitura, a ideologia e o sujeito, "os três termos devem estar interligados" (Mazière, 2007, p. 62). Também estão inter-relacionados na prática, a ponto de nenhum poder ser realizado de forma independente, a leitura, a interpretação e a escritura, muito embora sejam metodologicamente processos distintos. Leitura e interpretação não se recobrem: a noção de interpretação é mais ampla, pois os gestos de interpretação são constitutivos tanto da leitura quanto da produção do sujeito. Logo, há múltiplos e variados modos de leitura e há de se compreender "que a nossa vida intelectual está intimamente relacionada aos modos e efeitos de leitura de cada época e segmento social" (Orlandi, [1988] 2012d, p. 8).

Nesse percurso, o texto impõe um limite material fundamental na interpretação. Não se lê qualquer coisa porque a materialidade do texto não é indiferente. Contudo, não é só o texto que determina as leituras, mas o sujeito – não na acepção de Descartes, dotado de razão e com controle consciente da linguagem e do sentido – participante de uma determinada formação discursiva, "sujeito clivado, heterogêneo, perpassado pelo inconsciente, no qual se inscreve o discurso" (Coracini, 2010a, p. 18). É a interpretação de um dado leitor num dado momento e lugar, uma relação dialética entre leitor e texto.

Por outra via, ler é "uma operação de caça" (Certeau, [1990] 2014, p. 236), na qual o sujeito-leitor faria "uma reapropriação no texto do outro: aí vai caçar, ali é transportado, ali se faz plural como os ruídos do corpo. [...] Faz das palavras as soluções de histórias mudas" (Certeau, [1990] 2014, p. 48). De acordo com o historiador, o sujeito-leitor passa a ser um caçador em propriedades alheias, seu lugar não é aqui ou acolá, podendo tanto ser um como outro, associando textos adormecidos que o sujeito-leitor desperta e habita, não sendo nunca seu proprietário. É possível traçar um paralelo com a noção de leitura discursiva, na medida em que um mundo diferente do sujeito-leitor se introduz no mundo do sujeito-autor. Certeau ([1990] 2014) comenta ainda que o sujeito-leitor torna o texto habitável, à maneira de um apartamento alugado; transforma a propriedade de um outro em lugar tomado de empréstimo, mobiliando e mudando o imóvel com seus gostos e recordações até a fina película da escrita do sujeito-autor tornar-se um remover de camadas pelo sujeito-leitor, um jogo de espaços.

Nesse enredamento acerca da noção de leitura, Pêcheux pergunta "Sabemos o que é ler? [...] Recortar, extrair, deslocar, reaproximar: é nessas operações que se constitui esse dispositivo muito particular de leitura que se poderia designar como *leitura-trituração*" (Pêcheux, [1980] 2016, p. 25). E o autor afirma que analisar discursos coloca em jogo o que ele chama de *"tomar partido pela imbecilidade"* (Pêcheux, [1980] 2016, p. 25). Para não cair nesse jogo, o que seria esse *fazer imbecil?* Segundo o autor, é decidir não saber nada do que se lê, permanecer estranho a sua própria leitura, "acrescentá-la sistematicamente à fragmentação espontânea das sequências, para acabar de liberar a matéria verbal dos restos de sentido que ainda aderem aí..." (Pêcheux, [1980] 2016, p. 25).

Pêcheux ([1983] 2010c) cita novamente a reflexão do *distanciar-se da imbecilidade* ao não dissociar memória do histórico e do político e ensina que devemos mover nosso olhar primeiro para as significações, depois para as construções e procedimentos de montagens. Para ilustrar a importância da questão do sentido e da vontade de interpretar, o autor traz a fala de Pierre Achard, que cita o provérbio chinês "Quando lhe mostramos a lua, o *imbecil* olha o dedo" (Pêcheux, [1983] 2010c, p. 54, grifo meu). Eis o desafio de analistas do discurso na leitura dos arquivos: *distanciar-se da imbecili-*

dade e vislumbrar uma "lua" de sentidos em seus objetos de análise, neste estudo, a leitura como dispositivo de remição de pena na constituição do sujeito-leitor em espaço de privação da liberdade.

Ao pautar a leitura como um trabalho de trituração, significa que, como o sujeito não apreende o real tal como é, "o impossível de ser atingido" (Pêcheux, [1983] 2012b), ele precisa produzir, em sua leitura, um recorte, um efeito de sentido. O trabalho de análise é, portanto, entendido "não mais como uma leitura/interpretação em que se misturam o ver e o entender (de um sentido através de uma sequência textual), mas trabalho no sentido de trabalho filosófico" (Conein *et al.,* [1980] 2016, p. 323-324), isto é, de análise e de teorização. Pêcheux, conforme Maldidier ([1989] 2003), foi um semeador de ideias de leitura. "Ele trabalhou impossíveis 'máquinas de ler' que iam abrir novas leituras. Ele, infatigavelmente, leu e re-leu, fez ler, falou de suas leituras" (Maldidier, [1989] 2003, p. 98).

Nas palavras de Pêcheux ([1982] 2010b), a questão de leitura permanece quase sempre implícita e há razões para se pensar que os conflitos explícitos remetem a clivagens subterrâneas, ou seja, nas bordas, entre maneiras diferentes de ler o arquivo:

> Seria do maior interesse reconstruir a história deste sistema diferencial dos *gestos de leitura* subjacente, na construção do arquivo, no acesso aos documentos e a maneira de apreendê-los, nas práticas silenciosas da leitura "espontânea" reconstituíveis a partir de seus efeitos na escritura: consistiria em marcar e reconhecer as evidências práticas que organizam essas leituras, mergulhando a "leitura literal" (enquanto apreensão-do-documento) numa "leitura" interpretativa – que já é uma escritura. Assim começaria a se constituir *um espaço polêmico das maneiras de ler*, uma descrição do "trabalho do arquivo enquanto relação do arquivo com ele-mesmo, em uma série de conjunturas, trabalho da memória histórica em perpétuo confronto consigo mesma" (Pêcheux, [1982] 2010b, p. 51).

Com Mazière (2007), entendemos que no texto *Ler o arquivo hoje*, de 1982, Pêcheux vai repensar uma história de leitura como história cultural, opondo a leitura de dados, informativa, qualitativa e científica "à leitura durante muito tempo considerada como a única leitura letrada, a da literatura e das ciências interpretativas, com o primeiro lugar sendo da história" (Mazière, 2007, p. 63). Logo, a noção de leitura da Análise do Discurso francesa inscreve o sujeito-leitor que não é facilmente definível. O sujeito-leitor faz o sentido na história, por meio do trabalho da memória, a retomada do já dito. O sujeito não está na fonte do sentido. E o sentido não aparece na conclusão das estatísticas. Mas o sentido é explicável por um dispositivo que não é transparente nem às intenções nem às enunciações dos interlocutores.

5.3 A noção de sujeito-leitor na perspectiva discursiva: processo sócio-histórico de produção de efeitos de sentidos, a partir de um lugar social, atravessado por um mosaico de discursos

Todo leitor tem suas histórias de leitura.
(Orlandi, [1988] 2012d, p. 115)

Antes de trabalhar a noção de sujeito-leitor, há que se pensar na noção de sujeito da AD, que não considera a noção psicológica de sujeito empiricamente coincidente consigo mesmo, ao contrário, entrelaça outros fios conceituais dessa filiação teórica de vertente francesa e serve de travessia na investigação do funcionamento discursivo pelos gestos de interpretação que sinalizam movimentos, efeitos, a relação com sentidos de um discurso. Sob essa perspectiva teórica, a ideologia é a condição para a constituição do sujeito e dos sentidos, é função da relação necessária entre linguagem e mundo, pois "Linguagem e mundo se refletem no sentido da refração, do efeito imaginário de um sobre o outro" (Orlandi, [1999] 2012a, p. 47).

O sentido é uma relação determinada do sujeito, afetado pela ideologia, com a história. A marca da subjetivação se dá no "traço da relação da língua com a exterioridade: não há discurso sem sujeito. E não há sujeito sem ideologia. Ideologia e inconsciente estão materialmente ligados" (Orlandi, [1999] 2012a, p. 47). Dito de outro modo, a materialização da língua pressupõe um sujeito que enuncia não na sua individualidade, mas afetado pelo inconsciente e pela ideologia. Estão ligados pela língua e, enquanto prática significante, a ideologia aparece como efeito da relação necessária do sujeito com a língua e com a história para que haja sentido.

A ideologia intervém com o modo de funcionamento imaginário, imagens que permitem que as palavras colem com as coisas. E é "a ideologia que faz com que haja sujeitos. O efeito ideológico elementar é a constituição do sujeito" (Orlandi, [1999] 2012a, p. 48). E, avançando um pouco mais, é pela interpelação ideológica do indivíduo em sujeito que se instaura a discursividade. O sujeito do discurso tem a ilusão de ser a origem do que diz, mas é constituído a partir da relação com o outro, nunca sendo fonte única do sentido, pois "nem a linguagem, nem os sentidos, nem os sujeitos são transparentes: eles têm sua materialidade e se constituem em processos em que a língua, a história e a ideologia concorrem conjuntamente" (Orlandi, [1999] 2012a, p. 48). O sujeito da Análise do Discurso sofre os efeitos do simbólico, se não se submeter à língua e à história ele não se constitui, ele não fala, ele não produz sentidos. O sujeito, nesta perspectiva teórica, é afetado pelo real da história, isto é, pela contradição, considerando que o real é aquilo que não pode ser dito pela língua, mas é apreendido pela discursividade, pela ordem do simbólico. Na representação do real da língua pela linguagem, o real se opõe ao simbólico e vice-versa.

O passo seguinte agora é a noção de posição-sujeito, pois o sujeito discursivo é pensado como uma posição entre outras e, segundo Orlandi ([1999] 2012a), é um lugar – é a posição que deve e pode ocupar o indivíduo para ser sujeito do que diz. De acordo com Ferreira (2001), uma posição--sujeito não é realidade física, mas um objeto imaginário, representando, nos processos discursivos, os lugares ocupados pelos sujeitos na estrutura de uma formação social. A posição-sujeito, segundo Pêcheux ([1975] 2009), configura-se como um objeto imaginário que ocupa seu espaço no processo discursivo. Dessa forma, o sujeito não é um, mas comporta distintas posições-sujeito, variantes conforme as formações discursivas e ideológicas em que o sujeito se inscreve, ou seja, faz parte do descentramento do sujeito falar em posições-sujeito. O sujeito se constitui em posições-sujeito.

Nesta perspectiva, os sujeitos são intercambiáveis, não há um sujeito único, mas diversas posições-sujeito, as quais estão relacionadas com determinadas formações discursivas e ideológicas, porque

> [...] o sujeito-leitor aproxima-se do texto a partir do seu lugar social, de sua posição sujeito, e o observa à luz do seu contexto sócio-histórico, cultural, político e econômico. Mas não apenas isso. Aborda-o igualmente a partir de suas histórias de leitura, e de outros discursos que ressoam desde o interdiscurso, atravessando-se em sua leitura. [...] Em suma, *ler é mergulhar nessa teia discursiva invisível, constituída de palavras anônimas já-ditas e já esquecidas que constituem um "corpo sócio-histórico de vestígios"* a serem lidos (Indursky, 2001, p. 37, grifos em itálico meus).

Assim, considerando que ler é mergulhar numa teia discursiva invisível, neste estudo, o sujeito-leitor em espaço de privação de liberdade não reconhece sentidos, não preenche lacunas, hiatos, mas é interpelado pela posição-sujeito que o afeta e instaura seu próprio processo discursivo, desconstruindo o texto lido, atribuindo sentidos que podem não ser aqueles esperados pelo sujeito-autor, lembrando que tanto o sujeito-leitor, quanto o sujeito-autor, quanto os sentidos são historicamente determinados, pois "as palavras, proposições etc., *mudam de sentido segundo as posições sustentadas por aqueles que as empregam*" (Pêcheux, [1975] 2009, p. 146-147, grifo meu). Pelo exposto, retomo o dizer inicial de que, para compreender a noção de sujeito da Análise do Discurso, há que entrelaçá-la a esses outros fios conceituais da teoria.

Prosseguindo, apresenta-se a noção de sujeito-leitor. Pensando na reflexão de Barthes ([1970] 2012), para quem "há séculos que nos interessamos desmedidamente pelo autor e absolutamente nada pelo leitor" (Barthes, [1970] 2012, p. 26), e com a epígrafe de Orlandi ([1988] 2012d) que abre esta seção, de que o leitor possui as suas próprias histórias de leituras – ou seja, com a relação imaginária do texto com o simbólico, o leitor pode cortar, escandir, pontuar sentidos –, considera-se que o texto prescinde do leitor. Dito de outro modo, pensa-se a leitura como relação entre texto e leitor, já que tanto o texto quanto o leitor possuem suas histórias. Nesse prisma, o processo da leitura é associativo, uma luta incessante do leitor com a força do texto: "com a lógica da razão (que faz com que a história seja legível) mistura-se uma lógica do símbolo" (Barthes, [1970], 2012, p. 28). A leitura deriva de associações engendradas pelo sujeito-leitor na letra do texto, mobilizando sentido(s), interpelado pela ideologia, de forma inconsciente. "A leitura mais subjetiva que se possa imaginar nunca é senão um jogo conduzido a partir de regras. De onde vêm estas regras?" (Barthes, [1970] 2012, p. 28-29). A resposta do próprio autor é de que as regras vêm de uma forma simbólica que nos constitui.

Nessa direção, ler é fazer trabalhar o corpo do sujeito-leitor ao apelo dos signos do texto, de todas as linguagens que o atravessam e que formam como que a profundidade cambiante das frases, considerando as condições de produção e as formações imaginárias que incidem sobre o sujeito-leitor. Na leitura são mobilizadas, pelo menos, duas posições-sujeito: o sujeito-autor e o sujeito-leitor. Ambos atuam afetados pelas condições de produção, pelo inconsciente e pela ideologia. Ao falar em "processo de interação da leitura" (Orlandi, [1988] 2012d, p. 10), a autora sublinha uma relação que instaura o processo de leitura: é o jogo na relação entre o leitor virtual (leitor imaginário, a quem o autor destina o texto) e o leitor real (leitor constituído, aquele que lê o texto efetivamente, que se apropria do texto, a presença física). Assim, sob essa perspectiva, o leitor não interage com o texto numa relação de sujeito/objeto, mas a relação de interação é com outro(s) sujeito(s), com o leitor virtual, o autor. Ainda de acordo com Orlandi ([1988] 2012d), se ficasse só na objetalidade do texto, fixar-se-ia na mediação, e se perderia a significância ao se perder a historicidade constitutiva.

O enfoque deste estudo é, a partir da identificação da posição sujeito-leitor do cárcere, discutir o que está em jogo nessa leitura, nesse espaço de privação da liberdade. Que leitura é essa? Quais os efeitos de sentido para quem lê e para quem propõe essa leitura? A partir dessa posição sujeito-leitor, busco detectar qual a discursividade do que é leitura no cárcere. E a questão que norteia a pesquisa é: que posição-sujeito é essa que está sendo construída *nesses, por esses, com esses sujeitos-leitores,* nessas condições de leitura no cárcere como dispositivo de remição da pena? A partir dela, limito-me a abordar aqui tão somente a noção de sujeito-leitor, buscando compreender como ele (inter)age nesse processo de leitura, produção de sentido(s), gesto de interpretação do sujeito que lê, considerando que a leitura produzida é uma dentre outras possíveis. Isso ocorre porque ler "é saber que o sentido pode ser outro" (Orlandi, [2003] 2012c, p. 138). Podem ser vários, contudo não pode ser qualquer um, pois não dá para ler o que o texto não permite; a leitura, sob a óptica discursiva, é questão de historicidade, a legibilidade não é um "tudo ou nada" (Orlandi, [1988] 2012d, p. 9). A legibilidade vai além do limite material do texto.

Nesse seguimento, "ler é uma prática social que mobiliza o interdiscurso (a memória do dizer) e que conduz o leitor, enquanto sujeito histórico, a inscrever-se em uma disputa de interpretações" (Cazarin, 2011, p. 240). De acordo com a autora, a noção de leitura da Análise do Discurso lança o sujeito-leitor a desestabilizar sentidos já dados, em um processo histórico de interpretação e de disputa de sentidos. Ao pensar o sujeito-leitor em espaço de privação de liberdade, trata-se de um sujeito de direito, sem direitos, mas com o direito de ler para remir a pena. Parece contraditório.

De acordo com Foucault ([1975] 2014a), as diferentes formas de poder fabricam diferentes tipos de individualidades. A prisão está ligada "a uma série de outros dispositivos 'carcerários', aparentemente bem diversos – pois se destinam a aliviar, a curar, a socorrer –, mas que tendem todos como ela a *exercer um poder de normalização*" (Foucault, [1975] 2014a, p. 302, grifo em itálico meu). Penso que seja possível enquadrar aí o dispositivo de remição de pena pela leitura: aparentemente, destina-se a aliviar a pena do sujeito preso, mas a tendência mesmo é, com ele, exercer poder de normalização.

Nessa perspectiva, ainda, com Petit (2013), não esquecer que a leitura é, muitas vezes, um exercício "imposto, para subjugar corpos e espíritos, para submeter os leitores à força de um preceito ou de uma fórmula, para capturá-los nas redes de uma 'identidade coletiva'" (Petit, 2013, p. 105). A formação do sujeito-leitor perpassa pelo assujeitamento, pois a "noção de sujeito-leitor acolhe, ao mesmo tempo, o individualismo e o mecanicismo coercitivo de individualização imposto pelas instituições" (Orlandi, [1988] 2012d, p. 67). Ideologicamente, o sujeito-leitor se apresenta como capaz da livre determinação dos sentidos, todavia, simultaneamente, é um sujeito submetido às regras das instituições, neste estudo em questão, às regras do Estado, da instituição prisional e do Projeto de Extensão da Unoesc.

Ao pensar que esse dispositivo de leitura para remir pena no cárcere precisa passar por um processo de legitimação, entende-se que não é por acaso que essa função de legitimar essas leituras está atribuída à universidade. Não pode ser qualquer leitura que o detento leia que será legitimada, tem de ser a leitura da seleção do Projeto de Extensão, mesmo que essa restrição, conforme já apontado anteriormente, seja mais por uma questão de acessibilidade a um acervo mínimo de obras, haja vista não haver recursos financeiros para a aquisição de livros outros para compor esse acervo. A autoridade imediata, nesse caso, é o estudante de Direito medi(a)dor dessa leitura.

5.4 A noção de inconsciente: um lugar de constituição do sujeito

> O inconsciente é, em seu fundo, estruturado,
> tramado, encadeado, tecido de linguagem.
> (Lacan, [1955-1956] 2008, p. 139)

Freud ([1900] 2010), lido por Pêcheux ([1975] 2009, p. 163), ao distinguir as regiões na estrutura do psiquismo, quais sejam: a consciente, a pré-consciente e a inconsciente, concentra esta última como a região que incluiria todos os processos e representações voluntariamente inacessíveis à evocação, embora permeáveis à análise. Em Lacan ([1957] 1998), prevalece uma noção sob o ângulo da linguística, em que "o inconsciente é estruturado como uma linguagem" (Lacan, [1966] 1998, p. 882), ou seja, nessa formulação lacaniana, o inconsciente – e todo nosso sistema psíquico – é entendido e organizado segundo uma linguagem. Nesse sentido, o inconsciente é "estruturado em função do simbólico" (Lacan, [1959] 1988, p. 22).

Ao procurar detectar a estrutura de transformação dos símbolos do inconsciente individual em uma linguagem consciente e social, considera possível estudá-los por meio do modelo racional de linguagem. O que Lacan propõe é que o discurso é dissociado de um sentido que compreenderia uma intencionalidade consciente do sujeito. Lacan concebe o inconsciente como uma cadeia de significantes ordenada pelas leis da linguagem – metáfora e metonímia. Lacan ([1957] 1998) encontra na metáfora e na metonímia as duas formas de articulação dos significantes, designadas por ele como as leis do inconsciente. De acordo com Cordeiro (2015), Lacan designa por significância o momento da operação significante, o significante no seu momento ativo, produtivo. A significância é o momento em que o significante passa para o estágio de significado e, como consequência, passa a carregar-se de significação.

Nessa confluência, o *Outro*, escrito com letra maiúscula, para Lacan: "é o lugar em que se situa a cadeia do significante que comanda tudo o que aí pode presentificar-se do sujeito, é desse campo vivo onde o sujeito tem que aparecer" (Lacan, [1964] 1998a, p. 193-194), designa um lugar simbólico, a lei, a linguagem. O grande Outro é a linguagem. O grande Outro é o inconsciente. Já o *outro*, escrito com letra minúscula, diz respeito ao outro imaginário, lugar da alteridade especular. Alteridade é um termo definido por Lacan ([1964] 1998a) que explica a dualidade do sujeito, vinculado às produções que podem ser formuladas a respeito da função do *eu*, que não se encontra como uma forma fechada em si, mas tem relação com o exterior, que o determina nessa complexa estrutura que o compõe, envolvendo os conceitos do outro (pequeno) e o Outro (grande).

Dessa forma, o eu, o Outro e o mundo não passam de projeções do desejo, de imagens que esse desejo produz. De acordo com Ferreira (2010), o inconsciente lacaniano, identificado com o discurso do Outro, não traz carga de subjetividade; ele alude a um lugar do significante e não a uma entidade. Em Lacan, o inconsciente como o discurso do Outro está além da regulação do sujeito. Por isso,

> O imaginário lacaniano é fundamentalmente *narcísico*. [...] é a partir da imagem do outro que oriento meu desejo e minha relação ao mundo social. A imagem mostra como 'o desejo do homem é o desejo do outro'. Assim, não se trata simplesmente da projeção do Eu sobre o mundo dos objetos, já que *a imagem do outro é a perspectiva de apreensão dos objetos.*

O mundo dos objetos é desde sempre constituído através da perspectiva fornecida pelo desejo do outro, um desejo que não posso reconhecer como alteridade, no interior de si mesmo (Safatle, 2009, p. 31-31).

Nesse pensar, o imaginário diz respeito ao processo de identificação do eu que é da ordem do indivíduo, uno, unívoco, ao contrário do sujeito que é da ordem do dividido, do polissêmico, do equívoco. O sujeito é determinado pelo simbólico em sua possibilidade plural, iludido pelo imaginário em seu efeito de unidade e é também limitado pelo real, já que o real é parte que escapa à consciência do sujeito e que, por conseguinte, a limita. O sujeito tenta resistir a discursos outros ao ser interpelado em sujeito do discurso pela ideologia porque, para ser sujeito, é necessário ocupar uma posição no discurso e, portanto, resistir a outras. Tenta resistir, mas os deslizes são constitutivos.

Ferreira (2010), a partir da configuração particular do lugar do sujeito com a tríade lacaniana – *real – simbólico – imaginário* –, a partir do inconsciente freudiano, representou o nó borromeano[203] de Lacan na teoria do discurso, na Análise do Discurso, conforme se vê na Figura 16.

Figura 16 – Representação do nó borromeano na teoria da AD (Ferreira, 2010, p. 24)

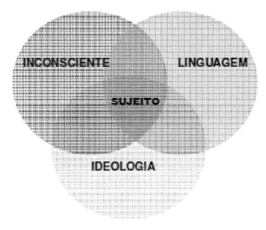

Fonte: Ferreira (2010, p. 24).

---

[203] Conforme De Godoy (2016), o nó borromeano constava nas armas da nobre família Borromeo, de Milão, na Itália. O nó teria chamado a atenção de Lacan por ser composto por três círculos ou anéis dispostos em forma de trevo, os quais tramam de tal modo que se um deles for cortado, os outros dois ficam livres. Portanto, todos os três anéis têm igual importância na manutenção do conjunto. Não há hierarquia nem sobreposição de um anel sobre o outro, estão justapostos de forma igual. O enlace harmônico e intercambiável dos três anéis levou Lacan a usá-lo como modelo de representação das três instâncias: Real, Simbólico e Imaginário (R. S. I.).

De acordo com a autora, esta figura, introduzida na psicanálise por Lacan, é formada por três anéis, simbolizando uma tríplice aliança. Ao retirar um desses anéis, os outros dois ficariam soltos e perderiam a sustentação, a interligação constitutiva, pois é o laço da interdependência que os estrutura solidariamente: "o nó borromeano simbolizaria o lugar do sujeito no entremeio das três noções de *linguagem - ideologia - inconsciente*" (Ferreira, 2010, p. 24).

Por sua vez, a autora De Godoy (2016) sugere *enlace borromeano* em detrimento de "nó" para esse tripé proposto por Ferreira (2010) para a Análise do Discurso – linguagem, ideologia, inconsciente –, considerando que cada um desses elos não só se liga um ao outro, como estão, todos, em aberto, permitindo trocas. O termo "nó" apontaria para "algo tenso, preso, que não permite passagem, o que é o oposto do que a imagem vem, de fato, representar" (De Godoy, 2016, p. 14). O próprio Lacan observa que "o nó borromeano não é um nó, é uma cadeia" (Lacan, [1975-1976] 2007, p. 85). E é no espaço criado pela interseção entre esses três elementos que habita o sujeito do discurso, conforme representado a seguir.

Figura 17 – Representação tridimensional dos anéis de Borromeo

● Ideologia   ● Inconsciente
● Linguagem   ○ Sujeito / Discurso

Fonte: a partir da proposta de "enlace borromeano" (De Godoy, 2016, p. 14)

A representação tridimensional, no lugar da chapada representação clássica (Figura 17), dá ênfase ao espaço do sujeito, na AD, que não é somente o espaço de interseção entre linguagem, ideologia e inconsciente, mas a totalidade do espaço interno a esse enlace, sendo esse espaço "aberto, poroso, lacunar, cheio de fendas, furos, falhas; um espaço da não totalidade; um espaço de entremeio, conectado com o exterior" (De Godoy, 2016, p. 14). Esse é o espaço do sujeito da Análise do Discurso, um espaço transparente e opaco, o espaço do discurso. Avançando um pouco mais, ainda que em português e em espanhol (*nudo borromeo*) se use o termo "nó", em inglês a expressão é *borromean rings*, em francês é *anneaux borroméens* e em italiano é *anélli di Borromeo*, portanto os ingleses, os franceses e os italianos empregam "anéis" e não "nó". Ao que também eu, neste estudo, utilizarei a expressão *anéis de Borromeo* para simbolizar esta dimensão constitutiva deste tipo de laço/relação entre inconsciente, linguagem e ideologia.

6

A LEITURA-TRITURAÇÃO: METODOLOGIA DO GESTO ANALÍTICO NO TRABALHO COM O MATERIAL SIGNIFICANTE: A CONSTITUIÇÃO DE NÚCLEOS TEMÁTICOS AFINS

> *Este trabalho de análise se inscreve no arqueológico, uma vez que busca camadas de camadas, 'em torno da palavra, muitas camadas de sonhos' – nunca se chega ao limite; [...] é a construção de um arquivo, gesto de recobrir com uma nova capa de pele, é repetição, que é também sobrevida, descrição e violência sobre o corpus.*
>
> (Stübe, 2008, p. 226)

No gesto analítico, chegamos à "leitura-trituração" (Pêcheux, [1980] 2016, p. 25) do material coletado. É quando o analista seleciona, a partir do arquivo, as sequências discursivas que comporão a pesquisa de fato, ou seja, há uma seleção de textos, enunciados e marcas linguísticas que serão articulados à teoria da Análise do Discurso. Tal momento é definidor para a condução da pesquisa, pois o recorte do *corpus* discursivo depende de um gesto de interpretação do analista, isto é, na busca por "explicitar e descrever montagens, arranjos sócio-históricos de constelações de enunciados" (Pêcheux, [1983] 2012b, p. 60). É uma prática de leitura "arqueológica" (Pêcheux, [1983] 2012b, p. 44) aplicada ao material analisado. Pelas palavras da epígrafe de Stübe (2008), são camadas de desdobramentos para análise, são alinhavos para interpretação, um enlear de identificações e descrições no movimento de sentidos em um trabalho que, pela dimensão do debruçar sobre o *corpus,* se inscreve no arqueológico, busca camadas de camadas em torno dos vestígios materiais da palavra, "palavra tomada em um sentido extenso que 'fluidifica' suas fronteiras" (Authier-Revuz, 2010, p. 260).

São as seguintes seções do Capítulo 6: i) para nortear a prática analítica, a constituição dos recortes do *corpus* em núcleos temáticos afins; ii) o dizer dos sujeitos-leitores presos entrevistados e os mecanismos de normalização; iii) a tensão entre o dito e o não dito na relação com a leitura como dispositivo de remição de pena, considerando as circunstâncias enunciativas e as condições de produção, regidas por regimes de poder e de saber; iv) a enunciação dos sujeitos leitores sobre a identificação deles com a leitura e a indagação se essa leitura de literatura pode ou não ser fruição; v) as obras lidas pelos sujeitos-leitores presos que não contam para a remição da pena.

Com relação às dobras discursivas mencionadas no título da Parte II do livro, pontuo que considero a noção de *dobra*[204], em Deleuze, inspirado em Foucault, que remete à produção de um determinado tipo de relação consigo mesmo e com o mundo que é coextensiva às forças que atravessam o campo social. *Dobrar a linha de força* significa "inventar modos de existência, segundo regras facultativas, capazes de resistir ao poder, bem como se furtar ao saber, mesmo se o saber tentar penetrá-los e o poder tentar apropriar-se deles" (Deleuze, [1990] 2013b, p. 120-121). Se a leitura na prisão é uma regra facultativa, penso que pode estar alinhada à dobra de Deleuze que se (con)figura na interioridade, mas também se dá do lado de fora, que, no movimento de torção e/ou de rasgão, "não é uma reprodução do mesmo, é uma repetição do diferente [...] a feitura de forro na costura: torcer, dobrar, cerzir..." (Deleuze, [1988] 2013a, p. 105).

O sujeito, pelo efeito de determinada posição discursiva, é constituído por dobras, que também são por ele produzidas, fazendo emergir sentidos outros. Esses sentidos outros tornam visíveis os efeitos gerados pela presença do interdiscurso no intradiscurso, apontando para os deslocamentos, as rupturas – o funcionamento discursivo. Assim, as dobras discursivas, as dobras da língua, "acolhem o sujeito em sua incompletude e opacidade do mesmo modo que as *dobra-duras*[205] do discurso possibilitam deslocamentos, furos e movências do sujeito capturado ideologicamente e dos sentidos que ele produz em dada posição" (Galli, 2012, p. 14). De acordo com Orlandi ([1997] 2007, p. 53-54), as dobras trabalham a política do silêncio na textualização do político como forma de fazer dizer uma coisa para não se (deixar) dizerem outras coisas, descortinando, assim, o movimento do sujeito por diferentes lugares de significação, pontuando a

---

[204] Para Deleuze, em *Foucault* ([1988] 2013a), a subjetivação se caracteriza pela dobra das forças (internas e externas ao homem), ou seja, por meio da dobra exercida na tessitura do si (as forças do lado de dentro do pensamento) relacionada com o poder (as forças de fora). De acordo com Lobo e Maciel Júnior (2016), as forças de poder, são forças constituidoras das condições de estratificações do saber, mas possibilitadoras de resistências. É a dobra do fora no lado de dentro, que significa criar modos de existência. Quanto a esse fora, o próprio Deleuze, em *Conversações* ([1990] 2013b, p. 141), vai afirmar a dificuldade em defini-lo, tendo em vista ele ser uma linha não abstrata, mas que também não possui contornos. São linhas que estão para além do saber e das relações de poder, que provocam o pensamento, o enfrentamento e o domínio de si e que aparecem em toda a obra de Foucault.

[205] Segundo Galli (2012, p. 15), as dobra-duras promovem o retorno do já dito. Esses des-dobramentos apontam para a diferença que emerge na repetição.

posição-sujeito da qual se enuncia e a formação discursiva de referência do sujeito, mostrando uma não coincidência de dizeres e sentidos. Desse modo, "as inscrições na superfície da formulação funcionam discursiva e conjuntamente com o que ficou dobrado, ou (en)coberto na rede de traços da memória" (Orlandi, 2012f, p. 18),

Feita essa visada teórica acerca de dobras discursivas, retoma-se o dispositivo da Análise de Discurso, com o qual a descrição e a interpretação do arquivo constituem o momento de reflexão sobre a materialidade linguística, um processo que se constrói pelo gesto de interpretação do pesquisador, "mergulhando a 'leitura literal' (enquanto apreensão-do-documento) numa 'leitura' interpretativa – que já é uma escritura" (Pêcheux, [1982] 2010b, p. 51). Se esse gesto interpretativo já é uma escritura, significa pensar que outros sujeitos analistas de discurso, em outras condições de produção, atravessados por saberes diferentes, poderiam instaurar gestos interpretativos de outra ordem. Sob essa filiação teórica, a constituição subjetiva do analista apresenta falhas e contradições e, embora tente exercer controle, essas faltas têm efeitos no processo de descrição e de interpretação do arquivo. A noção de recorte discursivo foi formulada por Orlandi (1984) para distinguir o gesto do linguista – que segmenta a frase – do gesto do analista de discurso, que, ao recortar uma sequência discursiva, recorta uma porção indissociável de linguagem e de situação.

Nessa confluência do movimento analítico sobre o *corpus,* mas por outra via, Veyne ([1978] 2014) escreve sobre o trabalho de Michel Foucault, retomando o conceito de prática discursiva: os objetos não existem antes das práticas, são os discursos praticados que constroem os objetos e, dessa forma, o texto escrito é mais uma materialidade de discursos sobre o objeto que se decide estudar e que passa a existir tal como é estudado e enunciado, porque é estudado e enunciado daquela forma. Assim, a partir das implicações entre o sujeito-pesquisador e o tema, é bem provável que outro pesquisador que aborde o dispositivo de remição de pena pela leitura não tenha o mesmo processo de construção do objeto aqui estudado; não será a mesma pesquisa.

No campo da linguagem, não apenas são analisados enunciados e suas regularidades linguísticas; o *corpus* é construído – o pesquisador é afetado por ele e o afeta – e produz novos enunciados sobre esses enunciados com os quais trabalha. Os sentidos não estão nas palavras, estão nas relações que se estabelecem. Ao enunciar nos significamos e significamos os outros. Os sentidos se constituem, são formulados, circulam. Nesse sentido, este estudo passa também a compor a rede discursiva da qual os enunciados pesquisados fazem parte. Na gênese desta pesquisa já há movimento de restrição (de falta, de incompletude) do arquivo, pois, dentre 300 sujeitos presos do Presídio Regional de Xanxerê, a partir do critério estabelecido de entrevistar os que mais leram obras nos anos de 2016, 2017 e 2018, pelo Projeto da Unoesc, somente cinco deles foram selecionados para as entrevistas.

Avançando um pouco mais, os dizeres orais dos entrevistados, gravados em áudio e transcritos posteriormente, são recortados em sequências discursivas e esse gesto analítico de recortar aponta para a incompletude do texto, movimento de restrição do arquivo, inclusive, tão restrito que as entrevistas se efetivaram a partir de questionário semiestruturado. Os entrevistados não enunciaram qualquer dizer, aleatoriamente: esse dizer foi determinado pelas condições de produção do discurso e pelas formações imaginárias, determinações de ordem sócio-histórico-ideológica. Conforme Pêcheux ([1969] 2010a, p. 81): "o que funciona nos processos discursivos é uma série de formações imaginárias que designam o lugar que A e B se atribuem cada um a si e ao outro, a imagem que eles fazem do próprio lugar e do outro". E essa imagem pode ser afetada pelos dois esquecimentos, atuação do inconsciente.

Dessa forma, compreende-se a preferência de Pêcheux ([1969] 2010a) pelo termo "discurso", entendido como efeito de sentidos entre os pontos A e B, entre os interlocutores.

> É preciso abrir mão de interpretações aprioristicas para se chegar à compreensão de um processo discursivo. [...] a prática analítica discursiva se sustenta em procedimentos processuais, que dependem das possibilidades do próprio material escolhido (Lagazzi-Rodrigues, 2005, p. 185).

Conforme o dizer de Lagazzi-Rodrigues (2005), em Análise do Discurso, não se pode interpretar de forma apriorística, usando o adjetivo da autora; o processo de análise discursiva se sustenta e depende da materialidade recortada do *corpus*. Nessa esteira de recorte e restrição, optei por analisar os dizeres dos entrevistados a partir do conjunto do material – o propósito deste trabalho não é trabalhar o sujeito em sua individualidade – evitando classificar as falas, considerando que os processos discursivos funcionam de forma dispersa e independente. Assim, para a Análise do Discurso não há um modelo positivista, cartesiano e racionalista de ciência; a materialidade linguística é afetada inconsciente e ideologicamente. Conforme Ferreira (2011), o gesto interpretativo é um trabalho de escuta discursiva: "escuta que consiste em fazer ver, a partir das lentes de um dispositivo teórico-analítico, a opacidade do objeto discursivo, desnaturalizando os sentidos que o caracterizam, pondo em questão as evidências que o cercam e trazendo à presença o que se mostra ausente" (Ferreira, 2011, p. 95).

Nessa escuta discursiva que é, sobretudo, movimento teórico, político e ideológico, leitura e interpretação não se recobrem: a noção de interpretação é mais ampla, pois os gestos de interpretação são constitutivos tanto da leitura quanto da produção do sujeito. De acordo com Schons (2006, p. 102), o papel da Análise do Discurso é desconstruir a evidência dos sentidos para que sejam vistos fora do emaranhado da textualização em que foram constituídos enquanto produtos acabados, cabendo ao analista a reconstituição do caminho inverso pelo qual se configurou a ilusão do sentido lá, de sua evidência. Nesse sentido, o analista de discurso se coloca no espaço polêmico entre maneiras de ler e a língua, na medida em que é constituída pelo deslize, pela falha, pela ambiguidade, faz lugar para a interpretação: "não dá, pois, para regulamentar o uso dos sentidos. Mas se tenta" (Orlandi, [2003] 2012c, p. 97).

Nas trilhas do discursivo, a questão que me guia é buscar compreender que leitura é essa realizada pelo sujeito em área de cárcere. O que está em jogo na questão dessa leitura (im)posta como dispositivo de remição de pena? A primeira consideração é que os significados não caminham de forma linear, as palavras não significam por si, mas pelas pessoas que as falam, ou pela posição que ocupam os que as falam, portanto "os sentidos são aqueles que a gente consegue produzir no confronto do poder das diferentes falas" (Orlandi, [1988] 2012d, p. 126). Em Análise do Discurso, nada é completo, fechado, único; diante de um mosaico de discursos, o que funciona são os efeitos imaginários produzidos pelo sujeito; são relações de sentidos e de forças; para analisar o discurso é preciso pensar as séries, não a unidade; pensar a regularidade, não a originalidade; pensar as condições de possibilidade do dizer, não a significação, pois "a fala é o lugar da contingência, das variáveis, do acaso, do amálgama heterogêneo, do caos" (Orlandi, [1998] 2003, p. 16). O domínio da fala é do não controle, da não previsibilidade, "reserva antropológica, reserva psicológica, reduto de liberdade" (Orlandi, [1998] 2003, p. 16).

Assim, no trabalho sobre o *corpus*, mapeando regularidades na materialidade na língua, busco observar como se dá a produção de sentidos do funcionamento discursivo, nas palavras de Pêcheux ([1983] 2012b), no batimento entre a estrutura e o acontecimento, uma reflexão sobre a linguagem que aceita o desconforto de não se ajeitar nas evidências, buscando refletir nos entremeios – nas (entre)linhas, pois, para fazer análise de discurso, é preciso olhar para a materialidade linguística e depreender o que é recorrente, mesmo no não dito. É aí que se olha para o discurso, pensando por que é assim e não de outro modo. O que faz com que seja assim? O discurso.

Tendo isso em mente, apresento a constituição de recortes discursivos que dão visibilidade ao funcionamento de diferentes efeitos de sentido em circulação na relação entre os sujeitos-leitores entrevistados nesta pesquisa e a leitura como dispositivo de remição de pena, atravessados pelas relações de força e de poder. As regularidades discursivas foram agrupadas em quatro Recortes Discursivos (RD) com núcleos temáticos afins, os quais apresento no Quadro 10.

Quadro 10 – Constituição dos Recortes Discursivos em núcleos temáticos afins

CONSTITUIÇÃO DOS RECORTES DISCURSIVOS EM NÚCLEOS TEMÁTICOS AFINS
Recorte Discursivo 1 – (RD1): Marcas de enunciação da leitura como estratégia de normalização.
Recorte Discursivo 2 – (RD2): Marcas do dizer "eu gosto de ler" na tensão com o não dito.
Recorte Discursivo 3 – (RD3): Marcas de identificação do sujeito-leitor preso com a leitura.
Recorte Discursivo 4 – (RD4): Marcas do dizer do sujeito-leitor preso sobre a leitura da Bíblia e sobre leituras que não contam para a remição de pena.

Fonte: elaborado pela autora (2021)

Pela visibilidade do Quadro 10, de acordo com a questão que norteia este estudo, apresento os núcleos temáticos afins dos quatro Recortes Discursivos (RD) recortados do *corpus*, cuja materialidade discursiva encontra-se nas entrevistas efetuadas com os sujeitos-leitores presos do Presídio Regional de Xanxerê. A partir da constituição de discursividades que dele emergem, busco marcar, no gesto analítico, as regularidades da materialidade léxico-sintática-discursiva que mais produzem efeitos de sentido relativos à leitura como dispositivo de remição de pena e o modo como se relacionam ao interdiscurso e às condições de produção do sistema prisional, temática da pesquisa.

Por sua vez, a partir de cada um desses Recortes Discursivos (RD), organizo Sequências Discursivas (SD) que seleciono para a análise e, pela teoria da Análise do Discvurso o gesto de coletar regularidades e montar SDs para poder olhar o discurso já é um efeito da minha análise. Identifico numericamente cada RD e cada SD e emprego o recurso gráfico de destaque em <u>sublinhado</u> para marcar as formas linguísticas significativas para a análise e que possibilitam visualizar as regularidades que a sustentam. Essas marcas linguístico-discursivas regulares são pistas para compreender o que emerge no fio do discurso desses sujeitos-leitores entrevistados. Pontuo que RD e SD apenas demonstram como as marcas citadas aparecem no eixo da formulação, logo, no intradiscurso desses sujeitos-leitores entrevistados; todavia, é no movimento analítico que busco problematizar e interpretar como essas marcas – na relação do dizível com o indizível – operam pelos sentidos do interdiscurso (o já dito) e quais marcas do percurso de historicidade são constitutivas e ressoam no imaginário tanto de leitura quanto de sistema prisional.

6.1 O gesto analítico sobre o dizer dos sujeitos-leitores: presos nas algemas de mecanismos de normalização

> *Que a prisão [...] ela não está sozinha, mas ligada a toda uma série de outros dispositivos 'carcerários', aparentemente bem diversos – pois se destinam a aliviar, a curar, a socorrer –,* **mas que tendem todos como ela a exercer um poder de normalização.**
> (Foucault, [1975] 2014a, p. 302, grifos meus)

Pela materialidade do *corpus,* emerge das entrevistas certa regularidade nos dizeres dos sujeitos-leitores presos acerca de um *"alívio"*, de um *"socorro"* sentido por eles a partir do dispositivo de leitura no cárcere. São discursividades enunciadas pelos entrevistados sobre que *"a leitura acalma"*, *"diminui de tá conversando alto ali"*, *"antes de lê eu era revoltado, rebelde"*, *"respeito os diminstra"*, *"você fica quieto, o fica em silêncio, a leitura me dexa calmo"*, *"fico quieto, eu posso dizê, assim, que eu mudei através da leitura"*. Logo, é plausível pensar que seja a atuação de tecnologias de segurança por meio do dispositivo de leitura como remição de pena, no cárcere, engendrando padrões de normalidade pinçados da sociedade extramuros, da sociedade livre. É *normal* ficar calmo, ficar quieto, respeitar os servidores do Presídio; seria *anormal* revoltar-se, rebelar-se, falar alto, fazer barulho ou algazarra, desrespeitar os administradores do Presídio. Ao enunciar *"eu mudei através da leitura"*, poder-se-ia traduzir, de outro modo, que o sujeito-leitor está preso nas algemas de mecanismos de normalização.

Nessa confluência, indago o que é normalização? O movimento de normalização pode visar a circunscrever determinados lugares sociais? Para iniciar, retomo o Panóptico de Bentham (1786), já apresentado na introdução e, pela mecânica benthamiana, que serviria como uma grade para a percepção e a apreciação; tudo passaria a ser controlado e avaliado por um modelo estrutural que comportasse a sensação de observação permanente, não somente do corpo, mas o tempo seria vigiado e o ócio convertido em produção no cárcere, aplicado para exercer o controle sobre aqueles que estivessem sendo monitorados. Utilitarista, Bentham queria aplicar o poder de maneira estratégica, evitando a desordem e garantindo a dominação ininterrupta. O modelo arquitetônico nunca chegou a ser realizado, contudo o panoptismo como princípio de vigilância permanente se tornou, a partir do século XVIII, uma característica da sociedade contemporânea, nomeada por Michel Foucault como *sociedade disciplinar*, e poder-se-ia pensar que o panóptico seria o embrião de um mecanismo de normalização.

Pelo entendimento foucaultiano, o projeto de Bentham sintetiza uma nova anatomia política, relações de controle dos corpos e das forças dos sujeitos. O arranjo panóptico é um "[...] programa, no nível de um mecanismo elementar e facilmente transferível, o funcionamento de base de uma sociedade toda atravessada e penetrada por mecanismos disciplinares" (Foucault, [1975] 2014a, p. 202).Disciplinas, na teoria foucaultiana, são os mecanismos que permitem controle do corpo e da alma, impondo relações de docilidade e de utilidade; as disciplinas são "um tipo específico de poder, uma modalidade para exercê-lo, que comporta todo um conjunto de instrumentos, de técnicas, de procedimentos, de níveis de aplicação, de alvos" (Foucault, [1975] 2014a, p. 209). Em suma, o poder, na sociedade disciplinar, passa a ser exercido não com o intuito da violência física, mas sim como forma de adestrar os sujeitos.

Com Foucault ([1977-1978] 2008), entende-se que a sociedade da normalização pode ser efeito e funcionamento da estratégia biopolítica do poder contemporâneo, pela qual se articulam tanto os mecanismos discipli-nares quanto o biopoder na constituição dos sujeitos e objetivam regular a vida dos sujeitos, individualmente, por meio das disciplinas e, coletivamente, mediante a governamentalidade. Embora o sujeito-delinquente e a delin-quência situem-se na anormalidade, os mecanismos de poder estabelecem práticas divisoras como função estratégica para a manutenção dos normais e a transformação dos anormais. Foucault ([1977-1978] 2008) estabelece uma diferenciação entre normação e normalização. Normação é o efeito de enquadramento gerado por mecanismos disciplinares ao buscarem adequar sujeitos a modelos previamente estabelecidos, isto é, a uma norma a que os homens devem se submeter. Por sua vez, as tecnologias de segurança atuam por meio de normalizações, identificando padrões na realidade, dos quais resultará uma curva de normalidade. Nesse sentido, "o normal é que é pri-meiro, e a norma se deduz dele, ou é a partir deste estudo de normalidades que a norma se fixa" (Foucault, [1977-1978] 2008, p. 83).

Um fator decisivo para a operação de normalização é a identificação da população a uma "naturalidade penetrável" (Foucault, [1977-1978] 2008, p. 94), estando ela em íntima relação com seu entorno geográfico, econômico e político. Sobre a população, técnicas e procedimentos vão atuar, com vistas a governá-la. Tem-se, por conseguinte, "um conjunto de elementos que, de um lado, se inserem no regime geral dos seres vivos e, de outro, apresentam uma superfície de contato para transformações autoritárias, mas refletidas e calculadas" (Foucault, [1977-1978] 2008, p. 98). Trilhando o caminho de Foucault, busco entender os mecanismos de normalização na prisão e, pelo dizer da epígrafe, dispositivos carcerários refletidos e calculados, que "se destinam a aliviar, a curar, a socorrer –, mas que tendem todos como ela a exercer um poder de normalização (Foucault, [1975] 2014a, p. 302).

Foucault estudou diferentes modos de objetivação-subjetivação do sujeito, dentre eles as práticas de divisão que fazem do sujeito um objeto divisível no seu interior e em relação aos outros, como é o caso do *delin-quente* e do *cidadão de bem*" (Foucault, [1982] 2013, p. 273). A penalidade seria uma divisão normativa que constitui o sujeito. Nessa direção, a ordem do discurso é uma regulação que determina o uso e a apropriação do discurso em uma instituição específica, em um momento histórico determinado, visto que "o discurso está na ordem das leis" (Foucault, [1971] 2012, p. 7). A ordem do discurso corporifica, pelas práticas discursivas, a produção de verdades que têm efeitos sobre as formas de subjetivação que produzem o eu. Foucault ([1976] 2009) prefere abordar a noção de formas de subjetivação, ao invés de subjetividade, pois a entende como produzida. Essas formas de subjetivação são gestadas por técnicas que os sujeitos enunciadores e a sociedade elaboram e auxiliam o enunciador a (con)formar-se: são jogos de verdade empregados no movimento de constituição da ficção de si. A partir dessa reflexão, pode ser plausível afirmar que há uma injunção que leva o sujeito-leitor preso a inscrever-se inconscientemente nessas técnicas de gestão de si. Dito de outro modo, o processo da constituição dos sentidos escapa ao controle consciente do sujeito e às suas intenções.

Pelas marcas que emergiram das regularidades do RD1, Quadro 11, num primeiro momento pensei que a leitura no cárcere como dispositivo de remição de pena poderia mitigar os efeitos da prisionalização sobre o sujeito que lê atrás das grades. A partir da execução do Projeto de Extensão da Unoesc Xanxerê Direito e Cárcere: Remição da Pena pela Leitura, os sujeitos-leitores privados de liberdade leem para cumprir um aparato legal que, a princípio, os beneficia, pela redução dessa pena sentenciada pelo Poder Judiciário. Assim, a minimização dos efeitos do aprisionamento poderia ocorrer porque essa leitura é dada numa condição de produção específica no ambiente prisional, e não é só o fato de ler e nem só o conteúdo dessa leitura que produzirá um efeito sobre o sujeito, é também pelo fato de ler uma determinada obra na prisão pelos apenados. Em decorrência, esses sujeitos que estão dentro dos muros da prisão são interpelados pela heterogeneidade de saberes e pela pluralidade de reflexões suscitadas pelos textos lidos, e isso poderia também atuar na constituição de menos hostilidade no processo de cumprimento da pena sentenciada, num ambiente obscurecido pela injustiça paradoxalmente, sobretudo pelo fato de essa leitura ser produzida em condições específicas que envolvem o sujeito no cárcere. Contudo, com as reflexões do gesto analítico, considero que, exatamente por poder mitigar os efeitos da prisionalização, essa leitura atua como mecanismo de normalização, menos hostilidade, mais docilidade pode ser estratégia da instituição da leitura como dispositivo de remição da pena, para muito além de ressocializar.

No Recorte Discursivo 1 – RD1, no Quadro 11 a seguir, as regularidades enunciadas nas narrativas dos sujeitos-leitores presos entrevistados sobre a leitura como um dispositivo de controle dos corpos, para docilizar os corpos.

LEITURA E CÁRCERE

Quadro 11 – Recorte Discursivo (RD1)
Marcas de enunciação da leitura como estratégia de normalização

RECORTE DISCURSIVO 1 - (RD1) MARCAS DE ENUNCIAÇÃO DA LEITURA COMO ESTRATÉGIA DE NORMALIZAÇÃO
(SD1 - INF1) A gente pega o livro, eu mesmo pego o livro lá. <u>No momento que eu não tô no pátio, eu subo na minha "jeg[206]", eu moro na parte de cima, então, eu pego lá, subo lá e fico lendo</u>... leio uma hora, duas hora, tudo depende da boa vontade, do espírito no momento, na verdade...[...] A maioria te respeita porque <u>diminui de tá conversando alto ali</u>, senão, você não consegue se concentrá... Tudo depende... <u>Você pega um livro, diminui um poco a conversa</u> na medida do possível, né? [...] Volti e meia a gente até conta uma história... pergunta, começa contá do livro ali... e na história eles começam se interessá...[...] <u>essa questão de você vivê recluso, não tem muito o que você fazê</u>... <u>tua mente, então, fica focada e você sabe que tem anos pra tirá. Aí, então, se você não focá em alguma coisa a tua mente fecha. Na verdade,</u> eu acho que isso aí deve acontecê cum tudu mundu, na verdade, né... então, um livro te ajuda a você tá sempre, né, são histórias que, na verdade, mais pra frente aí, talvez, (barulhos das grades) a gente não acredite, mas eu tenho aqui comigo que o livro, as veiz, muitas histórias daquela ali você já vivenciô e vem alguém que vai vivenciá alguma história baseado naquilo... Tamém não foge muito da realidade, né... A própria literatura, já digo, então, na verdade, <u>ela ajuda muito pra você, tipo, não fechá tua mente, pra você consegui esse tempo, na verdade, tem que ficá, porque se você ficá só ali, não vô dizê que você fique loco, mais</u> (gritarias, risos externos) <u>mais a mente vai fechando, vai se tornando praticamente, já vô dizê, um um monstro.</u> Porque tem muitos que não, aqui mesmo, na verdade, é uma questão de, ahhh..., eu tenho dez anos, ahh..., então, pra mim não me interessa, (barulhos fortes de grades), muitos não têm, na verdade, essa concepção se pegasse um livro, se parasse na verdade ele lê, esse tempo que ele tá aqui pra ele aproveitá [...] <u>Mudô a forma de pensá até quando eu cheguei aqui... eu era um poco rebelde na verdade</u>... É muitos anos na verdade [...] na verdade, mudô eu a minha forma de pensá muito sobre a própria vida, na verdade, <u>antes tinha um poco revoltado, na verdade... bastante revoltado. Hoje eu já tenho uma percepção diferente, eu hoje já consigo me vê diferente</u>, na verdade... Apesar que eu tem muita situação aqui, talvez, fracasse, mas pelo fato de ter existido esse lugar, na verdade, muda tua visão sobre o mundo lá fora, na verdade [...] na verdade de você não vivê só aquele marasmo, você pensá que isso aqui... <u>fica só pensando coisa ruim, na verdade, porque o livro te abre,</u> espontaneamente, totalmente caminho de coisa boa [...] talvez, eu seria diferente do que eu sô hoje, na verdade, taria, talvez, pior até. Hoje eu já consigo me vê diferente, <u>tipo, lá fora, não só saí daqui já diretamente com intuito de i robá, ou trafica, ou coisa assim... Já me vejo pensando de uma forma tipo tentá procurá um emprego, uma coisa assim, na verdade, tentá mudá,</u> tentá fazê uma coisa que eu não fiz nesses últimos anos.

---

[206] *"Jeg"*, na linguagem do sistema prisional, é cama, é o espaço de cimento no qual eles colocam o colchão.

RECORTE DISCURSIVO 1 - (RD1)
MARCAS DE ENUNCIAÇÃO DA LEITURA
COMO ESTRATÉGIA DE NORMALIZAÇÃO
Eu, pra mim, essa questão do Presídio, essa unidade, <u>cadeia não é bom em circunstância nenhuma</u>, mas a circunstância você fez você tem que pagá... [...] você sabe que tem anos pra tirá aí, então, se você não focá em alguma coisa a tua mente fecha, na verdade, eu acho que isso aí <u>deve acontecê</u> cum tudu mundu, na verdade.
(SD2 - INF2) [...] quando eu tô lendo, na verdade, me sinto que não tô preso... <u>Eu saio assim desse ambiente... paro de vê as grade, paro de vê tudo assim, tipo até o movimento ao redor de mim</u>, assim... eu lembro na história de um livro ehhh... tipo assim...viajo né no livro, assim, muitas vezes me colocando até no lugar de um personage, ou vendo alguma coisa assim que é parecido com o que aconteceu comigo [...] <u>do bom comportamento...</u> <u>Eu nunca tive nenhuma falta, né, na verdade, nada, né, vai pra treis anos que tô aqui e eu sempre estudei, faço o que eu pudé fazê, assim, da remição, pra saí mais antes, né, respeito os diministra, respeito os professor, né... [...] nós começamos vê pela agressividade, né.. que tem muitos eles são agressivo no jeito de falá... Por exemplo, assim, a gente que participa das leitura, muitas veiz você vê o colega teu te falá uma coisa que ofende, mas você não retribui coa mesma moeda, no caso, você fica quieto o fica em silêncio, por exemplo, eu, assim, no meu ver a leitura me dexa calmo...</u> Meus colega, porque tem muitos que não lê, por exemplo, ali na Galeria, a leitura onde que eu tô, ali, dá pra contá, é dois, fora os regalia, tudo nóis que tava apresentando livro... então, então, em quarenta e oito pessoas, então, o que eu tô fazendo ali, tô incentivando ... [...] eu, no começo, <u>era uma pessoa triste, uma pessoa triste, meio revoltada até</u> mesmo com minha família, eles não tinham culpa, né, o culpado era eu, então, <u>a partir do momento que eu comecei me dedicá aos livro eu parei de sê uma pessoa assim</u>, sei lá como que eu posso explicá pra senhora, <u>uma pessoa grossa, hoje, eu, tudo o que vô fala, assim, eu pra mim, vamo supor assim, eu fico quieto, eu posso dizê, assim, que eu mudei através da leitura</u>, mudei muito, mudei muito, muito... meu jeito como ser humano... [...] mudô támem o jeito de eu conversá co as menina[207], de eu conversá cos professor, que antes eu não tinha diálogo, eu tinha vergonha de conversá, de falá, por exemplo, <u>eu era uma pessoa seca, assim, bem uma pessoa bem iguinorante, então, isso mudô bastante</u>, muito, muito *(barulho das grades)* [...] <u>até mesmo esses dias, ali embaxo, os agente falarum que eu tava bem, que eu tava fazendo tudo certinho</u>, eles vierum aqui na visita e me perguntarum, <u>eu comentei, né, eu leio os livro</u> [...] Porque eu acredito que o livro, muitas pessoas passaram e até hoje tão passando pela mesma situação que eu tava passando <u>antes de eu começá as leitura, né, sê aquela pessoa grossa, pessoa até mesmo mal educada assim, pessoa, pessoa que não ouvia muito a família, não escutava o que muitas pessoas falavam</u>, então, eu acredito que tem muitos que passam por isso e, se começassem a praticá hoje a leitura, com cinco o seis meis eu acredito, no meu ponto de vista, que tariam transformada, consegue se regenerá, através da leitura. [...] <u>então não tenho nenhuma quexa</u>, [...] <u>são as coisa certa, né?</u>

---

[207] "As meninas" a quem o preso se refere são as suas duas filhas.

RECORTE DISCURSIVO 1 - (RD1)
MARCAS DE ENUNCIAÇÃO DA LEITURA
COMO ESTRATÉGIA DE NORMALIZAÇÃO

SD3 – INF3) Eu sentia bastante revoltado no começo aí... ma daí comecei lê, lê aaa..., por primeiro eu comecei lê a Bíblia, li bastante a Bíblia, e comecei aprendê porque certas coisa não acontece por acaso na vida da gente e comecei refleti bastante sobre como era minha vida [...] e tamém co a leitura, comecei até uma rotina, lê a palavra de Deus e lê livro tamém e conversava bastante co pessoal dentro da cela sobre a palavra de Deus, sobre os livro, e cum isso ali eu comecei mudá, a tê uma outra visão que no começo eu tava bastante revoltado co a situação. Então, daí eu comecei analisá, aceitá que realmente eu tava errado. Certas coisa eu fazia mesmo errado na rua, então, eu deveria encontrá uma manera de amenizá minha situação eu poderia estar livre né, daqui, no momento, mais tentá diminuí esse tempo atraveis da leitura... [...] Assim, quando eu leio ãhh... livro, a gente consegue entrá na história um poco e saí por que aqui, como é um lugar, um ambiente fechado, co a leitura a gente consegue esquecê um poco desse ambiente aqui, i cum isso ali, a gente acaba espairecendo bastante, né... Então, isso aqui seria um tempo, tempo pra refleti e muda, né, ãhhh..., das veiz acaba saindo daqui e acaba voltando de novo. Vai acontecê i inxergá, né, o caminho certo que, pra mim, ãhhh..., hoje eu entendo que existe só um caminho, só o caminho certo né, a pessoa, não digo que vai fazê 100%, né, mais tentá pelo menos fazê o que é certo, né... [...] Sim, ajuda e tem me ajudado, né... Nesse tempo que ahhh..., que nem, assim, na verdade, o que me aconteceu não precisava sê dessa forma, sabe? Ãhh... Tê ido pra esse caminho ali, né... Mas hoje eu aceito por conta eu na rua tava indo até pro caminho das droga, eu tinha minha família, tinha minha casa, tudo, mas acabei indo pras droga, quase por último, então, eu tava entrando num caminho que é o único, esse vai levá à morte, né, é inevitável. Então, eu aceitei a situação por conta disso, né, de ficá ali, me incentivá, a seguí um otro caminho, até mesmo da leitura, ali, pra mim tê ânimo. Eu tive que aceitá primeiro a situação que eu tava... [...] daí eu começo lê e muita gente conversando, achum na verdade assim ehhh um defeito ali pra não lê, né mas acho que isso ali não mudaria porque se a pessoa qué mesmo lê né, ela se concentra. Eu faço isso, por mais que teja gente conversando, eu me concentro na leitura e consigo entendê o livro... Intão muitos criticum que é pocos dia, né, i por caso de tê muita gente nas cela e daí não consegue se concentrá na leitura... [...] intão, no começo, tava né, tava ali, pensava bastante, assim, ódio, me dava bastante ódio dela né, mais mudô a leitura, né, por conta do conhecimento, né, daí fui tendo uma visão diferente das coisa ali. [...] Então, ali consegui aprendê bastante. E hoje, assim, eu tenho vontade de saí lá fora e jamais fazê alguma coisa assim pras pessoa que me prejudicarum. Tenho vontade de saí daqui e continuá meus estudo, ahhh... cuidá do meu filho, dá um apoio pra ele né e mostrá pra sociedade assim, estudá, consegui um trabalho bom e eles, através das minhas atitude, porque eu sei coas minhas palavra vai sê difícil mudá, se eu saí falando pra todo mundo, não poderia sê dessa forma, vai sê bem complicado, então, quando eu saí lá sê essa otra pessoa, a sociedade vai vê, então, "ele não depende de ninguém, tá lá vivendo a vida dele, tem os estudo, trabalho dele", né...

> **RECORTE DISCURSIVO 1 - (RD1)**
> **MARCAS DE ENUNCIAÇÃO DA LEITURA**
> **COMO ESTRATÉGIA DE NORMALIZAÇÃO**
>
> Então eles vão julgá no começo, né, depende quando eu saio, mas, depois, eles vão notá que eu não sô aquela pessoa, a mesma pessoa, sô otra, então, acredito que esse seja um caminho... [...] sempre quando eu falo sobre a leitura eu tamém comento porque ela pode mudá, livro, pode mudá mesmo, tê um conhecimento, saí, continuá os estudo, arrumá um trabalho, ahh..., por mais que dizê um trabalho honesto, né, valorizá bastante a família, né, ihhh..., porque essa a vida só existe num caminho né, o volta aqui né, o acaba morrendo né. Tento explicá uma realidade pra eles, porque a leitura vira tamém uma realidade pra gente, né, então, eu incentivo dessa forma, né, pra eles, que poderia mudá bastante, né, eles lerem e intendê, né, e vê a vida ali diferente. As veiz, pequenas coisas podem mudá, pode mudá o indivíduo... [...] E a questão ali pra finalizá como eu ganhei a oportunidade de trabalho, né, são mais deiz dia, né, então de remição, mais aula, tudo, então, seria quinze, então, isso ali foi uma bênção que veio pra mim mas que Deus me concedeu, sabe, porque eu fiz a minha parte, eu me esforcei, e depois de uma mudança, né, dessa veiz que quando eu tava revoltado lá eu não dizia nada, fiquei um ano e poco ali naquela situação, ali, depois eu mudei até os pensamento, por isso que eu acredito bastante numa força bem maior, né, e que pode muda, né, a vida da gente, mais desde que a gente faça a parte da gente, né...
>
> (SD4 – INF4) Eu, na verdade, tipo, tudo que eu passei, tipo, chega uma conclusão, tipo, pra mim assim, na minha opinião pessoal, tipo, que a gente vê, tamém conversa com muita gente, entendeu? De diferentes artigo, talvez não seja o mesmo artigo, mah... mahh... a gente começa a conversá tipo, pegá conhecimento um do outro, muitos pegum conhecimento prum lado de querê fazê mais errado[208], entendeu? E muitos não, muitos já querem pará, entendeu? Já pensum mais na família... [...] Tipo, pá passá o meu tempo, às veiz não qué levá muita ideia pra tal pessoa, entendeu? Qué esquecê um poco do ambiente que você tá [...] Pra mim me distraí um poco... [...] Ehhh... Ás veiz, assim, tipo, ooo... em parte sim porque às veiz tá lendo o livro ihh... às veiz algum pede o silêncio, intendeu, do colega, do doo... da cela ali e muitos num respeita, intendeu? [...] às veiz, tipo, tava de mão assim, tava sem nada... por mais que tivesse barulho, tu pegava, achava um cantinho, ia lê um livro, intendeu? Tipo, daí, que eu, pra mim, eu focava no que tava lendo, eu pra mim eu me empolgava a história, intendeu? Do livro, daí eu queria sabê mais, intendeu? Daí eu lia e esquecia, intendeu? O que eu tava passando ali no momento, eu esquecia ehh... ihhh... de fato, eu ehhh... esquece bem bastante... [...] Claro, é cadeia, tá privado de tua liberdade e isso não tem preço que pague, intendeu? [...] É, os agentes sabem geralmente. Tipo, às veiz, você vai pedi, tipo, que nem sabonete, eles falam espumante, entendeu? Nóis falemo...E muitos vaão e eles não, não gostam muito de gíria, entendeu?

---

[208] O preso está se referindo ao "artigo" do Código Penal em que ele foi enquadrado na sentença, é o motivo do crime, portanto ficam na mesma cela presos que cometeram crimes com tipificação distinta.

RECORTE DISCURSIVO 1 - (RD1)
MARCAS DE ENUNCIAÇÃO DA LEITURA
COMO ESTRATÉGIA DE NORMALIZAÇÃO

Na verdade, eles tão certo, né, na verdade, apesar de nóis tá aqui preso, e sendo tipo vigiado por eles, não tem o porquê nóis falá, né... como nóis se comuniquemos entre nóis... [...] É! E ele inocente, a família dele sempre trabalhava... tipo, nunca ninguém deve de tê feito nada de errado aí eles começarum a involvê ele nas coisas erradas e ele foi né. É tipo não querendo ir, mah foi, intendeu?

(SD5 – INF5) [...] na verdade assim, não me orgulho disso, mais eu sô multirreiscidente, né, são vários processos, vários crime, uns eu cometi, otros eu não cometi, ehhh..., então, assim, ehh..., uma vida bagunçada, né, i eu, eu luto, eu costumo dizê, assim, que eu tô me arrastando, nesses últimos trêis anos, quando comecei participá do Projeto da Leitura, minha mente se abriu mais, eu até comento, às veiz, com alguns agente penitenciário que eu tamém tenho uma certa afinidade, assim, de que eu tô me arrastando, né, eu me arrasto, eu tô rastejando, eu tô procurando melhorá, eu tô procurando voltá assim, é como se eu fosse outra pessoa, eu tô tentando resgatá aquela pessoa, é isso... pra mais ou menos, assim, resumi o meu intuito, o meu objetivo, mah dentro do sistema, né... [...] procuro tá sempre assim, ehhh... como é que eu posso dizê... eu procuro tá sempre observando tudo que tá acontecendo, porque aqui no sistema acontece muito de que as coisa que aqui um faz, às veiz, respinga nos otros, então, eu procuro tá sempre observando pras vez assim, procura, inclusive, tipo, antes que o resultado saia negativo, a gente se impõe e procure fazê aquelas coisa que seja um poco diferente, né, tanto cos internos tanto coa administração, assim [...] Ah, o regime... Assim, é difícil porque é muita aglomeração de pessoa, então, a concentração tem que tá em alto nível porque num... olha... é a televisão, né, é rádio, éhh... conversa paralela, né, então, a leitura tem que sê, o livro tem que sê bom, muito bom, assim, que cative a atenção e aí tem esse mergulho ali e vai. [...] por-que é cansativo, tamém, né, e tamém uma das coisa que eu, que eu, eu identifiquei isso nesse processo de leitura que a leitura fazia com que eu gastasse bastante energia e eu repousava melhor à noite nos dias que eu lia, que eu fazia leitura... [...] Eu leio à noite, eu leio no final de semana. Eu leio às veiz, eu acho o massa que a gente tá ali trocando uma ideia, eu tô lendo o livro, daí eu leio umas dez, quinze página, assim, eu entro, assim, se a rapaziada tá ali conversando, eu começo interagi com eles e começo contá a história pra eles assim, entendeu? [...] a leitura, tem leitura assim que te, te... dá, parece que te coloca num, num, é como se fosse antídoto de, sabe, pra você caminhá um poco e ir mais, ir um pouquinho mais além... Teve dias assim que eu tava, tava exausto, cansado, eu tinha que fazê alguma coisa pra saí daquela neurose, sabe? Aí eu meti a cara no livro ali, parece que o livro tinha uma ideia que me tranquilizava, [...] acho que molda você, a tua personalidade, vai moldando, vai te lapidando, assim, vai, você vai se transformando porque, quem fica aqui... isso aqui num, isso aqui não ressocializa ninguém, tipo jogá ali, tá ali fechado dentro do cubículinho, andando pra lá e pra cá, a família cada 15 dias, tem pessoas que são de longe, assim, a cada 60, 90, a mídia, a informação,

RECORTE DISCURSIVO 1 - (RD1)
MARCAS DE ENUNCIAÇÃO DA LEITURA
COMO ESTRATÉGIA DE NORMALIZAÇÃO

a manipulação que eles fazem, a lavagem cerebral que eles fazem na mente de quem tá ali, do telespectador é uma baboseira, então, o livro te traiz coisa, assim, que sabe, eu acho que você só aprende vivendo ou então, sei lá, onde que a gente ia aprendê isso...[...] então tem pessoas aqui, eu costumo dizê assim, o representante da Lei ele tem <u>o dever de cumpri a Lei</u>. A partir do momento que viola a Lei então ele é tanto criminoso quanto eu. [...] <u>Eu não tinha muita paciência, sabe... As coisa tinham que sê meio, meio, meio, meio já, outra coisa assim que é aquela coisa de questioná muito</u> situações que ela tem uma origem lá, mas eu não procurava entendê aquela origem, <u>então, assim, esse processo de leitura parece que feiz que meu cérebro difundisse pra enxergá, por exemplo todo problema ele tem uma origem, né?</u> [...] o livro fez com que eu voltaaasse, sabe, a refleti naquelas coisa que eu tinha escutado e me ajudô a procurá isso, tipo, a mi entendê eu, procurá entendê eu, entendê eu, meus conflito, meus dilema, só um exemplo, tipo, a origem do problema, o que que me feiz mal, o que que me feiz vim pará aqui, onde foi que eu errei, assim, <u>eu, antes, eu, a minha mente, era mente fechada, sabe, o livro foi como, assim, a leitura abriu, abriu, eu consegui entendê melhor as coisa, assim, tipo me acalma, né, me traiz uma sensação de bem-estar, bem-estar.</u> [...] depois disso aqui, a gente fica cicatrizado... <u>Eu agora tenho dificuldade pra encará assim, às veiz, eu fico revoltado, num nego,</u> porque eu olho a sociedade e vejo muita hiprocrisia, hipocrisia assim, como é que eu posso dizê, sabe aquela coisa de você vivê, passá por aquilo e fazê a vida intera tentando acertá e dá sempre errado, e aí você sai lá fora, lá tem que encará, <u>aqui você sabe que tá no teu lugar, você cometeu um crime, você é né, você é tachado como um bandido, tá preso, você tá no teu lugar</u> [...] É, entrô lá pra dentro lá ihhh... foi tirando um por um a soco, a chute, agredindo verbalmente, chamando de vagabundo, de lixo, sabe? Essas coisa assim... que não precisa... [...] Eu, eu consegui por meio da leitura olhá pra essa pessoa assim, tipo, assim, ela vê as otras pessoas e falá pra otras pessoas exatamente da forma que ela é por dentro... não sei. Posso tá errado, alguém me ... <u>o livro me ensinô isso, assim, quando alguém olhá pra você e te chamá isso aquilo, ignore, fique tranquilo, ninguém, as pessoa só falum daquilo que lhe é próprio... Você tá falando aquilo é que tem isso dentro dela, então, é o que ela é, assim, por dentro, então, um cara que fala, dá revolta né, revolta, porque fica sendo impotente, né...</u>

Fonte: elaborado pela autora (2021)

No fragmento a seguir, pelos dizeres dos sujeitos-leitores presos, INF 1, INF 3, INF 4 e INF 5, pode-se observar a regularidade do uso de locuções verbais formadas com o verbo *"dever"* no presente e no futuro do pretérito do modo indicativo e no infinitivo:

> (INF 1) [...] você sabe que tem anos pra tirá, aí, então, se você não focá em alguma coisa a tua mente fecha, na ver-

LEITURA E CÁRCERE

> dade, eu acho que isso aí <u>deve acontecê</u> cum tudu mundu, na verdade, né...
>
> (INF 3) [...] certas coisa eu fazia mesmo errado na rua, então eu <u>deveria encontrá</u> uma manera de amenizá minha situação, eu poderia estar livre, né, daqui, no momento, mais tentá diminuí esse tempo atraveis da leitura...
>
> (INF 4) É! E ele inocente, a família dele sempre trabalhava... tipo, nunca ninguém <u>deve de tê feito</u> nada de errado, aí, eles começarum a involvê ele nas coisas erradas e ele foi, né... É, tipo não querendo ir, mah... foi, intendeu?
>
> (INF 5) [...] então, tem pessoas aqui, eu costumo dizê, assim, o representante da Lei ele tem o <u>dever de cumpri</u> a Lei. A partir do momento que viola a Lei então ele é tanto criminoso quanto eu.

O emprego do verbo *"dever"* aponta para um caráter normativo a ser seguido, uma determinação: a prisão é uma instituição normatizada e normatizadora, logo, <u>deve</u>... Nesse sentido, os sujeitos-leitores presos obedecem ao poder, ao que *"deve ser feito"*, ao que *"deve acontecer"*, ao que *"deve cumprir"* e, com o verbo marcado no futuro do pretérito o sujeito-leitor preso INF 3 expressa que *"deveria encontrar"* algo para amenizar a situação na prisão, ao que parece que vai ocorrer com a leitura, pela própria enunciação dele. Não parece ser por acaso que na enunciação do INF 3 o verbo esteja conjugado no futuro do pretérito, o que indica a expressão de impossibilidade, incerteza, surpresa e indignação; este emprego verbal aponta para a irrealidade daquilo que está sendo enunciado. Em outras palavras, parece que o INF 3 está enunciando que é muito ruim permanecer na prisão, e ele tem de fazer algo para sair dali, mesmo que para isso tenha de se resignar aos mecanismos de normalização do espaço prisional, dentre eles a leitura, no dizer do próprio preso.

Dito de outro modo, por meio dessas marcas verbais no dizer desses presos, emergem sentidos do que eles têm de fazer no sistema prisional. O INF 5 vai um pouco além e enuncia o paradoxo: *"se os presos cumprem a lei, mais ainda ela deve ser cumprida por quem é o representante da Lei"* – leia-se o servidor público que trabalha no Presídio –, pois, ao violá-la, torna-se tão criminoso quanto o INF 5. Essa enunciação do INF 5 provoca o pensar sobre os sentidos instituídos de que só é criminoso quem está atrás das grades. Essa enunciação *"o representante da Lei ele tem o <u>dever de cumpri</u> a Lei. A partir do momento que viola a Lei então ele é tanto criminoso quanto eu"* rompe com certos dizeres cristalizados, resultantes de processos históricos. Pode-se pensar que seja uma ressignificação do INF 5 que indica a resistência e um desejo de ruptura. Parece que o sujeito-leitor preso está enunciando: *se o sujeito-preso se encontra sob mecanismos de normalização, que isso também se dê com o servidor público que é o representante do Estado que o custodia.*

No recorte a seguir, a enunciação do INF 2 com marcas linguísticas do mecanismo de normalização:

> (INF 2) [...] eu, no começo, era uma pessoa triste, uma pessoa triste, meio revoltada até mesmo com minha família, eles não tinham culpa, né, o culpado era eu, então, a partir do momento que eu comecei me dedicá aos livro, eu parei de sê uma pessoa, assim, sei lá como que eu posso explicá pra senhora, uma pessoa grossa, hoje eu tudo o que vô falá, assim, eu pra mim, vamo supor, assim, eu fico quieto, eu posso dizê, assim, que eu mudei através da leitura, mudei muito, mudei muito, muito... meu jeito como ser humano... [...] eu era uma pessoa seca, assim, bem uma pessoa bem iguinorante, então, isso mudô bastante, muito, muito... (*barulho das grades*) [...] até mesmo, esses dias, ali embaxo os agente falarum que eu tava bem, que eu tava fazendo tudo certinho, eles vierum aqui na visita e me perguntarum, eu comentei, né, eu leio os livro [...] Porque eu acredito que o livro muitas pessoas passaram e até hoje tão passando pela mesma situação que eu tava passando antes de eu começá as leitura, né, sê aquela pessoa grossa, pessoa até mesmo mal educada, assim, pessoa, pessoa que não ouvia muito a família, não escutava o que muitas pessoas falavam.

A materialidade léxico-sintática no dizer do INF 2 "*vamo supor assim, eu fico quieto, eu posso dizê assim que eu mudei através da leitura, mudei muito, mudei muito, muito... meu jeito como ser humano... [...] eu era uma pessoa seca, assim, bem uma pessoa bem iguinorante, então, isso mudô bastante, muito, muito*" e "*os agente falarum que eu tava bem, que eu tava fazendo tudo certinho*" imerge esse enunciado em uma rede de relações associativo-implícitas, uma série heterogênea, funcionando como uma busca a uma estabilidade depreendida sob o registro discursivo. A reiteração do comentário "*eu mudei muito*", enunciado três vezes pelo preso INF 2 e, na sequência, com o advérbio de intensidade "*isso mudô bastante, muito, muito*", ainda pelo pronome de primeira pessoa do caso reto, "*eu*", reiterado e marcado linguisticamente 17 vezes na superfície do discurso do INF 2 só nessa SD precedente, parece atestar uma discursividade que se deseja estável, aquilo que deixou de ser, era "*grosso*", era "*revoltado*", era "*triste*", era "*pessoa seca*", era "*iguinorante*", adjetivos todos autodeclarados pelo próprio sujeito-leitor preso, INF 2, para descrever como ele era antes de iniciar o processo da leitura; a antítese do que era antes da prática da leitura no cárcere e como ele está agora que lê, pode querer funcionar como uma proposição de estabilidade.

Esse efeito de sentido pode depreender-se também da enunciação do preso de que, agora, ele que/porque lê, é outro *"ser humano"*. Tomado pelo ângulo de que os próprios agentes penitenciários comentaram com familiares do sujeito-leitor preso, INF 2, sobre a situação dele após as leituras para remição: *"falarum que eu tava bem, que eu tava fazendo tudo certinho"*, parece apresentar a busca pela mesma univocidade lógica. Desse ponto de vista, dir-se-á que a leitura no cárcere como dispositivo de remição de pena muda o sujeito, torna-se uma proposição verdadeira e ponto final. Parece que esse sujeito-leitor preso, INF 2, foi interpelado pelos mecanismos da normalização, que deseja o sujeito "normal", "quieto", "dócil", *"que faz tudo certinho"*, que tudo aceita sem contestar. Imerge-os em uma rede de relações associativo-implícitas e normaliza-os porque trabalha o imaginário daqueles que acreditam nisso e daqueles que se resignam ao sistema (im)posto. É a tentação de fazer o enunciado coincidir exatamente com o plano logicamente estabilizado das instituições, ou, como prefere Althusser (1985), dos Aparelhos Ideológicos do Estado. Conforme Braga (2010, p. 136), na ordem do discurso "para cada situação discursiva se produz um dizer diferente e subjetiva-se de uma forma outra. É nesse sentido também que falo em subjetividade sincrônica".

De modo análogo, pode-se depreender sentidos de aspectos dos mecanismos de normalização no funcionamento léxico-sintático subjacente do enunciado do sujeito-leitor preso, INF 5, pela SD a seguir elencada: ler *"acalma"*, *"faz resgatá outra pessoa"*, *"tô rastejando, me arrastando, mas com a leitura tô procurando melhorá"*, *"lendo, durmo melhor"*, *"lendo, interajo com colegas de cela, conto a história do livro pra eles"*, *"leitura é antídoto"*, *"leitura faz sair da neurose"*, *"ler tranquiliza"*, *"lê te molda, te lapida, te transforma"*, *"lê me traiz sensação de bem-estar"*.

> (INF 5) [...] eu tô me arrastando nesses últimos três anos quando comecei participá do Projeto da Leitura, minha mente se abriu mais, eu até comento, às veiz, com alguns agente penitenciário que eu tamém tenho uma certa afinidade, assim, de que eu tô me arrastando, né, eu me arrasto, eu tô rastejando, eu tô procurando melhorá, eu tô procurando voltá, assim, é como se eu fosse outra pessoa, eu tô tentando

resgatá aquela pessoa, é isso. [...] porque é cansativo, tamém, né, e tamém uma das coisa que eu, que eu, eu identifiquei isso, nesse processo de leitura, que a leitura fazia com que eu gastasse bastante energia e eu repousava melhor à noite nos dias que eu lia, que eu fazia leitura... [...] eu acho massa que a gente tá ali trocando uma ideia, eu tô lendo o livro, daí eu leio umas dez, quinze página, assim, eu entro, assim, se a rapaziada tá ali conversando, eu começo interagi com eles e começo contá a história pra eles, assim, entendeu? [...] a leitura, tem leitura assim que te, te... dá, parece que te coloca num, num, é como se fosse antídoto de, sabe, pra você caminhá um poco e ir mais, ir um pouquinho mais além... Teve dias assim que eu tava, tava exausto, cansado, eu tinha que fazê alguma coisa pra saí daquela neurose, sabe? Aí eu meti a cara no livro ali, parece que o livro tinha uma ideia que me tranquilizava, [...] acho que molda você, a tua personalidade, vai moldando, vai te lapidando, assim, vai, você vai se transformando, porque, quem fica aqui... isso aqui num, isso aqui não ressocializa ninguém, tipo jogá ali, tá ali fechado dentro do cubiculinho, andando pra lá e pra cá [...] Eu não tinha muita paciência, sabe... As coisa tinham que sê meio, meio, meio, meio já, outra coisa assim que é aquela coisa de questioná muito, situações que ela tem uma origem lá mas eu não procurava entendê aquela origem, então, assim, esse processo de leitura parece que feiz que meu cérebro difundisse pra enxergá, por exemplo, todo problema ele tem uma origem, né? [...] eu antes, eu, a minha mente, era mente fechada, sabe, o livro foi como, assim, a leitura abriu, abriu, eu consegui entendê melhor as coisa, assim, tipo me acalma, né, me traiz uma sensação de bem-estar, bem-estar. [...] depois disso aqui, a gente fica cicatrizado... Eu agora tenho dificuldade pra encará assim, às veiz eu fico revoltado, num nego, porque eu olho a sociedade e vejo muita hiprocrisia, hipocrisia, assim, [...] É, entrô lá pra dentro lá, ihhh... foi tirando um por um a soco, a chute, agredindo verbalmente, chamando de vagabundo, de lixo, sabe? Essas coisa assim... que não precisa... [...] Eu, eu consegui por meio da leitura olhá pra essa pessoa assim, tipo, assim, ela vê as outras pessoas e fala pra otras pessoas exatamente da forma que ela é por dentro... não sei. Posso tá errado, alguém me ... o livro me ensinô isso, assim, quando alguém olhá pra você e te chamá isso o aquilo, ignore, fique tranquilo, ninguém, as pessoa só falum daquilo que lhe é próprio... Você tá falando aquilo é que tem isso dentro dela, então, é o que, ela é assim

> por dentro, então, um cara que fala, dá revolta, né, revolta,
> porque fica sendo impotente, né...

Conforme essa narrativa, no dizer do INF 5, se, por um lado, o modo de leitura no cárcere coloca o preso – e ele diz isso – num modo de subjetivação de que ele se modifica pela leitura, que ler acalma, tranquiliza, dá sono, proporciona sensação de bem-estar, por outro lado, discursivamente, observa-se que a leitura no cárcere como dispositivo de remição de pena pode ser uma estratégia de normalização, de conter os corpos, de manter o silêncio... Pode-se pensar que a prisão institui traços como determinantes do enunciador, por exemplo, *"ser impaciente"* pode fugir ao padrão, ao *"normal"* da obediência e da resignação. Ao enunciar *"Eu não tinha muita paciência, sabe... As coisa tinham que sê meio, meio meio, meio já"*, o sujeito-leitor preso apresentou traços do que pode não ser aceito na prisão e, nesse embate, precisou normalizar-se.

Como se vê, a construção de "normal" é suscitada por dicotomias: normal/anormal, sadio/doente, preso/livre, delinquente/cidadão de bem, paciente/impaciente, calmo/nervoso, lícito/ilícito, permitido/proibido... Cada um desses pares é a expressão de um grupo de normas que funcionam para regular, controlar, confinar, como preferiu Foucault, normalizar. De acordo com Fonseca (2012), Foucault esboçou uma imagem do Direito como vetor das práticas da norma, um Direito produzido e produtor dos mecanismos de normalização, considerando que "os mecanismos disciplinares e os mecanismos do biopoder, mecanismos que para Foucault compõem as artes de governar, não podem ser dissociados do direito" (Fonseca, 2012, p. 297). Nessa direção e ainda no dizer do autor, o Direito é o envelope dos mecanismos de normalização. A imagem de um Direito normalizado-normalizador em Foucault, conforme Fonseca (2012), foi encontrada em suas análises sobre a tecnologia disciplinar e sua forma de intervenção sobre os corpos no interior das instituições, e, nesta pesquisa, em específico na instituição prisão e seus mecanismos de regulação da vida no interior dela.

O poder aparece efetivamente porque resultado de algo adquirido subliminarmente com o próprio esforço pessoal na prática da leitura, *"que é cansativa"*. E o sujeito-leitor entra na ordem do discurso, sem resistir, que se sustenta sob um imaginário socialmente construído. O estatuto da discursividade que trabalha no assujeitamento, entrecruzando proposições de aparência logicamente estável, suscetível de resposta unívoca – sim, ler é bom, ler acalma, ler tranquiliza –, faz irromper na enunciação do INF 5 a formulação equívoca. Pelo discurso do INF 5, de talhe aparentemente estável, troca o trajeto da discursividade e toca na existência da violência física que sofrem os presos dentro da prisão por alguns agentes penitenciários: *"É, entrô lá pra dentro lá, ihhh... foi tirando um por um a soco, a chute, agredindo verbalmente, chamando de vagabundo, de lixo, sabe? Essas coisa assim... que não precisa..."* Mesmo se encontrando regido sob esse poder que violenta, que agride o sujeito-leitor preso – verbal e fisicamente –, o INF 5, pela enunciação, marca no dizer que, *"por meio da leitura, ignora e fica tranquilo"* e, para sublinhar esse dito, reapresento o fragmento da SD5:

> (INF 5) [...] <u>Eu, eu consegui por meio da leitura olhá pra essa pessoa, assim,</u> tipo, assim, ela vê as otras pessoas e falá pra otras pessoas exatamente da forma que ela é por dentro... não sei. Posso tá errado, alguém me ... <u>o livro me ensinô, isso, assim, quando alguém olhá pra você e te chamá isso o aquilo, ignore, fique tranquilo, ninguém, as pessoa só falum daquilo que lhe é próprio...</u> Você tá falando aquilo é que tem isso dentro dela, então, é o que <u>ela é assim por dentro, então, um cara que fala, dá revolta, né, revolta, porque fica sendo impotente, né...</u>

Ao ouvir a gravação que deu origem a esse recorte, inicialmente, o que chamou a atenção são os intervalos, as pausas que entrecortam o dizer do sujeito-leitor preso, a presença da repetição de *"eu"*, de *"assim"* e de *"então"*: *"Eu, eu consegui por meio da leitura olhá pra essa pessoa, assim, tipo, assim, ela vê as otras pessoas e fala pra otras pessoas exatamente da forma que ela é por dentro... não sei"*. Parece marcar um retorno sobre a própria enunciação para explicitá-la, parece ser uma estratégia de organização do discurso, pois, com esse recurso, o sujeito-leitor preso organiza seu dizer de modo mais coerente e lógico, buscando, ao que parece, respeitar uma textualidade. Contudo, o funcionamento se (re)(des)vela com hesitações, com voltas no/sobre o dizer *"assim, tipo, assim"*, de vacilações no dizer *"eu, eu"* que trazem traços de um não conforto do enunciador. Imaginariamente, regido por um sistema prisional em que a obediência e a resignação estão instauradas, quaisquer que sejam as ações *"dos de preto"*, *"nóis semo vigiados por eles"*, dos agentes penitenciários e tudo o mais que representam pelo/no poder da instituição prisão, leva o sujeito-leitor preso a se sentir constrangido e a ser instado a normalizar-se, a inscrever-se na ordem desse discurso, mesmo que, para isso, tenha de apagar os sentimentos de revolta e de impotência que parecem constituir o enunciador.

No recorte *"quando alguém olhá pra você e te chamá isso o aquilo, ignore, fique tranquilo, ninguém, as pessoa só falum daquilo que lhe é próprio..."*, pesa a normalização que se dá pela injunção *"ignore, fique tranquilo"*, uma vez que o sujeito-leitor preso, mesmo sofrendo agressão física e verbal, como se depreende do dizer *"É, entrô lá pra dentro lá, ihhh..., foi tirando um por um a soco, a chute, agredindo verbalmente, chamando de vagabundo, de lixo, sabe?"*, é levado a abrir mão do sentimento de revolta e de impotência diante de uma agressão daquele que representa a autoridade sob a qual está custodiado. Para ser aceito nessa instituição prisão, o sujeito-leitor preso submete-se às contingências da normalização.

Avançando um pouco mais, a imagem de *"revolta"* escapa pela denegação no recorte *"às veiz eu fico revoltado, num nego, porque eu olho a sociedade e vejo muita hiprocrisia"*. A denegação, conforme Roudinesco e Plon (*apud* Stübe 2008, p. 192), constitui-se em um mecanismo de defesa por meio do qual o sujeito expressa negativamente um desejo cuja presença ou existência ele quer apagar, recalcar. Pela denegação, presentifica-se algo que se queira apagar. No recorte, ao enunciar *"fico revoltado, num nego"*, essa marca é trazida pelo discurso, mesmo que a negando. Ao negar, presentifica a revolta, instaura uma falta, aqui associada à não possibilidade de enunciar o sentimento que pode ser considerado inapropriado para um sujeito preso, pois *"fez, tem que pagá"*. Pela análise desses enunciados se observam processos de discursivização sustentados pelos mecanismos de normalização em sua relação com os sujeitos-leitores entrevistados na pesquisa, que se sentem, mesmo que inconscientemente, avaliados segundo o jogo do "normal e do "anormal". A representação de que *"dá revolta, fica impotente"* e que essa revolta deve ser subsumida pela resignação à hierarquização do sistema prisional, ao qual está submetido a partir de um processo judiciário que culminou em uma sentença judicial. Segundo Foucault ([1971] 2012), a ritualização da palavra fixa papéis e estabelece identidades para os sujeitos que falam. Tanto quanto as tramas da Lei, as tramas da norma percorrem a vida desses sujeitos-leitores no intramuros da prisão e o Poder Judiciário "revela o emaranhado dessas tramas: as tramas de um direito normalizado-normalizador" (Fonseca, 2010, p. 310).

É no interior da trama entre a Lei e a norma, para não constituir algo estranho a essa trama, que escapa o sentimento de revolta desse sujeito-leitor que, do lugar em que está, não pode se revoltar, tem de se resignar. Ao menos em parte, esse relato tem uma forma e produz efeitos que não podem ser reduzidos ao jogo entre norma e Lei. Ele tangencia esse jogo, mas não se confunde com ele. O jogo da Lei e da norma não consegue dar conta de apagar esse sentimento de revolta. A enunciação do sujeito-leitor preso, INF 5, que *"dá revolta, se sente impotente"* pode desempenhar um papel de resistência e de oposição no interior do jogo entre as estruturas da Lei e os mecanismos de normalização. Esse dizer do sujeito-leitor preso em uma trama de relações, parece romper com a sequência lógica dos mecanismos de normalização, uma forma de oposição à malha de saber e de poder que o envolve e procura normalizá-lo, mas que não consegue fazê-lo calar-se indefinidamente. Esse dizer parece ser uma brecha aberta e sua palavra encontra um lugar para se manifestar e, nessa manifestação, resiste. Sua força não reside em poder se manifestar em um lugar diferente daquele em que está normalizado. Sua força está em irromper no próprio lugar em que está, na prisão, no interior dos mecanismos de saber e de poder que o prendem, que o submetem. De algum modo, esse dizer exerce uma forma de resistência aos mecanismos da normalização.

Estratégia de normalização, sujeito-leitor preso assujeitado, mas emerge de uma pretensa e consciente busca de estabilidade discursiva, a discursividade outra: *"um cara que fala (vagabundo, lixo – agride) dá revolta né, revolta, porque fica sendo impotente, né..."* E ancoro-me em Pêcheux ([1983] 2012d) para pensar que, nessas circunstâncias, *"há real*, isto é, ponto de impossível determinando aquilo que não pode ser 'assim'. O real é o impossível... que seja de outro modo. Não descobrimos, pois, o real: a gente se depara com ele, dá de encontro com ele, o encontra" (Pêcheux, [1983] 2012b, p. 29). O INF 5 deparou-se com o real, o ponto do impossível que não pode ser assim e, mesmo sob o dizer de que *a leitura acalma, tranquiliza*, ao não restar alternativa a não ser sucumbir à violência do agente penitenciário, sente-se *impotente*. Pela marca linguística dos verbos enunciados, percebe--se um apagamento do *"eu"* e o emprego do verbo em terceira pessoa: é a outrem que *"dá revolta"*, não é ele que se sente *impotente, "quando alguém te chamá isso o aquilo, ignore, fique tranquilo"*. Na negação do sujeito-leitor INF 5 e consequente afirmação de que quem fica revoltado e impotente é outrem, de forma inconsciente, o jogo se inverte, pois até então marcara os verbos com a forma da primeira pessoa *"eu consegui, eu posso"* etc., todavia permanece a mesma polarização que denuncia a simetria das relações desiguais.

Nessa confluência, com o dizer do INF 5, que *"as pessoa só falum daquilo que lhe é próprio... Você tá falando aquilo é que tem isso dentro dela, então é o que, ela é assim por dentro, então, um cara que fala dá revolta né, revolta, porque fica sendo impotente, né..."*, retomo Pêcheux ([1975] 2009), que fala da contemporaneidade entre a revolta e a linguagem, reafirmando que se essas categorias não se (con)fundem, há uma inegável relação entre elas, pois têm, politicamente, algo a ver uma com a outra, "porque sua própria possibilidade se sustenta na existência de uma divisão do sujeito, inscrita no simbólico" (Pêcheux, [1975] 2009, p. 279). "Não há dominação sem resistência" (Pêcheux, [1975] 2009, p. 281), afirma o autor no final de sua retificação de *Só há causa daquilo que falha...*, porque todo ritual está sujeito à falha, e é justamente porque há falha no ritual e há a contradição da ordem da ideologia que podemos falar em resistência e em dominação, tomando-as como contemporâneas no sentido de que coexistem sem, no entanto, se (con)fundir.

A tomada de posição do INF 5, de que o outro e não ele se sente revoltado e se sente impotente, não deixa de ser uma identificação com uma forma-sujeito que implica resistência num lugar em que só pode obedecer e resignar-se, tanto a esse lugar como aos discursos outros que o atravessam, provocando rupturas. É o furo no discurso que se apresenta como caótico, não se deixando capturar por nenhum símbolo, por nenhuma nomeação; representação imaginária, real e simbólico interligados, desestabilizando o que antes agia na perspectiva de fazer acomodações, tranquilizar, tentar envolver o real. A partir da tomada de posição do sujeito-leitor preso, do lugar social e das condições de produção enunciativas que têm relação com o esquecimento número 2, a formação discursiva se revela travestida de evidências e se estilhaça quando o sujeito reage sob qualquer disfarce ao teatro da consciência, do *"sou eu"*, revelando os esquecimentos de que é constituída a memória e, pela contradição da história, materializa o furo da ideologia, indo no sentido oposto ao discurso hegemônico dado como único, como o verdadeiro. O que era para ser identificação do INF 5 – ler acalma, normaliza – se firma, se instaura como nova discursividade, se faz dúvida, se dá a captar como questionamento, na *revolta* e no sentimento de *impotência*.

A partir da configuração dos anéis de Borromeo, simbolizando o lugar do sujeito no entremeio da *linguagem*, da *ideologia* e do *inconsciente*, pode-se pensar que o sujeito-leitor preso INF 5 estaria sendo afetado simultaneamente por essas três ordens e deixando em cada uma delas um furo, como é "próprio da estrutura de um *ser-em-falta*: o *furo da linguagem* representado pelo *equívoco*, o *furo da ideologia,* representado pela *contradição*, e o *furo do inconsciente*, trabalhado na psicanálise" (Ferreira, 2010, p. 24). Inobstante o desejo do INF 5 de manter uma estabilização de sentido de que ler acalma e ler tranquiliza, irrompe o furo na linguagem de que *"revolta, sente-se impotente"*, por sua vez, o furo da ideologia, a contradição expressa pela antítese "calma/revolta" e o furo do inconsciente, marcado linguisticamente pelo verbo em terceira pessoa do singular, *não sou eu que se revolta, é ele, o outro; "ignore, fique tranquilo"* como um dizer injuntivo, como um pedido ou uma ordem, mas, inconscientemente, irrompe no discurso *"dá revolta, sente-se impotente"*. É precisamente essa falta, essa incompletude, que "vai tornando-se o lugar do possível para o sujeito desejante e para o sujeito interpelado ideologicamente da análise do discurso" (Ferreira, 2010, p. 24). A linguagem está tão colada nos sujeitos e em seus discursos que se torna impossível dissociá-la da análise desta materialidade do *corpus* da pesquisa.

Estou tentando fazer uma espécie de articulação entre os anéis de Borromeo e as estratégias de normalização a que são submetidos os sujeitos-leitores do sistema prisional, pois, pela filiação teórica discursiva desta pesquisa, tenho de considerá-la a partir desta visada da Análise do Discurso, na relação intrínseca entre esses três elementos – o tripé entre linguagem, ideologia e inconsciente. É entre-anéis que se pode pensar, no segmento prisional, a relação leitura-sujeito-discurso. É nos intervalos, nos espaços de *"entre"* em que os elos se (des)encontram. No excerto da SD4, a enunciação do INF 4.

> (INF 4) [...] <u>Daí eu lia e esquecia, intendeu? O que eu tava passando ali, no momento, eu esquecia... ehh... ihhh... de fato, eu ehhh... esquece bem bastante...</u> [...] Claro, <u>é cadeia, tá privado de tua liberdade</u> e isso não tem preço que pague, intendeu? [...] É, <u>os agentes sabem</u> geralmente. Tipo, às veiz, você vai pedi, tipo, que nem sabonete, eles falam espumante, entendeu? nóis falemo... E muitos vaão e eles não, não gostam muito de gíria, entendeu? <u>Na verdade, eles tão certo, né, na verdade, apesar de nóis tá aqui preso, e sendo tipo vigiado por eles</u>, não tem o porquê nóis falá, né... como nóis se comuniquemos entre nóis...

A marca linguística de certo reconhecimento, certa aceitação, certa resignação, certo assujeitamento pode ser depreendida do dizer do INF 4 *"os agentes penitenciários estão certos, os presos são vigiados por eles"*. Também se depreendem sentidos de mecanismos de normalização operando como uma anestesia no dizer do INF 4 *"Daí eu lia e esquecia, intendeu? O que eu tava passando ali, no momento, eu esquecia... ehh... ihhh... de fato, eu ehhh... esquece bem bastante... [...] Claro, é cadeia, tá privado de tua liberdade"*. Para normalizar – para separar, distinguir o "normal" do "anormal" –, ler faz esquecer, contudo, na sequência, o retorno do dizer equivocado, no deslize, inconsciente, *de que está sim na cadeia, está sim privado de liberdade e "não há dinheiro nenhum que pague essa liberdade*". Pode-se pensar que é furo da ideologia expressa pela contradição, furo na linguagem que tenta estabilizar o sentido de que ler faz esquecer, mas as hesitações *"ehh... ihh...de fato, eu ehhh"* são lacunares e irrompem no discurso do sujeito INF 4 e, pelos anéis de Borromeo, furo no inconsciente, pois o faz lembrar e atestar que, *sim, está preso, está privado da liberdade*, lê para remir dias da pena, está na *"cadeia"*. Nesse sentido, a regularidade dessa discursividade é encontrada também na enunciação do INF 1, conforme se vê no fragmento:

> (INF 1) <u>A própria literatura</u>, já digo, então, na verdade, <u>ela ajuda muito pra você, tipo, não fechá tua mente, pra você conseguí esse tempo, na verdade, tem que ficá, porque se você ficá só ali, não vô dizê que você fique loco, mais</u> (*gritarias, risos externos*) <u>mais a mente vai fechando, vai se tornando praticamente, já vô dizê, um um monstro.</u> Porque tem muitos que não, aqui mesmo, na verdade, é uma questão de, ahhh..., eu tenho dez anos, ahh..., então, pra mim não me interessa, (barulhos fortes de grades), muitos não têm, na verdade, essa concepção se pegasse um livro, se parasse, na verdade, ele lê, esse tempo que ele tá aqui pra ele aproveitá [...] <u>Mudô a forma de pensá até quando eu cheguei aqui... eu era um poco rebelde na verdade... É muitos anos na verdade [...] na verdade mudô eu a minha forma de pensá muito sobre a própria vida, na verdade, antes tinha um poco revoltado, na verdade... bastante revoltado...</u> Hoje eu já tenho uma percepção diferente, eu hoje já consigo me vê diferente, na verdade... <u>Apesar que eu tem muita situação aqui, talvez, fracasse, mas pelo fato de ter existido esse lugar, na verdade, muda tua visão sobre o mundo lá fora, na verdade [...] na verdade de você não vivê só aquele marasmo, você pensá que isso aqui... fica só pensando coisa ruim, na verdade, porque o livro te abre, espontaneamente, totalmente caminho de coisa boa</u> [...] talveiz eu seria diferente do que eu sô hoje, na verdade taria, talvez, pior até. <u>Hoje eu já consigo me vê diferente, tipo lá fora, não só saí daqui já diretamente com intuito de i robá, ou traficá, ou coisa assim... Já me vejo pensando de uma forma, tipo, tentá procurá um emprego, uma coisa assim, na verdade, tentá mudá, tentá fazê uma coisa que eu não fiz nesses últimos anos.</u> Eu, pra mim, essa questão do Presídio, essa unidade, <u>cadeia não é bom em circunstância nenhuma, mas a circunstância você fez você tem que pagá...</u>

A enunciação do INF 1 *"Cadeia não é bom em circunstância nenhuma, você fez, você tem que pagá"* marca a mesma regularidade da SD do INF 4, precedente, *"Claro, é cadeia, tá privado de tua liberdade e isso não tem preço que pague, intendeu?"* Essas duas materialidades discursivas conjugam, no fio do discurso, a tentativa de os presos enunciarem conscientemente que a leitura, a literatura mudam a visão, mudam a vida, abrem caminho de coisa boa, mas, sem poder controlar, irrompe o dizer inconsciente e escapa a formulação *"cadeia não é bom em circunstância nenhuma, fez, tem que pagá"*. No dizer do INF 1 há a marca da denegação: *"A própria literatura, já digo, então, na verdade, ela ajuda muito pra você, tipo, não fechá tua mente, pra você consegui esse tempo, na verdade, tem que ficá, porque se você ficá só ali, não vô dizê que você fique loco, mais a mente vai fechando, vai se tornando praticamente, já vô dizê, um... um... monstro".* *"Não vô dizê que você fique loco"*, negação que afirma pelo menos a existência de um problema, ficar preso pode levar à loucura, que lhe trouxe o sentimento de certa rejeição. Nega-se o que não se quer que venha à tona, os sentidos que se deseja excluir, eliminar, obliterar. São recorrentes as hesitações, as pausas para pensar no que dizer, para racionalizar, para evitar dizer o que não pode ou que não quer dizer, a negação da loucura, de ser um monstro. Também emergiu regularidade em 100% dos entrevistados quanto aos dizeres *"na verdade"*, *"sinceramente"*, entre outros desse campo lexical. Como há visibilidade em todos os quadros apresentados com os recortes discursivos, produzindo um efeito de sentido de que o sujeito preso carrega um rótulo de que não é confiável, é estigmatizado, parece que eles têm de reafirmar o tempo todo que estão sendo sinceros e verdadeiros.

Outro ponto marcado nas enunciações dos entrevistados que emergiu dos recortes do *corpus* analisado apresenta uma divisão entre o *"aqui na prisão"*, sublinhando o espaço prisional e o tempo presente, contrapondo o *"dentro do cárcere"* e o aprisionamento com o *"lá fora, quando eu sair daqui"*. Há uma divisão espaçotemporal bem marcada nas falas dos sujeitos-leitores presos e a leitura como dispositivo de remição de pena aparece como um marco importante nessa divisão entre *o dentro* e *o fora*, entre *o antes* e *o agora* e o *"quando eu comecei a ler"*. Esse marco aparece na fala desses sujeitos-leitores presos e a leitura entra nessa divisão, vem como uma possibilidade aventada para que esse sujeito olhe para esse espaço e para essa temporalidade. O sujeito-leitor preso é colocado em contato com essa leitura, é trazido para uma prática de leitura que parece afetá-lo para além do caráter normalizador.

6.2 Livro – alvará de soltura – e a posição-sujeito-leitor no cárcere: trapaceando[209] a língua na tensão entre o dito e o não dito na relação com a leitura

> *[...] aparece cada vez mais explicitamente a preocupação de se colocar em posição de **entender esse discurso, a maior parte das vezes silencioso**, da urgência às voltas com os mecanismos da sobrevivência.*
> (Pêcheux, [1983] 2012b, p. 48, grifo meu)

Para compreender um discurso, há que se perguntar o que ele cala, aquilo que escapa pelas fendas do que nunca poderá ser dito. É um desafio para o analista. Conforme Pêcheux ([1983] 2012b), o princípio da prática de leitura aplicada no movimento sobre o texto é multiplicar as relações entre o que é dito em tal lugar (não geográfico, lugar social), e não de outro jeito, "com o que é dito em outro lugar e de outro modo, a fim de se colocar em posição de 'entender' a presença de não ditos no interior do que é dito" (Pêcheux, [1983] 2012b, p. 44). E pelas palavras da epígrafe de Pêcheux ([1983] 2012b), ao buscar entender esse discurso silencioso, pode-se pensar que seja um mecanismo de sobrevivência.

Nessa confluência, apresento o Quadro 12 com os arranjos textuais discursivos, o RD2 que dá visibilidade ao dizer dos presos entrevistados sobre "*Você gosta de ler?*", colocando-os em suspenso para a produção de minhas interpretações.

---

[209] Segundo Barthes ([1977] 1992), ao trapacear com a linguagem como o faz a literatura, mais do que destruir os signos, se joga com eles, instituindo uma maquinaria de linguagem.

Quadro 12 – Recorte Discursivo 2 (RD2)
Marcas do dizer *"eu gosto de ler"* na tensão com o não dito

RECORTE DISCURSIVO 2 (RD2) MARCAS DO DIZER *"EU GOSTO DE LER"* NA TENSÃO COM O NÃO DITO
(SD1 - INF1) - Eu gosto muito de lê, *(barulho forte de abrir e fechar grades)* informativo, folha, na questão de aprender, talvez pelo fato que quando eu era mais novo, não que eu nunca tive vontade, *(barulho de batidas de grades)* eu sempre gostei de aprendê, de querê sabê... só que otras... só que fato da minha vida me levá pro outro lado, então, o momento que eu tenho aqui eu procuro aprendê com oportunidade de livro, escola, prova, que seja de ampliá aí, que nem escolaridade, quando eu era mais novo não fiz [...] prá mim, na verdade, desde que esse projeto livro, na verdade, eu tamém não conhecia quando eu comecei a lê e apresentei. Desde então eu peguei gosto por isso... [...] pra mim, na verdade, desde que esse projeto livro, na verdade eu também não conhecia. Quando eu comecei a lê, apresentei, desde então eu peguei gosto por isso... [...] peguei gosto pela leitura porque você não tem muito o que fazê... [...] preso, privado de liberdade, isso não tem muito o que fazê, nada é bom, mas pelo fato de você amenizá teu dia, na verdade, eu passo um poco lendo...
(SD2 - INF2) - Simm! [...] Na verdade, quando eu tô lendo, na verdade me sinto que não tô preso... Eu saio assim desse ambiente... paro de vê as grade, paro de vê tudo assim, tipo até o movimento ao redor de mim, assim... eu lembro na história de um livro ehhh... tipo assim...viajo, né, no livro, assim, muitas vezes me colocando até no lugar de um personage, ou vendo alguma coisa, assim, que é parecido com o que aconteceu comigo tamém, então, isso me motiva muito... Muito bom lê, muito bom lê! Eu me sinto bem lendo... [...] ehh, eu gosto muito de lê, eu leio jornal, leio livro, leio revista, o que aparece, que é uma coisa boa assim lê, um exercício bom lê, né? [...] se começassem a praticá hoje a leitura, com cinco o seis meis, eu acredito, no meu ponto de vista, que tariam transformada, consegue se regenerá, através da leitura. [...] eu leio os livro. A gente não tá preso, né, quando tá lendo. Quando tá lendo não fica preso. Se todos pensassem assim né, só que é difícil de de entrá assim, tipo, na cabeça de umas pessoa que quando a gente tá lendo a gente não tá preso. É o momento que o preso ele sente liberdade quando tá lendo.
(SD3 - INF3) Eu gosto bastante daaa da leitura mesmo. [...] Assim, quando eu leio ãhh livro, a gente consegue entrá na história um poco e saí por que aqui, como é um lugar, um ambiente fechado, co a leitura a gente consegue esquecê um poco desse ambiente aqui i cum isso ali a gente acaba espairecendo bastante, né... E mais o aprendizado, porque com o final da história a gente começa pensá que a história ela passa um aprendizado bem bom que, no caso, seria de personage que já viverum uma situação, né, então aquilo ali a gente pode adquiri uma experiência pra talvez não fazê, né, tanto do bem, o certo e o errado né... então, a gente pode adquiri um aprendizado ali e evitá bastante coisa, né... [...] gosto de lê, eu gosto de lê jornal que vem ali... livro assim eu leio bastante. [...] (Silêncio, pensativo) Pois é, aí eu acredito bastante eu Deus, depois de um tempo que eu tava aqui que eu comecei ahhh... a fazê alguma coisa por mim, né...

RECORTE DISCURSIVO 2 (RD2) **MARCAS DO DIZER *"EU GOSTO DE LER"* NA TENSÃO COM O NÃO DITO**
<u>Quero saí antes daqui, né?</u> Eu orava, pedia pra Deus, né, me ajudá, mais eu sabia que eu tinha que fazê a minha parte, <u>então, eu comecei a lê</u>, a estudá, então, no caso, eu já tava fazendo a minha parte, né, que não adiantava eu simplesmente pedi uma coisa e eu não me esforçá, tamém, né, <u>então, eu comecei a lê, sempre</u> (<u>diminui minha pena</u>, ihh... pelo bom comportamento ãhhh...eles me derum a confiança de trabalho ali, né, que hoje tamo no meio... já chegô a 300 preso aí, né, então, no caso, são 12 que trabalhum de regalia que, hoje que tem que, né, devido...
(SD4 - INF4) - <u>Lê? Eu gosto... Sinceramente... Tipo, eu gosto de lê</u>... [...] Ah, na verdade é assim, tipo, quando você pega um livro e iiihhh... antes você nunca tinha pegado um livro na mão, na verdade... Eu não vô dizê que eu pegava porque eu pegava só quando eu ia na aula, intendeu? Tipo, pra lê aqui igual aqui, tipo quando você pega um livro e lê o título começa lê e já começa te impolgá, intendeu? Não é todos os livro, mah... tem uns que é bem empolgante, daí a gente procura querê sabe mais do... LOC: E você lê só porque tem essa remição da pena pela leitura ou você lê porque você gosta? (*Enquanto a locutora fazia a primeira parte da pergunta, o informante já respondeu que <u>"não"</u>, quanto a ler só pela remição da pena.*) INF: <u>Não, sinceramente não</u>. Na verdade, tamém, né, ajuda, isso é verdade... [...] LOC: Então você recomenda não só por causa da remição? INF: <u>É... recomendo pela história, pela reflexão, pela vontade, né, de lê um livro</u> porque não é muitos que lê ali dentro, intendeu? [...] Ohhh... <u>Coa família da gente não tem como conversá, intendeu?</u> Porque as veiz você fica esperando outros... <u>Não tem como conversá sobre isso</u>... LOC: Ah, não dá muito tempo... Você quer falar com tua família sobre outros assuntos e não sobre livro... INF: <u>Tipo, até queria falá, né... Eu queria falá, né</u>, mas tipo pessoalmente, assim... [...] Parlatório... LOC: Ahh... Daí é um pouco difícil falar sobre livro... INF: É verdade... <u>Não, eu falo que tô lendo livro</u>, bah e eles me apoiam, né, intendeu?
(SD5 - INF5) [...] nesses últimos três anos <u>quando comecei participá do Projeto da Leitura, minha mente se abriu mais</u>, eu até comento às veiz com alguns agente penitenciário que eu tamém tenho uma certa afinidade assim de que eu tô me arrastando, né, eu me arrasto, eu tô rastejando, eu tô procurando melhorá, eu tô procurando voltá assim, é como se eu fosse outra pessoa, eu tô tentando resgatá aquela pessoa, é isso... pra mais ou menos, assim, resumi o meu intuito, o meu objetivo, <u>mah dentro do sistema, né</u>...[...] <u>gosto muito de leitura</u>, eu me ocupo aqui com meu tempo alí atrás, ali, lendo livro [...] <u>Eu gosto de lê, lê e trabalhá</u>...

RECORTE DISCURSIVO 2 (RD2) **MARCAS DO DIZER *"EU GOSTO DE LER"* NA TENSÃO COM O NÃO DITO**
LOC: [...] Você lê só porque é da remição, porque daí você fica dias a menos aqui no Presídio ou você lê porque você entende que a leitura favorece tua vida, te traz algum benefício, como é isso? Pode dizer bem a verdade: se lê só pela remição, tudo bem... INF: <u>Não</u>. <u>No começo assim eu, né, eu meio desesperado, eu queria porque queria saí pra fora, então eu vi a possibilidade de ganhá quatro dias a menos por mês da leitura, então eu comecei lê.</u> Só que assim desde moleque, eu sempre né gostei, gostava, assim, de lê, e com o tempo isso foi, eu fui aceitando aquilo assim como, isso agrega muito conhecimento, você melhora a sua forma de comunicação, a sua forma de expressão, além do conhecimento, né, é cultura, ãhh... viaja, sai daquele mundo, que aqui eu chamo mundinho, né, eu vivo outro mundo, tipo, eu visto o personage da leitura ali, então, só eu que tô naquela história, eu vô pra vários lugares, eu conheço outros países, eu conheço outras pessoas, eu entro na leitura, assim, não vô dizê na aula, mais eu procuro, ãhh... entendo um poco mais do comportamento humano tamém <u>através dos pergonage que tão ali no livro e isso que me</u>... <u>que faiz eu gostá de lê, não só pela remição, inclusive, eu tenho leituras assim que, tipo, é permitido uma leitura ao mês, né, eu tenho muito mais que uma leitura ao mês, assim, aqui, ali na</u>... <u>registrado aqui no setor penal...</u> [...] e isso que me faiz gostá de lê, <u>não só pela remição</u>, inclusive eu tenho leituras assim, que, tipo [...] como diz, <u>dançá conforme a música. Eu sei que eu tô submetido à regra, à disciplina imposta pela administração, eu sô entendedor disso</u> [...] Assim, é difícil porque é muita aglomeração de pessoa, então, a concentração tem que tá em alto nível porque num... olha... é a televisão, né, é rádio, éhh... conversa paralela, né, então, a leitura tem que sê, o livro tem que sê bom, muito bom, assim, que cative a atenção e aí tem esse mergulho ali e vai... Então, no fechado, ali, eu procurava fazê por página, não marcava hora assim, ãhh... <u>eu preciso lê pra remição, tenho uma semana, vô lê 50 páginas né, isso, aí é tipo uma</u> leitura normal, começava lê o livro e via que o livro tinha conteúdo demaaais, assim, né, muito bom mesmo, então, eu lia 100 página, às vezes eu já tava assim querendo, cochilando assim e eu digo não, eu vô passá uma água no rosto, passo uma ducha que é do banho e vô voltá lê porque eu queria vê aonde que aquela ideia ali ela, ela chegava, né, ihh... teve livro assim que, né, eu li 200 página... aí, claro, depois a gente vai diminuindo, né, porque é cansativo tamém, né, e tamém uma das coisa que eu, que eu, eu identifiquei isso: nesse processo de leitura, a leitura fazia com que eu gastasse bastante energia e eu repousava melhor à noite nos dias que eu lia, que eu fazia leitura... LOC: Por que você recomenda? (*O Projeto*) INF: Porque além dos quatro dias de remição que se ganha, né, que não dexa de sê pena cumprida, né, por todos aqueles motivos acho que a pessoa ignorante ela se torna mais gente, sabe? Né? (*Barulho de grades*) Além do conhecimento, daquela coisa toda, e abre, por abri a mente das pessoa, tem tanta gente com mente fechada, sabe? Com uma dificuldade de intendê, as veiz um, discerni uma coisa simples, e o livro ajuda isso...

RECORTE DISCURSIVO 2 (RD2)
MARCAS DO DIZER *EU GOSTO DE LER* NA TENSÃO COM O NÃO DITO
Me ajudô eu, pode ajudá, com certeza que vai ajudá otras pessoa. [...] Eu, eu consigo entendê, as otras pessoas não entendem, por exemplo, existe muito aquele negócio, assim, "<u>ah, lá na rua você não lia isso</u>", "<u>se você gostasse de livro você caía numa biblioteca</u>", né, só que tamém é pessoal que não participa do Projeto de Leitura, esse aí vai ser um retardatário, né, eu percebi isso, né, em tudo, inclusive na, na cultura, conhecimento.

Fonte: elaboração da autora (2021)

Pela materialidade enunciada *"eu gosto de lê"* (acrescida morfologicamente or advérbios de intensidade *"muito"*, *"bastante"*, pelo advérbio de modo *"sinceramente"* e, denotando sentido de certeza, a ênfase de *"mesmo"*) por 100% dos entrevistados, a qual ganha visibilidade no Quadro 11 precedente, analiso a tensão entre o dito e o não dito pelos sujeitos-leitores presos em sua relação com a leitura – o que esses sujeitos dizem sobre a leitura e o que deixam de dizer, o que apagam, o que ocultam, o que omitem, o que silenciam – e os sentidos desse silêncio – na fronteira entre o linguístico e o não linguístico no interior do fenômeno semântico, onde se opõe "uma *semântica formal* e uma semântica discursiva" (Fuchs; Pêcheux, [1975] 2010, p. 244).

Quando se trata do silêncio, do não dito, não há marcas linguísticas formais, mas pistas, traços, fissuras, rupturas, falhas que o sujeito enunciador mostra fugazmente nas fronteiras com o dito; o não dito significa pela sua inscrição no registro simbólico do silêncio. Sublinho que essa varredura na confrontação sobre o *corpus* das entrevistas buscando identificar e restringir regularidades sobre o dizer do sujeito-leitor preso em relação à leitura não é homogênea nem tampouco se esgota aqui nesta restrição em que busquei a aproximação de sequências discursivas caracterizadas pelo ponto de comparação do sentido enunciado representando a identidade com *"gostar ou não de ler"*, num processo de *"compactagem*, que permite submeter à análise o *corpus"* (Fuchs; Pêcheux, [1975] 2010, p. 220), pela aglomeração de sequências discursivas determinadas.

Quando perguntei *"Você gosta de ler?"*, era quase uma obrigação o sujeito-leitor preso responder que *"sim"*. Ao olhar para o Quadro 11 precedente, todos eles disseram que sim. O que isso quer dizer? O que essa regularidade do *sim* enuncia? Dizer que gosta de ler quer dizer o quê? O sujeito-leitor preso tem um imaginário de que precisa dizer que gosta de ler sob o risco de não remir a pena se enunciasse o contrário disso. Contudo, há um deles, o INF 5 que afirma:

(INF 5) "[...] eu preciso lê pra remição, tenho uma semana, vô lê 50 páginas, né?"

Ao invés de o INF 5 dizer *"eu gosto de ler"*, ele diz *"eu preciso lê pra remição"*. Depois ele vai voltar e dizer que acaba gostando de ler, mas ele é o único que afirma que lê porque *precisa*. Aqui, escapa da regularidade desse imaginário que precisa dizer que *sim*, que *gosta de ler* e não enunciam *"eu preciso ler para remição"*. Esse INF 5 responde de uma forma em que ele se coloca de outro modo, o sujeito *na* prisão; os outros presos entrevistados também são sujeitos na prisão, assumem esse lugar de sujeito *na* prisão, mas são tomados pelo imaginário que precisam dizer que a leitura é boa; o INF 5 é tomado somente dessa questão do *"estou na prisão, eu preciso ler para sair da prisão"*. São dois modos de operar diferentes.

Na reiteração por todos os entrevistados de *"eu gosto de lê"*, logo, falam muito bem da leitura[210], se firma um elemento de dispositivo analítico, é efeito dos discursos que deles falam e dos que diante deles falham, sucumbidos no aprisionamento das condições de produção, na forma de arregimentação do poder e no assujeitamento a ele. A dimensão do silêncio nos leva a considerar que a significação é um movimento – errância do sujeito, errância dos sentidos –, o lugar da "incompletude (lugar dos muitos sentidos, do fugaz, do não apreensível), *não como meros acidentes da linguagem, mas como o cerne mesmo de seu funcionamento"* (Orlandi, [1997] 2007, p. 12, grifo meu). O silêncio – o não dito – é ponto de sustentação dessa dimensão do significar como jogo de palavras e do (in)definir-se na relação das formações discursivas. Com Orlandi ([1997] 2007), compreende-se que o traço comum entre a errância do sentido, a itinerância do sujeito e o (per)curso do discurso é a ideia de movimento; o sentido perpassa e é perpassado pela diferença de outros discursos, de formações discursivas. Em que posição se encontravam esses sujeitos-leitores do cárcere? Nessa confluência, de acordo com Foucault ([1969] 2014b), descrever uma formulação como um enunciado não consiste em analisar a relação entre o enunciador e aquilo que ele disse, ou quis dizer, ou disse sem querer, ou silenciou, mas, sim, em determinar qual é a posição que *pode* e *deve* ocupar o indivíduo para ser sujeito, pois o sujeito de Foucault ([1971] 2012) é o sujeito da ordem do discurso.

---

[210] O critério de seleção sobre quais presos seriam entrevistados pela pesquisa foi identificar os que mais leram obras entre os anos de 2016 e 2018. No movimento analítico, se tivesse identificado também os presos que leram menos, poderia verificar se eles responderiam do mesmo modo se *"gostam de ler"*. A pesquisa concentrou sujeitos com maior volume de leitura, contudo percebo que poderia ter analisado a outra ponta também.

Em qual ordem do discurso estava o sujeito-leitor preso entrevistado, separado da pesquisadora por entre grades e, ainda, algemado? O sujeito-leitor preso estava numa posição que poderia enunciar que *é chato ler* ou que *não gosta de ler* e que *lê somente para remir dias da pena*? Isso poderia ser dito, considerando que ele estava submetido à ordem discursiva que balizava seu dizer? Isso não deveria ser calado? As condições de possibilidade do dizer prescrevem sobre a forma e a conduta subjetiva daquele que fala. Na enunciação, o sujeito-leitor preso delimitou e mapeou o sentido possível que regia o ato de enunciar, e triou a fala, mesmo que inconscientemente, como sujeito submetido à lei do discurso. O silêncio mediou as relações entre linguagem, mundo e pensamento e o sujeito-leitor preso conseguiu, por meio dele, resistir à pressão de controle imaginariamente construída sobre leitura e o não dito significou de outra maneira. O não dizer *é chato ler* ou que *não gosto de ler* e que *leio somente para remir dias da pena* inseriu o sujeito-leitor preso em certo perfil de leitor em que funcionam as representações imaginárias, no caso em tela, de uma pesquisadora de leitura e de um leitor competente.

Nesse processo, o silêncio é o ponto de inversão possível, funciona como um ponto de fuga dos sentidos não autorizados ou indesejados conscientemente. O gesto de enunciar – o dito – *"eu gosto de ler"* ao desvio do dizer – o não dito – *"só leio para remir dias da pena, pra me ver livre daqui o quanto antes"* se traduz em evidência colhida na prática social, cultural e política que atesta um modo de interdição desse sujeito e um desejo de coadunar-se a uma imaginária expectativa da entrevistadora, pois "há em todo sujeito uma necessidade de laço social que sempre estará presente, ainda que ele viva em situação sócio-histórica absolutamente desfavorável" (Orlandi, 2012e, p. 154). Se o homem é um sujeito sócio-histórico e simbólico, é pego em cheio pelos modos como as instituições o individualizam. Ao dizer algo, o sujeito-leitor apagou necessariamente outros sentidos possíveis, mas indesejáveis, como nessa situação discursiva em relação à leitura no cárcere – o silêncio teria funcionado como um exílio do sujeito, desterro, uma ilusão de controle. Como se fosse um processo de

> [...] "reflexividade": o gesto de olhar atrás do espelho, ao se ver, quando criança, para tentar aprender a experiência da produção da própria imagem (refletida) ou descobrir o seu mistério, ou seja, *ver-se (ler-se, dizer-se). A ambição de estar nos bastidores da encenação da identidade. Essa relação, na linguagem, só se dá no/pelo silêncio* (Orlandi, [1997] 2007, p. 155-156, grifos em itálico meus).

Estar nos bastidores da própria identidade. O lugar em que o sujeito se significa para significar. Imaginariamente. Pelo lugar do sujeito-leitor em espaço de privação de liberdade, o silêncio dele trabalhou as diferenças inscritas nos processos de sua identificação com a construção de um imaginário de leitura transformadora. No silêncio, o sujeito-leitor trabalhou a sua contradição constitutiva – sua relação como outro, a pesquisadora. Nesse não dito, o sentido se fez movimento e o sujeito-leitor preso, em função da ilusão constitutiva da linguagem, como que cumpriu a relação de sua identidade e da sua diferença. É assim que se pode entender o mecanismo da incompletude da linguagem como constitutiva do sujeito e do sentido. Como impor e transgredir no espaço da prisão onde só podem e devem obedecer? Eles são *"entendedores"* da necessidade de assujeitamento, como se pode depreender do dizer do INF 5, no excerto:

> (INF 5) [...] como diz, <u>dançá conforme a música.</u> Eu sei que eu <u>tô submetido à regra, à disciplina imposta pela administração, eu sô entendedor disso...</u>

Em seu imaginário, o preso sabia o que seria esperado dele na entrevista. O que lhe era prescrito nessa enunciação era corporificar, pelo dizer, a identificação com o imaginário discursivo de leitura; o sujeito é determinado pela construção do imaginário social sobre leitura – inconsciente – de que ler é bom, de que ler transforma, de que é gostoso ler. Como vai ser gostoso ler em uma cela de 3x2 m² (seis metros quadrados), dimensionada para acolher um preso só, contudo está lá com mais seis ou sete presos, sem uma cadeira sequer para sentar, com colchões empilhados na parede, com roupa pendurada secando, com as opções de ficar em pé ou sentar-se no chão cimentado, gelado e rústico? No detrimento desse não dito, foram balizados pela ordem discursiva. É possível romper esses campos emocionais inconscientes que sustentam pensamentos e práticas? O modo de funcionamento desse silêncio, a compreensão do modo de significar esse não dizer refere-se às circunstâncias de sua não enunciação; é o gesto de conciliar num ambiente que impera a obediência.

São dois movimentos narrativos que remontam, de um lado, o discurso sedimentado de que *ler é bom*, de que *ler transforma* e, do outro, o silenciamento de uma (im)possível enunciação *"eu detesto ler, mas leio para remição da pena"*; um dizer interditado diante das condições de produção; um dizer interceptado pelo fluxo fugidio da discursividade diante da *autoridade* da professora/pesquisadora. Eles poderiam falar mal do Projeto? Poderiam

LEITURA E CÁRCERE

eles frustrar uma possível expectativa interpelada pela pesquisadora? A condição do significar é o imaginário e, pela Análise do Discurso, na relação do imaginário com o real podemos apreender a especificidade da materialidade do silêncio, sua opacidade, seu trabalho no processo de significação, conforme se depreende pelos anéis de Borromeo.

Há diversos sentidos que circulam no imaginário social sobre a relação literatura/leitura, imaginário produzido ele mesmo ao longo do processo de escolarização, a partir da sedimentação dos processos discursivos que lhe fornecem seus objetos, efeitos do pré-construído. Não há modo de não estar no imaginário quando se está na linguagem; não há um modo de o sujeito e o sentido estarem fora da história, do ideológico e do efeito imaginário. Segundo Orlandi ([1997] 2007), os mecanismos de silêncio não são intencionais; no silêncio, o sujeito encontra pontos de possível (do impossível); lugar da suspensão da contradição. A produtividade do silêncio funciona como instância estruturante da significação; o "funcionamento do silêncio como uma espécie de *memória do não dizer*, instável, fluida, inapreensível, mas eficaz" (Zoppi-Fontana, ([1998] 2003, p. 68).

Esses atravessamentos discursivos mostram o sujeito-leitor preso como que em "uma gangorra: em um tempo constituindo-se em sujeito pelos parâmetros rígidos de uma determinada ordem discursiva e, em outro, dessubjetivando-se[211] na contramão da ruidosa discursividade" (Souza, 2014b, p. 113). A linha de fuga – os pontos de fuga – vem na contramão do sentido que se poderia enunciar e o dizer marcado pelo advérbio de modo *"eu gosto de lê, <u>sinceramente</u>"* ganha estatuto de subjetivação e do assujeitamento ao pré-construído na ordem do discurso. Se esses sujeitos-leitores estão como que em uma gangorra, de um lado, enunciam que *"gostam de ler sim, <u>bastante, muito, mesmo, sinceramente</u>"*, de outro lado, no fio do discurso – na formulação do intradiscurso desse sujeito-leitor preso que pratica essa leitura como dispositivo para remição da pena – emerge o deslize alheio ao discurso que o espreita, e o sujeito é capturado pelo seu dizer. Na enunciação do INF 5, marcas linguísticas desse dizer reiterado tanto pela repetição do verbo *"querer"* quanto pelo emprego do pleonasmo *"eu <u>queria</u> porque queria <u>saí pra fora</u>"* (do sistema prisional):

---

[211] De acordo com Agamben ([2006] 2009, p. 48), dessubjetivar é deixar-se levar por dispositivos dados, "corpos inertes atravessados por gigantescos processos de dessubjetivação que não correspondem a nenhuma subjetivação real". Com Pêcheux ([1975] 2009, p. 201), uma dessubjetivação do sujeito é promover um "tipo de anulação da forma sujeito (desassujeitamento, ruptura ou fragmentação do sujeito)".

> (INF 5) <u>No começo assim eu, né, eu meio desesperado, eu</u> <u>queria porque queria saí pra fora, então, eu vi a possibilidade</u> <u>de ganhá quatro dias a menos por mês da leitura, então, eu</u> <u>comecei lê</u>. É difícil porque é muita aglomeração de pessoa então a concentração tem que tá em alto nível porque num... olha... é a televisão, né, é rádio, éhh... conversa paralela, né, então, a leitura tem que sê, o livro tem que sê bom, muito bom, assim, que cative a atenção e, aí, tem esse mergulho ali e vai... Então, no fechado, ali, eu procurava fazê por página, não marcava hora assim, ãhh... <u>eu preciso lê pra remição,</u> tenho uma semana, vô lê 50 páginas né, isso, aí é tipo uma leitura normal, começava lê o livro [...] Porque <u>além dos quatro</u> <u>dias de remição que se ganha, né, que não dexa de sê pena</u> <u>cumprida, né,</u> por todos aqueles motivos acho que a pessoa ignorante ela se torna mais gente, sabe? Né?

Ainda na enunciação do INF 5:

> (INF 5) [...] pra mais ou menos, assim, resumi o meu intuito, o meu objetivo, <u>mah... dentro do sistema, né</u>...[...] <u>gosto muito</u> <u>de leitura</u> [...]

Quando ele diz *"mah... dentro do sistema, né"*, pressupõe uma afirmação do tipo *"eu não gosto de ler fora do sistema prisional"* que preside a sua fala, a antecede. Na enunciação *"eu meio desesperado, eu queria porque queria saí pra fora, então eu vi a possibilidade de ganhá quatro dias a menos por mês da leitura, então eu comecei lê"* parece ser o deslize emergindo: se ele gosta de ler, por que só começou a ler porque estava desesperado e queria sair da prisão? De acordo com Orlandi ([1997] 2007), o processo de silenciamento pode limitar o sujeito no percurso de sentidos, mas, ao mesmo tempo, mostra a força corrosiva do silêncio que faz significar em outros lugares – um vai e vem incessante entre a consciência do dizer e a interpelação do inconsciente. O dito consciente do sujeito que controla o dizer *"eu gosto de ler"* contrapõe-se ao dito que vazou inconsciente *"eu preciso lê pra remição, são quatro dias de liberdade que se ganha"*. Nesse pensar da antítese "dentro/fora" "do sistema", "dentro/fora" da prisão, outro elemento linguístico que emerge da materialidade do *corpus*, ainda no dizer do INF 5, é acerca de uma implicância que os presos que não participam do Projeto de leitura têm e, os próprios *"colegas"* de cela, afirmam que fora do sistema o INF 5 não lia:

> (INF 5) Eu, eu consigo entendê, as otras pessoas não entendem, por exemplo, existe muito aquele negócio assim, <u>"ah,</u> <u>lá na rua você não lia isso"</u>, <u>"se você gostasse de livro você</u>

caía numa biblioteca", né, só que tamém é pessoal que não participa do Projeto de Leitura, esse aí vai ser um retardatário, né, eu percebi isso, né, em tudo, inclusive na... na cultura, conhecimento.

No dizer daqueles que não participam do Projeto parece que ele é pego na malha do discurso: "*Se você gostasse de livro você caía numa biblioteca*". Alguém que ama ler não leria em todo lugar, inclusive fora da prisão? É um contraponto à enunciação de que "*gosta de ler*". E ainda na marca do dizer do INF 5, outro fragmento que nega e, ao negar, confirma que, sim, ele lê pela possibilidade de remir dias da pena:

> (INF 5) [...] é isso que me faiz gostá de lê, não só pela remição, inclusive eu tenho leituras, assim, que, tipo...

Deslize semelhante ocorre também no dizer do INF 4, ao tentar se deslocar da discursividade que teima em aprisionar o sujeito pela enunciação. Ao ser indagado pela pesquisadora se a leitura que faz é só porque tem essa possibilidade de remição da pena ou se lê porque gosta, ainda enquanto estava sendo formulada a primeira parte da pergunta, o informante já respondeu enfaticamente que "*não*", não lia só pela remição da pena. Pelo excerto, o dizer do preso INF 4:

> (INF 4) Não, sinceramente não. Na verdade, tamém, né, ajuda, isso é verdade... [...] É... recomendo pela história, pela reflexão, pela vontade, né de lê um livro, porque não é muitos que lê ali dentro, intendeu?

Observe-se na negação reiterada, "*não, sinceramente não*", o entrevistado pode estar tentando tamponar certo mal-estar causado pela explicitação de estereótipos que generalizam e segregam, abrem a possibilidade de se compreender o oposto. Seria a resposta "*não*", quando a pesquisadora ainda nem havia formulado toda a questão, um sintoma, uma formação do inconsciente? Afinal, o sujeito repele ou nega, para em seguida afirmar que a leitura "*ajuda*" na remição e logo reitera o enunciado de que lê por "*vontade*" própria, marcado pelo "*né*", que aponta para a tentativa de obter a concordância da locutora e marcar o aceite do gosto pela leitura como condição necessária para inscrição do sujeito em outra discursividade.

Há denegação na estrutura "*Não, sinceramente não. Na verdade tamém né, ajuda, isso é verdade...*"; a segunda parte afirma o que a primeira nega, explicitando a opinião do enunciador, ou melhor, a primeira parte afirma no exato momento em que nega, o que se vê reforçado pela segunda parte, que funciona como uma adversativa, produzindo o efeito de tamponamento de uma verdade que se diz à revelia do sujeito, funcionando como que por denegação. Quando ele nega, ele se posiciona frontalmente contra uma coisa (a que ele nega), abrindo, no entanto, outras possíveis. "Negar a negação é trabalhar (elaborar) com a falta e com a contradição. É atingir a retórica da denegação, aquela que lida com os pressupostos" (Orlandi, [1988] 2012d, p. 129). Nesse sentido, apresento o excerto em que é marcada a antítese no dizer do INF 2:

> (INF 2) [...] eu leio os livro. A gente não tá preso, né, quando tá lendo. Quando tá lendo não fica preso. Se todos pensassem assim, né, só que é difícil de... de entrá, assim, tipo, na cabeça de umas pessoa que quando a gente tá lendo a gente não tá preso. É o momento que o preso, ele sente liberdade quando tá lendo.

Esse emprego da antítese entre preso/livre (*"liberdade"*, no dizer do preso, que é do mesmo campo lexical) é a forma semântica da dissimetria. A antítese, por sua vez, se apoia no mecanismo gramatical da negação. Do ponto de vista pragmático, o mecanismo geral da negação é o *"sim"* pressuposto no ouvinte. Parece apontar mais para uma denegação, ou seja, a negação da negação. Pela caracterização da dissimetria, o sujeito acumula valores negativos, *"quando tá lendo, o preso sente liberdade, mas ele tá preso"*. Para afirmar o que é positivo – ser livre –, deve negar o negativo, ou seja, *"a gente não tá preso, né, quando tá lendo. Quando tá lendo não fica preso."* É a retórica da denegação que explica a configuração dessa discursividade.

Deslize semelhante, furo no dizer que se deseja tamponado, é ainda marcado em outro dizer do INF 4, que havia afirmado comentar sobre as leituras feitas com *"colegas do Xis, do barraco"* (no próprio dizer do preso). Na sequência desse dizer, ao ser indagado pela pesquisadora se conversa sobre leitura também com pessoas externas à prisão, ele responde:

> (INF 4) Ohhh... Coa família da gente não tem como conversá, intendeu? Porque as veiz você fica esperando outros... Não tem como conversá sobre isso...
>
> LOC: Ah, não dá muito tempo... Você quer falar com tua família sobre outros assuntos e não sobre livro...
>
> INF: Tipo, até queria falá, né... Eu queria falá, né, mas, tipo pessoalmente, assim... [...] Parlatório...
>
> LOC: Ahh... Daí é um pouco difícil falar sobre livro...

INF: É verdade... Não, eu falo que tô lendo livro, bah... e eles me apoiam, né, intendeu?

Na sequência desse dizer do INF 4, a entrevistadora (LOC) até comenta uma possível compreensão de que o INF 4 teria tão pouco tempo para a visita familiar que falaria outros assuntos que julgasse serem mais importantes e seria difícil falar sobre livro. Contudo, pelo dizer anterior dele "*Lê? Eu gosto... Sinceramente... Tipo, eu gosto de lê*", cabe perguntar: com as pessoas que a gente ama, que a gente quer estar perto, não seria verossímil falar do que a gente gosta? Se "*sinceramente*" gosta de ler, não compartilharia com a família que está lendo no cárcere por prazer? Na sequência, ao ser indagado "*você quer conversar com tua família sobre outros assuntos e não sobre livro...*", ele enuncia uma possível dificuldade de comunicação devido à barreira de vidro do parlatório: "*Tipo até queria falá, né... Eu queria falá, né, mas, tipo pessoalmente, assim...*" A preposição "*até*" aponta para a própria estranheza de uma falta de interesse diante de uma situação que foge do controle consciente: esse articulador argumentativo mais parece reforçar a asserção anterior de que o INF 4 tem assuntos mais relevantes para falar com a família do que falar sobre livro; parece reforçar o efeito de sentido de que esse gosto pela leitura pode não ser tão exacerbado assim, pressupondo uma percepção de que ele lê mesmo é por sujeição.

Discursivamente, constitui-se num sujeito cindido, dividido, clivado, pois, na sequência da enunciação, a denegação "*Não, eu falo que tô lendo livro, bah... e eles me apoiam, né, intendeu?*" Esse funcionamento discursivo aponta para uma tentativa de ele negar aquilo que pretende omitir. O dispositivo da negação representa algo que o sujeito tenta recalcar, mas o Outro da linguagem aparece sob a forma de não ser em oposição ao discurso já construído. A negação funda-se na condição em que o sujeito acredita que o seu discurso não está autorizado a comparecer naquele contexto. Como o INF 4 falaria à professora coordenadora do Projeto da Unoesc que nada comenta sobre leitura com a família? Pela negação, retoma o discurso autorizado e esperado pelo imaginário de que, sim, "*ler é bom, ler transforma*", então, sim, "*fala com a família sobre leitura*", contrapondo-se ao dizer enunciado anteriormente. A negação surge, portanto, no interior da memória discursiva evidenciando o sujeito constituído pelo esquecimento do que o determina. Ao negar, o inconsciente comparece no discurso por meio dos atos falhos, dos lapsos e dos deslizamentos de sentidos.

De acordo com Freud ([1925] 2014), a negação traz a suspeita de que na afirmação estaria a verdade que se tenta abafar do consciente; a negação seria um mecanismo de defesa, inconsciente, que irrompe no fio do discurso. Por imposição, por necessidade de adaptação e adesão a um dispositivo de remição da pena pela leitura, vai aprendendo a calar; *"não é muitos que lê ali dentro"* arremata a sensação de que é preciso ler para tentar adentrar nesse mundo das letras que lhe foi, de certa forma, interditado desde a infância, devido à vulnerabilidade social e conforme emergem sentidos da enunciação na entrevista com o INF 4.

Pode-se perceber certo deslize de sentido também no fragmento enunciativo do sujeito-leitor preso INF 1:

> (INF 1) [...] pra mim, na verdade, desde que esse projeto livro, na verdade, eu também não conhecia. Quando eu comecei a lê, apresentei, <u>desde então eu peguei gosto por isso</u>...[...] <u>peguei gosto pela leitura porque você não tem muito o que fazê</u>...

O discurso o capturou nos sentidos das palavras que articulou: ele lê porque *"não tem muito o que fazer na prisão"*, se tivesse outras opções, preferiria outras atividades a ler e isso é diferente de *"gostar de ler"*. Quem gosta de ler, abandona outras atividades para dedicar tempo à leitura. Analiticamente, esse deslize de sentido se dá no entremeio inconsciente do dizer. Pela constituição subjetiva, a exposição das condições de possibilidade de si diante de regras que produzem sujeitos obedientes e dóceis, na/da conjuntura prisional. Essa análise auxilia a mostrar como, na cena enunciativa, uma discursividade é exposta e flagrada ali onde não quer falhar. A partir da delimitação do que é dito e do que é silenciado, constata-se que o não dito se instala de modos diferentes nos diferentes funcionamentos discursivos; o sentido está sempre no viés, na dobra discursiva[212].

De forma análoga ao dizer do INF 5, marcado na análise precedente, o sentido emerge no viés, na dobra discursiva, pela marca linguística de que lê mesmo é porque quer sair o quanto antes da prisão também no dizer do sujeito-leitor preso identificado como INF 3. A pesquisadora formula a última questão, reiterando que o dizer não poderá ser identificado, que a autoria ficará sob sigilo, no anonimato, e deixa em aberto para que ele fale livremente:

---

[212] As dobras discursivas, o que transborda…"Pensar é dobrar, é duplicar o fora com um dentro que lhe é coextensivo" (Deleuze, [1988] 2013a, p. 126). O sentido emerge a partir da linha do "Fora", do que dobra, do que transborda pela intensidade e singularidade. A dobra introduz outro modo de condução, pois faz a resistência de maneira imanente. As resistências são pensadas como práticas de subjetivação política, que instauram outra experiência.

(INF 3) (*Silêncio, pensativo*) Pois é, aí eu acredito bastante eu Deus, depois de um tempo que eu tava aqui que eu comecei ahhh... a fazê alguma coisa por mim, né... Quero saí antes daqui, né? Eu orava, pedia pra Deus, né, me ajudá, mais eu sabia que eu tinha que fazê a minha parte, então, eu comecei a lê, a estudá, então, no caso, eu já tava fazendo a minha parte, né, que não adiantava eu simplesmente pedi uma coisa e eu não me esforçá, tamém, né, então eu comecei a lê, sempre diminui minha pena, ihh... pelo bom comportamento ãhhh... eles me derum a confiança de trabalho ali, né, que hoje tamo no meio... já chegô a 300 preso aí, né, então, no caso, são 12 que trabalhum de *regalia* que, hoje que tem que, né, devido...

No momento em que havia um roteiro, um *script* espreitando o entrevistado, o INF 3 havia enunciado "*Eu gosto bastante daa... da leitura, mesmo [...] gosto de lê, eu gosto de lê*". É possível afirmar que as hesitações e o gaguejo indicado pela repetição da preposição "*daa... da*", nesse dizer do INF 3, dão conta do desejo de controle – consciente – do sujeito que escolhe o que dizer e o que não dizer: será que o INF 3 realmente gosta de ler ou se sente capturado pela teia de um imaginário de leitura, cujo estereótipo é de que a leitura transforma e nele já se inscreveu e se vê na contingência de se adaptar, de ir ao encontro de uma suposta expectativa, neste caso em tela, da pesquisadora?

Avançando um pouco mais, caberia ao sujeito-leitor, identificado por INF 3, como *hóspede* do sistema prisional, aceitar as leis do hospedeiro, pensando nas leis da hospitalidade que Derrida denominou "hostipitalidade" (Derrida, 2003, p. 41). Esse sintagma derridiano denuncia que toda a *hospitalidade* implica de antemão a *hostilidade*, o que pode ser corroborado no sistema prisional – leia-se sob custódia do Estado – a partir das condições de produção estudadas até aqui: ao "*quero saí antes daqui, né*" (INF 3) e "*eu meio desesperado, eu queria porque queria saí pra fora*" (INF 5), a semântica estaria bem próxima de hostil. Nessa trama, o simbólico da língua se deixa denunciar na materialidade linguística, por meio de indícios capturados no fio do dizer, pois não é possível controlar o sentido do que se diz e escapam inconscientemente sentidos a serem silenciados.

Nesse ínterim, ao poder falar sem amarras, falar abertamente, sobre o que desejasse e ainda com o destaque de que esse dizer ficaria sob sigilo, emerge no dizer do INF 3, o que tentara ocultar de uma possível hostilidade do sistema: "*depois de um tempo que eu tava aqui que eu comecei ahhh... a fazê alguma coisa por mim, né... Quero saí antes daqui, né? [...] então eu comecei a lê [...] então eu comecei a lê, sempre diminui minha pena*". Antes de responder, o

INF 3 fez pausa para pensar no que dizer, para racionalizar, para evitar dizer o que não podia ou o que não queria dizer. A adversativa abre espaço para a explicação apropriada de uma diferença; *"Quero saí daqui [...] mais eu sabia que eu tinha que fazê a minha parte"*. Esse "mais" *(sic)* não é de intensidade, é conjunção coordenativa que liga duas orações que têm um sentido semântico de oposição.

O tempo verbal presente *"quero saí daqui/ sempre diminui minha pena"* é um contraponto aos tempos verbais do passado *"depois de um tempo que eu tava aqui/ eu comecei ahhh... fazê alguma coisa por mim/ eu comecei a lê"*. Desejo de esquecimento de uma marca que denuncia o que quer findar, que não quer que retorne? Entre as afirmações no presente *"eu quero saí daqui"* e *"sempre diminui a pena"*, configura-se um furo no discurso que o INF 3 tenta preencher por uma atitude consciente: para sair da prisão há que ler e isso se configura diferente de *"eu leio na prisão porque eu gosto de ler"*. O uso reiterado da partícula linguística *"né"* busca a aprovação da pesquisadora, a inclusão da pesquisadora na cena enunciativa.

Nessa confluência, considera-se que há relações de sentido que se estabelecem no dito do sujeito-leitor preso, mas, também, no não dito e que significa, naquilo que "ele não diz, mas o constitui significativamente" (Orlandi, [1988] 2012d, p. 13). O enunciado é constituído por pontos de deriva, lugares de tropeço em que se configuram pegadas de atos falhos, de equívocos, de lapsos do sujeito; são as relações de força, pelas quais se compreende que o lugar social dos sujeitos é parte constitutiva do processo de instauração dos sentidos. "Não há linguagem que não se confronte com o político" (Orlandi, 2012e, p. 152), simbolizando o político as relações de poder, divisão dos sujeitos e dos sentidos, já que a formação social é regida pela diferença, pela divisão, pela dispersão. Para Pêcheux ([1969] 2010a), a partir do confronto de superfícies discursivas que derivam de um mesmo estado de condições de produção,

> [...] um processo se caracteriza não somente pelos efeitos semânticos que nele se encontram realizados – o que é dito no discurso *x* - mas também pela ausência de um certo número de efeitos que estão presentes "além", precisamente naquilo que chamamos o *exterior específico do Ax*. Isso supõe que não podemos definir *a ausência de um efeito de sentido senão como a ausência específica daquilo que está presente em outro lugar;* o "não-dito", o implícito característico de um *Ax* (Pêcheux, [1969] 2010a, p. 151).

Pela teoria pecheuxtiana, o objeto discurso se engendra como processo e se desprega da superfície linguística. O silêncio dos sujeitos-leitores presos não está pregado à superfície linguística; todavia, o não dito deles acerca de que leem só por resignação, ou como castigo, sentenciados a remir dias da pena, marca, como o próprio autor ensina, *uma ausência específica daquilo que está presente em outro lugar, além, presente por sua ausência.* O ausente, assentado sobre um imaginário de que não seria possível não gostar de ler, acaba abrindo fissuras e outros sentidos se instauram. Nessa senda, Pêcheux propôs a noção de sujeito articulada ao campo psicanalítico, quando formulou o quadro epistemológico da Análise do Discurso: "o pensamento é fundamentalmente inconsciente" (Pêcheux, [1975] 2009, p. 280).

A noção pecheuxtiana de real do inconsciente é desenvolvida levando--se em conta o conceito lacaniano de inconsciente como uma hiância aberta no encadeamento discursivo, extraindo-se daí a tese de que a experiência do inconsciente – cujas palavras lhe escapam e produzem furo na malha discursiva – implica a possibilidade pela qual o sujeito pode emergir de sua posição de assujeitamento. Parece ser o que veio à tona nessa investigação que gira em torno do problema da constituição do sujeito pela leitura (im) posta como dispositivo de remição de pena.

O sujeito de Lacan, via psicanálise, é o sujeito do inconsciente estruturado como linguagem. A linguagem é a condição do inconsciente, aquilo que introduz ao sujeito uma discordância com sua própria realidade. Lacan ([1960] 1998) propõe um sujeito para-além da consciência, a partir do reconhecimento de que o inconsciente se estrutura como uma linguagem. O sujeito da psicanálise é constituído a partir do campo da linguagem, do simbólico. Ele, o sujeito, só é possível exatamente porque entra na ordem social, dito de outro modo, a constituição do sujeito-leitor preso entrevistado está atrelada ao campo social – à posição-sujeito – em que se encontra e isso é uma condição para sua existência enquanto tal. Qual sujeito-leitor preso entrevistado *nessas, por essas* e *com essas* condições de produção, conscientemente, diria que *não* gosta de ler?

Nesse pensar sobre o sujeito e o inconsciente, há a piada de um louco que acredita ser um grão de milho, utilizada pelo filósofo eslavo Žižek (2011). Esse louco fica longo tempo em tratamento e recebe alta, por estar curado. A família fica feliz com sua recuperação. Certo dia, esse sujeito depara-se com uma galinha e corre para se esconder embaixo da cama. A mãe, apreensiva, pergunta por que ele se escondeu se já não é mais um grão de milho. Ele responde: – *Eu sei, mãe, mas será que a galinha sabe?*

Para Lacan ([1957-1958] 1998), a condição do sujeito depende da relação que estabelece com o Outro[213]. *"O que a galinha quer de mim?"*, é a pergunta que o louco se faz. *"O que a pesquisadora, professora da universidade, do Projeto de Leitura, membro da Pastoral Carcerária quer de mim?"*, foi a pergunta que o sujeito-leitor preso entrevistado se fez quando perguntei *"você gosta de ler?"* Quando o sujeito-leitor preso responde essa pergunta para ele mesmo, projetando esse outro pequeno (outrem), ele se constitui na relação com o Outro. Do enlace da relação que estabelece do *eu* do próprio sujeito, que está nele mesmo, afetado por outrem, via imaginário, resulta o grande Outro de Lacan ([1957-1958] 1998).

Lacan ([1957-1958] 1998) indica que é por meio do Outro, das formações do inconsciente, que se pode chegar a fisgar o sujeito do desejo. O Outro do sujeito é seu inconsciente simbólico, permitindo a esse sujeito questionar o lugar que ocupa na rede simbólica que o fundou, que o determina e o aliena. O sujeito se aliena nos significantes da demanda e é nesse sentido que se pode considerar o dizer do sujeito como uma resposta à ordem simbólica. Nesse sentido, Pêcheux retoma a formulação de Lacan para afirmar que "o inconsciente é o discurso do Outro" (Pêcheux, [1975] 2009, p. 124) e "o sujeito só é sujeito por seu assujeitamento ao campo do Outro, o sujeito provém de seu assujeitamento sincrônico a esse campo do outro" (Lacan, [1964] 1998a, p. 178 *apud* Pêcheux, [1975] 2009, p. 150), para buscar compreender de que modo "o recalque inconsciente e o assujeitamento ideológico estão materialmente ligados, sem estar confundidos, no interior do que se poderia designar como o processo do Significante na interpelação e na identificação" (Pêcheux, [1975] 2009, p. 124).

Nesse prisma, falar implica incluir o lugar de onde se fala e a fala do Outro – lugar do simbólico –, mesmo que isso não seja transparente para o sujeito. Supõe uma inscrição no simbólico, nas leis do simbólico, ou seja, na linguagem enquanto lugar de produção de sentidos, no qual a história e a cultura intervêm. Esse reconhecimento do sujeito é

---

[213] O Outro é sempre na relação em que está incluído o *eu* do sujeito, não é o outro externo ao *eu*, o sujeito se constitui por aquilo que imagina de outrem, ou seja, na relação especular em que ele se enxerga em outrem, na qual ele se vê em outrem, em que ele se reflete em outrem. Nessa perspectiva, a galinha é outrem, é o outro pequeno e o louco, com essa pergunta *"o que a galinha quer de mim?"*, se constitui no grande Outro. Aquilo que ele espera da galinha ele se constitui também, nessa relação. O grande Outro é como o sujeito se constitui, ele mesmo, na relação com o outro pequeno (outrem). Desse modo, quando o sujeito-leitor preso, tendo como base que sou a pesquisadora, fala afetado pela minha presença, ele fala do lugar do Outro; está no pequeno outro, mas está nele também, por isso, o grande Outro está nele.

> [...] a marca do inconsciente como "discurso do Outro" designa no sujeito a presença eficaz do "Sujeito" que faz com que todo sujeito "funcione", isto é, tome posição, "em total consciência e em total liberdade", tome iniciativas pelas quais se torna "responsável" como autor de seus atos, etc., e as noções de *asserção* e de *enunciação* estão aí para designar, no domínio da "linguagem", os atos de tomada de posição do sujeito, enquanto sujeito-falante (Pêcheux, [1975] 2009, p. 159, grifo sublinhado meu).

Ao entrar na linguagem e ao estabelecer uma distância entre as palavras e as coisas, distância necessária para constituição da subjetividade, o sujeito se vê submetido ao funcionamento de uma estrutura linguística, ou seja, por um lado, encontra-se submetido a uma estrutura de linguagem e, por outro, submetido a sentidos já constituídos na historicidade e na memória. De acordo com Mariani ([1998] 2003), o sujeito, ao ler, o faz sempre a partir do jogo de imagens construído sobre o lugar social que ocupa e do lugar ocupado pelo Outro.

Findando esta seção sobre a posição-sujeito do sujeito-leitor do cárcere configurada como lugar de identificação/interpelação desse sujeito-leitor preso e as imagens de leitor e de leitura que são produzidas, o que ele diz sobre a leitura e aquilo que ele deixa de dizer – buscando "trapacear"[214] a tensão entre o dito e o não dito na relação com a leitura –, a partir das condições de produção pelas quais esse sujeito é sempre avaliado por essa leitura como dispositivo de remição de pena, aponta para a constatação quase que óbvia de que eles não vão falar mal do Projeto em momento nenhum. *"Eu tô lendo só porque troco dias da pena"*: em nenhum momento esse sujeito diria isso! O fato de ser pesquisadora, mas também estar envolvida com esse Projeto de Leitura, faz parte das condições de produção do dizer desses sujeitos mediante as entrevistas. Eles não poderiam falar outra coisa.

Pelo discurso pedagógico, o dizer do saber se presentifica na professora; no sentido de que, ao incorporar o saber, a professora – no meu caso, de Língua Portuguesa – possui certa autoridade com esse saber linguístico e científico estabelecido, com o imaginário de leitura. As condições de produção determinam o dizer, determinam o que pode e o que não pode ser dito, pois "as palavras são cheias de sentidos a não dizer e, além disso, colocamos no silêncio muitas delas" (Orlandi, [1997] 2007, p. 14). O não dito tem muito mais a ver com a relação do imaginário daquilo que não

---

[214] Barthes ([1977] 1992).

pode ser dito. Ele estaria capturado numa rede de sentidos cujo efeito de sentido o faz pensar: *"falar mal da leitura? Ora, ora essa! Se a leitura tem o poder de remir minha pena e fico livre daqui antes, como eu vou falar mal dessa leitura?"* Nesse sentido, a metáfora *a leitura liberta* deixa de ser uma metáfora e ganha contornos de sentido denotativo.

Isso posto, parece confirmada a hipótese que aventei buscando sustentar o jogo entre o dito e o não dito nas narrativas dos presos, o que, diante do dispositivo de remição de pena pela leitura, pode constituir uma reivindicação à subjetividade, à resistência, indicando movimentos de deslocamento e de adesão, uma polivalência tática dos discursos (Foucault, [1976] 2009) que ora funcionam na modalidade de sujeição, ora oferecem possibilidades de gestos de resistência. Antes de iniciar as entrevistas com os presos, fiquei pensando se encontraria esse dizer nas respostas: *Eu li só para cumprir esse requisito do Projeto, pra diminuir dias da minha pena.* O pressuposto sustentava que todos eles teriam sido mobilizados para a leitura por essa questão. Se o único jeito de diminuir a pena é lendo, por conseguinte, há de se considerar que eles, ao serem avaliados, estão sendo julgados. É a sentença da liberdade pela leitura. A partir do gesto de análise, pelos não ditos e pelos deslizes dos ditos precedidos nas SDs, são interpelados a falar que ler é bom, que ler liberta. Com Pêcheux ([1983] 2012b), o discurso irrompe das redes de memória e dos trajetos sociais e, só pela existência, todo discurso marca a possibilidade de uma desestruturação-reestruturação dessas redes e trajetos:

> Todo discurso é o índice potencial de uma agitação nas filiações sócio-históricas de identificação, na medida em que ele constitui ao mesmo tempo um efeito dessas filiações e um trabalho (mais ou menos consciente, deliberado, construído ou não, mas <u>de todo modo atravessado pelas determinações inconscientes</u>) de deslocamento no seu espaço: não há identificação plenamente bem sucedida, isto é, ligação sócio-histórica que não seja afetada [...] por um "erro de pessoa", isto é, sobre o *outro*, objeto da identificação (Pêcheux, [1983] 2012b, p. 56, grifo sublinhado meu).

Diante das condições de produção que sobre eles incidem, há o índice potencial do discurso deles ser afetado pelo deslize, pelo "erro de pessoa" porque atravessados por determinações inconscientes: ao serem mobilizados por esse dizer que gostam de ler, estão sendo estratégicos. Logo, as análises precedentes permitem postular a confirmação da hipótese deste estudo, pois, diante de condições de produção dessa relação possível desse sujeito preso em área de cárcere e as relações de poder e as coerções engendradas pelo sistema prisional, são delimitados o modo como os sujeitos devem (con) formar suas narrativas acerca da leitura via dispositivo de remição de pena, limitando o que pode ser falado e determinando como deve ser ouvido.

Com Orlandi ([1983] 2011), a definição de sujeito aponta para duas direções: a de ser sujeito e a de assujeitar-se. No sujeito se tem uma subjetividade livre, isto é, ele é o centro da iniciativa, é autor e responsável por seus atos, todavia, ao mesmo tempo que é livre, é submetido a uma autoridade superior, logo, não com liberdade, exceto a de aceitar livremente a sua submissão. Ou, ainda, poderia se pensar: "Como eu vou confessar que peguei um *resuminho* da leitura do outro, se isso faz parte da remição?" Compreender o que é efeito de sentido é compreender que o sentido não está alocado em lugar nenhum, mas se produz nas relações dos sujeitos e dos sentidos que, conforme Orlandi ([1997] 2007), constituem-se mutuamente pela inscrição no jogo das formações discursivas. Se a linguagem implica silêncio, este é o não dito visto no interior da linguagem. O silêncio não é o nada, não é o vazio. O silêncio é significante; o silêncio é o real do discurso. "Significa que o silêncio é garantia do movimento de sentidos. Sempre se diz a partir do silêncio" (Orlandi, [1997] 2007, p. 23).

No movimento analítico do não dito, do recuo significante pelo silenciamento sobre ler somente para a remição de dias da pena e no dito reiterado de "*eu gosto de ler*", instaurou-se a possibilidade para o sujeito-leitor preso no cárcere trabalhar sua contradição constitutiva. Foi esse o efeito contraditório da produção de sentidos na relação entre o dizer e o não dizer desses presos acerca da leitura como dispositivo de remição de pena no Presídio Regional de Xanxerê. Considerando que existem diversos modos de ler, à pergunta de Pêcheux "Sabemos o que é ler?" (Pêcheux, [1980] 2016, p. 25) proponho um desdobramento e pergunto "Sabemos o que é ler para/pela remição?"

E, a partir de que ler, na perspectiva discursiva pecheuxtiana, é "Recortar, extrair, deslocar, reaproximar: é nessas operações que se constitui esse dispositivo muito particular de leitura que se poderia designar como leitura-trituração" (Pêcheux, [1980] 2016, p. 25), ouso propor uma designação para a leitura como dispositivo de remição de pena no âmbito prisional, a *leitura-sujeição*. Aí está a ideologia, em pleno funcionamento, no que necessariamente esse sujeito-leitor preso silenciou o indizível regido pela discursividade de um imaginário de leitura e da situação imaginária que concerne à instituição prisão: o que denomino *leitura-sujeição,* assim, com o emprego do hífen apoiada em Derrida ([1996] 2001), considerando que o hífen atua aqui como traço de união, que amalgama, funde e confunde, causa efeito de prótese, um e outro, ao mesmo tempo, pois "o silêncio deste traço de união não pacifica e nem acalma nada, nenhum tormento, nenhuma tortura. Nunca fará calar a sua memória" (Derrida, [1996] 2001, p. 24).

Sugiro a utilização do termo *leitura-sujeição* para a leitura como dispositivo de remição de pena não a fim de desestabilizar e aprisionar sentidos, mas a fim de apreendê-los, tomando por base a relação entre o preso e o sistema jurídico-prisional e a relação daquele com a leitura como dispositivo posto para remição de dias da pena desse sujeito-leitor preso. Assim, ao trocar *remição* por sujeição, considero que tomar *"uma palavra por outra é uma definição (um pouco restritiva) da metáfora, mas é também o ponto em que um ritual chega a se quebrar no lapso ou no ato falho"* (Pêcheux, [1982] 1990, p. 17). O porquê dessa escolha por *leitura-sujeição* é que, apesar dessa leitura, por vezes, parecer aproximar-se de castigo, não se aplica *leitura-castigo* ou *leitura-obrigação,* por que não é de forma coercitiva, para todos.

Pensando pela via legal, pela Lei de Execução Penal, de forma distinta à remição de pena por trabalho, não ler não gera sanção, é apenas um benefício para o preso. Ao remir pena pelo trabalho, conforme Melo (2021), a Lei previa uma imposição de uma sansão punitiva se o preso não trabalhasse, mas, ao mesmo tempo, concedia o benefício da remição de pena para o preso. Por isso, sob a égide do trabalho como remição de pena, havia uma dupla incidência jurídica, o que não ocorre sob a égide da leitura como remição de pena. Não se está diante de uma estrutura clássica do Direito, *"faça X, sob pena de Y".* O preso não tem a obrigação de ler. Não vai acontecer nada com ele se ele não ler. A pena dele está sentenciada. No limite, vai cumpri-la. No máximo, ele poderá deixar de receber um abatimento na pena.

Assim, proponho este modo de ler *leitura-sujeição* como uma categoria discursiva de leitura que descreve o exercício de poder numa relação assimétrica de um sujeito investido de autoridade que paira sob o signo de superior sobre um sujeito que se percebe (se lê, se vê, se sente) em escala hierárquica inferior, ao estar aprisionado. Ao atentar mais de perto aos termos relacionados à leitura para remição de pena que circulam no segmento jurídico-prisional, questiono a transparência de seus sentidos, pois, para validar esta leitura como remição, esse sujeito-leitor preso passa por uma *avaliação,* uma *prova,* um *teste* efetuado pelo sujeito estudante de Direito, mediador desta leitura. O preso tem de *provar* que leu, tem de se submeter a práticas avaliatórias, tem de prestar contas diante da instituição escolar representada pelo aluno do curso de Direito da Universidade[215], que julga, estabelece regras, interpreta essa leitura. É *leitura-sujeição* porque é a maneira como o sujeito-de-direito sem-direitos, mas com o direito de ler para remir dias da pena sentenciada, em sua forma histórica, se (con)figura enquanto sujeito-leitor dentro da prisão.

É um modo de ler *leitura-sujeição* porque por mais que seja ainda de uma forma de cima para baixo, o sujeito-leitor preso pode dizer *"não, eu não quero ler"*. É uma escolha. Não é de forma coercitiva e para todos, mas é colocada como uma possibilidade para todos, é facultativa. É uma escolha do sujeito pela leitura, ainda que seja para remir pena, ele se sujeita à leitura, ele opta pela sujeição à leitura. Isso não é pouco. É importante destacar que o sujeito-leitor preso lê só para remir pena, mas ainda assim ele lê, ainda assim ele escolhe ler para remir pena. Ele poderia ter escolhido não ler. Portanto, trata-se de uma escolha mesmo que seja uma sujeição diante da leitura (im)posta, ele se sujeita para receber o benefício legal.

É *leitura-sujeição* também porque submetida ao discurso escolar em que ocorre a simulação de discursos outros que o constituem. Por que esta leitura de remição não pode ser atestada pelo agente penitenciário? Por que tem de ser atestada pela Universidade? Por que ela é o ponto de contato que se trava com o saber institucionalizado? É *leitura-sujeição* porque há um ritual de avaliação que, embora se apresente como neutro, na verdade, está diretamente relacionado com os gestos interpretativos que emergem no decorrer da *tomada* de leitura. São pontos de captura do sujeito-leitor que o fazem supor que existe um saber fixo, um espaço regulamentado, e ele deve lançar mão de elementos linguísticos para legitimar sua leitura, para validar a leitura, a fim de obter um efeito de veracidade sobre o que leu.

É *leitura-sujeição* porque o sujeito-leitor preso depende da instituição escolar – universidade – em parceria com a instituição prisional e, por sua vez, do Poder Judiciário, para obter os benefícios decorrentes da leitura como dispositivo de remição de pena e parece aderir cegamente ao Projeto, mesmo que, para provar que leu, signifique silenciar a própria leitura e aderir à leitura do outro, daquela que lhe é oferecida por meio de um ínfimo acervo

---

[215] Se for o projeto do estado de Santa Catarina Despertar pela Leitura, a *prova* é uma resenha escrita. A Recomendação n.º 44 (CNJ, 2013), revogada, também orientava para resenha escrita como avaliação da leitura. E pela Resolução n.º 391 (CNJ, 2021), há uma Comissão de Validação dessa leitura. De um jeito ou de outro, a palavra do sujeito-leitor preso não conta, alguém tem de atestar que ele leu.

disponível. É *leitura-sujeição* porque não há uma demanda livre de opção de leitura de livros; o sujeito-leitor se sujeita a ler as obras *disponíveis* no acervo da biblioteca prisional que determina o que pode e o que deve ser lido nessa circunstância do espaço de privação de liberdade, custodiado pelo Estado. As relações de poder são uma premissa para a prática do modo de ler *leitura-sujeição*. O modo de ler *leitura-sujeição* busca recobrir as resistências e as revoltas imprevisíveis que adormecem sob dispositivos e programas – poderia ser uma possível leitura de anestesia, de normalização –, na especificidade em tela, a leitura como dispositivo de remição de pena e o Projeto de Extensão da Unoesc Direito e Cárcere: Remição da Pena pela Leitura, em parceria com o Presídio Regional de Xanxerê.

Nessa confluência que busca sustentar a proposta de *leitura-sujeição*, há que se conjugar a ideia de poder com a ideia de liberdade, atravessada o tempo todo no livro. A liberdade deflagra todo o processo de leitura como remição de pena. Ao pensar acerca das enunciações dos próprios sujeitos-leitores presos sobre o desejo de ficarem livres e ancorada na visão foucaultiana que fala das práticas de liberdade, o modo de ler *leitura-sujeição* fundamenta-se também na probabilidade de que eles só leiam porque é possível ficar livres antes. Resgatando o estudo sobre os significantes, efetuado na Parte I deste livro, *remição* é sinônimo de *liberdade*. E pela análise que se efetuou sobre as nomeações do sujeito do cárcere, *privado de liberdade* marca na própria designação a teoria foucaultiana de que não há poder sem liberdade. E os sujeitos-leitores presos enunciaram reiteradamente *quero me ver livre daqui*. Em contraposição, qual é a liberdade de ler? Ele lê sem liberdade, porque almeja a liberdade. O modo de ler *leitura-sujeição* leva a entender que esse sujeito-leitor preso só adere a essa leitura pelo dispositivo de remição de pena com o fim específico de se libertar das grades da prisão.

Nesse enredo, a *leitura-sujeição* pode também se constituir um possível disfarce para normalização, por meio de uma rede de simulacros. *Leitura-sujeição* é um modo de ler normalizador que se desloca sob a lógica estratégica da inversão determinada por um imaginário de leitura de que ler é bom, de que ler transforma – efeito de sentido que produz o apagamento das dissimetrias aí instaladas na ordem do discurso da manutenção da ordem. Com Nunes ([1998] 2003), considero que "a leitura, enquanto uma espécie do discursivo, é em si uma forma do político, é produção de sentidos em certas direções por sujeitos e para sujeitos" (Nunes, [1998] 2003, p. 41).

6.3 Os sujeitos-leitores que estão lendo na prisão são os que não conseguiram ler na escola ou que não conseguiram estar na escola para ler: é *leitura-sujeição* que regula esse espaço do lisível?

Sapo não pula por boniteza, mas porém por percisão.
(Rosa, [1951] 2015, p. 298)

O sapo não pula por boniteza, diria o personagem Matraga, de Guimarães Rosa, mas por necessidade, analogamente, o sujeito-leitor preso em área de cárcere não lê por "boniteza", retomando o dizer da epígrafe, mas por "percisão" de remir dias da pena a fim de sair do sistema prisional o quanto antes; donde se poderia inferir que, na prisão, não se lê por fruição, se lê porque se submete a esse dispositivo de remição de pena; é o funcionamento discursivo do modo de ler *leitura-sujeição*. Se a leitura no espaço prisional está subordinada à formulação de um corpo de Leis, normas e regras, desde aquelas que orientam o funcionamento institucional mais amplo – como a Lei de Execução Penal –, àquelas que dizem respeito ao regulamento interno próprio de cada unidade prisional, com seus programas que orientam, estabelecem e circunscrevem a prática de leitura no cárcere, ao pensar a questão da leitura na prisão, problematizo se é possível uma leitura de fruição num espaço de privação de liberdade em que a leitura é (im)posta como dispositivo de remição de pena, regida pelo modo de ler *leitura-sujeição*.

Não se ignora que o procedimento de mediação da leitura no cárcere pode levar ao fomento de uma burocracia da interpretação, pode levar o sujeito-leitor preso a uma prática mecanizada de leitura, asfixiado nas malhas administrativas do sistema prisional, inserido na repetição da construção de um banco de dados. O modo de ler, assim, pode ser regulado em um jogo em que a relação espaçotemporal mergulha o sujeito-leitor preso num espaço lógico-pragmático, talvez de impotência, de impossibilidade de produzir sentidos fora de controle estratégico, o sujeito interpelado nas redes de interpretação.

Retomo a discursividade da fatia dos dados estatísticos apresentada no primeiro capítulo: se, por um lado, aponta que quem está na prisão é pobre, jovem e pouco escolarizado, e acrescente-se o adjetivo negro, definidor de traço da aparência do jovem, por outro, corrobora e incide na produção de um imaginário de que o lugar deles é mesmo na prisão, na exclusão. Essa é a discursividade. Por isso que é estranho deparar-se em um hospital com um negro médico, e não limpando o chão; por isso que é estranho entrar em um Fórum, num tribunal de júri e ver um negro juiz, e não sentado no banco dos réus. Embora vestido com a toga de juiz ou com o jaleco de médico, a cor da pele grita uma negação de seu *status* diante de olhos preconceituosos. O negro na cadeia não causa perplexidade. Normal.

O adjetivo negro é um marcador biológico que não se resume a indicar aspectos da corporalidade. Conforme Cardoso (2021), *negro*, no Brasil, país com forte herança colonial, é uma palavra associada a representações negativas e significados implícitos e a cor da pele destina-lhe lugar inferior nas hierarquizações sociais. Todos são igualmente humanos ou, parafraseando Orwell, alguns são mais humanos do que outros? O pluralismo da diversidade da sociedade brasileira aparece no preâmbulo da Constituição Federal de 1988 e visa a assegurar igualdade de oportunidades e expressão a toda diversidade[216] que constitui a nação brasileira. Mais uma vez, a letra da Lei grafa o ideal e a realidade cotidiana (a)grava o real. E aí a contradição: esse sujeito negro, pobre, jovem e pouco escolarizado está na prisão porque já foi excluído, porque as políticas públicas parecem estar de costas para ele; meio contraditório agora esse mesmo sujeito precisar ler nesse espaço prisional.

Ao olhar para a relação da posição sujeito-leitor no cárcere, por que ele precisa ler nesse espaço a partir de um imaginário social que parece se consolidar por meio de um Projeto de Leitura? O senso comum considera esse Projeto de Leitura no cárcere lindo, mas, no entanto, se olhar para o Projeto via discurso, emergem as contradições de esse sujeito estar lendo nesse lugar. Se pensar a prisão como espaço de ressocialização, a leitura poderia ser um desses dispositivos que contribuiriam para levá-lo à ressocialização. Mas é disso que se trata? É leitura como ressocialização ou é leitura como normalização? Não dá para afirmar de imediato; assim como não se pode negar de imediato. Se ler é uma condição de ressocialização, o que levou esses sujeitos para essa condição de exclusão social? A falta de leitura em algum momento? A leitura está relacionada a quê? Pode-se pensar que a leitura está muito colada à escola, à escolarização. Qual a diferença entre leitura na escola e leitura na prisão? Parece que aqueles que estão lendo na prisão, são aqueles que não conseguiram ler na escola, ou os que não conseguiram estar na escola para ler.

---

[216] Avançando um pouco mais, a Convenção da Diversidade da Unesco é uma resposta política ao pluralismo da diversidade que a considera um patrimônio comum da humanidade. Disponível em: http://www.unesco.org/new/fileadmin/MULTIMEDIA/HQ/CLT/diversity/pdf/declaration_cultural_diversity_pt.pdf. Acesso em: 13 maio 2021.

Essa discussão não aponta para se pensar leitura de fruição no sistema prisional. Sob essas condições de produção, a leitura do cárcere como dispositivo de remição da pena é produzida mais no sentido de sujeição, distante da possibilidade de ser fruição. Contudo, não quer dizer que essa leitura que, em princípio, não é de fruição, é *leitura-sujeição* para a remição, não possa levar o sujeito a uma experiência de leitura que produza uma relação de identificação com ela, uma relação que o subjetive nesse espaço da leitura, porque se considera que a interpretação não brota na leitura, ela é um efeito de um trabalho histórico-social, com suas regras de funcionamento. Para analisar isso, na sequência, apresento o Quadro 13 com a lista das obras lidas pelos sujeitos-leitores presos, pelo Projeto de Extensão da Unoesc, entrevistados nesta pesquisa.

Quadro 13 – Livros lidos pelos sujeitos-leitores presos, entrevistados no Presídio Regional de Xanxerê, no Projeto de Extensão da Unoesc Direito e Cárcere: Remição da Pena pela Leitura, no período de 2016 a 2018

LIVRO LIDO (AUTOR)	INF 1	INF 2	INF 3	INF 4[217]	INF 5
Admirável mundo novo (Aldous Huxley)	x	x	x	x	x
Os miseráveis (Victor Hugo)	x				
O pequeno príncipe (Antoine Saint-Exupéry)	x		x		x
O menino do dedo verde (Maurice Druon)	x	x	x	x	x
Crime e Castigo (Fiódor Dostoiévski)	x	x			x
Memórias póstumas de Brás Cubas (Machado de Assis)	x				
Adeus às armas (Ernest Hemingway)	x	x	x		
Orgulho e preconceito (Jane Austin)		x			
A hora da estrela (Clarice Lispector)			x		
Ensaio sobre a cegueira (José Saramago)			x		x
Revolução dos bichos (George Orwell)				x	
Hamlet (William Shakespeare)					x

Fonte: elaborado pela autora (2021)

---

[217] O INF 4 não conseguiu lembrar todos os títulos das obras que leu.

A partir dessa lista dos livros lidos pelos sujeitos-leitores presos nesse espaço temporal de 2016 a 2018, pelo Projeto da Unoesc em parceria com o Presídio de Xanxerê, embaso as análises considerando, com Indursky ([1998] 2003), que tematizar a leitura é uma

> [...] *prática historicamente determinada de atribuição de sentidos* a partir de uma perspectiva *não subjetiva da subjetividade,* dando ênfase à noção de *efeito-leitor,* resultante de sua *identificação ou contraidentificação* com o *sujeito do discurso* que está sendo lido. Uma leitura dessa forma é praticada a partir do *lugar social* e da *formação discursiva* em que o *sujeito-leitor* se inscreve (Indursky, [1998] 2003, p. 199).

Logo, não é sob a perspectiva da subjetividade de um leitor individual que inscrevo essa discussão; com Indursky ([1998] 2003), ao pensá-la na perspectiva da teoria não subjetiva da subjetividade, formulada por Pêcheux ([1983] 2010d), interessa-me discutir a leitura não a partir de uma subjetividade pessoal, mas do ponto de vista do sujeito histórico, interpelado ideologicamente e inscrito em uma formação discursiva determinada. O sujeito-leitor, ao praticar a leitura, o faz identificando-se com esse sujeito histórico e instituindo-se como efeito-leitor. Uma leitura historicamente determinada dá lugar a superfícies discursivas em confronto a partir de uma mesma materialidade textual, atestando não somente diferentes posições-sujeitos, mas também diferentes "posições-leitores" (Indursky, [1998] 2003, p. 199).

Considerando a noção de efeito-leitor, resultante de sua identificação ou contraidentificação com o sujeito do discurso que está sendo lido, busco compreender "Como o sujeito-leitor emerge nessa escansão?" (Pêcheux, [1983] 2010d, p. 314) ao apresentar o RD3, no qual procurei identificar sequências discursivas com alguma marca linguística que funcionasse como pista de identificação[218] dos sujeitos-leitores com os personagens das obras que leram, sentido(s) decorrente(s) de um movimento de leitura instaurado por viés de um efeito-leitor, conforme o Quadro 14, a seguir.

---

[218] A identificação e a contraidentificação são duas modalidades de tomada de posição do sujeito. Na primeira, há a produção da evidência, da coincidência-reconhecimento do sujeito. Essa "tomada de posição" permite uma identificação plena do sujeito com os dizeres da formação discursiva na qual está inscrito. Na segunda, o sujeito não se relaciona completamente com o sujeito universal da formação discursiva e, por meio de uma "'tomada de posição' que consiste, desta vez, em uma separação (distanciamento, dúvida, questionamento, contestação, revolta) com respeito ao que o 'sujeito universal' lhe 'dá a pensar'" (Pêcheux, [1975] 2009, p. 199), o sujeito se contraidentifica com os dizeres da formação discursiva em que está inserido.

LEITURA E CÁRCERE

Quadro 14 – Recorte Discursivo 3 (RD3)
Marcas de identificação do sujeito-leitor preso com a leitura

RECORTE DISCURSIVO 3 (RD3) MARCAS DE IDENTIFICAÇÃO DO SUJEITO-LEITOR PRESO COM A LEITURA
(SD1 - INF1) [...] principalmente, o *Crime e castigo* e *Os miseráveis*, que foram os livros que eu achei mais mais interessante de todos os que eu li...
LOC: É? Por que você achô mais interessante o *Crime e castigo* e *Os miseráveis*?
INF: Eu acho que *Crime e Castigo* é uma forma, uma veiz eu pensava mais o menos daquela forma que eu achava que seria demaaais de inteligente perto dos otros, na verdade, então, você pode cometê o crime que, na verdade o *Crime e castigo* é quase isso, sobre atenção, na verdade, mas na hora de você, eu tive essa concepção depois disso, depois de um tempo, mas essa questão de você, como eu posso explicá, de você achá que tá acima de tudo né, por mais que você teje preso e tudo, né, mais você tá sempre com a razão, na verdade, eu próprio... No caso do *Crime e castigo*, na verdade, ele achava que ele era uma pessoa nunca ia sê pego...
LOC: O Raskólnikov?
INF: É... Ele achava que nunca ia sê pego...)
LOC: Humhuuum...
INF: Ele achava que sabia demais. E *Os miseráveis* sobre a própria questão da humildade, né, que nem o Javer ficô preso por 19 anos por causa de um pão [...] E tudo que ele passô com a menina pra protegê, ele fez com sentimento de culpa já, daí, talvez, por questão da própria família dele...
LOC: Será que por que esses livros tratam do cárcere que você gostou mais deles? Que são os dois que tratam de pessoas que ficaram presas, né... O Raskólnikov ficou 8 anos e o Javert também 19 anos, será que por isso? Ou não, nada a ver?
INF: Olha, talveiz, talvez seja por isso, mas eu acho que um poco mais pela forma de... de... de a gente se identifica, que uma coisa que você aprende, na verdade, né, tanto esses dois livro se aprende a questão de humildade e de amor, no caso, com o próximo né, então, tipo a parte que ele fala dos miseráveis, a parte que ele fala "uma vida por um pão", no caso, a mãe da pequenininha tava praticamente se prostituindo, na verdade, um poco por comê, até a questão de quando ela vendeu os dois dente da frente dela pra mandá o dinheiro pra comprá ropa e remédio pra filha dela, que, na verdade, não compraram nada e a parte que ela fala "uma vida por um pão", na verdade foi uma parte que me marcô muito, que hoje muitas pessoa vivem na rua... [...] Uma questão, talveiz, se eu tivesse em otras unidades eu não teria esse acesso que eu tive aqui, na verdade, né, então, talveiz eu seria diferente do que eu sô hoje, na verdade taria talveiz pior até. Hoje eu já consigo me vê diferente, tipo, lá fora, não só saí daqui já diretamente com intuito de i robá ou traficá ou coisa assim... Já me vejo pensando de uma forma, tipo, tentá procurá um emprego, uma coisa assim, na verdade, tentá mudá, tentá fazê uma coisa que eu não fiz nesses últimos anos. [...]

> **RECORTE DISCURSIVO 3 (RD3)**
> **MARCAS DE IDENTIFICAÇÃO**
> **DO SUJEITO-LEITOR PRESO COM A LEITURA**
>
> mas pra mim, eu acho que a partir do momento que eu vim pra essa unidade aqui, pra mim, eu consegui ter uma outra visão, tipo, de eu saí hoje daqui, tenho tempo pra pagá, mais quando daqui uns meses eu já posso saí com outro pensamento na verdade, duma outra forma de pensá, talvez tamém tudo é uma coisa que agrega, né? Na verdade, a cultura de lê, claro que tamém tem que parti da própria vontade da gente, mas só que antes não é que eu não teria essa vontade, eu sozinho, às vezes, até eu pensava pelo que os otros falavam, mas, aí, na verdade, quem paga é você, essa questão que eu não tinha muito livro, mais eu pensava o que os otros falavam, hoje, eu já não penso muito não, eu já vô mais por mim, então, como as pessoa tão... Então, esse processo de ajuda na prisão, na verdade, eu me disponibilizo tamém a consegui tentá mudá pra...
>
> (SD2 - INF2) [...] ãhhh... porque, na verdade, minha mãe, quando ela separô do meu pai, eu tinha nove anos. Meu pai era um cara alcoólatra e ele chegava e agredia minha mãe, brigava, até que um dia eu fui defendê ela e ele acabô me dando um tiro na minha perna... tinha nove anos de idade... era uma criancinha... e daí minha mãe separô dele e como meu pai batia muito na minha mãe, ela viveu só mais um ano... ela teve problema nos rim, problema nos pulmão, de tanto ele agredi ela, assim e veio a falecê... então, com deiz ano de idade, eu parei de estudá... [...] Eu lembro do *Admirável mundo novo* onde que o, onde que o, onde que o menino lá que no caso ele foi criado longe do pai...
>
> LOC: Ele era selvagem?
>
> INF: É. Ele era selvagem. No momento que a mãe dele ficava com os otros homens, e ela, ela tamém foi agredida por otras mulheres, né, e ele acabô agredindo o bêbado que ficava com a mãe dele, né, no caso, aquilo ali me marcô muito *(barulho das grades)* porque eu lembro que a mãe ficô viva, depois dos nove anos que ela separô do meu pai, ela fez muito isso daí, tipo assim, ela ficava com otras pessoas, ela trazia gente estranha pra dentro da nossa casa, né, pessoas que até mesmo um, uma vez me bateu... Bebiam, minha mãe ficô desnorteada, né, como ela viveu um ano depois que meu pai me deu um tiro, essa parte ali me marcô bastante... [...] eu leio os livro. A gente não tá preso, né, quando tá lendo. Quando tá lendo não fica preso. Se todos pensassem assim, né, só que é difícil de de entrá assim, tipo, na cabeça de umas pessoa que quando a gente tá lendo a gente não tá preso. É o momento que o preso ele sente liberdade quando tá lendo. [...] De noite é mais calmo né, eu leio né, presto... consigo...
>
> LOC: E daí você pode ficá na cela com a luz ligada até que horas?
>
> INF: É até as deiz horas mais daí a televisão fica mais tarde... então, coa luz da televisão, eu não assisto né, os otros assistindo, eu sento do lado da portiola e coloco o colchão e leio *(barulho forte das grades, dos agentes)*...
>
> LOC: Você lê com a luz da leitura da TV? E a TV pode ficá até que horas?
>
> INF: Éhh... Até meia noite...

LEITURA E CÁRCERE

RECORTE DISCURSIVO 3 (RD3)
MARCAS DE IDENTIFICAÇÃO
DO SUJEITO-LEITOR PRESO COM A LEITURA

(SD3 - INF3) (*Hesitante*) Tem um ahhh... eu li o livro do... tem dois livro que... Do Ensaio sobre a ceguera e Admirável mundo novo, que ele, da ceguera ela fala sobre uma ceguera que ela não existe, né, ela é uma metáfora, né, que muitas pessoa elas se tornam cegas cos problemas das otras pessoa, né, e durante essa história ali ahh... uma mulher que ajudô bastante, como ela era uma ceguera contagiosa, ela foi bastante corajosa de ajudá várias pessoa, ela, correndo o risco de

ficá cega, então, ela ajudô bastante pessoa, mesmo correndo esse risco, né...

LOC: E isso te marcô?

INF: Isso aí o que a gente, que nem aqui, né, nesse lugar... A família sempre dá apoio, mais otras pessoa amiga é difícil, né, então, as pessoa acabam se tornando cegas pros problema dos otros, né, inveis de ajudá, né, porque me conhecem, tem pessoa que me conhece, né, poderia me ajuda, né, então, eles acabum virando as costa, né, ahhh...

LOC: Isso que não é contagioso, né? (*risos*)

INF: É... isso aí... e do Admirável mundo novo ehhh... bastante interessante ali, aquela fala, as pessoa acabam usando um comprimido, né, como são pessoa criada em laboratório, elas usavam quando tinham um problema, assim, que ficavum nervoso, usavam um comprimido, né, pra esquecê aquele problema, então, enveiz das pessoa infrentá o problema, ela acaba tomando aquele remédio, e eu comecei lembrá quando eu tomava, né, comecei a usá droga, então, quando eu tinha um problema, eu fazia isso, em veiz de enfrentá e, no outro dia, quando eu tava lúcido de novo, tava são, ahh... eu me lembrava, né, o problema continuava comigo, né, então, em veiz de resolvê, acabava indo pra outro caminho, né...

(SD4 - INF4) [...] tipo, eu peguei um livro igual esse que eu citei ali Cápsula do tempo [...] É uma história, tipo, pra você refleti, intendeu? Muitas veiz, você tira um conhecimento, intendeu? Tipo,

umas coisa boa, às veiz, tira do livro, intendeu? Eu acho... [...] Ajuda bastante na verdade baseado, tipo, não tanto na história dele, do pergonage do livro, mais, assim, coa minha de exemplo, tamém, intendeu? [...] Olha, na verdade, muitas vezes você tira umas parte do livro que, tipo, assim, ehh... tipo, você se vê nesse personage, entendeu? Ele vai fazê uma coisa errada e você pensa como você, você tá lendo e por mais que você feiz errado, tipo, você tá sabendo que ele vai fazê errado e você num qué que ele faça, intendeu? [...] Marcô pela história do piá que foi e tipo, de começá querê... Ele estudava, intendeu? Ele era menor ainda e ele começô ahh... as amizades deles começaram, tipo, incentivá ele a fazê o errado que eles faziam, intendeu?

LOC: Os amigos influenciaram pro errado?

303

RECORTE DISCURSIVO 3 (RD3)
MARCAS DE IDENTIFICAÇÃO
DO SUJEITO-LEITOR PRESO COM A LEITURA

INF: É! E ele inocente, a família dele sempre trabalhava... tipo, nunca ninguém deve de tê feito nada de errado, aí eles começarum a involvê ele nas coisas erradas e ele foi, né... É, tipo, não querendo ir, mah... foi, intendeu? Ehh... ihhh... mais o menos isso, na verdade... daí, no final, intendeu? Que daí ele caiu na cadeia, que começô lê livros tamém, que nem, tipo, igual aqui no Presídio, intendeu?

LOC: Ah é?

INF: Isso. Contava a história dele que ele foi pro Presídio tamém, mas depois começô a lê livro, começô, tinha que ensiná, porque bastante gente analfabeta, entendeu? Tipo, que num tinha capacidade, tipo, pra lê uma carta, e ele ajudava, intendeu? Foi contando a história dele lá dentro, o que ele passô, a família dele quando ia visitá ele, intendeu? Daí, daí no final ali ele, ele viu, né, que, aquele não era o caminho certo pra ele segui, intendeu?

(SD5 - INF5) Prá sê sincero, eu sô bastante eclético nessa situação, assim, mas se eu fosse, tipo, tê que optá por tema, assim, essas coisa, eu gosto bastante de Psicologia, é Psicologia. [...] Daí eu digo que tô participando de otros livro, né, daí eles fazem comentário, por exemplo, aquele lá *Crime e castigo,* livro que eu gostei muito de lê, aquele livro lá...

LOC: É? Por quê?

INF: Porque ali assim tem muita psicologia eu acho né, aquele livro ali, tem aquela questão do amor tamém, assim, a questão do sacrifício daquela moça, da Sônia, depois a pena dele, aquela questão do arrependimento, sabe, aquela sensação de culpa que perseguia, eu me vi muitas vezes assim...

LOC: E na verdade ali foi a redenção dele pelo *Evangelho,* né? Interessante!

INF: Isso, é, de Lázaro lá, tem a Sônia que falava de Lázaro...

LOC: Lázaro... Exato... Forte...

INF: Isso e ele tamém questionava essa existência, pelo que eu entendi, o autor, Ródia questionava

a existência de Deus tanto que eu questionei muito isso... O livro tamém... Não só a Bíblia, porque a Bíblia eu li várias e várias vezes toda ela, procurando entendê a origem de tanta coisa, a origem dos problemas, certo? Chegou um tempo que eu comecei questioná Deus, a existência de Deus, como pode Deus Amor ser tão bom e a gente vivê uma existência de tanta miséria, tanta indiferença, tanta inversão de valores e tudo o mais, né, então, assim, nesse tipo de leitura eu consegui entendê um pouquinho mais sobre isso, né... Tem aquela questão ali do Ródia, Deus e o diabo, que é muito falada, Deus e o diabo, o mal e o bem, nem um dos dois têm efeito na minha vida, na sua vida se a gente não decidi qual é o lado que a gente vai jogá, sabe?

RECORTE DISCURSIVO 3 (RD3)
MARCAS DE IDENTIFICAÇÃO
DO SUJEITO-LEITOR PRESO COM A LEITURA

LOC: É... E como que você vê essa questão do título *Crime e castigo*, assim, você entende que o autor, depois que você leu o livro, você entende que o autor escolheu bem esse título?

INF: Eu acho que no "castigo" ali... ele meio que, né, pegô pesado, é...

LOC: Você acha que não deveria ter essa palavra "castigo"?

INF: É... talvez assim como resultado sabe, porque toda ação gera uma reação, né, então, é uma coisa que as leitura me ajudaram a entendê foi isso: você feiz, você vai pagá, né, tá, o que eu escolhê hoje, vai determiná o meu dia amanhã, bom ou ruim, o resultado bom ou ruim, então, tem tudo a vê com o Ródia, né... Só que tamém, tem, sabe a origem que eu tava falando agora? Por quê? Os porquês... Tudo tem um porquê... Por que o cara resolveu fazê aquilo? Né? Você sabe da leitura, né... Por que a carta pra irmã... problema coa família, ele via o mundo da indiferença, uns com dinheiro otros sem dinheiro, ele ia, ele cometeu o crime na mente dele pra fazê o bem, ele ia pagá os estudo dele, terminá os estudo pra podê ajudá a... a família, né, então, não tem, não só ele, tem um monte de gente aí que opta, às veiz, por uma situação, assim, pra podê... O fim daquilo era um bem maior só que sem procurá intendê que aquilo que ele tava fazendo ia gerá um resultado totalmente negativo... Foi o que aconteceu comigo... Aconteceu com o Ródia, né, aconteceu com tantas otras pessoa, só que tem um porém, né, depois disso aqui, a gente fica cicatrizado... Eu agora tenho dificuldade pra encará, assim, às veiz, eu fico revoltado, num nego, porque eu olho a sociedade e vejo muita hiprocrisia, hipocrisia, assim, como é que eu posso dizê, sabe aquela coisa de você vivê, passá por aquilo e fazê a vida intera tentando acertá e dá sempre errado, e aí você sai lá fora, lá tem que encará, aqui você sabe que tá no teu lugar, você cometeu um crime, você é, né, você é tachado como um bandido, tá preso, você tá no teu lugar, e quando você voltá pro teu, embora, a tua consciência esteja ali vários dias e a tua consciência, né, "Não!, cumpri minha pena"... Eu sei que os desafio lá fora e por conta, por conta da... da passagem dentro do sistema carcerário, ela é, ela é mais árdua, talvez, que aqui, porque você sabe que as pessoa que tão aqui, né, elas convivem com você, assim, embora tenha aquela indiferença, mas, você nem percebe, lá fora, eu vejo, às vezes, no serviço, né, a gente sai daqui fazê o trabalho, assim, numa empresa e a gente encontra muito disso, né, o preconceito...

LOC: Você lembra algum trecho da leitura que tenha te marcado?

INF: (*Pensativo*) Tem, nesse mesmo livro aí do *Crime e castigo*...

LOC: Sabia que o livro *Crime e castigo* é o livro mais lido nos presídios do Brasil? Foi feita uma pesquisa pelo Conselho Nacional de Justiça...

INF: Foi o primeiro livro que eu li aqui... E é o primeiro livro que eu apresentei tamém... Eu me apaixonei. Eu li ele duas vezes.

LOC: Sério? Duas vezes? Que é um livro difícil, né? Quase 600 páginas...

> **RECORTE DISCURSIVO 3 (RD3)**
> **MARCAS DE IDENTIFICAÇÃO**
> **DO SUJEITO-LEITOR PRESO COM A LEITURA**
>
> INF: É... Tem aquela parte em que ele, aonde a Sônia fala pra ele ir e ela segue ele, ele não vê ela, mas ela tá seguindo ele, quem tá lendo ali, sabe disso, daí, ela aconselha ele, ela dá uma, tinha duas cruz, né, ela dá uma pra ele, a de madera, pede pra ir até uma encruzilhada, bejá a terra que ele derramô sangue e olhá pra cima e dizê que ele é um criminoso e, aí, então, a partir dali ele i pegá e se intregá, então, tem uma parte ali, nessa... nessa narração, que ele vai e, antes de ele fazê aquele ritual que ela orientô, assim, ele dá uma olhada pro lado e, por acaso, ele vê quem? Ele vê ela e ali ele tem certeza de que aquela pessoa ali, independente do que acontecesse, ia tá com ele sempre... Entendeu? [...] se eu não tenho mais uma pessoa que eu amava junto comigo na questão conjugal, por exemplo, que é uma das coisa que as pessoa mais sofre aqui dentro, que o sistema tira isso das pessoa,...

Fonte: elaboração da autora (2021)

Por que os presos se identificam com *Crime e castigo*[219], de Dostoiévski, com *Os miseráveis*, de Victor Hugo, e nenhum dos entrevistados se identificou com *O pequeno príncipe*, de Saint-Exupéry, ou com a personagem Elizabeth Bennet, de Jane Austin, em *Orgulho e preconceito*, ou com a Macabeia, de Clarice Lispector, em *A hora da estrela*? O que os levou a essa identificação, considerando que, pela teoria da Análise do Discurso, não é uma relação de identidade, o que se constrói é uma relação de identificação. E é a partir dessa experiência com o campo literário, com a leitura. Aí sim se aproxima do que seria uma fruição. Parece que aqui há um efeito de sentido de que faz sentido a leitura na prisão, a leitura no cárcere como dispositivo de remição de pena. Por quê? Porque nesse modo de ler, nesse lugar de ler, o sujeito assume uma posição-sujeito-leitor, ou melhor, uma posição-leitor.

São duas experiências se cruzando, se sobrepondo: uma é a *leitura-sujeição* para a remição de dias da pena; a outra é quando ele assume essa identificação com o personagem do livro lido, ele assume a posição de sujeito-leitor no cárcere, porque ele estabelece uma relação com sua vida, de sua experiência no cárcere com sua experiência de leitura. Por que essa leitura produz efeito e a outra não? Por que essa leitura produz identificação e a outra não? Passo a examinar os movimentos distintos de leitura decor-

---

[219] Dostoiévski também esteve preso e "o autor mudou existencialmente depois da prisão, com o sofrimento *horrendo*" (Vássina, 2021). Dostoiévski teria lido em um jornal, em 1865, sobre um crime real ocorrido em Moscou em janeiro de 1865, que guarda muita semelhança com o crime cometido pelo personagem Raskólnikov. Isso interessa aqui ao pensar que Dostoiévski lia muito e lia diariamente sobre os crimes sob investigação penal. Disponível em: https://www.youtube.com/watch?v=pyFpHBUQzNs. Acesso em: 21 jun. 2021.

rentes da leitura não subjetiva que instaura o confronto entre superfícies discursivas a partir de uma mesma materialidade textual – o mesmo livro lido – representado pelo recorte discursivo inscrito no RD2 – SD5. Dele são extraídas algumas pistas linguísticas que sinalizam uma identificação do sujeito-leitor com o sujeito do discurso lido – o personagem. Inicio com a identificação do entrevistado INF 1 com o personagem principal, Raskólnikov[220], da obra *Crime e castigo*, do autor Fiódor Dostoiévski.

> (INF 1) Eu acho que <u>*Crime e Castigo*</u> é uma forma, uma veiz eu pensava mais o menos daquela forma que <u>eu achava que seria demaaais de inteligente perto dos otros, na verdade, então, você pode cometê o crime que, na verdade, o *Crime e castigo* é quase isso,</u> sobre atenção, na verdade, mas na hora de você, eu tive essa concepção depois disso, depois de um tempo, mas essa questão de você, como eu posso explicá, <u>de você achá que tá acima de tudo, né, por mais que você teje preso e tudo, né, mais você tá sempre com a razão, na verdade, eu próprio...</u> No caso do Crime e castigo, na verdade, <u>ele achava que ele era uma pessoa nunca ia sê pego...</u> [...] <u>Ele achava que sabia demais.</u>

O INF 1 enunciou ter se reconhecido no personagem Raskólnikov não porque após o crime teria caído em profundo drama de consciência ou desgosto existencial, mas por pensar que seu poder intelectual fosse superior à Lei, no dizer do preso *"de você achá que tá acima de tudo, né"* e por entender que nunca seria pego pelo crime praticado. No fragmento a seguir, a identificação com o mesmo personagem Raskólnikov, da mesma obra, sob efeito-leitor diferente do INF 1 analisado, apresento a SD do INF 5:

> (INF 5) [...] aquele lá <u>*Crime e castigo*, livro que eu gostei muito de lê</u> [...] <u>Porque ali, assim, tem muita psicologia</u> eu acho né, aquele livro ali, <u>tem aquela questão do amor tamém</u>, assim, <u>a questão do sacrifício daquela moça, da Sônia, depois a pena dele, aquela questão do arrependimento</u>, sabe, <u>aquela sensação de culpa que perseguia, eu me vi muitas vezes assim...</u> [...] Ródia[221] questionava a existência de Deus tanto que eu questionei muito isso... O livro tamém... [...] <u>como pode Deus</u>

---

[220] Trata-se de um nome criado por Dostoiévski ([1866] 2016, p.18), em cuja etimologia encontra-se a palavra *raskol,* "cisão", simbolizando o caráter cindido e atormentado do personagem, conforme nota dos tradutores Irina Wisnik Ribeiro e Ivan Petrovich.

[221] O INF 5 faz a opção pelo primeiro nome do personagem de Dostoiévski, Rodion Românovitch Raskólnikov, que também é referido no romance pelo diminutivo de seu primeiro nome, Ródia. Contudo, o nome Raskólnikov é o mais usado na narrativa pelo autor e é também a minha preferência.

Amor ser tão bom e a gente vivê uma existência de tanta miséria, tanta indiferença, tanta inversão de valores e tudo o mais, né [...] você feiz, você vai pagá, né, tá, o que eu escolhê hoje, vai determiná o meu dia amanhã, bom ou ruim, o resultado bom ou ruim, então, tem tudo a vê com o Ródia, né... [...] Por que o cara resolveu fazê aquilo? [...] problema coa família, ele via o mundo da indiferença, uns com dinheiro otros sem dinheiro, ele ia, ele cometeu o crime na mente dele pra fazê o bem, ele ia pagá os estudo dele, terminá os estudo pra podê ajudá a a família, né, então, não tem, não só ele, tem um monte de gente aí que opta, às veiz, por uma situação assim, pra podê... O fim daquilo era um bem maior só que sem procurá intendê que aquilo que ele tava fazendo ia gerá um resultado totalmente negativo... Foi o que aconteceu comigo... Aconteceu com o Ródia, né, aconteceu com tantas otras pessoa, só que tem um porém, né, depois disso aqui, a gente fica cicatrizado... Eu agora tenho dificuldade pra encará assim, às veiz, eu fico revoltado, num nego, porque eu olho a sociedade e vejo muita hiprocrisia [...] sabe aquela coisa de você vivê, passá por aquilo e fazê a vida intera tentando acertá e dá sempre errado, e aí você sai lá fora, lá tem que encará, [...] Eu sei que os desafio lá fora e por conta, por conta da da passagem dentro do sistema carcerário ela é, ela é mais árdua talvez que aqui, porque você sabe que as pessoa que tão aqui né, elas convivem com você, assim, embora tenha aquela indiferença, mas, você nem percebe, lá fora, eu vejo, às vezes, no serviço, né, a gente sai daqui fazê o trabalho, assim, numa empresa e a gente encontra muito disso né, o preconceito... [...] Tem aquela parte em que ele, aonde a Sônia fala pra ele ir e ela segue ele, ele não vê ela, mas ela tá seguindo ele, quem tá lendo ali, sabe disso, daí ela aconselha ele, ela dá uma, tinha duas cruz, né, ela dá uma pra ele, a de madera, pede pra ir até uma encruzilhada, bejá a terra que ele derramô sangue e olhá pra cima e dizê que ele é um criminoso e aí, então, a partir dali ele i pegá e se intregá, então, tem uma parte ali nessa, nessa narração, que ele vai e antes de ele fazê aquele ritual que ela orientô, assim, ele dá uma olhada pro lado e, por acaso, ele vê quem? Ele vê ela e ali ele tem certeza de que aquela pessoa ali, independente do que acontecesse, ia tá com ele sempre... Entendeu?

Nas enunciações dos INF 1 e INF 5, mesmo sendo a prática da leitura sob a mesma materialidade textual, *Crime e castigo*, há movimentos de identificação distintos entre os dois sujeitos-leitores entrevistados, contudo ambos identificaram-se com o personagem Raskólnikov. No dizer do INF 1, a identificação se dá porque ele próprio pensava que nunca seria pego pelo crime praticado e porque ele considerava que estava acima de todos e de tudo, ele julgava que sabia demais, de certa forma, era prepotente. São sítios de identidade e significação que, ao serem ocupados por efeitos-leitores diferentes, permitem a instauração de uma prática de leitura historicamente determinada a partir de uma mesma materialidade textual. O INF 5, por sua vez, identifica-se com o sujeito do discurso lido pelo amor do personagem com a Sônia. Há um excerto precedente a esta identificação em que o INF 5 enuncia:

> (INF 5) [...] se eu não tenho mais uma pessoa que eu amava junto comigo na questão conjugal, por exemplo, que é uma das coisa que as pessoa mais sofre aqui dentro, que o sistema tira isso das pessoa, então, tem leitura, por exemplo, que traiz, assim, que me feiz entendê, assim, que a gente tem uma vida ainda pela frente.

Assim, o INF 5 reitera a identificação dele com o personagem da obra pelo amor de Sônia ao personagem Raskólnikov. No dizer do próprio preso, ao *"bejá a terra que ele derramô sangue e olhá pra cima e dizê que ele é um criminoso e [...] se intregá"*, o INF 5 compatibilizou-se com a cena da narração porque a personagem Sônia estava ali com Raskólnikov, mesmo sabendo que era criminoso: *"Ele vê ela e ali ele tem certeza de que aquela pessoa ali, independente do que acontecesse, ia tá com ele sempre"*. O INF 5 identifica-se também com *Crime e castigo*, de Dostoiévski, por ser um livro que, no dizer do sujeito-leitor preso, *"tem psicologia"* e, em momento posterior da entrevista, este preso enuncia que se identifica com o tema de Psicologia, conforme se vê no fragmento:

> (INF 5) Prá sê sincero, eu sô bastante eclético nessa situação, assim, mas se eu fosse, tipo, tê que optá por tema, assim, essas coisa, eu gosto bastante de Psicologia, é... Psicologia.

Também o INF 5 identifica-se com o personagem principal Raskólnikov pelo fato deste ter questionado a existência de Deus diante de tanta miséria e indiferença humana, conforme se lê pelas marcas linguísticas do dizer: *"pelo que eu entendi, o autor, Ródia questionava a existência de Deus tanto que eu questionei muito isso..."* e, por outra via, pela razão do personagem ter praticado o crime: *"O fim daquilo era um bem maior só que sem procurá intendê que aquilo que ele tava fazendo ia gerá um resultado totalmente negativo... Foi o que aconteceu comigo...*". O INF 5 também se identifica com Raskólnikov com o drama de consciência pelo crime praticado, pelo sentimento de arrependimento e de culpa, conforme marcas do dizer *"depois a pena dele, aquela questão do arrependimento, sabe, aquela sensação de culpa que perseguia, eu me vi muitas vezes assim...".*

Avançando um pouco mais, o INF 5 reconhece-se com a relação do título do livro *Crime e castigo*, pois, no dizer do preso, aqui *"você feiz, você vai pagá"*. De acordo com Davis (2018), é preciso que a punição e o castigo sejam dissociados conceitualmente de sua ligação com o crime. A autora indaga: "Em que medida a perpétua repetição dessa expressão na literatura, como títulos de programas de televisão, tanto fictícios como documentais, e nas conversas diárias tornou extremamente difícil pensar na punição além dessa conexão?" (Davis, 2018, p. 92). Na sequência da reflexão da autora, essas representações *crime* e *castigo* colocam a prisão em uma relação causal com o crime, como efeito natural, necessário e permanente e, em decorrência, inibindo debates sérios sobre a viabilidade da prisão.

Nesse sentido, não foi à toa que o INF 5 identificou-se com a relação causal do título da obra, crime *versus* castigo. Conforme Lorenset e Braga (2019, p. 77), parece haver uma relação amalgamada entre castigo e crime, uma representação, um imaginário, uma naturalização da prisão em uma relação com o castigo. Não é à toa também que a obra *Crime e castigo* é uma das mais lidas nas penitenciárias e prisões brasileiras[222]. Ao que parece, não foi apenas o INF 5 que se identificou com o título dostoievskiano, mas milhares de presos do Brasil que participam de projetos de remição da pena pela leitura, no país.

Pelas análises precedentes, são dois movimentos de identificação distintos sobre a mesma obra lida; é possível, pois, constatar, as posições--leitores de sujeitos sócio-historicamente determinados, combinando entre-cruzamentos, divisões heterogêneas, rupturas, contradições, conjunções e dissociações estruturadas em redes de memórias desses sujeitos-leitores presos. Na continuidade do gesto analítico, apresento o dizer do INF 2 sobre a identificação com o personagem John – o selvagem – da obra *Admirável mundo novo*, de Aldous Huxley:

> (INF 2) Eu lembro do *Admirável mundo novo* onde que o, onde
> que o, onde que <u>o menino lá que, no caso, ele foi criado longe</u>

---

[222] Disponível em: https://www.justica.gov.br/news/o-livro-201ccrime-e-castigo201d-e-um-dos-mais-lidos--pelos-presos-do-sistema-penitenciario-federal. Acesso em: 25 abr. 2021.

LEITURA E CÁRCERE

> do pai... [...] No momento que a mãe dele ficava com os otros
> homens, e ela, ela tamém foi agredida por otras mulheres, né,
> e ele acabô agredindo o bêbado que ficava com a mãe dele, né,
> no caso, aquilo ali me marcô muito (*barulho das grades*) porque
> eu lembro que a mãe ficô viva. Depois dos nove anos - que
> ela separô do meu pai -, ela fez muito isso daí, tipo, assim,
> ela ficava com otras pessoas, ela trazia gente estranha pra
> dentro da nossa casa, né, pessoas que até mesmo um, uma
> vez, me bateu... Bebiam, minha mãe ficô desnorteada, né,
> como ela viveu um ano depois que meu pai me deu um tiro,
> essa parte ali me marcô bastante...

O autor Aldous Huxley, nesta obra escrita em 1932, apresenta uma
sociedade futurista comandada pelo cientificismo. A sociedade futurista é
Londres e situa-se numa temporalidade do ano de 2495 e, durante a narrativa, percebe-se que os sujeitos são, desde nascença, obrigados a aceitar
suas funções sociais e a realizar atividades já predeterminadas socialmente,
tornando-os sujeitos alienados. No contexto da narrativa, há outra sociedade,
a Malpaís, que não segue as mesmas regras que Londres. Os sujeitos que
vivem em Malpaís são considerados selvagens e o personagem John reside
aí. Esse personagem é diferente dos demais por seus atos e ideologia não
serem semelhantes aos exigidos socialmente. O INF 2 identificou-se com
John porque também "*foi criado longe do pai*", porque a mãe de John também
ficava com outros homens, situação com a qual o INF 2 deparava-se coti-
dianamente, do que se depreende do dizer: "*eu lembro que a mãe ficô viva.
Depois dos nove anos que – ela separô do meu pai –, ela fez muito isso daí, tipo,
assim, ela ficava com otras pessoas, ela trazia gente estranha pra dentro da nossa
casa, né, pessoas que até mesmo um, uma vez me bateu...*".

No dizer do INF 2, há uma marca prosódica de pausa em "*depois dos
nove anos que*". Provavelmente esteja marcando o trauma de ele ter recebido
um tiro do próprio pai, aos nove anos, conforme o dizer dele na entrevista.
Aí ele retoma e afirma que a mãe dele separou-se do pai depois disso, uma
espécie de basta também aos espancamentos que ela mesma recebia do
genitor do sujeito-leitor preso, INF 2. A mãe do personagem John – o
selvagem – também era agredida e também "*ficava com otros homens*". É a
enunciação do INF 2 acerca da identificação dele com o personagem da
obra de Huxley. No excerto a seguir, o dizer do INF 3 sob um efeito-leitor
distinto do INF 2, todavia sobre a mesma materialidade linguística, a obra
Admirável mundo novo:

> (INF 3) [...] do *Admirável mundo novo* ehhh... bastante interessante ali aquela fala as pessoa acabam usando um comprimido, né, como são pessoa criada em laboratório, elas usavam, quando tinham um problema, assim, que ficavum nervoso, usavam um comprimido, né, pra esquecê aquele problema, então, enveiz das pessoa infrentá o problema, ela acaba tomando aquele remédio, e eu comecei lembrá quando eu tomava, né, comecei a usá droga, então, quando eu tinha um problema, eu fazia isso, em veiz de enfrentá e, no outro dia, quando eu tava lúcido de novo, tava são, ahh... eu me lembrava, né, o problema continuava comigo, né, então, em veiz de resolvê, acabava indo pra outro caminho, né...

O INF 3, por sua vez, identificou-se com a obra *Admirável mundo novo* porque ele mesmo declara ter sido usuário de drogas. Na narrativa de Huxley, quando alguém na sociedade futurista ficasse triste, imediatamente tomava o *"soma"*, droga que os personagens do livro utilizavam. Na obra, essa droga denominada *"soma"* tem um efeito que causa felicidade. E nisso ele se identificou: *"eu comecei lembrá quando eu tomava né, comecei a usá droga, então, quando eu tinha um problema, eu fazia isso, em veiz de enfrentá"*.

Por essas SDs precedentes, pode-se trabalhar efeitos de sentido distintos do INF 2 e do INF 3 de por que houve a identificação com o personagem da obra *Admirável Mundo Novo*. Pelo movimento da leitura praticada, ambos fazem uma retomada de vivências e uma ligação com os personagens se estabelece: o INF 2, ao se identificar com John, sem pai e com a mãe bêbada e prostituindo-se, relacionando também com o tiro que levou do próprio pai quando tinha nove anos; já o INF 3 identifica-se com o personagem porque foi usuário de drogas. É a mesma superfície textual, a mesma obra lida por esses dois sujeitos-leitores, mas apresentam posições-leitores distintas, haja vista, pela prática discursiva da leitura, coexistirem diferentes sítios de identidade, logo, diferentes efeitos-leitores.

O espaço de interpretação é como um hiato em que pode se abrigar uma tensão entre sentidos presentes no texto e, no caso em tela que analiso, entre esses dois sujeitos-leitores – INF 2 e INF 3 – que apresentam identificação diferente entre os polos de interlocução estabelecidos pela prática de leitura. Como que respondendo a Pêcheux, que indagou "Como o sujeito-leitor emerge nessa escansão?" (Pêcheux, [1983] 2010d, p. 314), é assim: ao se identificar com um sentido ou com outro sentido, o sujeito-leitor emerge da prática de leitura como efeito-leitor. A identificação ou não do sujeito-leitor com o(s) sentido(s) do discurso lido vai escandir tal processo.

Nesse sentido, houve outras identificações dos outros sujeitos-leitores entrevistados, tais como: INF 1 com o personagem Jean Valjean, de *Os miseráveis*, de Victor Hugo, que ficou preso 19 anos por roubar um pão; o INF 3 com a personagem esposa do médico em *Ensaio sobre a cegueira*, de José Saramago, e a metáfora de que *as pessoas são cegas aos problemas dos outros* (nas próprias palavras do preso); o INF 4 com o personagem de *A cápsula do tempo*, de Aristeu Foloni Junior, leitura durante a qual viu o personagem errando e não pôde auxiliá-lo: *"você se vê nesse personage, intendeu? Ele vai fazê uma coisa errada e você pensa como você, você tá lendo e por mais que você feiz errado, tipo, você tá sabendo que ele vai fazê errado e você num qué que ele faça, intendeu?"*, entre outras. Contudo, minha escolha foi analisar a identificação com o personagem a partir de uma mesma superfície textual, a partir de uma mesma obra lida, o que não ocorreu nas identificações citadas antes, que foram únicas. Ficam em aberto para outros estudos, até porque, em Análise do Discurso, a incompletude é constitutiva.

A partir dos processos de identificação com uma posição-sujeito, o sujeito se constitui como sujeito-leitor dentro de um determinado gesto de leitura. No excerto a seguir, o dizer do INF 1. Ao ser indagado pela pesquisadora se a razão da identificação maior dele com as obras *Crime e castigo*, de Dostoiévski, e *Os miseráveis*, de Victor Hugo, seria porque os personagens também foram presos (Raskolnikóv, oito anos, e Jean Valjean, 19 anos), ele enuncia:

> (INF 1) <u>Olha, talveiz, talvez seja por isso, mas, eu acho que um poco mais pela forma de de... de a gente se identificá, que uma coisa que você aprende, na verdade, né</u>, tanto esses dois livro se aprende a questão de humildade e de amor, no caso, com o próximo, né, então, tipo, a parte que ele fala dos miseráveis, a parte que ele fala "uma vida por um pão", no caso, a mãe da pequenininha tava praticamente se prostituindo, na verdade, um poco por comê, até a questão de quando ela vendeu os dois dente da frente dela pra mandá o dinheiro pra comprá ropa e remédio pra filha dela, que, na verdade, não compraram nada e a parte que ela fala "uma vida por um pão", na verdade foi uma parte que me marcô muito, que hoje muitas pessoa vivem na rua... [...] Uma questão, <u>talveiz, se eu tivesse em otras unidades eu não teria esse acesso que eu tive aqui, na verdade, né, então, talveiz eu seria diferente do que eu sô hoje, na verdade, taria, talvez, pior até.</u>

É possível interpretar a posição do sujeito-leitor preso como um gesto de resistência que fica ao sujeito para se constituir enquanto sujeito-leitor dentro de um gesto de leitura outro. No recorte precedente, pelo garimpo discursivo dos sentidos soltos e mesclados que emergem do enunciado do INF 1, há traços de formas de indeterminação[223] da linguagem que aparecem na formulação que indica a existência de uma falta no sujeito-leitor, por meio do advérbio de dúvida *"talvez"* repetido cinco vezes e no emprego do tempo verbal no modo subjuntivo – *"seja"*, *"tivesse"* – e no modo indicativo, no futuro do pretérito – *"teria"*, *"seria"*, *"taria"*.

Conforme Derrida ([1992] 2014), *"Talvez, é preciso sempre dizer talvez para a justiça"* (Derrida, [1992] 2014, p. 24). "Talvez" essa indeterminação do sujeito e do discurso tenha de ser pensada para além do elemento da temporalidade que concederia ao discurso um aspecto condicional. É mais que isso. É plausível pensar ser uma posição-sujeito leitor distinta daquela analisada no RD2 sobre as marcas do dito e do não dito sobre gostar de ler. Aquela posição corresponde ao gesto de leitura imposto hegemonicamente pelo Poder Judiciário como instrumento para poder remir dias de sua pena e, ao olhar para esta posição-sujeito que ora se constrói por este gesto de leitura outro, parece ser representativa *"pela forma de a gente se identificá"*: reconhecimento e explicitação da posição-sujeito de leitor preso a partir da qual se produz o gesto de leitura mencionado.

Será que o gesto de leitura que lhe seria alheio e que o reduz a papel de decodificador e, de certa forma, classificatório, porque inscrito em uma lista com certo número de livros lidos medido pelo critério da quantidade, deslocando-se para uma identificação com o sujeito-leitor preso e a obra lida, poderia ser um funcionamento da construção de uma posição-sujeito leitor que age pelo viés dos sentidos, que permite ao sujeito constituir-se num espaço de resistência? As marcas de indeterminação da linguagem e suas repetições de *"talvez"* revertem o sentido do enunciado e são formas materiais que manifestam na base linguística dos enunciados a instabilidade dos processos de significação/identificação que caracteriza o funcionamento discursivo analisado. A indeterminação pode ser uma tentativa de enunciar--se distante do lugar preso dos dois personagens citados pelo sujeito-leitor preso. Pode haver uma projeção desse sujeito-leitor para um lugar discursivo

---

[223] Há muitos mecanismos de indeterminação do sujeito e de seu discurso no *corpus* da pesquisa. Optei por analisar este recorte com o advérbio "talvez". São muitas as ocorrências, dentre outras: "tentar", "se eu", "ou das veiz". A incompletude é constitutiva da AD; não há como abarcar todas possíveis análises que emergem, formar-se-ia um conjunto infinito.

que não a prisão, distante deste lugar em que está impedido de liberdade, uma tensão entre estes diferentes lugares que resulta na indeterminação do sujeito que enuncia. De acordo com Payer ([1998] 2003), é a partir de encontros e desencontros entre memórias discursivas que os sentidos se trabalham, se movem, deslocam-se por meio de conflitos de regularização.

Tomando-se por base as análises precedentes propostas, nesse vai e vem entre leitura de fruição e *leitura-sujeição*, os sítios de identificação que emergiram das posições-leitores, ao serem ocupados por efeitos-leitores, permitem a instauração no cárcere, para além da *leitura-sujeição,* a regulação do espaço do lisível de uma leitura de fruição, fiapos de significantes entretecidos pelos sujeitos-leitores a partir de personagens criados pelo sujeitos-autores, sustentam um lugar que poderia ser, a princípio, pelo modo *leitura-sujeição*, pura perda, contudo pode vir-a-ser encontro, identificação. Tais sítios de identificação, ao serem ocupados por efeitos-leitores distintos, permitem a instauração de uma leitura historicamente determinada que dá lugar a diferentes posições-leitores, a partir de uma mesma materialidade textual. Conforme Botton ([1997] 2013), Marcel Proust, autor de *Em busca do tempo perdido*, afirmava: *todo leitor é, quando está lendo, um leitor de si mesmo.* Isso confirma o pressuposto de Orlandi ([1998] 2003) de que todo leitor tem sua história de leitura e apresenta uma relação específica com os textos, com a sedimentação dos sentidos, de acordo com as condições de produção da leitura em épocas determinadas.

Nessa direção, o fragmento recortado do arquivo e apresentado a seguir aponta para a questão da leitura sob as regras da Lei. A pergunta do questionário semiestruturado indicava para que o apenado contasse um pouco sobre o processo de leitura no cárcere. Eis a enunciação do INF 2:

> (INF 2) De noite é mais calmo né, eu leio, né, presto... consigo...
>
> LOC: E daí você pode fica, na cela, com a luz ligada até que horas?
>
> INF: É até as deiz horas, mais, daí a televisão fica mais tarde... então, coa luz da televisão, eu não assisto, né, os outros assistindo eu sento do lado da portiola e coloco o colchão e leio (*barulho forte das grades, dos agentes*)...
>
> LOC: Você lê com a luz da leitura da TV? E a TV pode ficá até que horas?
>
> INF: Éhh... Até meia noite...

Ao pensar os processos de subjetivação do sujeito preso, o dizer mobilizado pelo INF 2 indica que a leitura o subjetivou e ele fica lendo além do horário permitido; nesse lugar a leitura poderia ser resistência, quando a leitura deixa de ser para ele apenas um aspecto para cumprir e reduzir a pena, e quando ele de fato se subjetiva pela leitura ao ponto de conseguir ficar lendo depois de 22h até meia-noite, com a fresta da luz da TV: *"então coa luz da televisão, eu não assisto né, os outros assistindo eu sento do lado da portiola e coloco o colchão e leio."* Pela leitura desse recorte, desse lugar é possível visualizar como esse sujeito-leitor preso pode estar se subjetivando pela leitura, diferentemente, para além do Projeto, de outro modo: isso aponta que não é só a questão de cumprir um *script,* uma norma – mas quando o INF 2 diz que quer saber o final da história e, inclusive, dribla as regras do jogo e passa a ler após o horário que é permitido luz ligada, aqui há um efeito da leitura sobre esse sujeito diferente daquele pelo qual ele entrou na leitura.

O enunciado do INF 2, precedente, pode enunciar a resistência que se dá de algum modo no sistema: é o sujeito que lê depois que a luz apaga; a escuridão da leitura; a leitura no escuro; a leitura na penumbra; o sujeito que lê quando os olhos têm de fechar; o sujeito que continua lendo após o horário permitido... Isso é resistir à prisão. Dada a conjuntura sócio-histórica da formação social do Brasil, que determina o imaginário e a constituição do discurso sobre o sistema prisional, pode-se pensar que o processo de produção de leitura implica a inscrição do sujeito em diferentes posições-sujeito-leitor – neste estudo, em específico o sujeito-leitor preso –, configuradas em formações discursivas diversas.

Avançando um pouco mais, trago novamente o exemplo de Damiens, relatado na obra *Vigiar e punir,* de Foucault ([1975] 2014a), em que mostra como a prisão, com o passar do tempo, vai mudando discursivamente e como esse mudar do discurso afeta diferentemente o corpo dos condenados. Num primeiro momento, o castigo afetava o corpo, o relato do Damiens mostra como era aplicado esse suplício. É preciso pensar essa mudança que houve com o nascimento da prisão: a invenção da prisão é justamente para não afetar o corpo e afetar a alma. É essa prisão, a partir daí que se tem a ideia de prisão moderna, que nos persegue até hoje. Cabe problematizar um ponto sobre a leitura como dispositivo de remição de pena: como que, para além da alma, esse dispositivo pode afetar o intelecto? Afetar essa alma pelo intelecto? A leitura está alçando a alma e o intelecto? O que tem a mais em colocar a leitura dentro na prisão? É só privar o corpo? A leitura é um gesto corporal, a leitura demanda um corpo, demanda um olhar e demanda em como o corpo vai absorver esse olhar da leitura e remetê-la para dentro do corpo.

LEITURA E CÁRCERE

Nessa confluência, o sujeito se constitui como leitor dentro de uma memória social de leitura. Ao considerar as relações estabelecidas entre os personagens literários e as formulações dos dizeres dos sujeitos-leitores presos, (re)velou-se o processo imaginário de identificação que constitui uma das posições-sujeito de leitor produzidas pelo discurso da/na prisão. Com efeito, mesmo sendo outras as condições de leitura nesse espaço prisional, a partir das marcas linguísticas da discursividade, no dizer dos sujeitos-leitores presos, a identificação com personagens da narrativa, pela prática da leitura, paradoxalmente, instaura aí um espaço de liberdade de linguagem, de leitura desinteressada, mesmo submetido às regulamentações jurídicas desse dispositivo de *leitura-sujeição*. É possível pensar que a literatura, nesse espaço prisional, pode vir a ser uma prática de fruição, de prazer, de diversão, de escapatória de problemas?

Inspirando-me nas definições foucaultianas de prisão como um "contraespaço" (Foucault, [1967] 2013, p. 20) e de "contraconduta" (Foucault, [1977-1978] 2008, p. 255)[224] como forma de resistência, proponho a designação de *contraleitura* para esse modo de ler na prisão que seria fruição mesmo diante de uma *não* condição de leitura no cárcere pelo dispositivo de remição de pena. Fruição, diante das condições de produção da leitura no cárcere, pode ser expressão cabal da aceitação de ser governado. Sugiro *contraleitura*[225] como uma nova categoria discursiva proposta para complementar o dispositivo teórico-analítico da Análise do Discurso, que surge na forma como que de um bloqueio à dominação (pode até ser inconsciente), em meio a um contralugar cujas relações de força e de poder provocam a *leitura-sujeição* pelo encontro com o dispositivo de remição de pena pela leitura.

A *contraleitura* vai além da *leitura-sujeição*. Parece plausível pensar que o modo de ler determinado por fruição não é necessariamente uma resistência, mas uma adesão a uma prática subjetivadora. Pode-se pensar que a *contraleitura* seja o deleite num espaço cujas condições de produção são de precariedade. Assim, proponho este modo de ler *contraleitura* como êxtase da obediência, considerando a relação entre o sujeito-leitor preso e o livro lido. *Contraleitura* pode até ser enquadrado como certo contorcio-

---

[224] Para compreender melhor a relação entre os tipos de governamentalidade e as formas de resistência que lhes correspondem, há o curso de Foucault *Segurança, território, população* ([1977-1978] 2008). Nessa obra, o autor nomina essas modalidades de resistência de "contracondutas".

[225] Agradeço a sugestão de *contraleitura* de Melo (2021), que me propôs repensar o termo *fruição*. Ousando parafrasear Foucault, proponho este modo de ler *contraleitura*, uma nova categoria discursiva para complementar o dispositivo teórico-analítico da Análise do Discurso.

nismo legal, de certa forma desencadeado pela *leitura-sujeição*, como algo condicionado, que modulasse o comportamento do preso, e retomo aqui que para o Estado não interessa se o preso gostou ou não dessa leitura, interessa antes oferecer e obedecer a uma prerrogativa legal de que não consegue dar conta pelo trabalho e pelo estudo; o sujeito-leitor preso vai além dessa sujeição (pode até ser inconsciente) e tem a experiência prazerosa da leitura. *Contraleitura* porque, independentemente do espaço de leitura, mesmo na situação aguda do cárcere, a leitura (notadamente literária) pode ser um modo de identificar-se com personagens, conhecer o mundo, refletir sobre ele, e até criticá-lo em suas bases supostamente inquestionáveis.

A *contraleitura* se constitui num modo de ler que nutre a reflexão sobre as formas de ser do sujeito no contraespaço da prisão, concedendo uma direção que permita a esse sujeito-leitor, *nessas, por essas* e *com essas* condições de produção, chegar a uma análise de *leituras de si*; pode-se pensar que a *contraleitura* contribua com a emancipação de si. Na relação entre o ler e o remir a pena, pela fruição a *contraleitura* pode ser entendida como uma estratégia de desvio à *leitura-sujeição*. O modo de ler *contraleitura* pode ser associado a experiências sustentadas por questionamentos que levam à compreensão da identidade e da diferença, questionam a subjetividade e as evidências e podem problematizar a dinâmica social.

Os dispositivos, conforme Foucault ([1978] 2017), compreendem uma rede, mas também logo são tomados por um preenchimento estratégico, que pode conduzir a uma obediência cega. E o modo de ler *contraleitura* é o deleite dessa submissão e subordinação do modo de ler *leitura-sujeição*, porque pautada no exercício livre da leitura dentro do cárcere, por mais paradoxal que pareça ser.

O modo de ler *contraleitura* não é uma antileitura; ele desafia a noção tradicional de leitura, opera em relação a ela e se sustenta no movimento de distanciamento em relação ao modo de ler *leitura-sujeição* pelo dispositivo de remição de pena. O modo de ler *contraleitura* seria uma forma de escapar da *leitura-sujeição*, mesmo que inconscientemente. O modo de ler *contraleitura* se constitui na relação entre o ler e o remir pena, uma relação vertical, entre o Estado e os "infames" (Foucault, [1977] 2015, p. 198), que pode desencadear o êxtase pela obediência (reitero, mesmo que inconscientemente) em meio aos elos de ferro (in)visíveis que formam cadeias de sujeição.

Destaco que os modos de ler no cárcere *leitura-sujeição* e *contraleitura* são duas possibilidades para se entrever essa leitura como dispositivo de remição de pena, não é uma visão dicotômica, não é um par de oposição, porque seria limitante; há mais possibilidades de exploração sobre os modos de ler no cárcere e não se exclui a existência de outros não abordados aqui.

6.4 Das leituras que não contam para a remição de pena

> *O bom leitor é aquele que sabe que há outras leituras.*
> (Nunes, [1998] 2003, p. 45).

Embora os sujeitos-leitores presos, quase em sua totalidade, leiam a Bíblia, essa leitura não conta, não faz parte do rol de obras selecionadas para a remição da pena. E olhando o texto da Resolução n.º 391, do Conselho Nacional de Justiça, percebe-se que especifica que as leituras para a remição da pena devem ser leituras de obras literárias. Ao que cabe perguntar: para o CNJ, a Bíblia é leitura de obra literária? Para o Projeto de Extensão da Unoesc, também não, pois segue essas diretrizes institucionais. Percebe-se um apagamento que reduz o espaço da leitura ao domínio do literário, de modo a evitar outros sentidos para a leitura, outras possibilidades de filiação para o sujeito-leitor preso. Assim, são apagados também os sentidos nos espaços do econômico, do político e do jurídico, pois, por exemplo, não conta para a remição a leitura da Constituição Federal ou do Código de Processo Penal.

Como considerar a prática da leitura no sistema prisional uma atividade neutra? Nesse sentido, apresento o Recorte Discursivo 4 – RD4, a partir do que veio à tona na regularidade temática dos dizeres dos sujeitos-leitores acerca da leitura da Bíblia[226]e de outras obras que não contam para a remição da pena.

---

[226] Conforme a 5.ª edição da pesquisa Retratos da Leitura no Brasil, em 2020, realizada pelo Instituto Pró-Livro, a Bíblia é apontada como o tipo de livro mais lido pelos entrevistados e também como o mais marcante. Pelos dados da pesquisa, o brasileiro lê, em média, cinco livros por ano, sendo aproximadamente 2,4 livros lidos apenas em parte. Disponível em: https://www.prolivro.org.br/wp- content/uploads/2020/12/5a_edicao_Retratos_da_Leitura-_IPL_dez2020-compactado.pdf. Acesso em: 21 abr. 2021.

Quadro 15 – Recorte Discursivo 4 (RD4) – Marcas do dizer do sujeito-leitor preso sobre a leitura da Bíblia e sobre leituras que não contam para a remição de pena

RECORTE DISCURSIVO 4 (RD4) MARCAS DO DIZER DO SUJEITO-LEITOR PRESO SOBRE A LEITURA DA BÍBLIA E SOBRE LEITURAS QUE NÃO CONTAM PARA A REMIÇÃO DE PENA
(SD1 - INF2) Eu gosto bastante de livro, <u>eu leio bastante espírita,</u> mas tamém gosto de otras história, romance, gosto bastante de história... [...] <u>Olha, porque eu aprendi muitas coisa, né, assim, como que eu posso dizê, assim, do sentido da vida, pelo lado do ser humano.</u> [...] Li muitos... eu li quinze esse mês, esse ano... <u>Eu li bastante da Zíbia Gasparetto,</u> ãhhh... nomes mesmo dexá...
(SD2 - INF3) Eu sentia bastante revoltado no começo, aí... ma, daí comecei lê, lê aaa... <u>por primero, eu comecei lê a Bíblia, li bastante a Bíblia, e comecei pensá porque certas coisa não acontece por acaso na vida da gente e comecei refleti bastante sobre como era minha vida lá fora...</u> Era... eu tava vivendo... eu já tava casado há doze anos co ela, ehhh... tava fazendo bastante coisa errada, já, então, um tempo ali, então, eu deveria tê separado dela, né, então, eu queria fazê coisas que uma pessoa solteira faiz, né, então, eu deveria tê bom senso, conversá cum ela, separá... Eu não aceitava, não aceitava a separação e, tamém, não dexava ela i imbora, então, acabô acontecendo o pior pra mim podê inxergá, né... LOC: Puxa! Tem alguma coisa que você gosta de fazê aqui no Presídio? INF: (*Pensativo*) <u>Eu gosto bastante daaa... da leitura mesmo, lê a Bíblia</u> leio bastante ali, ihhh... do trabalho que eu tô fazendo aqui dentro, né... Então, eu tento... falá cos preso ali pra incentivá a leitura, até falo pra eles que é bom, né, pra diminuí o tempo, né, saí daqui, mudá os pensamento...[...] Ahh... eu leio otros livro tamém... gosto de lê, eu gosto de lê jornal que vem ali... livro, assim, eu leio bastante livro espiritual que vem ali daaaa... Igreja mesmo, né, ahh... do Edir Macedo, que vem bastante alguns livro, né, até mesmo vem da Pastoral alguns livro, que é bíblico, no caso... [...] <u>Eu gosto de lê bastante porque porquanto que eu leio a Palavra de Deus, que é a Bíblia, e os livrinho ali, ele amplia o conhecimento,</u> né, então, que eu gosto, eu gosto bastante de lê ali e entendê e os livrinho ajudam bastante nesse conhecimento ali, porque, pra mim, é um incentivo esses livro...[...] <u>Eu gosto de aprendê, conhecê cada veiz mais a Palavra de Deus, né...</u>
(SD3 - INF4) LOC: Você só lê os livros do Projeto da Unoesc, do Estado, enfim, ou você lê outros livros também? INF: <u>Ahh... tipo daí já é livro bíblico, né... A Bíblia Sagrada...</u> [...] Dexo vê mais... Tem tamém... <u>Eu li uns dois o trêis livro espírita,</u> intendeu? Só não consigo lembrá o título, intendeu? [...] Eu já li um monte de livro que não apresentei, intendeu? <u>Tipo, li bastante livro que num, num... não que eu não consegui aproveitá pra apresentá,</u> mah... tipo, num apresentei, intendeu?

LEITURA E CÁRCERE

RECORTE DISCURSIVO 4 (RD4)
MARCAS DO DIZER DO SUJEITO-LEITOR PRESO SOBRE A LEITURA DA
BÍBLIA E SOBRE LEITURAS QUE NÃO CONTAM PARA A REMIÇÃO DE PENA

(SD4 - INF5) [...] gosto muito de leitura, eu me ocupo aqui com meu tempo alí atrás, ali, lendo livro, lendo a Bíblia, ehhh ... gosto de escrevê tamém, eu faço meus artesanato, jogo baralho, escuto, gosto de som, curto música, ahh... sô bastante interativo coas pessoa, procuro tá sempre, assim, ehhh... como é que eu posso dizê... eu procuro tá sempre observando tudo que tá acontecendo, porque aqui no sistema acontece muito de que as coisa que aqui um faz, às veiz, respinga nos otros, então, eu procuro tá sempre observando pras vez, assim, procurá inclusive, tipo, antes que o resultado saia negativo, a gente se impõe e procure fazê aquelas coisa que seja um poco diferente, né, tanto cos internos tanto coa administração, assim. É rotinaa.[...] Eu leio jornal, a Folha Universal, eu leio a Bíblia, ehh... revista que entra, e assim eu folheio... tem lá um, um... tivé ali a informação, o conteúdo, eu leio... [...] assim, com a Bíblia tamém, que toda promessa tem um tempo de espera, ahhh... hoje, por exemplo, se eu não tenho mais uma pessoa que eu amava junto comigo na questão conjugal, por exemplo, que é uma das coisa que as pessoa mais sofre aqui dentro, que o sistema tira isso das pessoa, então, tem leitura, por exemplo, que traiz, assim, que me feiz entende, assim, que a gente tem uma vida ainda pela frente, a gente vai trombá outras pessoa, vai acabá conhecendo otras pessoas e se você é capaz de amá alguém, você tamém um dia vai ser capaz de sê amado, então, isso é natural, é por meio da convivência, e pra que isso aconteça, tamém, isso tudo depende muito do comportamento da pessoa, como ela conduz a vida, e os livro ensinum isso, por exemplo, exemplo de como fulano feiz, como o personage feiz, como ele aceitô a derrota, como ele se comportô na vitória, qual foi a reação dele ao sê abandonado, ou na conquista, sabe? Essas coisa, assim... [...] Por causa que a minha família, parte deles são evangélico, eles sempre me perguntam: "você lê a Bíblia?". Falo, "sim, eu leio", daí eu entendo a Bíblia como tipo uma obra literária que nunca foi escrita. [...] aquele livro ali (*Crime e castigo*), tem aquela questão do amor tamém, assim, a questão do sacrifício daquela moça, da Sônia, depois a pena dele, aquela questão do arrependimento, sabe, aquela sensação de culpa que perseguia, eu me vi muitas vezes assim...

LOC: E na verdade ali foi a redenção dele pelo Evangelho, né? Interessante!

INF: Isso, é, de Lázaro lá, tem a Sônia que falava de Lázaro...

LOC: Lázaro... Exato... Forte...

INF: Isso, e ele tamém questionava essa existência, pelo que eu entendi, o autor, Ródia questionava a existência de Deus, tanto, que eu questionei muito isso... O livro tamém... Não só a Bíblia, porque a Bíblia eu li várias e várias vezes toda ela, procurando entendê a origem de tanta coisa, a origem dos problemas, certo? Chegou um tempo que eu comecei questioná Deus, a existência de Deus. Como pode Deus Amor ser tão bom e a gente vivê uma existência de tanta miséria, tanta indiferença, tanta inversão de valores e tudo o mais, né? Então, assim, nesse tipo de leitura eu consegui entendê um pouquinho mais sobre isso, né... [...]

> **RECORTE DISCURSIVO 4 (RD4)**
> **MARCAS DO DIZER DO SUJEITO-LEITOR PRESO SOBRE A LEITURA DA BÍBLIA E SOBRE LEITURAS QUE NÃO CONTAM PARA A REMIÇÃO DE PENA**
>
> eu li isso no *Código de Processo Penal,* né [...] Tá aí, eu comecei a gostá dentro de, de uma unidade prisional, quando eu comecei a querê entendê a minha situação penal e a de meus companhero, comecei lê o *Código do Processo Penal* e fui, fui, li, li... [...] *(silêncio)* a leitura, tem leitura assim que te, te... dá, parece que te coloca num, num, é como se fosse antídoto de, sabe, pra você caminhá um poco e ir mais, ir um pouquinho mais além... Teve dias, assim, que eu tava, tava exausto, cansado, eu tinha que fazê alguma coisa pra saí daquela neurose, sabe? Aí eu meti a cara no livro ali, parece que o livro tinha uma ideia que me tranquilizava, por exemplo, romance, se fala de amor, éhh... fala do tempo, assim, com a Bíblia tamém, que toda promessa tem um tempo de espera, ahhh... [...] então, tem leitura, por exemplo, que traiz, assim, que me feiz entendê, assim, que a gente tem uma vida ainda pela frente. [...] com o tempo isso foi, eu fui aceitando aquilo assim como, isso agrega muito conhecimento, você melhora a sua forma de comunicação, a sua forma de expressão, além do conhecimento, né, é cultura, ãhh... viaja, sai daquele mundo, que aqui eu chamo mundinho, né, eu vivo outro mundo, tipo, eu visto o personage da leitura ali, então, sô eu que tô naquela história, eu vô pra vários lugares, eu conheço outros países, eu conheço outras pessoas, eu entro na leitura, assim, não vô dizê na aula, mais eu procuro, ãhh, entendo um poco mais do comportamento humano, tamém, através dos pergonage que tão ali no livro e isso que me, que faiz eu gostá de lê, não só pela remição, inclusive eu tenho leituras assim que, tipo, é permitido uma leitura ao mês, né, eu tenho muito mais que uma leitura ao mês, assim, aqui, ali na, registrado aqui no setor penal... [...] Eu já, vô falá pra você, eu já chorei lendo livro, né, já fiquei noite assim lendo o livro até trêis, quatro hora da manhã porque eu queria vê o final daquela história, de tão boa que ela era, e no outro dia assim eu me via eu, como assim, eu trazia aquela história pra minha realidade aqui, mah... já vivendo ela, imaginando, assim, sabe?

Fonte: elaborado pela autora (2021)

Há leituras e há outras leituras na ordem do discurso. Há diferentes ordens de discurso em suas diferentes propriedades e definições e a "que funciona na religião é a onipotência do silêncio divino" (Orlandi, [1997] 2007, p. 28). Com essa autora, se pensa que, na ordem do discurso religioso, Deus é o lugar da onipotência do silêncio e o sujeito precisa desse lugar, desse silêncio, para colocar a fala da espiritualidade. E ainda, segundo a autora, nem por isso a religião deixa de lhe ser fundamental: no discurso religioso, não é apenas o sempre-sujeito falando; o que importa é que "a religião institui um outro lugar e assim dá um estatuto (e, logo, um sentido) diferente a essa fala. Diferença à qual o homem não é indiferente. [...] no discurso religioso, em seu silêncio, *o homem faz falar a voz de Deus*" (Orlandi, [1997] 2007, p.

28). E, no discurso religioso, a voz de Deus se faz falar pelo texto bíblico, donde, "No cristianismo [...] o texto próprio é a *Bíblia*, que é a revelação da palavra de Deus" (Orlandi, [1983] 2011, p. 246), ao que completou, a partir de uma distinção que lhe foi dada informalmente por Marilena Chauí: *o discurso religioso seria aquele em que há uma relação espontânea com o sagrado.*

Por essa relação espontânea com o sagrado do discurso religioso, os presos, sem eu solicitar, enunciaram que leem a Bíblia. Então, pode-se pensar que, sim, existe no sistema prisional uma leitura de fruição, que eles leem porque querem e acaba produzindo efeito de sentido nas entrevistas; o discurso religioso ao qual eles se filiam, emerge no dizer de 75% dos sujeitos-leitores presos entrevistados. É muito mais efeito de sentido da leitura de fruição da Bíblia e do discurso religioso do que da *leitura-sujeição* da remição. Pelo excerto, os dizeres dos entrevistados identificados como INF 3, INF 4 e INF 5:

> (INF 3) Eu gosto bastante daaa da leitura mesmo, <u>lê a Bíblia leio bastante ali [...] Eu gosto de lê bastante porque porquanto que eu leio a Palavra de Deus, que é a Bíblia,</u> e os livrinho ali ele amplia o conhecimento, né [...] <u>Eu gosto de aprendê, conhecê cada veiz mais a Palavra de Deus, né...</u>
>
> (INF 4) Ahh... <u>tipo daí já é livro bíblico né... A Bíblia Sagrada</u>...
>
> (INF 5) [...] gosto muito de leitura, eu me ocupo aqui com meu tempo alí atrás, ali, lendo livro, <u>lendo a Bíblia [...] eu leio a Bíblia,</u> ehh, revista que entra, e assim eu folheio... tem lá um, um... tivé ali a informação, o conteúdo, eu leio... [...] assim, <u>com a Bíblia tamém, que toda promessa tem um tempo de espera</u> [...] Por causa que a minha família parte deles são evangélico, eles sempre me perguntam, <u>"você lê a Bíblia?"</u>, falo, <u>"sim, eu leio",</u> daí eu entendo a Bíblia como tipo uma obra literária que nunca foi escrita [...] Não só a Bíblia, porque <u>a Bíblia eu li várias e várias vezes toda ela,</u> procurando entendê a origem de tanta coisa, a origem dos problemas, certo? <u>Chegou um tempo que eu comecei questioná Deus, a existência de Deus, como pode Deus Amor ser tão bom e a gente vivê uma existência de tanta miséria, tanta indiferença, tanta inversão de valores e tudo o mais, né,</u> então, assim, nesse tipo de leitura eu consegui entendê um pouquinho mais sobre isso, né...

As cenas enunciativas mostram dois movimentos de leitura dos sujeitos-leitores presos: em um, enunciam sobre a leitura como dispositivo de remição da pena – *a leitura-sujeição*; em outro, eles leem a Bíblia e emerge em seu dizer o discurso religioso. Quer dizer, aquilo que produz um efeito sobre eles é muito mais essa leitura que eles não precisam fazer do que aquela que eles têm de fazer. Poderia ainda se pensar: *ora, os presos não têm acesso a outro livro lá que não seja a Bíblia, não há biblioteca e eles não podem escolher uma obra para ler,* todavia, mesmo assim, poderiam escolher *não ler* a Bíblia e os sujeitos-leitores presos a leem. Poderiam escolher fazer um canudo ou um aviãozinho de papel com as folhas da Bíblia, mas esses sujeitos-leitores presos preferem ler o texto bíblico. É uma escolha. Pode até ser a única opção deles, mas, ao se pensar que eles poderiam não a ler e leem-na, instaura-se nesse gesto um modo de ler de fruição, por mais contraditório que possa parecer.

Ainda nesta questão de leitura de obras que não contam para a remição da pena pela leitura, há o fragmento do dizer do INF 5 sobre a leitura do *Código de Processo Penal,* que tampouco conta, e sobre a Lei permitir somente a leitura de uma obra ao mês para remir dias da pena, mesmo sem poder diminuir os dias da pena, no dizer desse sujeito-leitor preso, INF 5, "<u>eu tenho leituras assim que, tipo, é permitido uma leitura ao mês, né, eu tenho muito mais que uma leitura ao mês</u>".

> (INF 5) [...] eu li isso no *Código de Processo Penal,* né [...] Tá aí, eu comecei a gostá dentro de, de uma unidade prisional, quando eu comecei a querê entendê a minha situação penal e a de meus companhero, comecei lê o *Código do Processo Penal* e fui, fui, li, li... [...] (*silêncio*) a leitura, tem leitura assim que te, te... dá, parece que te coloca num, num, é como se fosse antídoto de, sabe, pra você caminhá um poco e ir mais, ir um pouquinho mais além... Teve dias, assim, que eu tava, tava exausto, cansado, eu tinha que fazê alguma coisa pra saí daquela neurose, sabe? Aí eu meti a cara no livro ali, parece que o livro tinha uma ideia que me tranquilizava, por exemplo, romance, se fala de amor, éhh... fala do tempo, assim, com a *Bíblia* tamém, que toda promessa tem um tempo de espera, [...] ahhh... <u>inclusive eu tenho leituras assim que, tipo, é permitido uma leitura ao mês, né, eu tenho muito mais que uma leitura ao mês</u>, assim, <u>aqui, ali na... registrado aqui no setor penal...</u>

Na enunciação do INF 5 de que lê muito mais do que um livro por mês, mesmo que não conte para a remição, parece ser plausível pensar que aqui esse sujeito-leitor preso está lendo por fruição, não é a *leitura-sujeição.* Salta aos olhos que o INF 5 parece ter a necessidade de que essa leitura também seja legitimada pelo sistema prisional "*assim, aqui, ali na... registrado aqui no setor penal...*" Parece que a fala dele não tenha valor, ele precisa do respaldo do Setor Penal do Presídio. Mais uma vez, o deslize do inconsciente, a interpelação do outro.

Em outra direção, o INF 2 e o INF 4, por sua vez, afirmaram terem lido vários livros espíritas que também não contam para a remição da pena. No fragmento, o dizer deles:

> (INF 2) Eu gosto bastante de livro, <u>eu leio bastante espírita</u>, mas tamém gosto de otras história, romance, gosto bastante de história... [...] Olha, porque <u>eu aprendi muitas coisa, né, assim, como que eu posso dizê, assim, do sentido da vida, pelo lado do ser humano.</u> [...] Li muitos... eu li quinze esse mês, esse ano... <u>Eu li bastante da Zíbia Gasparetto</u>, ãhhh... nomes mesmo, dexá...
>
> (INF 4) Dexo vê mais... Tem também... <u>Eu li uns dois o trêis livro espírita, intendeu?</u> Só não consigo lembrá o título, intendeu?

O discurso religioso dos INF 2 e INF 4 perpassa não somente pela leitura bíblica, mas esses sujeitos-leitores presos enunciam o discurso espírita que estabelece confrontos e adesões com outros saberes advindos do campo da filosofia, da ciência e do cristianismo, buscando ganhar legitimidade. Ao enunciar *"Eu li bastante da Zíbia Gasparetto"*, o INF 2 está se referindo ao romance espírita dito psicografado pela médium com esse nome. O INF 4, em seu dizer, também enuncia o interesse pela literatura espírita *"Eu li uns dois o trêis livro espírita, intendeu?"* O espiritismo, discurso que emergiu dos dizeres dos sujeitos-leitores presos no cárcere, pode ser entendido como que inserido em uma rede de forças que buscam condicionar o diálogo entre religião e os valores. A cultura espírita é atravessada por valores históricos e pode desencadear um processo de subjetivação. Além do discurso espírita, as práticas caritativas são o ingrediente adicional para a consolidação da legitimidade social.

Destaco, ainda, para além do movimento de análise sobre as obras que circulam no espaço prisional e não contam para a remição da pena pela leitura, que emergiu a intertextualidade de sequências discursivas analisadas. A intertextualidade define-se pela remissão de um texto a outros textos para que ele signifique; é uma característica que apresenta um texto dialogando com outro, aparece como um comentário ao texto de origem; um discurso sobre outro discurso. O INF 5, ao falar de *Crime e castigo*, de Dostoiévski, cita a passagem da Bíblia, que não conta para a remição da pena pela leitura, sobre Lázaro, conforme o fragmento:

> (INF 5) [...] aquele livro ali, tem aquela questão do amor tamém, assim, a questão do sacrifício da daquela moça, da Sônia, depois a pena dele, aquela questão do arrependimento, sabe, aquela sensação de culpa que perseguia, eu me vi muitas vezes assim...
>
> LOC: E na verdade ali foi a redenção dele pelo Evangelho, né? Interessante!
>
> INF: Isso, é, de Lázaro lá, tem a Sônia que falava de Lázaro...
>
> LOC: Lázaro... Exato... Forte...
>
> INF: Isso e ele tamém questionava essa existência, pelo que eu entendi, o autor, Ródia questionava a existência de Deus tanto que eu questionei muito isso... O livro tamém... Não só a Bíblia, porque a Bíblia eu li várias e várias vezes toda ela, procurando entendê a origem de tanta coisa, a origem dos problemas, certo?

Na narrativa de Dostoiévski em *Crime e castigo*, Raskólnikov encontra uma pessoa que o faz sentir o amor pela primeira vez na vida, a personagem Sônia, uma prostituta que começa a mudar a maneira como Raskólnikov enxerga o mundo quando o faz ler a passagem bíblica sobre a ressureição de Lázaro, portanto intertextual – um texto dialogando com outro texto[227]. Na narrativa, após essa fala de Sônia, Raskólnikov vai à polícia, se entrega e é preso e condenado a trabalhos forçados. Pode-se pensar que essa passagem do texto represente a crença da personagem Sônia de que há sempre a possibilidade de redenção.

Acerca do título que abre esta subseção – nem todas as leituras contam para a remição da pena –, no dizer da Lei, não basta o preso dizer que leu, que a leitura é boa, que há outras leituras; nesse dizer institucionalizado tem de ter um mediador que diga: *"ele leu"*. Esse é o dizer do INF 4:

> (INF 4) Eu já li um monte de livro que não apresentei, intendeu? Tipo, li bastante livro que num, num... não que eu não consegui aproveitá pra apresentá, mah tipo, num apresentei, intendeu?

---

[227] A forte religiosidade de Sônia (Sonietchka) confere a ela traços que lembram a irmã de Lázaro, personagem bíblico citado pelo INF 5, chamada Maria de Betânia, que, conforme narrativa bíblica, são amigos de Jesus, com a outra irmã, Marta.

LEITURA E CÁRCERE

Nem todos os livros que o sujeito-leitor preso leu conseguiu *"aproveitá pra apresentá"*. Além de ser preciso confessar essa leitura, ter de *provar* que leu, ter de prestar contas, ele precisa ser julgado a partir de regras estabelecidas, a partir de leituras que são aceitas nessas regras, nessa seleção do que pode e do que não pode. Se no imaginário escolar, a leitura do aluno é constantemente julgada/avaliada pelo professor, tal julgamento regula também imaginariamente o procedimento de leitura de sujeitos-leitores presos.

Ainda pensando na identificação do sujeito-leitor preso com o discurso lido do livro, parece haver como que uma transposição, talvez uma espécie de transcendência imaginária ao se reconhecer no personagem da narrativa. Foucault ([1967] 2013, p. 8) aborda a utopia como o lugar fora de todos os lugares, fala de um desejo no coração dos homens que consiste na utopia de um corpo incorporal.

> O país das fadas, o país dos duendes, dos gênios, dos mágicos, este é o país onde os corpos se transportam tão rápido quanto a luz, o país onde as feridas se curam com um bálsamo maravilhoso na duração de um relâmpago, o país onde se pode cair de uma montanha e reerguer-se vivo, o país onde se é visível quando se quiser, invisível quando se desejar. Se existir um país feérico, é justamente para que eu seja príncipe encantado (Foucault, [1967] 2013, p. 8).

Nesse sentido, de acordo com o autor, o corpo humano é o ator principal de todas as utopias, uma velha utopia que os homens contaram para si mesmos, o sonho dos corpos imensos, desmesurados, o que ele chama de velha utopia dos gigantes, que se encontram no coração de tantas lendas, na Europa, na Ásia, na África, na Oceania – e eu acrescento, na América –, essa lenda que há tão longo tempo nutre a imaginação ocidental, e o autor cita "de Prometeu a Gulliver" (Foucault, [1967] 2013, p. 12).

É bem provável que essas leituras produzidas pelos sujeitos presos nas quais identificaram-se com os personagens da narrativa tenham nutrido a imaginação deles porque "as feridas se curam com um bálsamo maravilhoso na duração de um relâmpago, [...] onde se é visível quando se quiser, invisível quando se desejar" (Foucault, [1967] 2013, p. 8). Permitiram-se uma utopia. Todavia, ao que parece, no cárcere, os sujeitos são sempre invisíveis, vivem *nas* e *das* so(m)bras do sistema; pelo fragmento, o sujeito-leitor preso INF 5 enuncia a invisibilidade, a indiferença e o preconceito que a eles são dirigidos na prisão:

> (INF 5) Que <u>aqui a gente tá no anonimato</u>, sabe? Por exemplo, do servidor público, olha, só escuta, é como assim, não são todos, né, é aquela coisa, tipo, <u>"você é só um rabisco no papel"</u>, pro Estado você é apenas um número, né [...] como pode Deus Amor ser tão bom e <u>a gente vivê uma existência de tanta miséria, tanta indiferença, tanta inversão de valores e tudo o mais, né...</u>

Feita essa reflexão, no dizer dos marcos legais da remição da pena pela leitura, os livros que o preso teria lido antes de adentrar no cárcere, mesmo que conseguisse relatá-los, não poderiam ser considerados para remir dias da pena. Tampouco vale para a remição a leitura produzida já dentro do cárcere de livros espíritas, jurídicos (por exemplo, o citado pelo preso, *Código de Processo Penal*) e a leitura da Bíblia. Para remição da pena, só é válida a leitura previamente selecionada e *autorizada* dentro da prisão. Com Nunes ([1998] 2003), considero que há um lugar vazio para o leitor e se apaga a sua história de leituras. Definem-se "padrões de uma boa leitura, sem se perguntar quem é o leitor pressuposto nessa atividade. [...] se ignora que o leitor real tem uma história e um posicionamento frente a outras leituras" (Nunes, [1998] 2003, p. 33).

Após todo o exposto nessa análise precedente, com Melo (2021), a partir de Foucault ([1977-1978] 2008), penso outra possibilidade sobre a inserção da leitura no âmbito da remição: a governamentalidade, tema da obra *Segurança, território e população*. Este é um tema que tem aparecido muito na análise da justiça penal contemporaneamente, inclusive em relação à Justiça Restaurativa. Uma das expressões da governamentalidade é a concepção contábil de Justiça que, conforme Melo (2021), se vê na recente alteração dos percentuais de cumprimento de pena necessários para a progressão, com base nos tipos de conduta, que expressariam fatores de risco.

Mas há outras técnicas de governo e parece plausível pensar que a utilização da leitura como dispositivo de remição de pena, nesse contexto de substituição do trabalho que a Lei de Execução Penal (Brasil, 1984) antes preconizava, possa ser melhor explorada tanto sob a perspectiva da sujeição como da resistência, dos modos de subjetivação[228]. Uma hipótese é que o dispositivo de remição de pena pela leitura desempenhe uma técnica de governo: i) dá uma atividade e ocupação, num sistema sem sentido, que

---

[228] Agradeço ao Dr. Eduardo Rezende Melo (2021), Juiz de Direito do Tribunal de Justiça de São Paulo (TJSP), pelas significativas e fecundas contribuições na discussão sobre meu texto, notadamente acerca da Teoria Penal e do Direito. Esse olhar de fora da Linguística contribuiu para eu vislumbrar os aspectos aqui (a)bordados.

se presta ao abatimento de pena; ii) legitima o discurso penitenciário da ressocialização e, nesse sentido, parece dissociar tanto da leitura da Bíblia, que ensejaria uma perspectiva mais de obediência e de sujeição, ainda que à luz de uma perspectiva da salvação, como das obras técnicas, dado o interesse pelo Direito, como estratégia de defesa e de resistência ao sistema; iii) estabelece uma relação de si para consigo mesmo por parte dos presos, por conseguinte um processo de individualização, num contexto sufocante, todavia, pela enunciação dos sujeitos-leitores presos, parece ser uma forma de criar estratégias intermediárias entre obediência a Deus ou aos grupos criminosos que operam no sistema[229]; iv) esse processo de individualização, sujeito a um acompanhamento hierárquico pela Universidade, é quase como um convite à produção de verdades interiores e poderia ser entendido também como um modo de pastoreio, no sentido foucaultiano.

São hipóteses, mas a questão foucaultiana remanesce. Se a leitura não é, propriamente, uma modalidade disciplinar, a qual racionalidade, a qual cálculo e a que tipo de pensamento ela responde para poder governar os homens no sistema carcerário? O deleite provocado pelo êxtase da obediência? Proponho pensar nas práticas de resistência relacionadas à leitura a partir de um marco analítico que Foucault ([1977-1978] 2008) apresenta em *Segurança, Território e População*: as contracondutas. Para Foucault, a grande questão é:

> [...] "como não ser governado?". Eu não quero dizer com isso que, na governamentalização, seria opor numa sorte de face a face a afirmação contrária, "nós não queremos ser governados, e não queremos ser governados absolutamente". Eu quero dizer que, nessa grande inquietude em torno da maneira de governar e na pesquisa sobre as maneiras de governar, localiza-se uma questão perpétua que seria: *"como não ser governado assim, por isso, em nome desses princípios, em vista de tais objetivos e por meio de tais procedimentos, não dessa forma, não para isso, não por eles"* (Foucault, [1978] 1990, p. 3, grifo em itálico meu).

a visão foucaultiana, o que está em jogo não é se deixar ser governado. Embora não se queira ser governado, sempre se é governado. O que está em jogo, e aqui, a "questão perpétua" com as próprias palavras de Foucault que merecem ser repetidas, é *"não ser governado assim, por estas pessoas, em nome*

---

[229] A leitura de obras do Direito pode ser considerada uma leitura de resistência porque os sujeitos presos escrevem para o Juiz para impetrar *habeas corpus*, por exemplo.

destes princípios, por meio destes procedimentos, não assim, não por isso, não por eles" (Foucault, [1978] 1990, p. 3). Isso posto, se penso como governo até que ponto a fruição não é justamente a admissão daquilo que queriam que eu assumisse? É esse pensar que corrobora a noção de *contraleitura*. Há um modo de subjetivação aí esperado.

Linhas gerais: síntese da Parte II

No Capítulo 5, apresento a fundamentação teórica da Análise do Discurso que lastreou a análise discursiva, um panorama sobre as noções conceituais de dispositivo, de leitura, sujeito, sujeito-leitor, posição-sujeito e o tripé, linguagem, ideologia e inconsciente. O Capítulo 6 é o capítulo analítico que (a)borda[230] e investiga os deslizes de sentidos, as equivalências, as adequações de sentidos, a tensão entre o dito e o não dito, as marcas de heterogeneidade (sejam elas explícitas e/ou implícitas, como a negação, os pré-construídos), buscando acessar a memória discursiva (interdiscurso) e tornar menos opaco o discurso sobre a leitura como dispositivo de remição da pena no cárcere. Leitura(s) para atravessar muros.

Considerei elementos dos espaços educacional, jurídico, econômico e político na formação do discurso do sujeito-leitor preso e tentei deslocar a questão da leitura do enfoque estritamente do sistema prisional, rumo a processos mais amplos aí relacionados. Busquei no contexto educacional a fatia dos dados estatísticos que discursivizam sobre a escolaridade ou a falta dela nos sujeitos que vivem em espaço de privação de liberdade, custodiados pelo Estado, o que faz emergir um complexo ideológico na medida em que a leitura como dispositivo de remição de pena em ambiente de privação da liberdade está, de alguma forma, envolvida com a própria instituição escolar, ou com a falta dela. No espaço jurídico, observa-se que os modos de leitura e *julgamento* dessa leitura tem a ver com o funcionamento do Direito, com a relação dos sujeitos-leitores presos e a instituição prisional com as leis, com a norma, com a regra, com os mecanismos de normalização que regulamentam o modo de ler no cárcere, *leitura-sujeição*. Em relação ao econômico, depara-se com a necessidade de administração e gerenciamento

---

[230] Conforme Stübe (2008), as palavras criam bordas, ao que acrescento, margens, derivas. Também depreendo sentidos análogos entre o analista de discurso e o trabalho do tecelão, que borda, pelo avesso, por sobre os nós. Em outro texto, trabalho "o termo texto que, em latim *textus-us* significa tecido, arte do tecelão de urdir os fios" (Lorenset, 2017, p. 220). Como analista de discurso, estando num entremeio, busquei investigar os fios do discurso da leitura como dispositivo de remição de pena e, nesse movimento de bordar, num vai e vem de fios, há furos, cortes, (des)dobras, amarrações, rupturas que são constitutivos do processo de construção da evidência.

LEITURA E CÁRCERE

da leitura no cárcere, de aquisição de obras a serem incorporadas ao acervo das unidades prisionais, de instituição de espaços para biblioteca no presídio, de contratação do profissional bibliotecário, entre outros aspectos. No espaço político, depara-se com a falta de políticas públicas educacionais que acolham e amparem as crianças brasileiras no contexto educacional, se houvesse, parece plausível pensar que o Brasil não teria a terceira maior população carcerária do mundo. É o que se tem no Brasil, por conseguinte, no político, depara-se com a falta de políticas públicas para a leitura, que constam apenas na letra fria da Lei. O Estado mantém sob sua tutela o sujeito-leitor preso, mas parece não ter efetivado a igualdade de condições de leitura dentro das unidades prisionais.

Retomo aqui o objetivo desta pesquisa: analisar como se constitui o sujeito-leitor em espaço de privação da liberdade e a questão que aqui se (im)põe é que posição-sujeito é essa que está sendo construída *nesses, por esses, com esses* sujeitos-leitores nessas condições de leitura no cárcere. Assim, a partir do que se tem analisado sobre o discurso da leitura como dispositivo de remição de pena aqui neste estudo, inspiro-me em Nunes ([1998] 2003)[231] para considerar que a posição-sujeito-leitor no/do cárcere se constrói principalmente sob estes perfis: i) o sujeito-leitor preso é visto como uma posição vazia; não se considera a história do sujeito-leitor, não se consideram as leituras que efetuou antes de adentrar no cárcere; ele é constituído e moldado pela instituição prisional; ii) mesmo sem um acervo significativo de obras disponíveis para ler, o sujeito-leitor preso parece ser visto como edificador de sua própria história de leituras, a qual ele escolheria *livremente*; parece haver uma visão acumulativa de leitura, um quantitativo de obras lidas *versus* um quantitativo de dias da pena remidos; iii) o sujeito-leitor preso se manisfesta como um estrategista que busca se amoldar às orientações em jogo para lidar com elas, para se (con)formar com elas, para se adequar a elas e a um imaginário social de leitura, um movimento que se dá no confronto do imaginário constitutivo de leitura; nesse jogo, ainda, mesmo diante das não condições para a leitura, o sujeito-leitor preso vive uma experiência de leitura de fruição que o afeta pela possibilidade de identificação com o livro lido.

Há sim, por mais paradoxal que pareça, também essa posição-sujeito leitor determinada pela leitura de fruição em área de cárcere. Isso emerge

---

[231] Muito embora o texto de Nunes ([1998] 2003) aborde aspectos da forma histórica do leitor brasileiro na atualidade e não em específico do sujeito-leitor em área de cárcere, por ser sob a perspectiva discursiva, foi um texto que contribuiu com a análise desta pesquisa.

da materialidade dos recortes analisados do *corpus* da pesquisa. Não é à toa que esses presos falam da identificação com as obras lidas, mesmo diante das precárias condições de um sistema prisional. Há questões muito fortes nesse processo de identificação desses sujeitos presos com as leituras efetuadas. Em área de cárcere, fruir a leitura pode ser brandir a (im)posição da leitura pelo dispositivo de remição de pena e (re)encontrar o prazer de ler. E a proposta de *contraleitura* é exatamente porque se reconhece o potencial da fruição mesmo num espaço – ou melhor, com Foucault ([1967] 2013), contraespaço – que escapa ao imaginável, sob condições de vida quase inacreditáveis. É *contraleitura* porque, pela fruição, a esfera subjetiva nessa relação leitura literária e prisão pode unificar e/ou entrecruzar dramas pessoais e traumas sociais aos literários.

Nesse sentido, a leitura de fruição pode ser catártica, um ato terapêutico que pode libertar o leitor de traumas, pode preencher vazios existenciais e pode transformar os silêncios, plenos de sentido, em voz indagadora. Para Freud ([1888] 2015), "As palavras são instrumento essencial do tratamento psíquico. Um leigo achará certamente que é difícil compreender como as perturbações patológicas do corpo e da alma podem ser eliminadas por meio de simples palavras (faladas, _lidas_ ou ouvidas) (Freud, [1888] 2015, p. 147, grifo meu). Segundo o entendimento freudiano, a apreciação da leitura, quando há um processo de identificação do leitor com o texto, pode possibilitar o aparecimento de uma possível fruição de afetos até então contidos. Logo, *contraleitura* não é uma antileitura. A leitura por fruição em área de cárcere pode construir uma *contraleitura* à *leitura-sujeição* do dispositivo de remição de pena pela leitura.

Nesse pensar, o sujeito se faz em "movimento de entrega e de resistência. A resistência, aliás, é ela própria movimento do sujeito para uma posição que não o submete inteiramente à coerção" (Orlandi, [1998] 2003, p. 17). O processo de resistência é estabelecer um lugar de discurso onde se possa ressignificar o que ficou interditado no discurso. Lembrando que em Análise do Discurso não se analisa o sentido da enunciação, do dizer do entrevistado, mas como essa enunciação produz sentidos. E o sujeito, para fazer sentido, entra em discurso(s) que constitui(em) os processos discursivos. As marcas linguísticas não dizem muito sobre um discurso, é preciso considerar o modo como aparecem em um discurso. Foi o que tentei fazer analiticamente aqui: apresentar o modo de produção da leitura no presídio, pelo sujeito-leitor preso atrás das grades dessa prisão;

LEITURA E CÁRCERE

compreender como funciona a relação do sujeito-leitor encarcerado com a leitura; e, pelo funcionamento discursivo, foi possível perceber que o próprio sujeito-leitor preso muda conforme as situações de linguagem. O sujeito-leitor preso resiste. Nem que seja pelo interdito do silêncio. Foge pelos interstícios. Produz contradições. Produz um sujeito-leitor preso que tenta falar a partir do perfil de um imaginário social de leitura: *"eu gosto de ler"*. Todavia, ao fazê-lo desliza para uma forma de dizer que mostra que há outra leitura, ou melhor, outro sujeito-leitor preso: *"também, aqui não se tem o que fazer"* / *"a remição da pena diminui quatro dias, sempre diminui"* / *"quero me ver livre daqui"*, entre outros dizeres dessa leitura como dispositivo de remição da pena desse sujeito-leitor preso.

Ao se posicionar, o sujeito-leitor preso se insere no interdiscurso, portanto ele não cria a sua posição do nada, ele é capturado, ele resiste, mesmo que seja pelo não dito, pelos silêncios plenos de sentido, ele se desloca, ou tenta, em um espaço paradoxal sob os efeitos das instâncias jurídica, econômica e política. Constrói uma posição-sujeito-leitor em que não pode enunciar *"ler é chato"*, *"não gostei"*; regido pela discursividade de um imaginário de leitura, ele só pode dizer que *"ler é bom"*, *"gostei"*. De acordo com Pfeiffer ([1998] 2003), nesse funcionamento, o que a Análise do Discurso quer dizer quando fala que sujeito-uno é ilusão é que o que há "é uma dissensão do sujeito em várias posições diferentes, imerso, então, em uma teia de formações discursivas que se relacionam de modos diferentes (tensão, fundamentação, confronto, paralelismos, etc.)" (Pfeiffer, [1998] 2003, p. 99). Assim, o sujeito-leitor preso é distendido em várias posições que se recobrem na aparência da singularidade.

Compreende-se, assim, que o sujeito-leitor preso está imerso, pela linguagem, numa confluência de formações discursivas. O funcionamento da posição-sujeito se dá nas relações de identificação estabelecidas entre o sujeito-leitor "real" (Orlandi, [1998] 2003) e as posições de sujeito a partir das quais ele se constitui enquanto sujeito-leitor preso. A tomada de posição é um ato do sujeito e deve ser compreendida como efeito da "determinação do interdiscurso como discurso-transverso, isto é, o efeito da 'exterioridade' do real ideológico-discursivo, na medida em que ela 'se volta sobre si mesma' para se atravessar" (Pêcheux, [1975] 2009, p. 160). Essa linha de travessia pode simbolizar a tomada de posição do sujeito-leitor preso em função da identificação com os personagens das obras lidas, uma representação que parece proceder da identificação simbólica[232], tendo a compreensão de que "o bom leitor é aquele que sabe que há outras leituras" (Nunes, [1998] 2003, p. 45).

Antes de finalizar a Parte II, de forma complementar e como um desdobramento da reflexão aqui proposta, retomo a discussão foucaultiana sobre a disciplina e a normalização, em *Vigiar e punir* ([1975] 2014a), obra que utilizei para introduzir o contexto de precariedade do sistema prisional brasileiro. Quanto à disciplina e o dispositivo de remição de pena pela leitura, fico pensando se é a mesma modalidade de disciplina descrita por Foucault ou se algo distinto. Nesse enredamento, por todo o exposto neste estudo, parece-me que não se trate de uma estratégia disciplinar, mas de governo, o que muda a perspectiva em que se deve olhar a relação do sujeito preso com o sistema, seus modos de resistência e o papel que a leitura pode ter neste contexto.

Retomo as características foucaultianas consideradas para qualificar a disciplina e problematizo, a partir dos relatos dos presos, se a leitura neste contexto seria ou não disciplinar. Reflito que Foucault ([1975] 2014a) não centra sua análise nos mecanismos punitivos, pelos seus efeitos repressivos – portanto na perspectiva do castigo –, mas recoloca-os na série completa dos efeitos positivos que eles podem induzir, notadamente em certa economia política do corpo, para torná-lo útil, produtivo e submisso. E proponho pensar como se caracteriza a disciplina para compreender se a leitura seria ou não disciplinar e, neste contexto, normalizadora.

Para Foucault ([1975] 2014a), na análise da disciplina, o que está em jogo é a relação do corpo com o tempo, os gestos e as atividades de todos os dias, a sujeição a hábitos, regras, a ordens, ao exercício constante de uma autoridade sobre o indivíduo e em torno dele e que deve deixar funcionar automaticamente nele, numa ocupação meticulosa do corpo e do tempo do preso. É dócil um corpo que pode ser submetido, que pode ser utilizado, que pode ser transformado e aperfeiçoado, porque o torna útil, uma utilidade pensada em dois registros, seja aumentando as forças do corpo (em termos econômicos de utilidade), seja diminuindo essas mesmas forças (em termos políticos de obediência).

---

[232] De acordo com Pêcheux ([1975] 2009), a identificação simbólica domina as identificações imaginárias por meio das quais "toda representação verbal, portanto toda "palavra", "expressão", ou "enunciado", se reveste de um sentido próprio, "absolutamente evidente", que lhe pertence" (Pêcheux, [1975] 2009, p. 163).

Para alcançar esses resultados, na lógica do olho do poder do panóptico, havia esse jogo entre a solidão e a multiplicidade, porque era preciso, de um lado, a caracterização do indivíduo como indivíduo e, de outro, a colocação desse indivíduo em ordem numa multiplicidade dada, é preciso que cada um se defina pelo lugar que ocupa na série e pela distância que o separa dos outros. Portanto, a posição na fila, o lugar que alguém ocupa numa classificação.

Como consequência, há uma análise do controle da atividade, a questão do tempo, da organização das gêneses, que divide a duração em segmentos para alcançar um termo; da composição das forças. A esse complexo, a ideia do panóptico traz a ideia de uma vigilância hierárquica dessa atividade, uma sanção que seria normalizadora relativamente aos modos de relação com o tempo, com a postura, para reduzir os desvios. Compreendo que a sanção pode ser normalizadora porque responde a essa lógica de Bentham ([1830] 2012) do castigo e da recompensa.

Então, considero importante aqui tecer essa contraposição ou comparação entre as disciplinas e a normalização. O que isso quer dizer? Há outra modalidade disciplinar? As prisões ainda têm, para além da leitura, essa característica disciplinar? O modelo neoliberal demanda ainda esse tipo de disciplina? Foucault ([1975] 2014a) já dizia que a prisão, nessa lógica disciplinar, não funciona nem é para funcionar na sua lógica estrita, ela só tem sentido numa perspectiva mais ampla em que se correlaciona com outras disciplinas e modalidades de gestão das ilegalidades. Então, fica a questão em torno a leitura neste contexto prisional sob a égide da remição de pena: castigo, obrigação, disciplina, normalização?

Pela análise efetuada dos relatos dos sujeitos-leitores presos, eles não apenas podiam ou não participar, como podiam ler na hora que quisessem, no ritmo que quisessem, muito embora inseridos em condições inimagináveis. A atividade é individual, não é coletiva, não visa à produção. Pelo dispositivo de remição de pena pela leitura, embora haja um limite de obras por ano, embora haja uma produção, ela não segue uma modalidade sequencial. Uma leitura não tem correlação com outra. Não há um programa formativo. Por isso se pensa outra possibilidade de análise da prática da leitura no contexto prisional, sob a égide da "governamentalidade". (Foucault, [1977-1978] 2008). Para Foucault, cunhar o conceito de governamentalidade e discorrer sobre o que o constitui, ou seja, as artes de governar com seus conjuntos de técnicas, táticas, saberes, dentre outros, possibilita compreender como os sujeitos são engendrados numa dimensão de governo que toma o sujeito da espécie humana e o transforma de sujeito em cidadão governável. Nesse pensar, indago: se a leitura não é, propriamente, uma modalidade disciplinar, a que racionalidade, cálculo e tipo de pensamento ela responde para poder governar os homens no sistema carcerário? Qual o objeto em que ela incide nesse governo dos homens presos?

Por outra via, pensando as questões levantadas e as possibilidades de problematização da leitura nesse contexto, inclusive pela análise pautada em Antonio Candido ([1988] 2017), Derrida ([1992] 2014) e Benjamin ([1936] 2000, [1936] 2012), essa leitura efetuada pelos presos poderia ou não responder a um direito universal à literatura mesmo estando em um *contraespaço* sem direitos, mas com o direito de ler. Eis a questão. Melhor escrever no plural, porque são muitas. São questões que provocam diálogos para além da Linguística, em simbiose com outras áreas do conhecimento, com a vida... E muitas delas ficam em aberto, não se consegue responder...

A seguir, no movimento (in)finito dos sentidos e na condição de (in)terminabilidade, coloco um ponto final considerando que os *(des)dobramentos finais* são mais um ponto de abertura para outras leituras.

7

(DES)DOBRAMENTOS FINAIS

> *Não, meu coração não é maior que o mundo.*
> *É muito menor.*
> *Nele não cabem nem as minhas dores.*
> *Por isso gosto tanto de me contar.*
> *Por isso me dispo,*
> *por isso me grito,*
> *por isso frequento os jornais, me exponho*
> *cruamente nas livrarias:*
> *preciso de todos.*
> (Andrade, [1940] 2012, p. 45)

Iniciei o livro parafraseando Carlos Drummond de Andrade ([1928] 2013), com a reflexão sobre possíveis perdas nos (des)caminhos do cárcere e o finalizo com o mesmo autor, com um excerto do seu poema *Mundo grande*, por pensar que aqui, neste estudo, não cabem as dores e as lágrimas de um sistema prisional e de uma pesquisaDORa dele. "Frequentei a prisão e exponho cruamente" os relatos dos entrevistados, que, para muito além de números, são vidas humanas e, ao que parece, o Estado que os custodia, os quer nas so(m)bras da invisibilidade. Ao ler o poema epigrafado de Drummond de Andrade, parece que estou ouvindo o "despido" "grito" dos presos: "*preciso de todos*"!

Ou seria "*preciso que me escutem*"? Quando finalizei uma das entrevistas e agradeci a participação do sujeito preso, foi muito tocante ouvi-lo enunciar:

(INF 2) "*Obrigado eu, de tê me escutado*".

Esse dizer produziu sentidos em mim do quanto esses sujeitos presos ficam calados no intramuros da prisão, do quanto silenciam, do quanto se resignam, do quanto são interditados, do quanto são invisibilizados... Nessa linha, entendo que a própria escuta, propiciada pela pesquisa, já se constitui como intervenção, na medida em que favorece um contato com os participantes. Por tudo que estudei e pesquisei, pela realidade com que me deparei nos quatro anos de (per)curso de pesquisa, posso dizer que o preso que se encontra custodiado pelo sistema prisional brasileiro está no sistema *"I"*: *Interditado, Inaudível, Incomunicável, Invisível, Infame, Inverossímil, Imperceptível, Insalubre, Insuportável, Isolante, Intimidador, Indigesto, Inóspito, Incomplacente, Inibidor, Infernal, Injusto, Infeliz, Inapagável...* Por mais que a textualidade da Lei esteja alinhada a parâmetros e recomendações internacionais, no cotidiano do cárcere, o que se vê é que a Lei grafa o ideal da Justiça, e a prisão (a)grava o real na injustiça, com *direito* ao pacote de adjetivos (pejorativos) em *"I"*.

"O livro pode valer pelo muito que nele não deveu caber" (Rosa, 1967, p. 12). Com a âncora de Guimarães Rosa (1967), sim, este livro tem lacunas: sentidos, dados, autores, livros que passaram despercebidos ou não foram bem interpretados. Lacunas que decidi enfrentar por acreditar que quem trabalha com o contemporâneo, isto é, com os fenômenos-em-curso e com a vida-em-processo, ou aceita a incompletude ou desiste. Aceitei-a.

Ao transitar por entre hiatos e hiâncias, compreendo que "o real não está na saída nem na chegada: ele se dispõe para gente é no meio da travessia" (Rosa, [1956] 2019, p. 60). E, nesse trilhar, no gesto de analisar a fala de cada sujeito-leitor preso, ficou um gesto meu – lacunar – com as suspensões que cada entrevistado deixou como não todo em seu tear de enunciações. "A soma de todos os (bem) ditos e (bem) feitos, na dobradura dos (bem) sucedidos espaços lacunares" (Baldini; Sousa, 2014, p. 8), está posta por mim nesta obra, entre-anéis (aludindo a Borromeo), como um entre-dizer, um inter-dizer, um não dizer, com a legibilidade e a escrit(ur)a que me foram possíveis.

Nesse rastrear, esboço um efeito de avaliação da pesquisa e de abertura e sugestão para outros estudos. Percebo que poderia ter provocado os sujeitos presos entrevistados acerca da experiência de leitura utilizando o protocolo verbal da mediação de leitura pelos acadêmicos de Direito. Faltou esse espaço discursivo com o qual se poderia analisar como eles se sentem em verbalizar a retrospecção do seu processo de produção de sentidos de uma leitura já realizada. Se lhes fosse possível escolher, os sujeitos-leitores presos optariam por escrever uma resenha sobre a obra lida ou escolheriam relatar verbalmente e presencialmente a quem medeia essa leitura, estabelecendo interlocução nessa prática de leitura? O sujeito-leitor preso preferiria um papel a um jogo interlocutivo?

Outra lacuna da pesquisa foi não direcionar uma questão nas entrevistas com os sujeitos-leitores presos acerca dos efeitos de sentido(s) da medi(a)

ção de leitura dos estudantes de Direito que diariamente iam ao Presídio para estar com eles. Percebo que, inicialmente, quando a mediação da leitura ocorria em sala com a presença de estudantes e sujeito-leitor preso (e agente penitenciário), era mais profícua. Enuncio isso porque tenho essa experiência de mediação de leitura com sujeitos-leitores presos, na companhia de acadêmicos de Direito e considero plausível afirmar que é mais produtivo tanto para os estudantes quanto para os presos, pois há uma interlocução efetiva. Depois, as entrevistas de mediação da leitura passaram a ser ou no ambiente do parlatório ou no espaço físico da sala da OAB, ambos com barreira de vidro e de grades de ferro. Qual é a interlocução possível nesse contato (*barrado*), apenas via telefone, entre presos e alunos?

Fica a indagação: de um lado, como se sente um sujeito preso que recebe a visita de jovens estudantes de Direito para *conversarem* sobre um livro lido? Alguém que fica 22 horas do dia (em dia de sol; se chover, permanecem as 24 horas) dentro de uma cela de 3x2 m², dividindo-a com mais seis ou sete presos, com a privada e o chuveiro inclusos neste ínfimo espaço? Pode-se pensar que, para além de outras questões, sintam alívio em sair desse espaço, nem que seja por 20 ou 30 minutos. E, por outro lado, como se sentem os sujeitos estudantes de Direito que vão ao Presídio e entrevistam, frente a frente, um preso? Provavelmente, contribui para desmistificar o imaginário social do sistema prisional, além de conhecer *in loco* o que se aprende na teoria do Direito Penal. Enfatizo o termo *conversar*, pois é assim que se sugere aos estudantes mediadores: que o preso não se sinta asfixiado, cobrado, mais uma vez julgado; que seja uma relação de alteridade.

Nesse trilhar, nem tudo respondi. Compreendo que trazer questões já é uma forma de análise, de problematização, de pôr em suspenso o(s) sentido(s), a(s) discursividade(s). Escrever um livro é um processo; em algumas tratativas obtive êxito, em outras foi necessário mudar o trajeto. Por exemplo, inicialmente, pensei em separar, no nível da constituição, a *materialidade histórica*, no nível da formulação, a *materialidade linguística* e no nível da circulação, a *materialidade discursiva*. Mas fui pega pela teoria, pois esses níveis estão imbricados, não consegui fracioná-los. É a comprovação dos pressupostos de Pêcheux ([1975] 2009), do tripé da Análise do Discurso, cujos três pilares fundantes são: a psicanálise, o materialismo histórico e a linguística. Ao trabalhar com essa heterogeneidade, percebi o *corpus* da análise atravessado pelas diferenças constitutivas de imagens produzidas pelo modo: a) como as produções linguageiras que circulam na sociedade "*dizem*" um sujeito-leitor preso; b) como o Poder Judiciário não só "*diz*" mas também tem de se relacionar com o *"como é dito"* o *"seu"* sujeito-leitor preso; c) como o sujeito-leitor em área de cárcere *"se diz"* nesse espaço de privação de liberdade e, também, como ele *"se diz leitor".*

O (per)curso de construção de uma pesquisa leva anos. Quando a iniciei, no ano de 2017, o sistema carcerário brasileiro apresentava as fissuras que problematizei ao longo do texto, mormente no Capítulo 2. Agora, já concluída, deparo-me com a mesma situação de anos antes, ou ainda pior. Ao escrever os (des)dobramentos finais, (in)conclusivos, deparei-me com o dizer de Buch (2021), cuja materialidade discursiva é uma carta endereçada às mães que têm seus filhos presos, custodiados pelo Estado, no Dia das Mães do ano de 2021, e circulou na mídia no país. Pelo que se depreende do fragmento, a vida dentro da prisão continua sendo de muita dor: "As condições das prisões neste país levam a pessoa presa a cumprir penas não previstas na legislação e jamais aplicadas em sentenças. *Dormir no chão, passar fome, dor e medo, não está na lei, mas está no cárcere"* (Buch, 2021, grifo meu).

Em decorrência da pandemia do Covid-19, as visitas ao sistema prisional brasileiro ficaram suspensas, razão pela qual as mães de filhos presos foram impedidas de visitá-los. Pelo dizer do signatário da *Carta às mães* (Buch, 2021), pela discursividade desse texto, depara-se com a informação de que a prisão continua em má situação e o Estado continua não atendendo integralmente o filho preso dessa mãe. Ao que cabe perguntar: como se sentiram essas mães ao saberem de um Juiz que seu filho está na prisão cumprindo pena não prevista na Lei e jamais sentenciada?

E, nessa senda, retomo a análise da nomeação do sujeito que está atrás das grades, no intramuros do sistema prisional e a atualizo ao pensar como esse Juiz de Direito nomeia esse sujeito na Carta que endereçou às mães de filhos presos (Buch, 2021). Ele não emprega os termos *privado de liberdade,* nem *condenado,* nem *reeducando,* nem *apenado.* Nas três menções que o Juiz faz para se referir àquele que está custodiado pelo Estado, no cárcere, emprega a nomeação *"preso".* Essa nomeação não se coaduna com dizeres mais atualizados, de certa forma, (pro)postos na legislação, pois este estudo contribuiu para problematizar que mudam os nomes sobre aqueles que estão no intramuros da prisão, mas não mudam as condições de vida desses sujeitos.

A escolha lexical do Juiz na nomeação foi *preso e,* pela teoria da Análise do Discurso de vertente francesa, as palavras têm sentido quando historicizadas; o sentido relaciona-se às regularidades que constituem

LEITURA E CÁRCERE

a estabilização dada pela inscrição na nomeação de *preso* e, sem poder tamponar, *preso*, inscrito em outra discursividade, escapa, desliza e rompe com a linearidade de uma possível atualidade da nomeação de *privado de liberdade*, conforme escolha lexical empregada 15 vezes na Resolução n.º 391 do Conselho Nacional de Justiça, de 10 de maio de 2021 (CNJ, 2021). Ao que cabe perguntar: nessa normativa o desejo é de simples atualidade na nomeação ou haverá mudança fática na vida desse sujeito do sistema prisional? Esta narrativa importa aqui para pensar as condições de produção daquele sujeito-leitor que lê atrás das grades que, mesmo decorridos séculos, o sistema penal continua trancafiando e batendo o cadeado, em seus porões, o pobre, o preto, o jovem e o pouco escolarizado, conforme fatia dos dados estatísticos (Brasil, 2020).

Nesse rumo, dentre as nomeações de *preso, presidiário, apenado, detento, interno, recluso, encarcerado, sentenciado, condenado,* minha preferência inicial havia sido por designar o sujeito do cárcere, aqui no livro, como *privado de liberdade*. Conquanto *privado de liberdade* não seja o termo mais empregado juridicamente, a escolha primeira por essa designação marca minha atuação na Justiça Restaurativa, na Pastoral Carcerária e no dizer do Projeto de Extensão da Universidade. Também porque *privado de liberdade* é termo amplo que inclui os sujeitos que estão em prisão provisória – preventiva; *apenado* ou *condenado* não seria técnico porque os que estão presos lá no Presídio não necessariamente têm uma pena, pode ser que ainda não tenham sido sentenciados.

Pela pluralidade de sentidos em circulação nas nomeações mencionadas e pelos sítios de significância na relação com a diferença, compreendi que a minha opção vocabular não mudaria a realidade do sujeito do cárcere. Nessa confluência, entendi que a designação *preso* estaria mais colada, mais amalgamada a este objeto de estudo. No trabalho de escrita, deparando-me com o que emergiu da pesquisa, das condições em que se encontram os sujeitos do cárcere, considerei que empregar *privado de liberdade* poderia produzir um efeito de eufemismo sobre esses sujeitos, sobre o modo como eles estão na prisão. Parece que *privado de liberdade* denota muito menos sobre a realidade do sistema prisional. Indo além, ao ouvir os próprios sujeitos do cárcere, vi que maciçamente se autonomeiam presos.

Mesmo em face do exposto, foi um processo difícil para mim a mudança da escolha lexical *privado de liberdade* para *preso*. Todavia, considerando o funcionamento discursivo dessa regularidade na materialidade linguística e estabelecida essa relação com a designação do termo *preso,* com as marcas que o constituem, minha opção, nesse movimento polissêmico, foi pelo emprego de *preso.* É mais forte. Produz um efeito de sentido mais condizente com o que foi mostrado na pesquisa.

Seguindo, retomo aqui o objetivo geral do estudo: analisar, via discurso, como se constitui o sujeito-leitor em espaço de privação da liberdade e a relação deste com a leitura como dispositivo de remição de pena. Para percorrer esse trajeto, busquei entender como se dá o processo de leitura no cárcere sob as regras da Lei, partindo da análise das relações de poder que se estabelecem no interior de sua trama discursiva, com a questão de pesquisa norteadora: que posição-sujeito é essa que vai sendo construída nesses, por esses, com esses sujeitos-leitores, nessas condições de produção da leitura no cárcere como dispositivo de remição de pena?

Retomando o breve resgate histórico efetuado na Parte I deste livro, observa-se que desde 1824, logo depois da Independência, D. Pedro outorgou a *Constituição,* que dizia que as prisões têm de ser limpas, bem-arejadas, e os presos separados por tipificação de crime. Porém, ao que se vê no cenário nacional, passados dois séculos, essas diretrizes não foram alcançadas. O Direito Penal brasileiro é uma legislação de muitas regras, de muitos artigos, de muitos parágrafos e de pouca Justiça. O sistema penitenciário nacional precisa da visão da interinstitucionalidade e da intersetorialidade, conforme afirmou Herbert Carneiro, que foi presidente do Conselho Nacional de Política Criminal e Penitenciária (Brasil, 2017a). Estão o Executivo, o Legislativo e o Judiciário cumprindo o papel de cada Poder e buscando interlocução entre si? Com relação à questão da segurança pública e ao sistema prisional, "ainda existem interpretações equivocadas e não muito bem definidas, e que quase sempre resvalam no Judiciário, sobre o papel do Estado e o papel da União no que diz respeito ao sistema penitenciário nacional" (Brasil, 2017a, p. 67). Para Harvey (2005; 2008), o encarceramento é um dispositivo disciplinar que provoca um dreno pesado nos cofres públicos e impacto na economia. Então, nem que seja por economia, por que não propor penas alternativas?

Na aurora do século XXI, a pobreza no Brasil "vive numa *sociedade punitiva,* mas suas classes média e alta certamente não" (Wacquant, 2010b, p. 144). Não seria *segregação punitiva?* Talvez o que aqui eu apresente não seja novo, talvez alguém já tenha pensado, mas é fruto de reflexão a partir da pesquisa efetuada. Diante dessa travessia que aqui me propus trilhar, com altos índices de população carcerária, reflito que investir apenas na construção de novas vagas não resolverá o problema do sistema carcerário brasileiro, pois em pouco tempo haverá déficit novamente. "O sistema prisional brasileiro é falido" (Brasil, 2017a, p. 68), os programas ligados ao sistema prisional carecem de trabalho e educação para o preso. Somente 11% a 18% dos sujeitos encarcerados trabalham dentro do sistema prisional e os dados (Brasil, 2017a) mostram que mais de 75% dos presos não têm qualquer formação intelectual ou profissional e 41% da população carcerária está abaixo dos 30 anos (Brasil, 2020).

Ao longo dos séculos e contemporaneamente, o que se observa é a responsabilidade do Estado ser reduzida em matéria social e econômica. Faltam políticas públicas. A população prisional, pelo próprio estigma que carrega historicamente, não é reconhecida como portadora de direitos e, portanto, não é prioridade de investimentos do poder público. Como não lembrar de expressões discriminadoras no país, entre elas *bandido bom é bandido morto?* Ou, se não morto, que *o criminoso tem de sofrer, tem de ser castigado*, enquanto os maiores criminosos do Brasil não estão encarcerados e, por vezes, quem viola a Lei são os próprios legisladores, são os próprios magistrados, são os próprios políticos. De acordo com Antônio Carlos Gomes da Costa, as políticas de restrição e privação de liberdade são o "terreno baldio da falta de um conjunto mais adequado de normas infralegais" (Promenino, 2003), pois, no Brasil, as políticas implementadas para a área não estão consolidadas como políticas de Estado; são ações de governo, muitas vezes, descontínuas e não contextualizadas.

Em relação à arquitetura dos estabelecimentos prisionais, as condições estruturais são precárias; a arquitetura das unidades não satisfaz condições de espaço e segurança necessárias. Pela pesquisa, viu-se que o Presídio Regional de Xanxerê não possui espaço para biblioteca, não possui espaço para celebrações religiosas, nem mesmo espaço para os próprios presos nas celas. No sistema penitenciário brasileiro, "o crescimento gargantuélico do Estado penal" (Wacquant, 2010b, p. 147) é questão de alta complexidade técnica e jurídica, ampliada pela precariedade de investimentos públicos nessa área. Estava certo Foucault ([1975] 2014a) ao apontar as práticas penais menos como consequência de teorias jurídicas e mais como um capítulo na anatomia política. O braço coercitivo do Estado é fortalecido para reprimir o dissenso. Com Baratta (1990), reflete-se que *o cárcere será tanto melhor quanto menos cárcere for* e, na mesma direção, a missão da Pastoral Carcerária Nacional é *a busca de um mundo sem cárceres*. É provável que gerações futuras custem a acreditar no que ocorria no século XXI nas prisões brasileiras de forma análoga ao que sentimos com os relatos da escravidão. Nesse sentido, o sonho de Cora Coralina não quer calar:

> Tempo virá.
>
> Uma vacina preventiva de erros e violência se fará.
>
> As prisões se transformarão em escolas e oficinas.
>
> E os homens, imunizados contra o crime,
>
> cidadãos de um novo mundo,
>
> contarão às crianças do futuro, estórias absurdas de prisões, celas, altos muros, de um tempo superado (Coralina, 1984, p. 141).

Ao que acrescento o dizer do sujeito-leitor preso entrevistado nesta pesquisa, identificado como INF 1: *"Cadeia não é bom em circunstância nenhuma"*. O aparato penal penetra nas regiões inferiores do corpo social para conter as desordens geradas pelo aprofundamento da desigualdade. É o punho penal sobre a classe pobre e sobre a negritude. A penalização da pobreza fragmenta a cidadania pela estratificação social. De acordo com Baratta (1990) e Wacquant (2010b), a prisão é neutralizante, um depósito de corpos pelo estrato de classe e etnorracial. Isso contradiz o princípio fundamental de igualdade de tratamento pelo Estado e reduz as liberdades individuais dos despossuídos. Não se pode ser ingênuo. O aparato penal é órgão essencial do Estado, expressão da soberania e com sustentação nas divisões materiais e simbólicas, com a penetração seletiva no espaço social. A polícia, os tribunais e a prisão "são veículos para a produção política da realidade e para a vigilância das categorias sociais carentes e denegridas" (Wacquant, 2010b, p. 149). Concordando com o autor, o fato de a seletividade social e etnorracial da prisão ter sido reforçada demonstra que a penalização é uma técnica "que tem lugar ao longo de afiados gradientes de classe, etnicidade e lugar e que opera para dividir populações e diferenciar categorias" (Wacquant, 2010b, p. 144).

Ao que parece, no Presídio Regional de Xanxerê, ao menos com os presos que participaram voluntariamente do Projeto de Extensão da Unoesc Direito e Cárcere: Remição da Pena pela Leitura, o sistema não é tão neutralizante ou meramente depósito de corpos indesejados para conter possíveis (des)ordens em fermentação no corpo social. Pela leitura como dispositivo de remição de pena, mesmo que seja por meio desse dispositivo e pelas condições de produção que ele permite, o que se pode ver é não ociosidade, não arregimentação de corpos, embora, como analisado no Capítulo 6, essa leitura possa parecer técnica de normalização penal. Adestramento? Domesticação? Destinada a moldar "corpos dóceis e produtivos" (Foucault, [1975] 2014a, p. 135)? Essa leitura como dispositivo de remição de pena é um contraponto à neutralização do depósito de corpos que se (con)figura o cárcere. Melhor tê-la. Melhor com ela.

Logo, o Projeto de Extensão Universitária do curso de graduação em Direito da Unoesc Xanxerê Direito e Cárcere: Remição da Pena pela Leitura é de extrema importância, mesmo com todas as condições adversas aqui problematizadas, mesmo diante das implicações que este estudo apontou. Este Projeto de Extensão se (con)figura como um lugar de possibilidade dentro do sistema prisional, notadamente num cenário em que apenas 3,5%[233] dos presos brasileiros têm a oportunidade de ler para remir pena, conforme dados do Sistema de Informações do Departamento Penitenciário Nacional - SisDepen (Brasil, 2020). Dito de outro modo, pela fatia dos dados estatísticos, dentre os 753.966 mil presos do país, somente 23.428 mil deles participam de atividade de remição de pena (Brasil, 2020) e alguns deles estão no Presídio Regional de Xanxerê.

Nessa confluência, compreendo que qualquer sujeito que leia, gostando ou não, é impactado, sim, por essa leitura. Ainda que seja só para *cumprir tabela*, considerando que o preso *não tem atividade nenhuma para fazer*, cabeça vazia, não tem mais o lar, a família está distante, não possui nenhum entretenimento, nessas condições ele lê porque se vê obrigado para remir dias da pena dele e, mesmo diante desse processo, a leitura o envolve e provoca nele reflexões. Por mais que os presos possam ler só como moeda de troca pela remição da pena (talvez fora do cárcere eles não leriam), no universo onde eles vivem, encarcerados, num ambiente tão hostil, talvez se sintam adverbialmente sós e percebam a substantividade de estar *com a leitura* e essa *leitura-sujeição* possa desencadear uma experiência de fruição da leitura, o que nomino de *contraleitura*.

Por essas não condições que os presos têm, a leitura permitida por esse Projeto de Extensão merece ser ressaltada. A relação com a leitura,

---

[233] Segundo dados que constam no Censo Nacional de Leitura em Prisões, lançado pelo Conselho Nacional de Justiça (CNJ) e do Executivo Federal de junho de 2023, subiu para 31,5% as pessoas presas no Brasil que possuem acesso à remição da pena pela leitura. Optei por manter no texto o percentual restrito de 3,5% (Brasil, 2020) por ser o do contexto no ano da pesquisa por mim efetuada. Disponível em: https://www.cnj.jus.br/ acesso-a-leitura-ainda-e-restrito-nas-prisoes-aponta-censo-do-cnj/#:~:text=Uma%20iniciativa%20como%20 essa%20poderia,eram%20apenas%200%2C6%25. Acesso em: 12 dez. 2023.

com tudo que vai contra, mesmo diante dessas condições agudas, de fato, o sujeito-leitor preso lê e é capaz de falar sobre o livro e com a obra se identificar. De algum modo, esse sujeito bebe dessa fonte, ele vai meditar a partir das leituras efetuadas, ele vive outras vidas e escapa da própria realidade, ele se vê nessa outra realidade do personagem da obra. Destaco que não foi possível afastar a possibilidade de uma *contraleitura*, prática de leitura que se aproxima do deleite da fruição mesmo no cárcere, por mais paradoxal que pareça ler nessas condições, e ela contribui com esses sujeitos, conforme Baratta (1990) e Wacquant (2010b) *depositados* e *neutralizados* num ambiente que é muito sofrido. Sublinho ainda que os modos de ler no cárcere *leitura-sujeição* e *contraleitura* são duas possibilidades para se entrever essa leitura como dispositivo de remição de pena, mas se distanciam de uma visão dicotômica, não é um par de oposição, porque seria limitante; há mais possibilidades de exploração sobre modos de ler no cárcere e não se exclui a existência de outros não abordados aqui.

A prática de ler no cárcere sob o dispositivo de remição de pena traz à tona os diversos sentidos que circulam no imaginário social sobre a relação literatura-leitura-prisão, imaginário produzido a partir da sedimentação de processos discursivos que lhe fornecem seus objetos, efeitos de pré-construído. Ter medo da prisão, ter receio dos presos, sentir-se ameaçado só em saber que poderá pisar o espaço do cárcere é um dos pré-construídos que fazem parte do imaginário social e que foi produzido nos processos discursivos que constituem o espaço prisional. Retomo aqui a minha fala ao aceitar coordenar o Projeto de Extensão da Unoesc Xanxerê Direito e Cárcere: Remição da Pena pela Leitura: "aceito, desde que não precise pôr os pés lá...". Eu também fui regida por esse imaginário social do espaço prisão. É o efeito do já-lá, do interdiscurso que marca essas formulações precedentes como efeito do pré-construído como discurso-transverso. É o funcionamento discursivo em que um discurso anterior, de tempos e lugares outros, instaura efeitos de sentidos contrários à homogeneidade, irrompe no eixo da formulação; "incorporação-dissimulação dos elementos do interdiscurso: a unidade (imaginária) do sujeito, sua identidade presente-passada-futura" (Pêcheux, [1975] 2009, p. 167). Assim, o processo de constituição do discurso (imaginário) sobre o sistema prisional se dá pelo funcionamento do pré-construído e o discurso-transverso, elementos discursivos do interdiscurso.

Quando estava finalizando a escrita deste estudo, a ordem do discurso sobre a leitura como dispositivo de remição de pena foi alterada pela Resolução n.º 391 do CNJ, de 10 de maio de 2021, que normatiza a remição de pena pela leitura, dentre outras, e, pelo dizer do texto, "Estabelece procedimentos e diretrizes a serem observados pelo Poder Judiciário para o reconhecimento do direito à remição de pena por meio de práticas sociais educativas em unidades de privação de liberdade" (CNJ, 2021, p. 1). O discurso da leitura como dispositivo de remição da pena no cárcere, de certa forma, faz parte de um discurso social, interferindo na construção de imagens dentro de um complexo de formações imaginárias. Esse discurso trabalha de forma atenta para as possibilidades simbólicas e imaginárias da linguagem, dentro de um contexto de uma realidade social, considerando que "a leitura, enquanto uma espécie do discursivo, é em si uma forma do político, é produção de sentidos em certas direções por sujeitos e para sujeitos" (Nunes, [1998] 2003, p. 41). E eu acrescentaria, a leitura como dispositivo de remição de pena é uma forma do político, é produção de sentidos *por* e *para* sujeitos-leitores em espaço de privação de liberdade.

Pode-se pensar que esse discurso sobre a leitura, uma forma do político, faz emergir um campo de questões, numa conjuntura dada no Poder Judiciário que imerge os sujeitos-leitores presos nos mecanismos de normalização. Ao mesmo tempo, todo discurso pode trazer a possibilidade de uma mudança, de uma reestruturação nas redes de filiação histórica. Em espaço de privação da liberdade, é possível articular a leitura-signo à leitura-significante? Ou melhor, uma leitura *RE*ssignificante, porque *RE*estruturada, *re*tomando o prefixo "*re*" tão caro ao sistema prisional. *RE*educado. *RE*aprendiz. *RE*ssocializado. *RE*constituído. *RE*formado. *RE*inserido. Ao utilizar o prefixo "*re*", algo falhou... Falhou a leitura na escola e agora é preciso *RE*ler. Avançando um pouco mais, faltou a presença na escola, no tempo da infância, e agora é preciso *RE*educar, *RE*formar.

Seguindo o caminho, em que medida analisar essa leitura do cárcere me auxiliou a responder como se constitui o sujeito-leitor em espaço de privação de liberdade? Compreendi que esses gestos de ler pelo modo de *leitura-sujeição,* no sistema prisional, ora são assumidos como interpretação, ora aparecem como atividade neutra, universal, ora como atos de responsabilidade do sujeito-leitor preso. Ademais, há margens para a produção de outras interpretações do sujeito-leitor preso e a literatura pode contribuir para apontar elementos que antes poderiam estar (en)cobertos por outros discursos.

Pelo movimento analítico, percebi essa leitura em área de cárcere mais como um mecanismo de normalização, de controle do corpo preso. Por isso, proponho uma designação para a leitura como dispositivo de remição de pena no âmbito prisional, a *leitura-sujeição*. Assim, esse modo de ler condicionado – a *leitura-sujeição* – é uma proposição como uma categoria discursiva de leitura que descreve o exercício de poder numa relação assimétrica de um sujeito investido de autoridade que paira sob o signo de superior sobre um sujeito que se percebe (se lê, se vê, se sente) em escala hierárquica inferior, ao estar aprisionado. Ao atentar mais de perto aos termos relacionados à leitura para remição que circula no segmento jurídico-prisional, questiono a transparência de seus sentidos, pois, para validar esta leitura como remição, esse sujeito-leitor preso passa por uma *avaliação* efetuada pelo sujeito estudante de Direito, medi(a)dor desta leitura.

Além do modo de ler *leitura-sujeição,* pelo movimento analítico e pelas regularidades que emergiram, a partir da identificação do sujeito-leitor preso com a obra lida há o modo de ler *contraleitura,* ou seja, a leitura de fruição diante das não condições do cárcere. Essa leitura aparece como uma prática com o envolvimento dos sujeitos presos nela. Pelo ato de relatá-la, descrevê-la, falar dela em primeira pessoa, em uma perspectiva metaenunciativa, ao contar como lê, o sujeito constitui-se dentro de uma posição-sujeito de leitor em identificação com essa leitura. Esse modo de falar dessa leitura parece transformá-la em experiência subjetiva, processo sobre o qual incide a formação de sujeito como sujeito-leitor. Essa identificação de modo de ler não é fruto de um ato voluntário do sujeito-leitor, pois não se trata propriamente de um sujeito, mas de sua posição, decorrente de um efeito simbólico. O modo de ler *contraleitura* de uma obra literária pelo sujeito-leitor do cárcere parece trazer, de um lado, o imaginário e, de outro, a consciência abrindo a escuta dos sentidos, um amálgama com experimentação da linguagem literária.

A prática da leitura como dispositivo de remição de pena, em espaço de privação da liberdade, possibilita postular a presença não só de diferentes posições-sujeito, mas também de diferentes posições-leitores, ora capturado nas linhas de fuga da fruição, ora aprisionado pela dobra-dura da sujeição, ora preso nas grades da normalização... Assim, considero que a posição-sujeito-leitor em área de cárcere se constrói principalmente sob estes perfis: i) o sujeito-leitor preso é visto como uma posição vazia; não se considera a história do sujeito-leitor, não se consideram as leituras que efetuou antes de adentrar no cárcere; ele é constituído e moldado pela

LEITURA E CÁRCERE

instituição prisional; ii) mesmo sem um acervo significativo de obras disponíveis para ler, o sujeito-leitor preso parece ser visto como edificador de sua própria história de leituras, a qual ele escolheria livremente; parece haver uma visão acumulativa de leitura, um quantitativo de obras lidas *versus* um quantitativo de dias da pena remidos; iii) o sujeito-leitor preso se manifesta como um estrategista que busca se amoldar às orientações em jogo para se (con)formar com elas, para se adequar a elas e a um imaginário social de leitura, um movimento que se dá interpelado pelo tripé da Análise do Discurso (linguagem, ideologia e inconsciente); nesse jogo, vive uma experiência de leitura de fruição que o afeta pela possibilidade de identificação com o livro lido.

Na formação do discurso do sujeito-leitor preso, pelo exposto, considerei elementos dos espaços educacional, jurídico, econômico e político e tentei deslocar a questão da leitura do enfoque estritamente do sistema prisional, rumo a processos mais amplos aí relacionados. Busquei no contexto educacional a fatia dos dados estatísticos que discursivizam sobre a escolaridade ou a falta dela nos sujeitos que vivem em espaço de privação de liberdade, custodiados pelo Estado, o que faz emergir um complexo ideológico, na medida em que a leitura como dispositivo de remição de pena no cárcere está, de alguma forma, envolvida com a própria instituição escolar, ou com a falta dela. No espaço jurídico, observa-se que os modos de leitura e julgamento dessa leitura têm a ver com o funcionamento do Direito, com a relação dos sujeitos-leitores presos e a instituição prisional com as leis, com a norma, com a regra, com os mecanismos de normalização que regulamentam o modo de ler no cárcere, *leitura-sujeição*. Em relação ao econômico, depara-se com a necessidade de administração e gerenciamento da leitura no cárcere, partindo desde o embrionário da aquisição de obras a serem incorporadas ao acervo das unidades prisionais, à instituição de espaços para biblioteca, à contratação do profissional bibliotecário, entre outros aspectos. No espaço político, defronta-se com a falta de políticas públicas educacionais que acolham e amparem as crianças brasileiras no contexto educacional, se houvesse, parece plausível pensar que a nação brasileira não teria a terceira maior população carcerária do mundo. No Brasil, há falta de políticas públicas para a leitura, que constam apenas na letra fria da Lei.

Nesse espaço conclusivo, retomo a hipótese que aventei buscando sustentar o jogo entre o dito e o não dito nas narrativas dos presos, o que, diante do dispositivo de poder da remição da pena pela leitura, pode constituir uma reivindicação à subjetividade, à resistência, indicando movimentos de deslocamento e de adesão, uma polivalência tática dos discursos (Foucault, [1976] 2009) que ora funcionam na modalidade de sujeição, ora oferecem possibilidades de gestos de resistência. Antes de iniciar as entrevistas com os presos, fiquei pensando se encontraria esse dizer nas respostas: *Eu li só para cumprir esse requisito do Projeto, pra diminuir dias da minha pena.* O pressuposto sustentava que todos eles teriam sido mobilizados para a leitura por essa questão. Se o único jeito de diminuir a pena é lendo, por conseguinte, há de se considerar que eles, ao serem avaliados, estão sendo julgados. É a sentença da liberdade pela leitura. A partir do gesto de análise, pelos não ditos e pelos deslizes dos ditos, foram interpelados a falar que *ler é bom, que gostam de ler.*

Diante das condições de produção que sobre eles incidem, o discurso deles é afetado pelo deslize porque atravessados por determinações inconscientes: ao serem mobilizados por esse dizer de que gostam de ler, foram estratégicos. Para a psicanálise, nada escapa ao inconsciente. O gesto analítico permitiu postular a confirmação da hipótese deste estudo: as condições de produção determinadas pelas relações de poder e as coerções engendradas pelo sistema prisional delimitaram o modo como os sujeitos (con)formaram suas narrativas acerca da leitura via dispositivo de remição de pena, limitaram o que pôde ser falado e determinaram o que pôde ser ouvido.

Ao problematizar a circulação de sentidos na regulamentação jurídica sobre a leitura como dispositivo de remição de pena, indago: e qual é a circulação de sentidos que emerge da enunciação de sujeitos-leitores presos sobre a leitura como dispositivo de remição da pena? No excerto, os dizeres do INF 1 e do INF 5:

> (INF 1) [...] foi uma consequência boa que me troxe pra essa unidade. Uma questão, talveiz, <u>se eu tivesse em outras unidades eu não teria esse acesso que eu tive aqui, na verdade, né, então, talveiz eu seria diferente do que eu sô hoje, na verdade, taria talveiz pior até.</u> Hoje, eu já consigo me vê diferente, tipo lá fora, não só saí daqui já diretamente com intuito de i robá ou traficá ou coisa assim... <u>Já me vejo pensando de uma forma, tipo, tentá procurá um emprego, uma coisa assim, na verdade, tentá mudá, tentá fazê uma coisa que eu não fiz nesses últimos anos.</u> Eu, pra mim, essa questão do Presídio, essa unidade [...] <u>Aqui, na verdade, me mostrô uma outra forma,</u> pela própria direção, <u>pela remição</u>...

(INF 5) <u>Se o Projeto continuá</u>... se a ... <u>as vagas pra estudo,</u> <u>porque</u> <u>com educação e trabalho se forma cidadão simples</u> e esses que <u>são, sabe</u>... <u>sabe, meio observado como, tipo, a escó-</u> <u>ria</u>, assim, eu tenho certeza disso, trabalho e educação, né...

O sujeito-leitor entrevistado INF 1 assim enuncia sobre a possibilidade de estar em outra unidade prisional, sem o direito da remição da pena pela leitura: *"se eu tivesse em otras unidades eu não teria esse acesso que eu tive aqui, na verdade, né, então, talveiz eu seria diferente do que eu sô hoje, <u>na verdade,</u> <u>taria talveiz pior até</u>"*. Estar custodiado pelo Estado na unidade prisional de Xanxerê, com a oportunidade de remição de pena pela leitura, no dizer do preso, *"<u>Já me vejo pensando de uma forma, tipo, tentá procurá um emprego, uma</u> <u>coisa assim, na verdade, tentá mudá</u>"*. Já o sujeito-leitor INF 5 explicita que, presos, sentem-se e são observados como se fossem *"a escória"* e produz um efeito de sentido de que deseja que o Projeto de Leitura da Unoesc continue, que haja vagas para estudo, porque *"<u>com educação e trabalho se forma cidadão</u>"*. Mesmo a remição de dias da pena pela leitura podendo ser *leitura-sujeição*, ele enuncia que quer a continuidade do Projeto, porque, provavelmente, é o que se tem de melhor para o momento e se tem de lidar com o que é possível. Esse Projeto de Extensão da Unoesc Xanxerê Direito e Cárcere: Remição da Pena pela Leitura, em parceria com o Presídio Regional de Xanxerê, é a ferramenta que pode esgarçar modos de visibilidade e dizibilidade, sem garantias *a priori*, mas afinada com as possibilidades em curso que podem potencializar a vida.

Pouco antes, trouxe o sonho de Cora Coralina (1984), agora, ouso trazer o meu, após esses anos de estudo, buscando intensificar linhas de fuga:

Sonho trabalhar com um dispositivo de leitura
num mundo sem cárceres,
que se desfaça daquilo que o aprisiona,
que se reinvente em modos e formas e se descubra
pura potência.
Que combata linhas de força neutralizantes, traços da Lei dura.

Não Lei dura!
Não fora da Lei!
Não fora da Leitura...

Ler, uma força política não sujeita a sentidos transparentes.
Ler, verbo que não conjuga o imperativo.
Deixa fruir, deixa fluir...
Ler, verbo transitivo que conjuga a esperança.

> E nessa travessia, a plena experiência do deleite da leitura
> com suas (entre)linhas,
> (des)dobramentos,
> discursividades,
> silêncios,
> sentidos...

Utopia? "Não somos nada sem utopia, uma vez que é o sonho que nos faz pensar em alternativas para as questões que se apresentam nas várias esferas de nossas vidas [...] a Linguística Aplicada como um lugar de ensaio de esperança" (Moita Lopes, 2006, p. 104).

Quanto afeto e quanto fui afetada por pesquisar o lugar da leitura como dispositivo de remição de pena no Presídio Regional de Xanxerê. Essa discussão não finda aqui, há muito mais para se pensar e para se realizar no sistema prisional, afinal, *no meio do (des)caminho do cárcere há uma leitura entre linhas e grades como dispositivo de remição de pena que constitui o sujeito-leitor.*

REFERÊNCIAS

ACADEMIA BRASILEIRA DE LETRAS (ABL). **Vocabulário Ortográfico da Língua Portuguesa** (Volp). 5. ed. São Paulo: Global, 2009.

ACHARD, Pierre. Memória e produção discursiva do sentido. *In*: ACHARD, Pierre *et al*. (org.) [1983. **Papel da memória**. 3. ed. Tradução de José Horta Nunes. Campinas, SP: Pontes Editores, 2010. p. 11-21.

AGAMBEN, Giorgio [2004]. **Profanações**. Tradução de Selvino José Assmann. São Paulo: Boitempo, 2007.

AGAMBEN, Giorgio [2006]. **O que é contemporâneo?** e outros ensaios. Tradução de Vinicius N. Honesko. Chapecó, SC: Argos, 2009.

AGAMBEN, Giorgio [1995]. **Homo sacer:** o poder soberano e a vida nua. Tradução de Henrique Burigo. 2. ed. Belo Horizonte: Editora UFMG, 2010.

AGAMBEN, Giorgio [2003]. **Estado de exceção:** [Homo Sacer, II, I]. Tradução de Iraci D. Poletti. 6. ed. São Paulo: Boitempo, 2018.

ALEXANDER, Michelle. **A nova segregação**: racismo e encarceramento em massa. Tradução de Pedro Davoglio. São Paulo: Boitempo, 2018.

ALMEIDA FILHO, Naomar de; SANTOS, Boaventura de Sousa. **A Universidade no Século XXI**: para uma universidade nova. Coimbra, 2008. Disponível em: https://ape.unesp.br/pdi/execucao/artigos/universidade/AUniversidadenoSeculoXXI.pdf. Acesso em: 7 nov. 2019.

ALTHUSSER, Louis. **Aparelhos ideológicos do Estado**: nota sobre os aparelhos ideológicos de Estado. Tradução de Walter José Evangelista e Maria Laura Viveiros de Castro. Rio de Janeiro: Edições Graal, 1985.

AMARAL, Cláudio do Prado. **História da pena de prisão**. Jundiaí, SP: Editora Paco, 2020.

ANDRADE, Carlos Drummond de [1928]. **Alguma poesia**. Posfácio Eucanaã Ferraz. 1. ed. São Paulo: Companhia das Letras, 2013.

ANDRADE, Carlos Drummond de [1940]. **Sentimento do mundo**. São Paulo: Companhia das Letras, 2012.

ARENDT, Hannah[1958]. **A condição humana**. Tradução de Roberto Raposo. 10. ed. Rio de Janeiro: Forense Universitária, 2007.

ARENDT, Hannah [1951]. **Origens do totalitarismo**. Tradução de Roberto Raposo. São Paulo: Companhia de Bolso, 2013.

ASSIS, Machado de. **Memórias póstumas de Brás Cubas**. São Paulo: Ática, 1995.

ASSOCIAÇÃO BRASILEIRA DE NORMAS TÉCNICAS. **NBR 10520**: informação e documentação: citações em documentos: apresentação. Rio de Janeiro: ABNT, 2002.

ASSOCIAÇÃO BRASILEIRA DE NORMAS TÉCNICAS. **NBR 14724**: Informação e documentação: trabalhos acadêmicos – apresentação. Rio de Janeiro: ABNT, 2011.

AUROUX, Sylvain. **A revolução tecnológica da gramatização**. Trad. Eni Puccinelli Orlandi. Campinas, SP: Unicamp, 2009.

AUSTEN, Jane. **Orgulho e preconceito**. São Paulo: Landmark, 2012.

AUTHIER-REVUZ, Jacqueline. Heterogeneidade mostrada e heterogeneidade constitutiva: elementos para uma abordagem do outro no discurso. *In*: AUTHIER-REVUZ, Jacqueline. **Entre a transparência e a opacidade**: um estudo enunciativo do sentido. Porto Alegre: Edipucrs, 2004. p. 11-80.

AUTHIER-REVUZ, Jacqueline. Falta do dizer, dizer da falta: as palavras do silêncio. *In*: ORLANDI, Eni Puccinelli (org.). **Gestos de Leitura**. 3. ed. Campinas, SP: Editora da Unicamp, 2010. p. 253-276.

BALDINI, Lauro José Siqueira; SOUSA, Lucília Maria Abrahão e. Introdicção. *In*: BALDINI, Lauro José Siqueira; SOUSA, Lucília Maria Abrahão e (org.). **Discurso e sujeito**: trama de significantes. São Carlos, SP: EDUFSCar, 2014. p. 7-17.

BARATTA, Alessandro. **Ressocialização ou controle social**: uma abordagem crítica da "reintegração social" do sentenciado. 1990. Disponível em: www.eap.sp.gov.br/pdf/ressocializacao.pdf. Acesso em: 12 out. 2019.

BARATTA, Alessandro. **Criminologia crítica e crítica do direito penal**: introdução à sociologia do direito penal. Trad. Juarez Cirino dos Santos. 6. ed. Rio de Janeiro: Editora Revan, [1997] 2018.

BARBIÉRI, Luiz Felipe. CNJ registra pelo menos 812 mil presos no país; 41,5% não têm condenação. **G1**, 17 jul. 2019. Disponível em: https://g1.globo.com/politica/noticia/2019/07/17/cnj-registra-pelo-menos-812-mil-presos-no-pais-415percent-nao-tem-condenacao.ghtml. Acesso em: 15 ago. 2019.

BARTHES, Roland. **Escrever a leitura**. Tradução de Mário Laranjeira. *In*: BARTHES, Roland [1970]. O rumor da língua. São Paulo: Martins Fontes, 2012. p. 26-29.

BARTHES, Roland [1977]. **Aula**: aula inaugural da cadeira de semiologia literária do Colégio de França. 14. ed. Tradução de Leyla Perrone-Moisés. São Paulo: Cultrix, 1992.

BATISTA, Vera Malaguti. **Difíceis ganhos fáceis**: drogas e juventude pobre no Rio de Janeiro. Rio de Janeiro: Revan, 2003.

BENJAMIN, Walter. A obra de arte na época de sua reprodutibilidade técnica. *In*: ADORNO *et al.* [1936]. **Teoria da cultura de massa**. Tradução de Carlos Nelson Coutinho. São Paulo: Paz e Terra, 2000. p. 221-254.

BENJAMIN, Walter. O narrador: considerações sobre a obra de Nikolai Leskov. *In*: BENJAMIN, Walter [1936]. **Magia e técnica, arte e política**: ensaios sobre literatura e história da cultura. Obras escolhidas I. Tradução de Sérgio Paulo Rouanet. 8. ed. São Paulo: Brasiliense, 2012. p. 197-221.

BENTHAM, Jeremy [1830]. **The rationale of reward**. London: Robert Reward, Nabu Press, 2012. Disponível em: www.bibliolife.com/store. Acesso em: 25 ago. 2021.

BÍBLIA. **Bíblia Sagrada**: tradução ecumênica. São Paulo: Paulinas, 2011. 1504 p.

BOBBIO, Norberto [1977]. **Da estrutura à função**: novos estudos de teoria do direito. Tradução de Daniela Beccaccia Versiani. Barueri: Manole, 2007.

BORGES, Juliana. **Encarceramento em massa**. São Paulo: Sueli Carneiro, Pólen, 2019.

BOTTON, Alain [1997]. **Como Proust pode mudar a sua vida**. Tradução de Marcello Lino. Rio de Janeiro: Rocco, 2013.

BRAGA, Sandro. **O travesti e a metáfora da modernidade**. Palhoça, SC: Ed. Unisul, 2010.

BRAGA, Sandro. A guerra de todos nós no discurso do (eu): violência e contradição no cenário da política e da democracia brasileiras. *In*: FERNANDES, Cleudemar Alves. (org.). **A violência na contemporaneidade**: do simbólico ao letal. São Paulo: Intermeios, 2017. p. 64-84.

BRANCO, Juan Victor Leonardo Castelo. Crise da execução penal: violação à lei 7.210 de 1984, pela crise da execução penal nos presídios brasileiros. *Conteúdo*

Juridico, Brasília - DF, 2019. Disponível em: https://conteudojuridico.com.br/consulta/artigos/53930/crise-da-execuo-penal-violao-lei-7-210-de-1984-pela--crise-da-execuo-penal-nos-presdios-brasileiros. Acesso em: 17 out. 2020.

BRASIL. **Codigo Criminal do Imperio do Brazil.** Lei de 16 de dezembro de 1830. Disponível em: http://www.planalto.gov.br/ccivil_03/leis/LIM/LIM-16-12-1830.htm. Acesso em: 3 jul. 2019.

BRASIL. **Decreto n.º 847**, de 11 de outubro de 1890. Codigo Penal dos Estados Unidos do Brazil. Disponível em: https://www2.camara.leg.br/legin/fed/decret/1824-1899/decreto-847-11-outubro-1890-503086-publicacaooriginal--1-pe.html. Acesso em: 12 out. 2020.

BRASIL. **Decreto-Lei n.º 3.688**, de 3 de outubro de 1941. Lei das Contravenções Penais. Disponível em: http://www.planalto.gov.br/ccivil_03/decreto-lei/Del3688.htm. Acesso em: 3 jul. 2019.

BRASIL. **Lei n.º 7.210**, de 11 de julho de 1984. Lei de Execução Penal. Disponível em: http://www.planalto.gov.br/ccivil_03/LEIS/L7210.htm. Acesso em: 18 jan. 2019.

BRASIL. **Constituição da República Federativa do Brasil:** texto constitucional promulgado em 5 de outubro de 1988, com as alterações adotadas pelas Emendas Constitucionais n.º 1/92 a 64/2010, pelo Decreto n.º 186/2008 e pelas Emendas Constitucionais de Revisão n.º 1 a 6/94. Brasília: Senado Federal, Subsecretaria de Edições Técnicas, [1988] 2010.

BRASIL. **Lei n.º 9.394**, de 20 de dezembro de 1996. Disponível em: http://www.planalto.gov.br/ccivil_03/leis/l9394.htm. Acesso em: 7 ago. 2019.

BRASIL. **Lei n.º 11.343**, de 23 de agosto de 2006. Institui o Sistema Nacional de Políticas Públicas sobre Drogas. Disponível em: http://www.planalto.gov.br/ccivil_03/_ato2004-2006/2006/lei/l11343.htm. Acesso em: 11 set. 2020.

BRASIL. Congresso Nacional. Câmara dos Deputados. Comissão Parlamentar de Inquérito do Sistema Carcerário. **CPI sistema carcerário**. Brasília: Câmara dos Deputados, Edições Câmara, 2009. 620 p. Disponível em: file:///C:/Users/Win/Desktop/cpi_sistema_carcerario%20(1).pdf . Acesso em: 28 jun. 2019.

BRASIL. Conselho Nacional de Educação. Câmara de Educação Básica. Resolução n.º 2, de 19 de Maio de 2010. Dispõe sobre as **Diretrizes Nacionais para a oferta de educação para jovens e adultos em situação de privação de liberdade nos estabelecimentos penais.** Disponível em: http://portal.mec.gov.br/index.

php?option=com_docman&view=download&alias=5142-rceb002-10&category_slug=maio-2010-pdf&Itemid=30192. Acesso em: 3 mar. 2019.

BRASIL. **Lei n.º 12.288**, de 20 de julho de 2010. Institui o Estatuto da Igualdade Racial. Disponível em: http://www.planalto.gov.br/ccivil_03/_ato2007-2010/2010/lei/l12288.htm#:~:text=LEI%20N%C2%BA%2012.288%2C%20DE%2020%20DE%20JULHO%20DE%202010.&text=Institui%20o%20Estatuto%20da%20Igualdade,24%20de%20novembro%20de%202003. Acesso em: 3 set. 2020.

BRASIL. **Lei n.º 12.433**, de 29 de junho de 2011. Altera a Lei n.º 7.210, de 11 de julho de 1984. (Lei de Execução Penal), para dispor sobre a remição de parte do tempo de execução da pena por estudo ou por trabalho. Disponível em: http://www.planalto.gov.br/ccivil_03/_ato2011-2014/2011/lei/l12433.htm. Acesso em: 7 mar. 2019.

BRASIL. Conselho Nacional de Política Criminal e Penitenciária. **Diretrizes básicas para arquitetura prisional**. Revisão técnica: Gisela Maria Bester. Brasília: CNPCP, 2011a.

BRASIL. **Estatuto da juventude** : atos internacionais e normas correlatas. Brasília: Senado Federal, Coordenação de Edições Técnicas, 2013. Disponível em: https://www2.senado.leg.br/bdsf/bitstream/handle/id/509232/001032616.pdf. Acesso em: 7 set. 2019.

BRASIL. **Mapa do encarceramento**: os jovens do Brasil. Secretaria-Geral da Presidência da República e Secretaria Nacional de Juventude. Brasília: Presidência da República, 2015. Disponível em: https://bibliotecadigital.mdh.gov.br/jspui/handle/192/89. Acesso em: 8 dez. 2020.

BRASIL. **Redes estratégicas do SUS e biopolítica**: cartografias da gestão de políticas públicas [versão eletrônica] / Ministério da Saúde, Secretaria de Atenção à Saúde, Departamento de Ações Programáticas Estratégicas. Brasília: Ministério da Saúde, 2016a. Disponível em: https://bvsms.saude.gov.br/bvs/publicacoes/redes_estrategicas_sus_biopolitica_cartografias.pdf. Acesso em: 19 jun. 2021.

BRASIL. **Regras de Mandela**: Regras Mínimas das Nações Unidas para o Tratamento de Presos. Conselho Nacional de Justiça, Departamento de Monitoramento e Fiscalização do Sistema Carcerário e do Sistema de Execução de Medidas Socioeducativas. Conselho Nacional de Justiça. Brasília: CNJ, 2016b.

BRASIL. **Levantamento Nacional de Informações Penitenciárias:** INFOPEN - atualização junho 2016. Thandara Santos (org.). Brasília: Ministério da Justiça e

Segurança Pública. Departamento Penitenciário Nacional, 2017. Disponível em: http://depen.gov.br/DEPEN/depen/sisdepen/infopen-mulheres/infopenmulheres_arte_07-03-18.pdf. Acesso em: 27 jul. 2019.

BRASIL. Congresso Nacional. Câmara dos Deputados. **CPI – Sistema Carcerário Brasileiro** [recurso eletrônico]: relatório final / Câmara dos Deputados, Comissão Parlamentar de Inquérito Destinada a Investigar a Realidade do Sistema Carcerário Brasileiro. Brasília: Câmara dos Deputados, Edições Câmara, 2017a. Disponível em: file:///C:/Users/Win/Desktop/cpi_sistema_carcerario.pdf. Acesso em: 2 maio 2018.

BRASIL. **Lei n.º 13.696**, de 12 de julho de 2018. Institui a Política Nacional de Leitura e Escrita. Disponível em: http://www.planalto.gov.br/ccivil_03/_ato2015-2018/2018/Lei/L13696.htm. Acesso em: 3 nov. 2020.

BRASIL. Ministério da Educação. **Resolução n.º 5**, de 17 de dezembro de 2018. Institui as Diretrizes Curriculares Nacionais (DCN) do curso de graduação em Direito. Câmara de Educação Superior do Conselho Nacional de Educação. Disponível em: http://portal.mec.gov.br/docman/dezembro-2018-pdf/104111-r-ces005-18/file. Acesso em: 21 out. 2020.

BRASIL. **Levantamento Nacional de Informações Penitenciárias**: SISDEPEN – período de janeiro a junho de 2020. Ministério da Justiça e Segurança Pública. Disponível em: https://www.gov.br/depen/pt-br/sisdepen. Acesso em: 11 jun. 2021.

BRASIL. **Portaria n.º 135**, de 18 de março de 2020. Estabelece padrões mínimos de conduta a serem adotados em âmbito prisional visando a prevenção da disseminação do Covid-19. Ministério da Justiça e Segurança Pública. Disponível em: https://www.in.gov.br/en/web/dou/-/portaria-n-135-de-18-de-marco--de-2020-248641860. Acesso em: 16 maio 2020.

BUCH, João Marcos. **Execução penal aplicada**: anotações para redução de danos. São Paulo: Giostri, 2019.

BUCH, João Marcos. **Às mães de filhos presos**. (Carta). 9 maio 2021. Disponível em: https://iree.org.br/as-maes-de-filhos-presos-por-juiz-joao-marcos-buch/ Acesso em: 10 maio 2021.

BUTTURI JÚNIOR, Atílio. É a biopolítica um problema de linguagem? *In:* BUTTURI JÚNIOR, Atílio *et al.* (org.). **Biopolíticas** – discursos, dispositivos e resistências. Campinas: Pontes Editores, 2019.

CALVINO, Ítalo. **Por que ler os clássicos?** Tradução de Nilson Moulin. São Paulo: Companhia das Letras, 2007.

CANDIDO, Antonio. O direito à literatura. *In:* CANDIDO, Antonio [1988]. **Vários escritos.** 6. ed. Rio de Janeiro: Ouro sobre Azul, 2017. p. 171-193.

CAPEZ, Fernando. **Curso de Direito Penal Parte Geral.** São Paulo: Saraiva, 2011.

CARDOSO, Edson Lopes. Racismo e democracia. **Folha de São Paulo,** São Paulo, Caderno Tendências/Debates, 12 maio 2021. Disponível em: https://www1. folha.uol.com.br/opiniao/2021/05/racismo-e-democracia.shtml. Acesso em: 13 maio 2021.

CARNEIRO, Aparecida Sueli. **A construção do outro como não-ser como fundamento do ser.** 2005. 339 f. Tese (Doutorado em Educação) – Universidade de São Paulo, São Paulo, 2005.

CAZARIN, Ercília Ana. Texto e hipertexto: processos de leitura. *In:* SCHONS, Carme Regina; CAZARIN, Ercília Ana (org.). **Língua, escola e mídia:** en(tre) laçando teorias, conceitos e metodologias. Passo Fundo: Editora Universidade de Passo Fundo, 2011.

CERTEAU, Michel [1994]. **A invenção do cotidiano:** 2. Morar, cozinhar. Tradução de Ephraim F. Alves e Lúcia Endlich Orth. 12. ed. Petrópolis: Vozes, 2013.

CERTEAU, Michel [1990]. **A invenção do cotidiano:** 1. Artes de fazer. Tradução de Ephraim Ferreira Alves. 22. ed. Petrópolis: Vozes, 2014.

CHRISTO, Carlos Alberto Libanio (Frei Beto). Paulo Freire: a leitura do mundo. **Caderno de formação,** n. 4, São Paulo: SINPRO, p. 28-29, 2004. Disponível em: http://sinpro-abc.org.br/download/formacao4.pdf. Acesso em: 7 out. 2020.

COBRA, Nuno. **A semente da vitória.** 25. ed. São Paulo: Senac, 2000.

CONEIN, Bernard *et al.* A fronteira ausente: um balanço. *In:* CONEIN, Bernard. (org.). **Materialidades discursivas.** Campinas: Editora Unicamp, [1980] 2016. p. 321-328.

CONSELHO NACIONAL DE JUSTIÇA (CNJ) (Brasil). **Recomendação n.º 44,** de 26 de novembro de 2013. Dispõe sobre atividades educacionais complementares para fins de remição da pena pelo estudo e estabelece critérios para a admissão pela leitura. Atos administrativos, Brasília: CNJ, 2013. Disponível em: http://www. cnj.jus.br/busca-atos-adm?documento=1235. Acesso em: 22 fev. 2017.

CONSELHO NACIONAL DE JUSTIÇA (CNJ) (Brasil). **Resolução n.º 225**, de 31 de maio de 2016. Disponível em: https://atos.cnj.jus.br/atos/detalhar/atos-normativos?documento=2289. Acesso em: 18 jan. 2018.

CONSELHO NACIONAL DE JUSTIÇA (CNJ) (Brasil). **Perfil sociodemográfico dos magistrados brasileiros.** Brasília: CNJ, 2018. Disponível em: https://www.cnj.jus.br/files/conteudo/arquivo/2018/09/49b47a6cf9185359256c22766d5076eb.pdf. Acesso em: 2 set. 2020.

CONSELHO NACIONAL DE JUSTIÇA (CNJ) (Brasil). **Banco Nacional de Monitoramento de Prisões** – BNMP 2.0: Cadastro Nacional de Presos. Brasília: CNJ, 2018b. Disponível em: https://www.cnj.jus.br/files/conteudo/arquivo/2018/08/987409aa856db291197e81ed314499fb.pdf. Acesso em 31 jul. 2019.

CONSELHO NACIONAL DE JUSTIÇA (CNJ) (Brasil). **Resolução n.º 288**, de 25 de junho de 2019. Define a política institucional do Poder Judiciário para a promoção da aplicação de alternativas penais, com enfoque restaurativo, em substituição à privação de liberdade. Disponível em: https://atos.cnj.jus.br/atos/detalhar/2957. Acesso em: 25 ago. 2019.

CONSELHO NACIONAL DE JUSTIÇA (CNJ) (Brasil). **Banco Nacional de Monitoramento de Prisões** – BNMP 2.0: Cadastro Nacional de Presos. Estatísticas. Brasília: CNJ, 2020. Disponível em: https://portalbnmp.cnj.jus.br/#/estatisticas. Acesso em: 11 jun. 2021.

CONSELHO NACIONAL DE JUSTIÇA (CNJ) (Brasil). **Portaria n.º 204/2020**, de 7 de outubro de 2020. Institui Grupo de Trabalho para elaboração de Plano Nacional de Fomento à Leitura nos Ambientes de Privação de Liberdade. Disponível em: file:///C:/Users/Win/Desktop/DJ328_2020-ASSINADO%20(1).PDF. Acesso em: 3 nov. 2020.

CONSELHO NACIONAL DE JUSTIÇA (CNJ) (Brasil). **Resolução n.º 391**, de 10 de maio de 2021. Estabelece procedimentos e diretrizes a serem observados pelo Poder Judiciário para o reconhecimento do direito à remição de pena por meio de práticas sociais educativas em unidades de privação de liberdade. Disponível em: https://atos.cnj.jus.br/atos/detalhar/3918. Acesso em: 10 maio 2021.

CORACINI, Maria José Rodrigues Faria. Leitura, decodificação, processo discursivo. *In*: CORACINI, Maria José Rodrigues Faria (org.). **O jogo discursivo na aula de leitura**: língua materna e língua estrangeira. 3. ed. Campinas, SP: Pontes Editores, 2010a. p. 13-20.

CORACINI, Maria José Rodrigues Faria. Analisando as visões de leitura em LE de alunos de 3º grau. *In*: CORACINI, Maria José Rodrigues Faria (org.) **O jogo discursivo na aula de leitura**: língua materna e língua estrangeira. 3. ed. Campinas: Pontes Editores, 2010b. p. 93-102.

CORACINI, Maria José Rodrigues Faria. Silêncio, interdito, real do discurso: a questão do estranhamento em migrantes no estado de São Paulo. *In:* INDURSKY, Freda; MITTMANN, Solange; FERREIRA, Maria Cristina Leandro (org.). **Memória e história na/da análise de discurso.** Campinas: Mercado de Letras, 2011. p. 143-158.

CORALINA, Cora. **Vintém de cobre**: meias confissões de Aninha. 2. ed. Goiânia: Editora da Universidade Federal de Goiás, 1984.

CORDEIRO, Éverton Fernandes. **Jacques Lacan**: o inconsciente, do sentido do significante ao gozo da letra – um estudo teórico. Dissertação (Mestrado em Psicologia) – Universidade Federal de Minas Gerais, Belo Horizonte, 2015.

COURTINE, Jean-Jacques [2009]. **Análise do discurso político**: o discurso comunista endereçado aos cristãos. Tradução de Christina de Campos Velho Birck *et al.* São Carlos: EdUFSCar, 2014.

COURTINE, Jean-Jacques. Entrevista inédita com Jean-Jacques Courtine sobre seu percurso científico, sobre as noções de "discurso" e "corpo" como objeto de estudo. **Organon.** Revista do Instituto de Letras da Universidade Federal do Rio Grande do Sul, Porto Alegre: UFRGS, v. 24, n. 48, p. 251-271, jan./jun. 2010. Entrevista concedida a Silvia Nugara.

CRENSHAW, Kimberlé. Documento para o encontro de especialistas em aspectos da discriminação racial relativos ao gênero. **Revista Estudos Femininos.** [*on-line*]. 2002, v. 10, n. 1, p. 171-188. Disponível em: ttps://www.scielo.br/scielo. php?pid =S0104-026X2002000100011&script=sci_abstract&tlng=pt. Acesso em: 24 out. 2020.

CUNHA, Antônio Geraldo da [1982]. **Dicionário etimológico Nova Fronteira da língua portuguesa.** 2. ed. Rio de Janeiro: Nova Fronteira, 1999.

DAVIS, Angela. **Estarão as prisões obsoletas?** Tradução de Marina Vargas. Rio de Janeiro: Difel, 2018.

DECLARAÇÃO UNIVERSAL DOS DIREITOS HUMANOS (DUDH). Assembleia Geral das Nações Unidas em Paris. 10 dez. 1948. Disponível em: https://www.ohchr.org/EN/UDHR/Pages/Language.aspx?LangID=por. Acesso em: 7 ago. 2019.

DEFERT, Daniel. Posfácio: "Heterotopia": tribulação de um conceito entre Veneza, Berlim e Los Angeles. *In*: FOUCAULT, Michel [1967]. **O corpo utópico, as heterotopias**. Tradução de Sauna Tannus Muchail. São Paulo: n-1 Edições, 2013.

DE GODOY, Ana Boff. **A loucura como constructo discursivo e sintoma social**: uma análise do funcionamento da ideologia e do inconsciente na constituição dos sujeitos. 2016. 330 f. Tese (Doutorado em Letras) – Universidade Federal do Rio Grande do Sul, Porto Alegre, 2016.

DELEUZE, Gilles. *¿Que és um dispositivo?* *In*: DELEUZE, Gilles. **Michel Foucault, filósofo**. Barcelona: Gedisa, 1990. p. 155-161.

DELEUZE, Gilles [1988]. **Foucault**. Tradução de Claudia Sant'Anna Martins. Revisão da tradução de Renato Janine Ribeiro. São Paulo: Brasiliense, 2013a.

DELEUZE, Gilles [1990]. **Conversações**. Tradução de Peter Pál Pelbart. São Paulo: Editora 34, 2013b.

DEMO, Pedro. **Pobreza política**: polêmicas do nosso tempo. 6. ed. Campinas: Editora Autores Associados, 2001.

DEMO, Pedro. **Pobreza da pobreza**. Petrópolis: Vozes, 2003.

DEPEN. Nota Técnica n.º 1/2020/DEPEN: Remição de Pena pela Leitura. **Revista Brasileira de Execução Penal**/ Departamento Penitenciário Nacional. – ano 1, n. 1 (jan./jun. 2020) – Brasília: Departamento Penitenciário Nacional (DEPEN/MJSP), 2020. p. 309-330. Disponível em: http://rbepdepen.depen.gov.br/index.php/RBEP/article/view/175. Acesso em: 15 out. 2020.

DERRIDA, Jacques [1996]. **O monolinguismo do outro.** Ou a prótese de origem. Tradução de Fernanda Bernardo. Porto: Campo das Letras, 2001.

DERRIDA, Jacques. **Anne Dufourmantelle convida Jacques Derrida a falar da hospitalidade**. Tradução de Antonio Romane. São Paulo: Escuta, 2003.

DERRIDA, Jacques [1992]. **Essa estranha instituição chamada literatura: uma entrevista com Jacques Derrida**. Tradução de Marileide Dias Esqueda. Belo Horizonte: UFMG, 2014.

DOSTOIÉVSKI, Fiódor [1866]. **Crime e castigo**. 7. ed. Tradução de Paulo Bezerra. São Paulo: Editora 34, 2016.

DRUON, Maurice. **O menino do dedo verde**. 88. ed. Rio de Janeiro: José Olympio, 2010.

ECO, Umberto. **A biblioteca**. Tradução de Maria Luísa Rodrigues de Freitas. Lisboa: Difusão Editorial, 1994.

EVARISTO, Conceição. **Insubmissas lágrimas de mulheres**. Belo Horizonte: Nandyala, 2011.

FANON, Frantz [1963]. **Pele negra, máscaras brancas**. Salvador: EDUFBA, 2008.

FANON, Frantz [1961]. **Os Condenados da Terra**. Tradução de José Laurênio de Melo. Rio de Janeiro: Civilização Brasileira, 1968.

FASSIN, Didier. Biopolítica. *In:* RUSSO, M.; CAPONI, Sandra (org.). **Estudos de filosofia e história das ciências biomédicas**. São Paulo: Discurso Editorial, 2006. p. 321-330.

FASSIN, Didier. **La raison humanitaire**: une historie morale du temps présent. Paris*:* Seuil/Gallimard. 2010.

FASSIN, Didier. Compaixão e repressão: a economia moral das políticas de imigração na França. **Ponto Urbe** [*on-line*], 15, 2014, *post on-line* no dia 30 dezembro 2014. Disponível em: https://journals.openedition.org/pontourbe/2467. Acesso em: 11 set. 2020.

FASSIN, Didier. **At the heart of the State**: the moral world of institutions. London: Pluto Press, 2015.

FASSIN, Didier. **Castigar**: una pasión contemporánea. Tradução de Antonio Oviedo. Buenos Aires: Adriana Hidalgo Editora, 2018a.

FASSIN, Didier. **A questão moral**: uma antologia crítica. *In*: FASSIN, Didier; LÉZÉ, Samuel (org.). Tradução de Lara C. de Malimpensa. Campinas: Editora da Unicamp, 2018b.

FASSIN, Didier. **A sombra do mundo**: uma antropologia da condição carcerária. Tradução de Rosemary C. Abílio. São Paulo: Editora Unifesp, 2019.

FERREIRA, Maria Cristina Leandro (org.). **Glossário de termos do discurso**. Porto Alegre: UFRGS, Instituto de Letras, 2001.

FERREIRA, Maria Cristina Leandro. Nas trilhas do discurso: a propósito de leitura, sentido e interpretação. *In:* ORLANDI, Eni Puccinelli (org.) [1998]. **A leitura e os leitores**. Campinas: Pontes, 2003. p. 201-208.

FERREIRA, Maria Cristina Leandro. O quadro atual da Análise do Discurso no Brasil. *In:* INDURSKY, Freda; FERREIRA, Maria Cristina Leandro (org.). **Michel Pêcheux e a Análise do Discurso**: uma relação de nunca acabar. São Carlos: Claraluz, 2005. p. 13-22.

FERREIRA, Maria Cristina Leandro. Análise do Discurso e suas interfaces: o lugar do sujeito na trama do discurso. **Organon**. Revista do Instituto de Letras da Universidade Federal do Rio Grande do Sul. Porto Alegre, UFRGS, v. 24, n. 48, p. 17-34, jan./jun. 2010.

FERREIRA, Maria Cristina Leandro. O discurso do corpo. *In:* MITTMANN, Solange; SANSEVERINO, Antonio Marcos Vieira (org.). **Trilhas de investigação**: a pesquisa no I. L.em sua diversidade constitutiva. Porto Alegre: Instituto de Letras/UFRGS, 2011.

FERNANDES, Florestan [1975]. **A revolução burguesa no Brasil**: ensaio de interpretação sociológica. 6. ed. Curitiba: Kotter Editorial; São Paulo: Editora Contracorrente, 2020.

FIGUEIREDO, Lucas. **Boa Ventura!** A corrida do ouro no Brasil (1697-1810). Rio de Janeiro: Record, 2011.

FONSECA, Márcio Alves da. **Michel Foucault e o direito**. 2. ed. São Paulo: Saraiva, 2012.

FOUCAULT, Michel [1978]. **O que é a crítica?** Tradução de Gabriela Lafetá Borges. Qu'est-ce que la critique? Critique et Aufklärung. Bulletin de la Société française de philosophie, v. 82, n. 2, p. 35-63, avr/juin. 1990. Disponível em: http://michel-foucault. weebly.com/uploads/1/3/2/1/13213792/critica.pdf. Acesso em: 25 ago. 2021.

FOUCAULT, Michel [1977-1978]. **Segurança, território e população**. Tradução de Eduardo Brandão. São Paulo: Martins Fontes, 2008.

FOUCAULT, Michel [1976]. **História da sexualidade I:** a vontade de saber. 19. ed. Tradução de Maria Thereza Albuquerque e J. A. Guilhon Albuquerque. Rio de Janeiro: Edições Graal, 2009.

FOUCAULT, Michel [1971]. **A ordem do discurso:** aula inaugural no Collège de France, pronunciada em 2 de dezembro de 1970. Tradução de Laura Fraga de Almeida Sampaio. 22. ed. São Paulo: Edições Loyola, 2012.

FOUCAULT, Michel [1967]. **O corpo utópico, as heterotopias.** Tradução de Sauna Tannus Muchail. São Paulo: n-1 Edições, 2013.

FOUCAULT, Michel [1975]. **Vigiar e Punir:** nascimento da prisão. Tradução de Raquel Ramalhete. 42. ed. Petrópolis: Vozes, 2014a.

FOUCAULT, Michel [1969]. **A arqueologia do Saber.** Tradução de Luiz Felipe Baeta Neves. 8. ed. Rio de Janeiro: Forense Universitária, 2014b.

FOUCAULT, Michel [1980]. **Do governo dos vivos.** Curso no Collège de France (excertos). Tradução de Nildo Avelino. São Paulo: WMF Martins Fontes, 2014c.

FOUCAULT, Michel [1977]. A vida dos homens infames. *In:* FOUCAULT, Michel. **Ditos e escritos, volume IV:** estratégia, poder-saber. Manoel Barros da Motta (org.). Tradução de Vera Lúcia Avellar Ribeiro. 3. ed. Rio de Janeiro: Forense Universitária, 2015. p. 199-217.

FOUCAULT, Michel [1966]. **As palavras e as coisas:** uma arqueologia das ciências humanas. Trad. Salma Tannus Muchail. 10.ed. São Paulo: Martins Fontes, 2016.

FOUCAULT, Michel [1978]. **Microfísica do poder.** Tradução de Roberto Machado. 5. ed. Rio de Janeiro: Paz e Terra, 2017.

FOUCAULT, Michel [1975]. Sobre a prisão. *In:* FOUCAULT, Michel. **Microfísica do poder**. Tradução de Roberto Machado. 5. ed. Rio de Janeiro: Paz e Terra, 2017a. 213-233.

FOUCAULT, Michel [1977]. Sobre a história da sexualidade. *In:* FOUCAULT, Michel. **Microfísica do poder.** Tradução de Roberto Machado. 5. ed. Rio de Janeiro: Paz e Terra, 2017b. p. 363-406.

FRADE, Laura. **O que o Congresso Nacional Brasileiro pensa sobre a criminalidade.** 271 f. Tese (Doutorado em Sociologia) – Universidade de Brasília, Brasília, 2007.

FREIRE, Paulo [1992]. **A importância do ato de ler:** em três artigos que se completam. 51. ed. São Paulo: Cortez, 2011.

FREIRE, Paulo [1996]. **Pedagogia da autonomia:** saberes necessários à prática educativa. 49. ed. São Paulo: Paz e Terra, 2014a.

FREIRE, Paulo [1997]. **Pedagogia da indignação:** cartas pedagógicas e outros escritos. Ana Maria de Araújo Freire (org). São Paulo: Paz e Terra, 2014b.

FREUD, Sigmund [1900]. **A interpretação dos sonhos.** Tradução de Walderedo Ismael de Oliveira. São Paulo: Folha de São Paulo, 2010. [Coleção Folha: livros que mudaram o mundo, v. 3].

FREUD, Sigmund [1925]. **A negação.** Tradução de Marilene Carone. São Paulo: Cosac & Naify, 2014.

FREUD, Sigmund [1988]. **Obras completas.** Madri: Biblioteca Nueva, 2015.

FRY, Karin. **Compreender Hannah Arendt.** Petrópolis: Vozes, 2010.

FUCHS, Catherine; PÊCHEUX, Michel [1975]. A propósito da análise automática do discurso: atualização e perspectivas (1975). *In:* GADET, Françoise; HAK, Tony (org.). **Por uma análise automática do discurso:** uma introdução à obra de Michel Pêcheux. 4. ed. Campinas: Editora da Unicamp, 2010. p. 159-250.

GADET, Françoise. Prefácio. *In:* GADET, Françoise; HAK, Tony. (org.) [1990]. **Por uma Análise Automática do Discurso**. Uma introdução à obra de Michel Pêcheux. Tradução de Bethania S. Mariani *et al*. 4. ed. Campinas: Ed. da UNICAMP, 2010. p. 7-10.

GADET, Françoise; PÊCHEUX, Michel [1981]. **A língua inatingível.** 2. ed. Tradução de Bethania Mariani e Maria Elizabeth Chaves de Mello. Campinas: Editora RG, 2010.

GADET, Françoise *et al*. [1981]. Nota sobre a questão da linguagem e do simbólico em psicologia. Tradução de Pedro de Souza. *In:* **Análise de discurso:** Michel Pêcheux. Textos selecionados por Eni Puccinelli Orlandi. 3. ed. Campinas: Pontes Editores, 2012a. p. 55-71.

GADET, Françoise; PÊCHEUX, Michel [1981]. A língua inatingível. Entrevista. Tradução de Sérgio Augusto Freire de Souza. *In:* **Análise de discurso:** Michel Pêcheux. Textos selecionados por Eni Puccinelli Orlandi. 3. ed. Campinas: Pontes Editores, 2012b. p. 93-106.

GALEANO, Eduardo[1998]. **De pernas pro ar:** a escola do mundo ao avesso. Tradução de Sergio Faraco. Porto Alegre: L&PM Editores, 2009.

GALLI, Fernanda Correa Silveira. As dobraduras do discurso. **Fragmentum,** Universidade Federal de Santa Maria. Centro de Artes e Letras. Programa de

Pós-Graduação em Letras. Laboratório Corpus. n. 32, jan./ mar. Santa Maria: UFSM, 2012. p. 13-17. Disponível em: https://periodicos.ufsm.br/fragmentum. Acesso em: 7 jul. 2020.

GENTILI, Pablo A. A.; SILVA, Tomaz Tadeu da. **Neoliberalismo, qualidade total e educação**: visões críticas. 14. ed. Petrópolis: Vozes, 2012.

GOFFMAN, Erving [1961]. **Manicômios, prisões e conventos**. Tradução de Dante Moreira Leite. 9. ed. São Paulo: Perspectiva, 2015.

GREGOLIN, Maria do Rosário. **Foucault e Pêcheux na construção da análise do discurso**: diálogos e duelos. São Carlos: Claraluz, 2004.

GUIMARÃES, Eduardo. Designação e espaço de enunciação: um encontro político no cotidiano. **Letras**. Língua e literatura: limites e fronteiras, Santa Maria, UFSM, n. 26, p. 53-62, jun. 2003. Disponível em: http://w3.ufsm.br/revistaletras/artigos_r26/artigo_5.pdf. Acesso em: 21 fev. 2019.

GUIMARÃES, Eduardo. **História da semântica**: sujeito, sentido e gramática no Brasil. Campinas: Pontes, 2004.

GUIMARÃES, Eduardo. **Semântica do acontecimento**: um estudo enunciativo da designação. 2. ed. Campinas: Pontes, 2005.

GUIMARÃES, Eduardo. **Semântica**: enunciação e sentido. Campinas: Pontes Editores, 2018.

HAROCHE, Claudine; HENRY, Paul; PÊCHEUX, Michel [1971]. A semântica e o corte saussuriano: língua, linguagem, discurso. *In:* BARONAS, Roberto Leiser (org.). **Análise do Discurso:** apontamento para uma história da noção-conceito de formação discursiva. São Carlos: Pedro e João Editores, 2007. p. 13-32.

HARVEY, David. **A short history of neoliberalismo**. New York: Oxford University Press, 2005.

HARVEY, David. **O neoliberalismo**: história e implicações. 5. ed. Tradução de Adail Sobral; Maria Stela Gonçalves. São Paulo: Edições Loyola, 2008.

HEMINGWAY, Ernest. **Adeus às armas**. 15. ed. São Paulo: Nacional, 1985.

HENRY, Paul. A história não existe? *In:* ORLANDI, Eni Puccinelli (org.) [1994]. **Gestos de Leitura.** 3. ed. Campinas, SP: Editora da Unicamp, 2010a. p. 23-48.

HENRY, Paul. Os fundamentos teóricos da "análise automática do discurso" de Michel Pêcheux (1969). *In:* GADET, Françoise; HAK, Tony (org.) [1990]. **Por uma análise automática do discurso:** uma introdução à obra de Michel Pêcheux. 4. ed. Campinas: Editora da Unicamp, 2010b. p. 11-38.

HENRY, Paul [1977]. **A ferramenta imperfeita:** língua, sujeito e discurso. Tradução de Maria Fausta P. de Castro. 2. ed. Campinas: Editora da Unicamp, 2013.

HOUAISS, Antônio; VILLAR, Mauro de Salles. **Dicionário Houaiss da língua portuguesa.** Rio de Janeiro: Objetiva, 2009.

HUGO, Victor. **Os miseráveis.** São Paulo: Scipione, 1998.

HUXLEY, Aldous. **Admirável mundo novo.** 21. ed. São Paulo: Globo, 2001.

INDURSKY, Freda. Da heterogeneidade do discurso à heterogeneidade do texto e suas implicações no processo da leitura. *In:* ERNST-PEREIRA, Aracy; FUNCK, Suzana Bornéo (org.). **A leitura e a escrita como práticas discursivas.** Pelotas: Educat, 2001. p. 26-42.

INDURSKY, Freda. A prática discursiva da leitura. *In:* ORLANDI, Eni Puccinelli (org.) [1998]. **A leitura e os leitores.** 2. ed. Campinas: Pontes, 2003.

INSTITUTO BRASILEIRO DE GEOGRAFIA E ESTATÍSTICA (IBGE). **Desigualdades sociais por cor ou raça no Brasil.** Rio de Janeiro: IBGE, 2019. Disponível em: https://biblioteca.ibge.gov.br/index.php/biblioteca-catalogo?view=detalhes&id=2101681. Acesso em: 7 jul. 2020.

INSTITUTO DE PESQUISA ECONÔMICA APLICADA. **A desigualdade racial da pobreza no Brasil:** texto para discussão. Rafael Guerreiro Osorio (org.). Brasília: Ipea, 2019. Disponível em: http://www.ipea.gov.br/portal/images/stories/PDFs/TDs/td_2487.pdf. Acesso em: 31 jul. 2019.

INSTITUTO PRÓ-LIVRO. **Pesquisa Retratos da Leitura no Brasil.** 5. ed. Disponível em: https://www.prolivro.org.br/wp-content/uploads/2020/12/5a_edicao_Retratos_da_Leitura-_IPL_dez2020-compactado.pdf. Acesso em: 21 abr. 2021.

KAFKA, Franz [1914-1925]. **O processo.** São Paulo: Companhia das Letras, 2009.

KALIFA, Dominique. Virilidades criminosas? *In:* VIGARELLO, Georges. **História da Virilidade.** Tradução de Noéli Correia de Mello Sobrinho e Thiago de Abreu e Lima Florêncio. Petrópolis: Vozes, 2013.

KAMINSKI, Marcos Massiero. **Nas linhas do dispositivo**: crime de tráfico de drogas e o "sujeito-traficante" no discurso do Estado de S. Paulo entre 1964 e 2007. 207 f. Dissertação (Mestrado em Ciências Humanas) – Universidade Federal da Fronteira Sul, Erechim, RS, 2018.

KANT, Imannuel [1785]. **Fundamentação da metafísica dos costumes**. Tradução de Guido Antonio de Almeida. São Paulo: Discurso Editorial: Barcarolla, 2009.

KASPARY, Adalberto José. **O verbo na linguagem jurídica**: acepções e regimes. 6. ed. Porto Alegre: Livraria do Advogado, 2006.

KASPARY, Adalberto José. **Habeas verba**: português para juristas. 10. ed. Porto Alegre: Livraria do Advogado, 2014.

KASPARY, Adalberto José. **Português para profissionais**: atuais e futuros. 24. ed. Porto Alegre: Livraria do Advogado, 2016.

LA BOÉTIE, Étienne de [1576]. **Discurso da servidão voluntária** [livro eletrônico]. Tradução de Evelyn Tesche. São Paulo: Edipro, 2020.

LACAN, Jacques [1955-56]. **O seminário.** Livro 3: as psicoses. Tradução de Aluísio Menezes. Rio de Janeiro: Zahar, 2008.

LACAN, Jacques [1957]. A instância da letra no inconsciente ou a razão desde Freud. *In:* LACAN, Jacques. **Escritos**. Tradução de Vera Ribeiro. Rio de Janeiro: Jorge Zahar, 1998. p. 496-533.

LACAN, Jacques [1957-1958]. De uma questão preliminar a todo tratamento possível da psicose. *In:* LACAN, Jacques. **Escritos**. Tradução de Vera Ribeiro. Rio de Janeiro: Jorge Zahar, 1998. p. 537-590.

LACAN, Jacques [1959]. **O seminário**. Livro 7: a ética da psicanálise. Rio de Janeiro: Jorge Zahar, 1988.

LACAN, Jacques [1960]. Subversão do sujeito e a dialética do desejo no inconsciente freudiano. *In:* LACAN, Jacques. **Escritos**. Tradução de Vera Ribeiro. Rio de Janeiro: Jorge Zahar, 1998. p. 807-842.

LACAN, Jacques [1964]. **O seminário**. Livro 11: os quatro conceitos fundamentais. 2. ed. Rio de Janeiro: Jorge Zahar, 1998a.

LACAN, Jacques [1964]. Posição do inconsciente. *In:* LACAN, Jacques. **Escritos**. Tradução de Vera Ribeiro. Rio de Janeiro: Zahar, 1998b. p. 843-864.

LACAN, Jacques [1966]. A ciência e a verdade. *In:* LACAN, Jacques. **Escritos.** Tradução de Vera Ribeiro. Rio de Janeiro: Zahar, 1998. p. 869-892.

LACAN, Jacques [1969-70]. **O seminário.** Livro 17: o avesso da psicanálise. Tradução de Ari Roitman. Rio de Janeiro: Zahar, 2007.

LACAN, Jacques [1975-1976]. **O seminário.** Livro 23: o sinthoma. Rio de Janeiro: Jorge Zahar 2007.

LAGAZZI, Suzy. **O desafio de dizer não.** Campinas, SP: Pontes, 1988.

LAGAZZI, Suzy. A prática do confronto com a materialidade discursiva: um desafio. *In:* GUIMARÃES, Eduardo; BRUM-DE-PAULA, Mirian Rose (org.). **Sentido e memória.** Campinas: Pontes Editores, 2005. p. 185-206.

LAGAZZI, Suzy. A equivocidade na imbricação de diferentes materialidades significantes. *In:* **Encontro Nacional da Anpoll**, 2008, Goiânia, GO. Resumo expandido. Goiânia: Anpoll, 2008. Disponível em: http://dlm.fflch.usp.br/sites/dlm.fflch.usp.br/files/Suzy%20Lagazzi.pdf. Acesso em: 10 out. 2019.

LAGAZZI, Suzy. O recorte e o entremeio: condições para a materialidade significante. *In:* RODRIGUES, Eduardo Alves; SANTOS, Gabriel Leopoldino dos; BRANCO, Luiza Katia Andrade Castello. (org.). **Análise de discurso no Brasil**: pensando o impensado sempre. Uma homenagem a Eni Orlandi. Campinas: Editora RG, 2011.

LAGAZZI, Suzy. A noção de materialidade na prática analítica discursiva. *In:* BARBOSA FILHO, Fábio Ramos; BALDINI, Lauro José Siqueira (org.). **Análise de discurso e materialismos**: prática política e materialidades, Campinas, SP: Pontes, 2018. v. 2. p. 157-176.

LISPECTOR, Clarice. **A hora da estrela.** Rio de Janeiro: Rocco, 1999.

LOBO, Amanda Souza Ávila; MACIEL JÚNIOR, Auterives. Memória, subjetivação, resistência e *fora* em Foucault. **Aprender** – Caderno de Filosofia e Psicologia da Educação, Vitória da Conquista: Edições Uesb, Ano X. n. 16, v. 2, p. 9-22, jul./dez. 2016. Disponível em: https://periodicos2.uesb.br/index.php/aprender/article/view/4535. Acesso em: 10 jun. 2021.

LORENSET, Rossaly Beatriz Chioquetta. **Língua e Direito**: uma relação de nunca acabar. Curitiba: Appris, 2017.

LORENSET, Rossaly Beatriz Chioquetta. **Leitura e cárcere**: (entre)linhas e grades, a constituição do sujeito-leitor pelo dispositivo de remição de pena. 2021. 441 f. Tese (Doutorado em Linguística Aplicada) – Universidade Federal de Santa Catarina, Florianópolis, 2021. Disponível em: https://repositorio.ufsc.br/handle/123456789/229231. Acesso em: 7 jul. 2023.

LORENSET, Rossaly Beatriz Chioquetta; BRAGA, Sandro. Sujeitos do cárcere: nomeações e efeitos de sentido. **Signum**: Estudos da Linguagem, Londrina-PR: UEL, n. 22/1, p. 67-87, abr. 2019. Disponível em: http://www.uel.br/revistas/uel/index.php/signum/article/view/36322. Acesso em: 25 jul. 2019.

LORENSET, Rossaly Beatriz Chioquetta; OLIVEIRA, Fernanda. Projeto de Extensão: Direito e cárcere: remição da pena pela leitura. *In:* **Anuário Pesquisa e Extensão Unoesc Xanxerê**/Universidade do Oeste de Santa Catarina. Joaçaba: Editora Unoesc, 2020, v. 5, p. e23876. Disponível em: https://portalperiodicos.unoesc.edu.br/apeux/article/view/23876. Acesso em: 2 maio 2020.

LUZ, Cristiane Martins de Paula. Roupas claras. *In:* LORENSET, Rossaly Beatriz Chioquetta. **Leitura e cárcere**: (entre)linhas e grades, a constituição do sujeito-leitor pelo dispositivo de remição de pena. 2021. 441 f. Tese (Doutorado em Linguística Aplicada) - Universidade Federal de Santa Catarina, Florianópolis, 2021. p. 439-440. Disponível em: https://repositorio.ufsc.br/handle/123456789/229231. Acesso em: 26 jul. 2023.

MACHADO, Ana Maria [1993]. **Contracorrente**. 3. ed. São Paulo: Ática, 2009.

MALDIDIER, Denise [1989]. **A inquietação do discurso**: (re)ler Michel Pêcheux hoje. Tradução de Eni Puccinelli Orlandi. Campinas: Pontes, 2003.

MARIANI, Bethania S. C. As leituras da/na Rocinha. *In:* ORLANDI, Eni Puccinelli (org.) [1998]. **A leitura e os leitores**. Campinas: Pontes, 2003, p. 105-137.

MAZIÈRE, Francine. **A análise do discurso**: história e práticas. Tradução de Marcos Marcionilo. São Paulo: Parábola Editorial, 2007.

MBEMBE, Achille [2003]. **Necropolítica:** biopoder, soberania, estado de exceção, política de morte. Tradução de Renata Santini. São Paulo: n-1 edições, 2018.

MELO, Eduardo Rezende. **A subjetivação jurídico-política de crianças e de adolescentes e o direito ao desenvolvimento**: contribuições críticas do debate filosófico contemporâneo. 2019. 306f. Tese (Doutorado em Direito) – Universidade de São Paulo, São Paulo, 2019.

MELO, Eduardo Rezende. Notas para participação na Banca de Defesa de Tese em Linguística de Rossaly Beatriz Chioquetta Lorenset. *In*: UNIVERSIDADE FEDERAL DE SANTA CATARINA. **Defesa Final de Tese**: Leitura e cárcere: (entre)linhas e grades, a constituiçãodo sujeito-leitor pelo dispositivo de remição de pena. 24 ago. 2021. 8h30. Programa de Pós-Graduação em Linguística (PPGL). Florianópolis: 2021. Disponível em: https://drive.google.com/file/d/1mGF_IoSar--afu0BFyiGhGBkO6St9cKF0/view. Acesso em: 10 set. 2021.

MOITA LOPES, Luiz Paulo da. Linguística Aplicada e vida contemporânea: problematização dos construtos que têm orientado a pesquisa. *In*: MOITA LOPES, Luiz Paulo da (org.). **Por uma Linguística Aplicada Indisciplinar**. São Paulo: Parábola Editorial, 2006.

MOTTA, Manoel Barros de. Apresentação à edição brasileira. *In*: MOTTA, Manoel Barros de (org.). **Estratégia, Poder-Saber / Ditos e Escritos IV**. Tradução de Vera Lúcia Avellar Ribeiro. 3. ed. Rio de Janeiro: Forense Universitária, 2015. p. VII-LXVII.

NASCIMENTO, Evando. Introdução: a literatura à demanda do outro. *In*: DERRIDA, Jacques [1992]. **Essa estranha instituição chamada literatura**: uma entrevista com Jacques Derrida. Tradução de Marileide Dias Esqueda. Belo Horizonte: UFMG, 2014. p. 7-41.

NÁUFEL, José. **Novo Dicionário Jurídico Brasileiro**. Rio de Janeiro: Forense, 2008.

NECKEL, Nádia; SÜSSENBACH, Carla. **Um percurso pela noção de dispositivo**. Interfaces, Guarapuava: Universidade Estadual do Centro-Oeste – Unicentro, v. 10, n. 1, p. 9-19, 2019. Disponível em: https://revistas.unicentro.br/index.php/revista_interfaces/issue/view/317. Acesso em: 12 set. 2021.

NUNES, José Horta. Aspectos da forma histórica do leitor brasileiro na atualidade. *In*: ORLANDI, Eni Puccinelli (org.) [1998]. **A leitura e os leitores**. 2. ed. Campinas: Pontes, 2003.

ORDINE, Nuccio. **A utilidade do inútil**: um manifesto. Tradução de Luiz Carlos Bombassaro. Rio de Janeiro: Zahar, 2016.

ORGANIZAÇÃO DAS NAÇÕES UNIDAS (ONU). **Regras mínimas para o tratamento dos reclusos**. Resolução 2076, de 13 de maio de 1977. Disponível em: http://gddc.ministeriopublico.pt/sites/default/files/regrasminimasreclusos.pdf. Acesso em: 27 nov. 2018.

ORGANIZAÇÃO DAS NAÇÕES UNIDAS (ONU). **Resolução 2002/12 da ONU** - Princípios Básicos para Utilização de Programas de Justiça Restaurativa em Matéria Criminal. Disponível em: https://www.cnj.jus.br/wp-content/uploads/2019/10/Resolu%C3%A7%C3%A3o-ONU-%C2%BA-2002-12_Princ%C3%ADpios-B%-C3%A1sicos-para-Utiliza%C3%A7%C3%A3o-de-Programas-de-Justi%C3%A7a--Restaurativa-em-Mat%C3%A9ria-Criminal.pdf. Acesso em: 8 dez. 2019.

ORLANDI, Eni Puccinelli. **Segmentar ou recortar?** Série Estudos (10). Uberaba, Faculdades Integradas de Uberaba, 1984, p. 9-26.

ORLANDI, Eni Puccinelli. Discurso: fato, dado, exterioridade. *In:* CASTRO, Maria Fausta Pereira de (org.). **O método e o dado no estudo da linguagem**. Campinas: Editora da Unicamp, 1996. p. 209-218.

ORLANDI, Eni Puccinelli. Do sujeito na história e do simbólico. **Escritos nº 4**: contextos epistemológicos da Análise do Discurso, Campinas, Laboratório de estudos urbanos, Unicamp, 1999.

ORLANDI, Eni Puccinelli (org.). **História das ideias linguísticas no Brasil**: construção do saber metalinguístico e constituição da língua nacional. Campinas: Pontes, 2001.

ORLANDI, Eni Puccinelli (org.). **A leitura e os leitores**. 2. ed. Campinas: Pontes, [1998] 2003.

ORLANDI, Eni Puccinelli. Vão surgindo sentidos. *In:* ORLANDI, Eni Puccinelli (org.) [1992]. **Discurso fundador**. 3. ed. Campinas: Pontes, 2003a. p. 11-25.

ORLANDI, Eni Puccinelli [1997]. **As formas do silêncio:** no movimento dos sentidos. 6. ed. Campinas: Editora da Unicamp, 2007.

ORLANDI, Eni Puccinelli [1990]. **Terra à vista – discurso do confronto:** velho e novo mundo. 2. ed. Campinas: Editora da Unicamp, 2008.

ORLANDI, Eni Puccinelli. **Língua brasileira e outras histórias**: discurso sobre a língua e ensino no Brasil. Campinas: Editora RG, 2009.

ORLANDI, Eni Puccinelli. Análise de Discurso. *In:* LAGAZZI-RODRIGUES, Suzy; ORLANDI, Eni P. (org.) [2006]. **Introdução às ciências da linguagem – discurso e textualidade**. 2. ed. Campinas: Pontes Editores, 2010. p. 11-31.

ORLANDI, Eni Puccinelli [1983]. **A linguagem e seu funcionamento:** as formas do discurso. 6. ed. Campinas: Pontes Editores, 2011.

ORLANDI, Eni Puccinelli [1999]. **Análise de Discurso:** princípios e procedimentos. 10. ed. Campinas: Pontes Editores, 2012a.

ORLANDI, Eni Puccinelli [2001]. **Discurso e texto:** formulação e circulação dos sentidos. 4. ed. Campinas: Pontes Editores, 2012b.

ORLANDI, Eni Puccinelli [2003]. **Interpretação, autoria, leitura e efeitos do trabalho simbólico.** 6. ed. Campinas: Pontes Editores, 2012c.

ORLANDI, Eni Puccinelli [1988]. **Discurso e leitura.** 9. ed. São Paulo: Cortez, 2012d.

ORLANDI, Eni Puccinelli. **Discurso em análise:** sujeito, sentido e ideologia. 2. ed. Campinas: Pontes Editores, 2012e.

ORLANDI, Eni Puccinelli. Ler Michel Pêcheux hoje. *In:* ORLANDI, Eni Puccinelli. **Análise de discurso:** Michel Pêcheux. Textos selecionados: Eni Puccinelli Orlandi. 3. ed. Campinas: Pontes, 2012f. p. 11-20.

ORLANDI, Eni Puccinelli [2002]. **Língua e conhecimento linguístico:** para uma história das ideias no Brasil. 2. ed. São Paulo: Cortez, 2013.

ORWELL, George. **A revolução dos bichos:** um conto de fadas. São Paulo: Companhia das Letras, 2007.

PAPA FRANCISCO. Reunião do Papa Francisco com crianças e jovens participando do evento promovido pela "La Fabbrica della Pace" (11 de maio de 2015). *In:* **Curso de Extensão - Formação de Agentes para Assistência Religiosa em Presídios.** Modalidade EaD. Campo Grande, MS: Universidade Católica Dom Bosco - UCDB Virtual, [2015] 2019. Disponível em: https://www.youtube.com/watch?v=oBVOHepdvyc&feature=youtu.be Acesso em: 7 ago. 2019.

PASTORAL CARCERÁRIA NACIONAL. **Formação para agentes da Pastoral Carcerária.** São Paulo: Paulus, 2014.

PAYER, Maria Onice. Memória de leitura e meio rural. *In:* ORLANDI, Eni Puccinelli (org.) [1998]. **A leitura e os leitores.** Campinas: Pontes, 2003. p. 139-153.

PÊCHEUX, Michel [1982]. **Delimitações, inversões, deslocamentos.** Cadernos de Estudos Linguísticos, n. 19, p. 7-24, jul./dez. 1990. Disponível em: http://revistas.iel.unicamp.br/index.php/cel/article/view/3011. Acesso em: 18 fev. 2019.

PÊCHEUX, Michel [1975]. Semântica e discurso: uma crítica à afirmação do óbvio. Tradução de Eni Puccinelli Orlandi. 4. ed. Campinas: Editora da Unicamp, 2009.

PÊCHEUX, Michel [1969]. Análise automática do discurso (AAD-69). *In:* GADET, Françoise; HAK, Tony (org.). Por uma análise automática do discurso: uma introdução à obra de Michel Pêcheux. 4. ed. Campinas: Editora da Unicamp, 2010a.

PÊCHEUX, Michel [1982]. Ler o arquivo hoje. *In:* ORLANDI, Eni Puccinelli (org.). **Gestos de Leitura**. 3. ed. Campinas: Editora da Unicamp, 2010b. p. 49-59.

PÊCHEUX, Michel [1983]. Papel da memória. *In:* ACHARD, Pierre *et al.* (org.). **Papel da memória**. 3. ed. Tradução de José Horta Nunes. Campinas: Pontes Editores, 2010c. p. 49-57.

PÊCHEUX, Michel [1983]. A análise de discurso: três épocas (1983). *In:* GADET, Françoise; HAK, Tony (org.). **Por uma análise automática do discurso**: uma introdução à obra de Michel Pêcheux. 4. ed. Campinas: Editora da Unicamp, 2010d. p. 307-315.

PÊCHEUX, Michel. Análise de discurso: Michel Pêcheux. **Textos selecionados**: Eni Puccinelli Orlandi. 3. ed. Campinas: Pontes Editores, 2012a.

PÊCHEUX, Michel [1983]. **O discurso:** estrutura ou acontecimento. Tradução de Eni Puccinelli Orlandi. 6. ed. Campinas: Pontes Editores, 2012b.

PÊCHEUX, Michel. O estranho espelho da análise do discurso. *In:* COURTINE, Jean-Jacques [1981]. **Análise do discurso político:** o discurso comunista endereçado aos cristãos. Tradução de Christina de Campos Velho Birck *et al.* São Carlos: EdUFSCar, 2014.

PÊCHEUX, Michel. Abertura do colóquio. *In:* CONEIN, Bernard *et al.* (org.) [1980]. **Materialidades discursivas**. Campinas: Editora Unicamp, 2016. p. 23-29.

PEREIRA, Alfeu Bisaque. O Brasil de muitas leis e poucos resultados. **Diário Santa Maria**, 22 fev. 2021. Disponível em: https://diariosm.com.br/colunistas/colunistas-do-impresso/o-brasil-de-muitas-leis-e-poucos-resultados-1.2303672. Acesso em: 13 maio 2021.

PETIT, Michèle. **Leituras:** do espaço íntimo ao espaço público. Tradução de Celina Olga de Souza. São Paulo: Editora 34, 2013.

PFEIFFER, Claudia Castellanos. O leitor no contexto escolar. *In:* ORLANDI, Eni Puccinelli (org.) [1998]. **A leitura e os leitores**. Campinas: Pontes, 2003. p. 87-104.

PROGRAMA DAS NAÇÕES UNIDAS PARA O DESENVOLVIMENTO (Pnud). **Relatório Anual do Programa das Nações Unidas para o Desenvolvimento**.

2018. Disponível em: https://www.br.undp.org/content/brazil/pt/home/library/ods/teste.html. Acesso em: 11 fev. 2021.

PROMENINO. Fundação Telefônica. **Conversando sobre a política de atendimento do ECA.** Uma entrevista com Antonio Carlos Gomes da Costa. 2003. Disponível em: http://www.promenino.org.br/portals/0/cidade/ cidade_fi nal/ entrevista.doc. Acesso em: 18 jun. 2021.

QUIJANO, Aníbal. Colonialidade do poder e classificação social. *In:* SANTOS, Boaventura; MENEZES, Maria Paula (org.). **Epistemologias do Sul.** São Paulo: Cortez, 2010.

REIS, Maria Firmina dos [1859]. **Úrsula e outras obras.** 2. ed. Brasília: Câmara dos Deputados, Edições Câmara, 2019.

REVEL, Judith [2007]. **Dicionário Foucault.** Tradução de Anderson Alexandre da Silva. Rio de Janeiro: Forense Universitária, 2011.

RIBEIRO, Darcy. **Sobre o óbvio.** Rio de Janeiro: Guanabara, 1986.

RIBEIRO, Djamila. **Pequeno manual antirracista.** São Paulo: Companhia das Letras, 2019.

RIBEIRO, Djamila. Prefácio à edição brasileira. *In:* DAVIS, Angela [1981]. **Mulheres, raça e classe.** Tradução de Heci Regina Candiani. São Paulo: Boitempo, 2016.

RIBEYROLLES, Charles. Da sentença da alçada contra os réus da Inconfidência Mineira. *In:* RIBEYROLLES, Charles [1859]. **Brasil pitoresco.** Belo Horizonte: Editora Itatiaia, 2000. v. I.

ROBLEDO, Beatriz H. Jovens, leitura e literatura. Palestra. Seminário Leitura ao Pé da Página, [18/10/2011]. *In:* SÃO PAULO (Estado). Secretaria Municipal de Educação. **Leitura ao pé da letra:** caderno orientador para ambientes de leitura. São Paulo: SME/DOT, 2012.

ROSA, João Guimarães. **Tutaméia.** Rio de Janeiro: José Olympio, 1967.

ROSA, João Guimarães [1956]. **Grande sertão:** veredas. 22. ed. São Paulo: Companhia das Letras, 2019.

ROSA, João Guimarães [1951]. **Sagarana.** Ed. especial: coleção 50 anos. Rio de Janeiro: Nova Fronteira, 2015.

ROIG, Rodrigo Duque Estrada. **Direito e prática histórica da execução penal no Brasil.** Rio de Janeiro: Revan, 2005.

ROORDA, João Guilherme Leal. Criminalização da vadiagem na Primeira República: o sistema penal como meio de controle da população negra (1900-1910). **Revista brasileira de ciências criminais,** n. 135, p. 269-306, 2017. Disponível em: https://dialnet.unirioja.es/servlet/articulo?codigo=6182049. Acesso em: 3 set. 2020.

ROSEVICS, Larissa. Do pós-colonial à decolonialidade. *In:* CARVALHO, Glauber; ROSEVICS, Larissa (org.). **Diálogos internacionais:** reflexões críticas do mundo contemporâneo. Rio de Janeiro: Perse, 2017.

SABBAG, Eduardo. **Manual de português jurídico.** 8.ed. São Paulo: Saraiva, 2014.

SAFATLE, Vladimir. **Lacan.** 2. ed. São Paulo: Publifolha, 2009.

SAINT-EXUPÉRY, Antoine de. **O pequeno príncipe.** 48. ed. São Paulo: Agir, 2009.

SANTA CATARINA (Estado). Secretaria de Estado da Educação. Diretoria da Rede de Gestão Estadual. Gerência de modalidades, programas e projetos educacionais. **Projeto Despertar pela Leitura.** CARDENUTO, Heloisa Helena Reis (org.). Florianópolis, 2016. Disponível em: http://sites.unisul.br/nesc/wp-content/uploads/2017/12/Projeto-Despertar-para-a-leitura.pdf. Acesso em: 18 jan. 2019.

SANTA CATARINA (Estado). Secretaria de Estado da Educação. Secretaria de Estado da Justiça e Cidadania. **Plano Estadual de Educação em Prisões 2016-2026:** educação, prisão e liberdade, diálogos possíveis. CARDENUTO, Heloisa Helena Reis (org.). Florianópolis: DIOESC, 2017. Disponível em: file:///C:/Users/Win/Downloads/Plano%20estadual%20de%20educa%C3%A7%C3%A3o%20em%20pris%C3%B5es_online%20IOESC.pdf Acesso em 30 mar. 2019.

SANTA CATARINA (Estado). Secretaria de Estado da Administração Prisional e Socioeducativa (SAP). **Portaria nº 191/GABS/SAP,** de 17 de março de 2020. Determina a suspensão de todas as visitas nas unidades prisionais e socioeducativos do Estado de Santa Catarina para impedir a disseminação do coronavírus (Covid-19). Disponível em: https://www.sap.sc.gov.br/. Acesso em: 16 maio 2021.

SANTOS SOUZA, Neusa. **Tornar-se negro ou as vicissitudes da identidade do negro brasileiro em ascensão social.** Rio de Janeiro: Graal, 1983.

SARAMAGO, José. **Ensaio sobre a cegueira:** romance. São Paulo: Companhia das Letras, 1995.

SAUSSURE, Ferdinand de [1916]. **Curso de linguística geral**. 34. ed. São Paulo: Cultrix, 2012.

SCHONS, Carme Regina. **"Adoráveis" revolucionários**: produção e circulação de práticas político-discursivas no Brasil da Primeira República. 2006. 282f. Tese (Doutorado em Letras) – Universidade Federal do Rio Grande do Sul, Porto Alegre, 2006.

SHAKESPEARE, William. **Hamlet**. São Paulo: Disal, 2009.

SILVA, Ana Célia da. Branqueamento e branquitude: conceitos básicos na formação para a alteridade. *In:* NASCIMENTO, Antonio Dias; HETKOWSKI, Tania Maria (org.). **Memória e formação de professores** [*on-line*]. Salvador: EDUFBA, 2007. 310 p. Disponível em:http://books.scielo.org. Acesso em: 23 out. 2020.

SOUZA, Pedro de. Sobre o discurso e o sujeito na voz. **Línguas e Instrumentos Linguísticos**, n. 34, p. 199-211, 2014a. Disponível em: http://www.revistalinguas. com/edicao34/artigo10.pdf. Acesso em: 7 out. 2020.

SOUZA, Pedro de. A voz em desatino: dizer a si na palavra cantada. *In:* BALDINI, Lauro José Siqueira; SOUZA, Lucília Maria Abraão e (org.). **Discurso e Sujeito**: trama de significantes. São Carlos: EDUFSCar, 2014b. p. 99-120.

STENDHAL. **O vermelho e o negro**. São Paulo: Martin Claret, 2006.

STÜBE, Angela Derlise. **Tramas da subjetividade no espaço entre-línguas**: narrativas de professores de língua portuguesa em contexto de imigração. 2008. 243f. Tese (Doutorado em Linguística Aplicada) – Universidade Estadual de Campinas, Campinas, SP, 2008.

TORRES, Eli Narciso. **A gênese da remição de pena pelo estudo**: o dispositivo jurídico-político e a garantia do direito à educação aos privados de liberdade no Brasil. Tese (Doutorado em Educação) – Universidade Estadual de Campinas, Campinas, 2017.

TORRES, Eli Narciso. A máquina de contar dias é a mesma de moer gente: educação, remição de pena e a dinâmica penitenciária. **Revista Educação e Cultura Contemporânea**, v. 17, n. 48, p. 168-191, 2020. Disponível em: http://periodicos. estacio.br/index.php/reeduc/article/viewArticle/6988. Acesso em: 7 nov. 2020.

UNIVERSIDADE DO OESTE DE SANTA CATARINA. Reitoria. **Projeto de Aumento de Vagas do Curso de Bacharelado em Direito para o Campus de Xanxerê**. Xanxerê, SC: Unoesc, 2000.

UNIVERSIDADE DO OESTE DE SANTA CATARINA. Reitoria. **Processo de Renovação Reconhecimento do Curso de Direito oferecido pela Unoesc no Campus de Xanxerê.** Joaçaba, SC: Unoesc, 2012.

UNIVERSIDADE DO OESTE DE SANTA CATARINA. Reitoria. **Projeto Pedagógico do Curso de Direito.** Renovação do reconhecimento do curso de Direito oferecido pela Unoesc no Campus de Xanxerê pelo Decreto nº 2.221/14, de 5/6/2014. Joaçaba, SC: Unoesc, 2018.

UNIVERSIDADE DO OESTE DE SANTA CATARINA. **Projeto de Extensão Comunitária: Direito e Cárcere – Remição da Pena pela Leitura.** Diretoria de Pesquisa, Extensão e Pós-Graduação. Relatório. Xanxerê, SC: Unoesc, 2019.

VÁSSINA, Elena. Crimes e castigos na obra de Fiódor Dostoiévski. (Palestra). *In:* ESCOLA DA MAGISTRATURA DO ESTADO DO RIO DE JANEIRO (EMERJ). *(Webinar).* **Literatura russa e criminologia** – uma análise histórica. 47ª Reunião do fórum permanente de história do Direito: 2021. Disponível em: https://www.youtube.com/watch?v=pyFpHBUQzNs. Acesso em: 21 jun. 2021.

VEYNE, Paul [1976]. **O inventário das diferenças.** Tradução de Sônia Salzstein. São Paulo: Brasiliense, 1983.

VEYNE, Paul [1978]. **Como se escreve a história**: Foucault revoluciona a história. Tradução de Alda Baltar e Maria Auxiliadora Kneipp. 4. ed. Brasília: Editora Universidade de Brasília, 2014.

VIEIRA, João Alfredo Medeiros. **Português prático e forense.** 8. ed. Santo André: Ledix, 2004.

WACQUANT, Loïc. **Punir os pobres**: a nova gestão da miséria nos Estados Unidos [A onda punitiva]. Tradução de Sérgio Lamarão. 3 ed. Rio de Janeiro: Revan, 2007.

WACQUANT, Loïc. Class, race & hyperincarceration in revanchist America. **Daedalus,** v. 139, n. 3, p. 74-90, 2010a.

WACQUANT, Loïc. Apêndice teórico: um esboço do Estado neoliberal. *In:* **Discursos sediciosos**: crime, direito e sociedade. Tradução de Sérgio Lamarão. Rio de Janeiro: 17/18 2010b. p. 137-162.

WACQUANT, Loïc [1999]. **As prisões da miséria.** Tradução de André Teles. 2. ed. Rio de Janeiro: Zahar, 2011a.

WACQUANT, Loïc. **The weding of workfare and prisonfare revisited**. Social Justice, 38 (1-2), p. 203-221, 2011b.

WAIHRICH, Lorena Postal; PALUDO, Kelvin Henrique; SANTOS, Paula Martiéli Dill. Mercado público de Xanxerê: instrumento para desenvolver a agricultura familiar. **Unoesc & Ciência** – ACSA, Joaçaba, SC, v. 4, n. 2, p. 213-220, jul./dez. 2013.

ZAFFARONI, Eugenio Raúl [1989]. **Em busca das penas perdidas**: a perda da legitimidade do sistema penal. Tradução de Vania Romano Pedrosa; Amir Lopez da Conceição. Rio de Janeiro: Revan, 2017.

ZEHR, Howard. **Trocando as lentes**: um novo foco sobre o crime e a justiça. Tradução de Tônia VanAcker. São Paulo: Palas Athena, 2008.

ŽIŽEK, Slavoj. **El acoso de las fantasías**. Traducción: Francisco López Martín. Madrid: Ediciones Akal, 2011.

ZOPPI-FONTANA, Mônica. Limiares de silêncio: a leitura intervalar. *In:* ORLANDI, Eni Puccinelli (org.) [1998]. **A leitura e os leitores**. Campinas: Pontes, 2003. p. 59-86.

ZOPPI-FONTANA, Mônica. Arquivo jurídico e exterioridade. A construção do *corpus* discursivo e sua descrição/interpretação. *In:* GUIMARÃES, Eduardo; BRUM-DE-PAULA, Mirian Rose (org.). **Sentido e memória**. Campinas: Pontes Editores, 2005.